Kants Werke

Akademie Textausgabe

康德著作全集（注释本）第1卷

前批判时期著作 I

(1747–1756)

李秋零 主编

中国人民大学出版社
·北京·

说　明

自《康德著作全集》中文版于2010年在中国人民大学出版社全部出齐以来，已经过去将近10年了。出版后，读书界给予这个译本以充分的肯定和赞誉，并广泛使用，译者深以为幸，且致以深深的谢意。当然，也时而从不同的渠道传来修改的建议和批评的声音，译者同样深表敬意，且以此作为鞭策。随着一次次的加印、重印和单行本、选集本的发行，译者又对译文进行了一些修订，以求进一步的完善。这里面，自然少不了批评者们的贡献。

在众多的声音中，有一种呼声引起译者的高度重视，那就是增补原科学院版的编者导言和注释。原科学院版《康德全集》（*Kants Schriften*）的编纂是一个集体的劳动成果。康德的每一篇著作都由该领域的专家担任编者，由他们撰写导言，作出注释，并根据其版本的不同列出一些词语的异写。这些都是编者们的重要研究成果，导言大多介绍了该篇著作产生的历史过程和思想脉络，而注释则大多涉及康德的说法与其他思想家的横向联系，这些对我们理解康德哲学无疑是大有裨益的。它们在《康德全集》最初出版时都被附在所属的那一卷的卷末，而在1968年的《康德著作全集》（*Kants Werke*）版本中则被集中为两卷放在《全集》的最后。我们最初在编译《康德著作全集》时，因遵循一个“全集不加注”的原则而没有把这部分内容译出，现在看来是一个不妥的做法。因此，为了响应读书界的呼声，也为了真正实施“完全遵照科学院版”的原则，在随后的康德著作单行本和选集本的编纂中，译者已陆续补上了原科学院版编者们的导言和注释，而关于异写的罗列，则对于中国读者意义不大，就没有勉强补充了。现在，应中国人民大学出版社的建议和要求，把这些导言和注释纳入《全集》中，就形成了眼前的这套《康德著作全集》（注释本）。

在这里，必须对“注释本”这个用语作出说明。《康德著作全集》（注释本）中的注释共有三种：一是康德自己的注释，是原科学院版所包含、在《康德著作全集》中文版已经译出的注释，这次在“注释本”中未标明注释者的均为康德自己的注释；二是原科学院版编者们所作的注释，《康德著作全集》中文版未译出，现译出并补充进《康德著作全集》（注释本），标之以“科学院版编者注”；三是译者根据情况所加的少量注释，标之以“译者注”。显而易见，绝大多数注释均已包含在原科学院版的《康德全集》之中，将之译出只是依从原著而已。译者增添的“译者注”为数寥寥，本来是无权使用“注释本”这个称谓的，这里之所以仍斗胆使用这一称谓，绝不是为了欺世盗名，而只是为了与此前的《康德著作全集》有所区别的无奈之举而已，敬请读书界体谅。

李秋零

二〇一九年十月二十日

目录

哲学的开普勒改革

苗力田

德国古典哲学同于古希腊哲学，其主流都是思辨的，theooreetikee 或 spekulativ。这两个词形式虽然不同，但根本意思却是一致的。在古希腊语中，这个词的主干 horan 的意思是观看，在现代德语以及其他一些西方语言中，这个词来源于拉丁文的 specula，其含义同样也是观察。总之，在西方古代人看来，观看是各种感觉中最细密、精确的，它是思想的直观形象，一切思想也都离不开观察。由于思辨这个词其古希腊语的名词形式 theooria 被转拼为西方现代语 Theorie 后，解为理论，所以思辨和理论思维实际上是同根词、不同时代的同义语。可以说过去的思辨即今日的理论思维，今日所说的理论思维也就是过去的思辨。所谓思辨哲学就是运用理论思维，探索理论思维，以理论思维为主体的哲学，它以理性为中心，无疑是锻炼理论思维的理想操场。

王山① 教授康德（Immanuel Kant，1724—1804）是德国

① 哲人的故乡 Königsberg 在大多数文献中都音译为哥尼斯堡，很容易误导，因为 Berg 原义为山岗，而非城堡 Burg，把 Berg 译解为堡，一个字母之差，意义却相去甚远；而 König 本义为君王，似可仿意译牛津者，译作王山。前译虽通行成俗，今就《康德著作全集》发行之便，借以正之，岂多事乎？（但在正文的翻译中，为了既纠正“哥尼斯堡”译法的失误，又不致因“王山”译法而惊世骇俗，采用了中庸的译法“哥尼斯贝格”——李秋零）

古典哲学创始人，他以彻底的德意志精神探讨了思辨理性的来源、范围和客观有效性。思辨哲学存在两种思想方式（Denkart）：一种是实体论（ousiaology）的，一种是现象学（phainomenology）的。实体论的思想从对象的存在 Sein 入手，而思辨它们的存在方式。现象学的思想则就对象的显现 scheinen 来探索它们显现的表象。在德国古典哲学中，黑格尔哲学是实体论思想方式的典范。他从最单纯的存在出发到绝对理念为止，描述思辨理性、概念运行的整个历程。而 20 世纪在西方哲学中成为主流的现象学的思想方式，则把康德公认为其先驱。思辨哲学爱智慧，尚思辨，以科学为目的。它把人首先当做理智存在，当做理性实体，是人类一切活动的主导。但在强调理智的主导的同时，传统的思辨哲学却忽视了感觉，排斥了感觉，认为感性认识是错误的道路，至多不过是可是可否，或是或否的意见 doksa；只有理智的思维才能保证走上真理的道路。但是，感觉经验是人们知识的来源，离开了感觉经验，知识没有其他来源，否定了感觉，就必然陷于怀疑主义，否认一切认识的确定性。近代经验哲学，强调感觉经验，认为它是知识的惟一来源，一切知识莫不来自经验，即使科学上的概念和规律，也不过是经验的集合而已。感觉是个别和偶然的，所以经验哲学否定规律的普遍必然性，破坏纯粹哲学，毁灭一切科学。

在康德看来，传统的思想方式，不论是理性主义，还是经验主义，都妨碍了近代科学的发展，不利于认识的扩大和加深，这样的思想方式必须加以改革，Umänderung der Denkart。上述传统的思想方式，一概被称为独断论，它是片面的，专制的，空话连篇，不着边际，必须以思辨哲学在以理性为中心的前提下加以改革，在提出什么学说和论断之前，对认识能力自身加以批判和清理，确定认识的来源、范围和客观有效性。其基本方案和理念，就是：

作为预定的方案，必须首先指出，人类的认识（Erkenntnis）具有两个主干，它们也许出自共同的，尚不为所知的根基，这就是感性（Sinnlichkeit）和知性（Verstand）。通过前者对象被给予我们，通过后者它们被思想。(B29)

对这两支主干（Stämme），后来他又更加详尽地解说道：

我们的本性自身就是如此，直观只能是感性的，也就是只能包含于我们对象所刺激的方式。与此相反的（dagegen）是思想感性直观对象的能力，知性。对这两种特性（Eigenschaften）任何一个都不能偏爱。没有感性，对象就不会被给予我们；没有知性，就不能思想对象。思想没有内容是空洞的，直观没有概念是盲目的。……这两种能力不能相互代替。知性不能进行直观，感觉不能进行思想，只有把两者结合在一起，认识才能发生。(B75)

为什么只有把感觉和思想结合起来，认识才能发生呢？王山教授这里所说的认识是西方实验科学已呈辉煌时代的认识，是出现了伽利略（1564—1642）、开普勒（1571—1630）和牛顿（1643—1727）之后的认识。这个时代的科学认识，不但要求普遍必然，还要求开拓创新。对于这样的要求，单纯的理智是不能满足的，因为理智的功能是概念推论，从大前提到结论，其结论当然是普遍必然的，但不能扩大人们的认识，加入新的内容。因为在概念推论中的结论已经包括在前提概念之中了。正如教授指出的，科学如仅靠概念推论，甚至连“两点之间直线最短”这样的命题也得不出来。因三和两是量的概念，而长和短是质的概念，从量的概念无论如何是推不出质的概念来的。反过来，感性直观虽然有能力直接接受表象，从而扩大认识的范围，丰富认识的内容，但是，这些表象都是个别的、杂乱的、偶然的，如不经过思想的关联调整，便形成不了概念。据说，牛顿万有引力定律是由看到苹果堕地引发的，但如果不加思想，每次苹果的落地都是个别偶然的，即使看到亿万次，终生终世也得不出一个普遍必然的万有引力定律来。所以，要求不断扩大、不断加深、不断更新的普遍必然的科学必须有两个主干，认识的能力必定有两种特性，思辨理性的运行轨迹虽然以理性为中心，但应该有两个焦点：感性和知性，直观和思想。像我们所栖息的星球一样，要循着椭圆形。那些唯什么单一中心的主义，不过是上帝创世一神教的反刍而已。

这样思辨哲学自身也被扩大了，它把原本拒之门外、视为异类的感觉接纳回来，浪子回头金不换，因而感觉立刻成为离开它认识就不能发生、思辨理性亦无法运转的焦点了。感觉经验之所以能够成为思辨理性运行的焦点，生成普遍必然的认识，在康德看来这就证明着非经验的东西，它们的普遍必然的有效性，所依据的并不是经验而是一切经验背后的、直观的先天原理，这就是空间和时间的一般概念。凡是空间和时间的科学，几何学和算术学都少不了空间和时间概念，它们是直观的纯形式，或者称为先天直观。因为无限空间和无限时间的概念，绝不来自有限空间和时间的经验直观的结合，无中不能生有，集有也不能成无，而是来自共存或相续的属性。个别的空间和时间只显现为整个空间和时间的部分，没有一般的空间在先，就不能表象个别的空间。由于空间和时间只与个别的、特殊的对象相关，所以它们自身只能是直观的先天形式，它在一切经验直观的背后，一切个别偶然之先前，所以是普遍必然的。空间是外感觉的形式，一切外在经验中的对象都在空间中排列着，伸延着。时间是内感觉的形式，一切思想和概念的活动都先后连续着在时间中运行。所以，空间和时间这样的纯直观先天形式，只有在经验中、相对经验对象而言才有实在的意义，因而专门称之为经验的实在性（die empirische Realität）。这些形式一旦离开经验，离开了经验对象就百无一用，完全成为观念，脱离了实际想出来的，故而称之为先验理想性（die transzendentale Idealität）。进一步说，空间和时间这些先天形式，只能在直观中、在经验中才具有普遍必然性、客观有效性。如果离开了直观，离开了经验，数学也就没有普遍必然的命题，人们连 7+5=12 都没法判定。它们更不是事物本身的属性，如果它们是事物本身的属性，那么作为存在者，上帝也就难免在空间和时间中而属于有死之伦了。因为，它们既然是一切存在者的属性，作为一种存在者的上帝当然也应在空间和时间的变灭之中。这样，独断论不但被戴上了怀疑主义的帽子，还被加上了无神论的帽子。

不但感性直观以先天的形式成为思辨理性的一支主干，在知性上这一原则同样适用。思想也有着自己的先天形式范畴。应该说明 Verstand 这个词解作知性，只有在康德的专业用语中，也就是只有当它相对于感性（Sinnlichkeit）和理性（Vernunft）而言时，作为认识能力之一才是有效的。当然也可以解译为理智、理解，但这样在词组上就不相搭配了。知性的功能是思想，思想和直观不同，直观因受刺激而发生，是接受的，被动的，而思想的对象只是由自身而生成，所以是主动的。由于这种思想的主动性，先验逻辑的范畴也与普通逻辑的范畴不同。普通逻辑的范畴是传统实体论思想方式的产物，是独立于认识主体之外的实体，或者是实体的属性。概念乃是实体的模仿，这样的逻辑只能用于概念推理。它虽然可以头头是道，无懈可击，它们推论所得的命题可以是普遍必然的，但结论已在前提之中，没有新内容，无助于扩大认识的领域。而先验逻辑的范畴，应该与直观形式一样，是先天的，既不来自经验，也不是作为实体对象的属性。它们是思想判断的先天概念。因为思想即是判断，把主语和谓语联结起来，范畴就是把感觉经验所提供的杂多材料调整、联结为普遍必然规律的先天概念。所以，范畴的数目应该与判断的类别相适应。如若判断分为量的、质的、关系的和程式的四种，再将每种判断分为三类，这样就得出了思想的十二种先天概念、范畴。虽然王山教授对自己这方面的创新性非常自信，并当做以后研究的框架，但200年的历史证明，这套逻辑的范畴，实在不过是现象学思想方式、先天论的一种表述而已。所谓的先验逻辑终究没有能够将亚里士多德的逻辑取而代之。这些范畴被认为是普遍必然的有效原理，是一切自然科学的最高前提，它们是思想的先天概念，所以其普遍必然有效性，不需任何经验加以证明。但是，一切认识都从经验开始，先于经验我们没有认识，自然科学也不例外，将范畴应用于感性经验所给予的自然对象，就必须通过数学公式。因为自然是在空间和时间形式中感性表象的体系，并且须按照范畴来调整，加以规律化，所以，自然形而上学的诸要素，也就在范畴和直观纯形式的基础上，全部被当做普遍必然的运动规律。

现象学是思辨哲学的开普勒改革的必然结果。把感觉经验看做认识的一支主干，是思辨理性运行的一个焦点。感觉经验不但是认识的开始，并且伴随着全部认识的始终。以人为理智的存在，思想实体，本身即具有先天论的性质。所以，空间和时间这样的直观形式虽然是感性的，却不来自感觉经验，而是先天的。对感觉来说，它们是不变的，对一切感觉经验都具有普遍有效性。一切概念，一切原理，都不能离开经验直观，即使是先天的，也与感性直观相联系，与可能的经验材料相联系。思想就是把所与的直观与对象相联系的活动，感性直观是我们惟一可能的直观，抽象出一切感性直观的条件，纯范畴就不能规定任何对象。这样，先验逻辑的原理只不过是现象规律的揭示罢了。科学是普遍和出于必然的判断。

现象（Phaenomenon）这个词在西方哲学文献中出现很早。在柏拉图和亚里士多德的著作中就提出爱智慧的人要追随现象，哲学的目的是拯救现象。在古希腊语里，这个词本是动词显现（phainein）的被动式现在中性分词，意思是被显现出来的。在其他场合王山教授也用这个词的德语形式 Erscheinung，它出自动词 scheinen，意思同样是显现。从这个词的本身，就可以看出，把认识的诸对象称做 phaenomena，称做 Erscheinungen，这表明它们并非独立于主体的存在，而是依赖于主体被显现出来的东西。关于现象，他作如下界定：

> 当我们为对象所作用时，对象能力的结果就是感觉（Empfindung），通过感觉对对象的直观（Anschauung）叫做感性直观，一种感性直观的未被规定的对象，叫做现象（Erscheinung）。（B34）

有的场合 Erschauungen 和 Paenomena 在一起用，那就似乎不能不加以区别了，如：

> 显现（Erscheinungen）就它们作为依范畴统一性而思想的对象而言，就成为现象（Phaenomena）。（A249）

总而言之，不论就感觉直观而言，还是就思想而言，在先验逻辑里认识对象都不是独立于主体的实体，而是一种被给予而显现的现象，或者叫做感性本质（Sinnenwesen）。人的认识，可以提其神于太虚而俯之，但它仍脱离不了感觉，脱离不了现象。如若把范畴仅作先验的运用，也就是仅运用于推理，实际上是没有运用，它没对对象作任何规定。范畴也是现象的形式，现象是它们惟一的对象，故而纯知性只有经验的运用，从未有先验的运用。一切知识必须来自经验，理性脱离经验只能产生矛盾、怀疑，漠不关心，自相分裂。传统的实体论思想方式没有对自身进行批判反思，完全是古老的野蛮作风，各行其是，称王称霸，把哲学变成了一个内争不休的战场（Kampfplatz），最后过渡到破坏一切的无政府主义、怀疑主义。而纯粹理性即是思想自身，须在自身之内把握它。先天的即是彻底必然的，是尺度。要把思维（zu denken）和认知（zu erkennen）加以区别，两者是完全不同的。思维的原则是自由，以不相矛盾为标准，认知的标准是必然。所以前者与预设相类似，思想则应保持其自由，百家争鸣，各有主张。除了无休止的战场以外，形而上学又是一本理性财产的清单（Inventarium）。

传统形而上学，完全是孤立的思辨理性，在概念中打圈子，即使经验主义也一样，也没有涉及认识的来源，认识的能力，以及客观有效性。使认识服从对象，就不能提供先天的东西，不能扩大它。实验是按事先设计的策划而进行的，实践是检验真理的标准，真理已经先在了，实践是为着检验这个既定东西而策划出来的。如若概念的规定服从对象，难以得到先天的、普遍必然的知识，那么对传统的思想方式进行改革，反转过来对象只是现象，它们在经验中被给予，超出一切可能经验便不可能有与之相应的对象。所以，认识能力纯粹运用的标准，首先是普遍性，因为认识不但出于（aus der）经验，从经验开始，而且伴随（mit der）经验前进。在经验中，普遍与特殊的区别是显而易见的，在经验外，严格的普遍与随意摆布也不难区分。与此同时，也就出现了必然性的概念。因为严格的普遍，就表示着亘古如一，不能或此或彼，或是或非。既然经验的东西都是个别和偶然的，是后天的（a posteriori），那么由普遍性而取得必然性，也就当然是非经验的 a priori，是先天的了。普遍、必然和先天是三位一体的，这才是认识的根源（Ursprung）。感觉经验到的首先是物体，物体是个体，是偶性。如若抽去这一切的个别和偶然，所剩余的就是必然，也就是物体所占有的空间，这种必然性是认识先天所具有的。普遍性是空间，外感觉的本性，由空间过渡到时间，内感觉的必然性。空间和时间是感性直观的形式，它们都出于认识能力的纯粹运用，是先天的。

但是，王山教授特别指出认识能力的这些纯形式，并不像柏拉图用理念的翅膀飞翔在无空气阻力的纯粹真空中。纯粹理性的先天认识，并不脱离尘俗世界，并不抛弃后天经验，没有感觉经验的支撑，认识能力就无以发挥，思辨理性就不能运转。先天的认识，科学的判断，不能单纯来自概念分析，概念分析不能扩大人的认识，更新人的知识。人们所追求的认识，不但是普遍和必然的，更要扩大它，更新它，这就离不开经验。如若认识所追求的仅是普遍必然性，那概念分析就是最方便、最可靠的了。从存在概念甚至可以分析出一个创造宇宙万物的上帝来。判断是认识表示其断定的基本形式，如若谓语先天地潜存在主语之中，这个判断必定是必然的，不需任何实践经验的证明。例如，断定物体是广延的，不需任何经验就可以知晓这是必然的。因为，广延概念本已包含在物体概念中，广延概念就是从物体概念中分析出来的。就是闭着眼睛也可断定这个判断是必然的真。进一步说，断定物体是重的就不一样了，就必须用手去托一托，用秤去称一称，不然就难以断定这一判断是否为真。只有经验才能向主体提供新事物，扩大认识的领域。虽然经验的东西都是个别的，既没有普遍性，更没有必然性，但经验却似一张无远不及的无形大网，把对象的一个部分和另一个部分联结起来，大漠孤烟直，长河落日圆，形成综合联结，一个总体表象。知识因之更新，认识由此扩大。总之，认识不但因经验而开始，并且在整个进程中还要不断伴随着经验。认识必须以经验为对象，以经验为范围，感性认识是这样，知性认识亦是如此。所以，

这样看来，知性的纯概念绝不允许有先验的运用，只能是经常作经验的运用。纯知性原理只能应用于可能经验的在普遍条件下的感觉对象，永远不应用于那些物一般，而不顾及我们对它们可能直观的样式。(B303)

关于知性和感性的关系，在以下这段文章里，王山教授有着更明确的交代：

在我们，知性和感性只有在它们联合运用的时候，才能规定对象。如若把它们分开，我们就有无概念的直观或无直观的概念。在这两种情况下，我们不能把表象与任何规定对象相联系。(B314)

认识对象必须与认识主体相关联，对象是主体的对象，离开主体就没有对象，这个现象学的基础命题，反而百分之百是概念分析，同语反复，并成就其普遍必然的真。那些反复追问着在人存在前地球是否存在的人们，正是割裂了对象和主体的认识关系，脱离了认识主体而泛论对象的。对象即对象，主体即主体，鸿沟万丈，非此即彼，使对象成为无规定的对象，主体成为非认识的主体，这反倒是典型的形而上学和繁琐哲学

了。实体论思想方式就是这样提问题的，圆凿方枘，当然难以找到共同语言。如若对象离不开主体，我们所认识的对象只是现象，它们只与可能经验相联系。认识的感性来源使知性也必须以感性对象为材料，这样就把认识限制在感性天地里，被封闭着。空间和时间仅仅是感性直观的形式，仅仅是显现物的存在条件。由于概念是与直观相应被给予的，所以，此外我们也没有更广的知性概念，也就是说，对事物的认识，我们也没有其他要素。这一切道理实际上已经包括在对象（Gegenstand）这个词之中，全部命题都可以从对象概念分析出来。因为它既相对地（gegen）站立着（stand），当然是离不开主体的，离开了主体，它就失去了对立物，无所 gegen，也就无处可站，无地自容了。对主体来说，它们不是观念的集合，为主体所派生，理所当然，只是些被显现的。但对象作为被显现的、作为现象，并不像那些粗陋见识所理解的那样，就不存在了。恰恰相反，在先验论学说中，对象惟有在经验中，才能实实在在地被空间和时间所规定，成为看得见，摸得着，在运动中，站出来的存在（existenz）。这也就是空间、时间经验实在性真正意义之所在。离开了经验，摆脱了主体，譬如说人类出现前的地球，当然存在，但只是个未被规定，花非花，雾非雾，不是什么的是，也就是黑格尔的那个纯存在，词典上那个不定式的存在 Sein，不能说它是什么的存在。存在和是，在西方哲学里，自古希腊哲人始就是同一个词。而认识的任务，思辨理性的概念，恰恰就在于规定对象，说它是什么，赋予知识以内容，开拓知识的领域，推动科学的发展。改革思辨哲学，以现象学思想方式补充实体论的方式，实在是科学发展时代的需要。

然而，人无完人，法无成法，放之四海而皆准，历万世而不变的理论，同样是没有的。这里，思辨理性、理论思维虽然赋有了实在意义，推动了科学的发展，但王山教授自己也指出了它的消极的（negativ）方面，因为按照这种现象论，认识只限于经验范围，这就缩小了理论活动的场地。更有甚者，甚至于可以使人以此为依据陷于狭隘的经验主义，短浅的功利主义，使纯粹的理性活动面临被扼杀、被取消的危险。而认识的王国是普遍必然的王国，如果把它无限地扩大了，处处是普遍必然，人人是手段工具，个性就要被取消，自由就要被剥夺，也就没有德性伦理学了。但在另一方面，这种对认识的限制也有积极的（positiv）方面。因为这种限制使思辨理性见到了自己能力的应用范围，不再妄自尊大，以为无所不知，而有所止，为纯粹理性让出更大的空间，这是更实在的空间。对于人类这是绝对必要的，因为认识如若是理性的，也就是说在认识上应该有着先天性。这种认识与对象的关系并不是单一的，而是双重的，它不但通过思辨理性，从理论上将对象加以规定（zu bestimmen），还要使认识成为现实（wirklich zu machen），这后一种功能就是实践理性了。如果我们只承认思辨理性的权威，把认识不断扩大，把一切对象都当做是可能经验的，这样把本来不是经验对象的东西当做现象，而宣布纯粹理性扩大不可能，人们的一切活动，认识的一切对象都在普遍必然的控制中，就会剥夺自由，没有信仰，没有思想，没有道德，回到野蛮和愚昧。所以，为了给信仰留余地，就必须限制知识了。

在过去几十年间，这是给王山教授招致许多非议的命题，按照批判者所持分量的轻重，帽子尺寸的大小，对 das Wissen aufheben 中的 aufheben 即可作不同分量的译解，从消灭、扬弃以至限制。其次对信仰 Glauben 一词，是对什么的信仰，是上帝，还是自由和真理，还是三者都是也各取所需。首先，把被马克思主义奠基者与法国政治革命相提并论，尊为德国哲学的革命者的康德，说成是必须取消知识的蒙昧主义者，似乎是责之过重了一些。从语境的上下文看来，似乎以译限制为恰当些。因为限制了知识是将认识锁定在现象世界，以保持科学判断的普遍必然性，不断扩大，不断更新。与此同时也给纯粹理性，精神生活，特别是实践理性保留了更广阔的天地，使它不为普遍必然所拘束，不为外界因素所宰制，自由驰骋。所谓Glauben，从上下文可以判断，实际并非专指对万能上帝的信仰，而是一般的道德信仰，对天上森罗星空和胸中庄严道德律的信仰。所以，纯粹理性有一种绝对必然的实践应用，在应用于实践的时候，它不可避免地要越出感性界限和必然的宰制。

当纯粹理性摆脱了感性的羁绊，冲破了现象的罗网时，它就完全是自由的了。在现象世界里，对象是通过表象与主体相联的，它是一个被显现的物，与他物相关的物。在摆脱了感性之后，它就割断了尘缘，消除了所有外在束缚，单纯地就自身而存在着，成为自在物（Ding an sich）。如若把由显现物构成的世界称为现象（Phainomena）的世界，那么由自在物构成的这个世界就称为本体（Noumena）的世界。两种物在认识上完全对峙着，互不相容。一种是感性对象显现的，与他物、与主体相互依存，本体则超乎空间时间之外，不依存于任何感觉经验，而是纯粹理性的思想对象。而本体 Noumenon 这个词出于古希腊语思想 noein，是 noein 的被动式现在中性分词，本义是被思想的。这样看来，现象和本体，依他物和自在物在认识上虽属不同世界，在存在上却不是两个物。任何一个对象，在感性直观可以捕捉到的范围内，它是现象。然而，当眼睛看不见，双手也摸不着，任何扩大感性能力的工具都无能为力，只有凭理性去思想它的时候，它就成为被思想的，就是自在物了。一花一世界，一叶一如来，任何对象，既是现象的，也是本体的，既是依他的，也是自在的，既是可知的感性本质（Sinnenwesen），又是仅可思的知性本质（Verstandeswesen）。按照先验论的一切对象只能通过直观被给予的根本原则，可以断言，知性本质作为被思想的对象，纯粹理性也必定有某种非感性的直观，那就是理智直观（die intellektuelle Anschauung）。理智直观本身在空间和时间之外，直接把握自己的对象，就只能是本质和整体，被称做理性的理念。理性理念有三个，作为外感觉的总体，它是世界；作为内感觉的总体，它是灵魂；作为内外综合感觉的整体，它是上帝。如若我们在这里暂且不去批判其从后门放进上帝的不彻底性，换个角度窥测一下，从上帝理念也不过是综合感觉的整体来看，不是更应该断定，即使在纯粹理性领域，感觉经验仍然是一个不可缺少的运转焦点，王山教授是思辨哲学的改革家，现代西方现象学方法的先驱吗？

伊曼努尔·康德

1747 年

活力的真正测算

1747 年

关于
活力的真正测算
的思想

以及对莱布尼茨先生和其他力学家在这一有争执的问题上所使用的证明的评判

包括一些主要涉及物体的力的先行性考察

伊曼努尔·康德

李毓章　郭大为　李秋零　译
李秋零　校

献词

献给

尊贵、博学、经验丰富的

约翰·克里斯托夫·伯留斯先生

医学博士

哥尼斯贝格科学院及王家人体医学院

次席编内教授

我至堪敬慕的保护人

〔5〕 **尊贵的先生**
博学的、经验丰富的博士先生
至堪敬慕的保护人!

要为像本书这样一种蹩脚的东西谋求所有的好处，除了尊贵的阁下您之外，我还能向谁求助才更好呢？遵循同样的人已向我显示过的善意的特别征兆，我斗胆希望，尊贵的阁下您也把这种冒昧当做我的感激之情的证明来接受。这本小册子的特性，自身并不具备任何东西能够让我引以为据建立起这方面的一些自信心；因为以尊贵的阁下您的大名来包装自己的文章，这种荣誉并不是人们可以用来向尊贵的阁下您赠礼的出发点。我能够呈献给尊贵的阁下您的一切，就是一大堆不完善的想法，也许本身就是不正确的，或者由于其作者的水平低下而失去了所有价值，它们最终使我充分地确信，不配把它们赠献给您。我不顾这一点，凭借对您的善意的完全理解，使自己产生了希望，即希望这些思想将为我提供我最珍视的服务，也就是让尊贵的阁下您认识到我对这种善意的感激之情。今后我将不止一次有机会想起我对您应尽的义务；只是当前的机会却将是
〔6〕 我公开承认我对您永怀崇敬的一次最佳机会。

此致
尊贵的先生，
博学的、经验丰富的博士先生，
至堪敬慕的保护人!

尊贵的阁下
您最忠实的仆人伊曼努尔·康德
1747年4月22日 于哥尼斯贝格

科学院版编者导言

库尔德·拉斯维茨（Kurd Lasswitz）

这部作品的手稿由当时还是大学生的康德呈交哲学系主任供审查。在哲学系档案中（第Ⅳ卷，714页），老约翰·亚当·格列高罗维乌斯作为1746年夏季学期系主任登记道：“以下所记以呈交系主任审查：……b. 大学生伊曼努尔·康德：全称为《关于活力的真正测算的思想》。”印刷也在1746年这一年开始，费用部分由康德自己承担，部分由一位近亲、富有的鞋匠李希特承担（鲍洛夫斯基：《伊曼努尔·康德的生平和性格描绘》，哥尼斯贝格，46页，1804）。因此，印在第1印张上的封面标出的年份是1746年，而《在约翰·海因里希·哈同的书店中可以购得的书和短篇文章的新全目录》（237页，1752）则说出版年为1746—1749年。因为根据康德8月23日的一封信（《康德全集》，第Ⅹ卷，1页），排印一直持续到1749年，“之所以如此拖延，既是因为经常出现各种阻碍，也是因为我不在跟前”。1747年，注明日期为1747年4月22日的致医学博士和王家御医约翰·海因里希·伯留斯①的献词和前言被附上。二者都是在专门的印张上印刷的，并在事后被插入第1印张的第1页（封面）和第2页之间。第107～113A节和第151～156节同样是1747年才插入手稿的，无论是从补充的联系和形式还是从提到1747年复活节博览会出版的穆森布

① 原文如此，但据这部作品的献词和康德的书信，伯留斯的名字应为“约翰·克里斯托夫”。——译者注

罗克的书上都可以看出。书的发行是1749年才进行。致伯留斯的献词纯粹基于（鲍洛夫斯基：同上书，194页）感激，因为伯留斯在康德的童年和少年时曾对他及其父母行过善事。在献词中强调的“善意的特别征兆”在于何处，不为人知。伯留斯于1703年生于哥尼斯贝格，于1726年在莱顿获得博士学位，自1741年始在哥尼斯贝格担任教授。

刊印：1.《关于活力的真正测算的思想：以及对莱布尼茨先生和其他力学家在这一有争执的问题上所使用的证明的评判，包括一些主要涉及物体的力的先行性考察》，伊曼努尔·康德著，马丁·埃贝哈德·道恩印刷，哥尼斯贝格，1746。

2.《康德早年未曾结集的短文集》，林茨（实际上是蔡茨的韦伯尔）编，129～350页，1795。由编者负担费用。

3.《伊·康德短文全集》，第1卷，1～294页，按时间顺序排列，哥尼斯贝格和莱比锡（实际上是福格特在耶拿），1797—1798。

4.《康德杂文集》，蒂夫特隆克编，第8版和完备版；第1卷，1～282页，哈勒，伦格书店，1799。

前言 〔7〕

Nihil magis praestandum est，quam ne pecorum ritu sequamur antecedentium gregem，pergentes，non qua eundum est，sed qua itur.

Seneca de vita beata. Cap Ⅰ.

［最需要遵循的是，我们不要按照牲畜的习惯追随前面的畜群，走的不是应当走的路，而是他人走过的路。

塞涅卡：《论幸福生活》，第1章］

一

我相信，我有理由就我利用这几页纸对世界所作的判断而言得出一个如此之好的看法，以至我擅自批驳伟大人物们的那种冒昧，不会被解释为我的罪过。曾经有过一个时代，人们在如此胆大妄为的时候不得不有很多担忧；但我想，这个时代从此已经结束了，人的知性已经幸运地摆脱了昔日无知和惊赞所加给它的桎梏。从现在起，倘若**牛顿**和**莱布尼茨**的声望与真理的发现相悖，人们也能够敢于大胆地认为它一文不值，并且除了知性的牵引之外，不服从任何其他的劝说。

二

即便我着手摈弃诸如**莱布尼茨**、**沃尔夫**、**赫尔曼**、**贝努**

利、比尔芬格①这样一些先生以及其他人的思想，并把优越性赋予我自己的思想，我也不愿意有比这些人更糟糕的仲裁者；因为我知道，这些人的判断即便是摈弃我的意见，也不会谴责这些意见的意图。在这些人物面前大胆地指摘所有的意见，并且不把他们的意见当做例外，除此之外，人们不可能赋予他们〔8〕更杰出的颂词了。虽然那是在另一种场合，但这种方式的克制毕竟曾对古代的一位伟人来说是非常值得赞扬的。**提谟来翁**虽然对叙拉古的自由立下了汗马功劳，但有一次仍然被传唤到法庭。法官们对他的控告者们的傲慢感到愤怒。但提谟来翁却以完全不同的态度看待这一偶然的事件。对于一个把自己的全部欢乐都建立在看到自己的祖国处在最美满的自由之中的人物来说，这样一种举动是不会使他反感的。他保护了这些利用他们自己的自由甚至来反对他本人的人们。整个古代都对这一讼案大唱赞歌。

在诸多最伟大的人物为了人类知性的自由作出了如此巨大的努力之后，难道人们还有理由要担心，自由的成果会使他们反感吗？

三

为了我的利益，我将利用这种克制与公正。不过，只有在功绩和一流知识的标志显而易见的地方，我才会遇到它们。除此之外，剩下的就是一大群至今仍被成见和伟人的声望无情地

① 关于莱布尼茨，参见下文11页注；关于沃尔夫，参见下文50页注；关于赫尔曼，参见下文43页注；关于贝努利，参见下文15、56、152页注；关于比尔芬格，参见下文32页注。——科学院版编者注

统治着的人。这些乐于被视为学问仲裁人的先生们，显得很擅长于没有读过一本书就对它作出判断。为了对一本书指手画脚，人们只需要向他们出示书名就行了。假如作者不出名，没有个性和功绩，那么这本书也就不值得为此花费时间了；更不用说这位作者还要干大事，要指摘著名的人士、改进科学、宣传他自己的宇宙思想。如果在各门科学的审判席前关键是出席人数，那我的事情就没有一点指望了。不过，这种危险并没有使我心神不安。这就是如人们所说住在帕尔纳索斯山下的人，他们没有财产，也没有选举权。

四

成见让人感到惬意，助长安逸和自负，这是人们离开人类就摆脱不了的两种品性。受成见支配的人把某些通常必定被轻〔9〕视、使其屈就自己的人提高到所有其他人之上，达到一种不可攀的高度。这种优越感以完全等同的假象掩盖了其余的一切，使他意识不到至今仍在上述人们中间普遍存在的差别，这种差别通常会使他陷入不愉快的观察，看到有人经常被尚处于中等水平的人们超越。

于是，只要人的心灵的虚荣心还是强有力的，成见就也会保持下去，也就是说，它绝不会消失。

五

在进行这一探讨的过程中，如果一位如此著名的人士的定理在我的知性看来是错误的，我将毫不犹豫地予以摈弃。这种冒昧将给我带来非常可恨的后果。世人非常倾向于认为，相信在这一件或者那一件事情上比一位伟大的学者认识更为正确的人，在其自负方面也超过后者。我敢说，这种假象是不真实的，而它在这里确实是在骗人。

在人的知性的完善性方面，不存在像人的身体结构中那样的比例和相似。就人的身体结构而言，从这一或者那一肢体的大小推论出整体的大小是可能的，但对于知性的能力来说就完全是另一回事了。知识是一个不循规蹈矩的物体，没有匀称和类似。一个低级学者常常在知识的这一或者那一部分胜过另一个就其知识的全部范围而言远远比他杰出的学者。从种种现象来看，人的虚荣心还不至于走得如此之远，以至发现不了这种区别，把对这一或者那一真理的洞识同杰出知识的博大总汇混为一谈；至少我知道，如果有人对我提出这种指责，那他可是冤枉我了。

〔10〕

六

世人不会如此荒唐地设想，一个有名望的学者根本不再有犯错误的危险。不过，一位伟大人物的全部洞察力都不能将他从中解救出来的这些错误，一位末流的、不知名的作家却避开了，这是不可能轻而易举地领悟的困难。在下面的话语中包含着很多放肆：**最伟大的人类知识大师们徒劳地谋求的真理，首先呈现给我的知性。**我不敢为这一思想辩护，不过我也不愿意放弃它。

七

我自负地认为，对自己的力量建立某种无私的信任，有时并不是没有益处的。对方法的深信不疑激活了我们的全部努力，并赋予这些努力以某种非常能够促进真理研究的热情。如果有人处于一种心态中，能够说服自己，相信自己的考察有一些价值，相信诸如**莱布尼茨**这样一位先生有可能犯错误，那么，他就会尽一切努力来使自己的猜想成真。就一件大胆的行为而言，在上千次的失误之后，真理的认识所获得的收益依然要比总是墨守成规更为巨大得多。

我就以此为基础。我已给自己标出了我要遵循的道路。我将踏上自己的征程，任何东西都不应阻碍我继续这一征程。

八

还有一个人们将对我提出的新指责，看来我必须抢在它之前采取行动。人们有时会听到我说话的口气是一个对自己定理的正确性非常自信、不担心自己会遭到反驳或者自己的结论会欺骗自己的人。我的虚荣心还没有到自认为这是事实的地步，我也没有理由如此精心地为我的定理消除一种失误的外表；因 〔11〕
为在人的知性于所有时代都曾经发生过如此之多的失误之后，再发生失误也不是什么遗憾。在我的做法中蕴含着一个迥然不同的意图。这几页纸的读者在研究我的论文之前，毫无疑问已经通过现在流行的关于活力的学说做好了准备。他知道在莱布尼茨①宣布自己对世界的力的测算之前人们所想的东西，

① 笛卡尔于 1644 年在《哲学原理》中（第Ⅱ部分，第 35 节以下）如此表述了他在 1630 年前后就已经确定的观点（已经表述在《论世界》中，《笛卡尔全集》，V. 孔辛版，第Ⅳ卷，254、256 页，巴黎，1824），即物质的运动有一个确定的量，这个量即便在单个的部分那里有所变化，在整个世界中却始终保持是同样的量。宇宙中的运动和作用的这种不变性是由上帝的不变性保证的。运动在其总和中表明为不变所凭借的量度是运动物质的量与其速度的乘积。他也把这个“运动的大小”（mv）理解为力的结果、作用或者用力，理解为产生推动别的物质的效果的东西。——围绕力的量度的争论于 1686 年开始。莱布

这位人物的思想他必定也已经熟知。他肯定使自己通过两个学派之一的结论而有所收益，根据种种迹象，这就是莱布尼茨学派；因为现在整个德国都信奉这一学派。他是在这一心态下读这几页纸的。对活力的各种辩护以几何学证明的形态抓住了他的整个灵魂。于是，他把我的思想仅仅视为怀疑，假如我非常幸运，也不过是视为交给时间去解答的表面上的、尽管如此却不

尼茨在《教育者年鉴》（161～163 页，1686 年 3 月）上，在论文《笛卡尔和其他人关于自然法则的显著错误的简短演示，他们想根据这种自然法则由上帝维持运动的同一个量；他们以这种方式并且在实际上滥用了力学：在 1686 年 1 月 6 日的信中的交流》中提出了如下学说，即测量一个力的作用的大小，乃出自质量和通过内在于它的速度可以达到的上升高度的乘积，以及通过质量和速度平方的乘积。这就是无论世界上有什么变化都保持下来的大小。关于第一批质疑和反驳，莱布尼茨在《教育者年鉴》（439～440 页，1691）给予了报道。

莱布尼茨在 1695 年以如下的话引入了惰力和活力的区分：“因此，它显然是一个双重的**努力**，亦即我也称之为**诱惑**的基本努力或者无限小以及以连续性和重复来塑型的基本努力，也就是冲击自身。尽管我并不因此就想真正这样在自然中重新发现这些数学的存在者，而是想让它们有益于以心灵的抽象作出谨慎的估量。因此，**力**同样是双重的：一种是基本的力，我也称之为**惰力**，因为在它里面还不存在运动，而是只有运动的诱惑，这样的诱惑就属于枪管中的子弹，或者投石器中的石头，甚至在它被绳子捆绑期间；而另一种是常规的力，与现实的运动相结合，我称之为**活力**”（《教育者年鉴》，148、149 页，1695 年 4 月，载论文《动力学模型：根据应予揭示并回溯到其原因的关于物体的力和相互作用的神奇自然法则》，145 ～157 页）。

当康德写自己的书时，莱布尼茨的观点被视为权威性的。两种观点直到 1747 年的主要代表在作品的展开中都提到了，不过，康德似乎恰恰不知道达朗贝尔的《动力学》（1743），达朗贝尔在其中宣称围绕力的量度的争论是一场口舌之争。——科学院版编者注

会阻碍真理的怀疑。与此相反，我必须运用我的全部技巧，以便使读者的注意力更长久地集中在我这儿。为了促使他注意那些引起对我自信的理由，我必须用我的证明赋予我的全部信念之光向他展示我自己。

如果我仅仅以怀疑的名义说明我的思想，那么，本来就倾向于把我的思想看做是一点也不更好的世人，就会轻率地把这些思想扔到一边。因为一种人们相信曾经得到过证明的意见，即便攻击它的怀疑是如此显而易见，不可能轻而易举地得到解答，它也仍将长时间地获得赞同。

一个作者通常不知不觉地将他的读者一道带入他在创作自己作品时自身所处的那种心态。因此如果可能的话，我更乐意向读者传递确信的心态，而不是怀疑的心态。因为对我来说，也许对真理来说也是一样，前者要比后者更为有利。这是一个小小的机谋，为了还能够重建如此向伟大人物们的声望倾斜的天平的平衡，我现在绝不能轻视这种机谋。

九 〔12〕

我还要克服的最后一个困难，乃是人们由于我的不礼貌而加给我的。看起来，我能够以比我实际所存更多的恭敬来对待我敢于反驳的那些人士。我应当以更温和得多的口气说出我对他们的定理所作的判断。我似乎不应当把他们的定理称为谬误、赝品或者迷乱。这些表述的尖锐性显得对它们所涉及的伟大名字有所不恭。区分的时刻也是道德上粗鲁的时刻，此时似乎已经作出了回答：必须把定理与其倡导者的所有个人优点分别开来予以评判。但是，本世纪的礼貌给我加上了一种迥然不同的规律。如果我的表述方式冒犯了伟大人物们的功绩要求我作出的敬重，我就会是不可原谅的。不过，我断定不会这样的。既然我们除了极伟大的发现之外还经常地遇到失误，那么，这与其说是人们的错误，倒不如说是人性的错误；如果要把失误与学者们完全隔离开来，那就未免给予学者们身上的人性以太多的荣誉了。一位建立起原理大厦的伟大人物，不可能同样强有力地将他的注意力转向所有可能的方面。他特别地深入到某项考察之中，如果他在这种情况下逃脱了任一别的方面的错误，那也不是什么奇迹；假如他除了这项活动之外只把自己的注意力集中在这方面，他肯定能避开这错误的。

我只想直截了当地承认真理。我不会反对把在我的考察中以谬误和赝品的形态出现的定理视为真正的谬误和赝品；我为什么应当强制自己在自己的作品中如此小心翼翼地掩藏这一思想，以便显示出我并未考虑、但世人却希望我考虑的东西呢？

总而言之，我将会很难符合礼仪，赋予我关于伟大人物所
〔13〕说出的所有判断一种恭维的激情，灵活地缓和一下表达方式，处处都让人看到恭敬的标记；由于选择此类的语词，这种努力会时常将我置于令人烦恼的困境，屈服于从各方面离开哲学考察小道的必然性。**因此，我想利用前言的机会，对恭敬和尊重作出公开的解释，对于我们知识的这些我如今有幸称为自己敌手的各位大师，我在任何时候都心怀恭敬和尊重，我冒昧作出的蹩脚判断不可能对他们造成丝毫伤害。**

十

然而，在我如今努力清除了各种不同的成见之后，最终还剩下某种合理的成见；在我的作品中兴许还可以发现某种令人信服的东西，我要把它特别归功于这种成见。既然诸多具有可

靠的洞察力和判断力的伟大人物都部分地通过不同的途径，部分地通过同一条途径，被引导到宣布同一个定理，那么，设想他们的证明是正确的，与设想某一位蹩脚作家的知性更为精确地考察了这些证明中的正确性相比，就具有更大得多的可能性。因此，后者有重大的理由，特别清晰地、平稳地提出自己考察的主题，对它进行剖析和阐明，以致即便他也许作出了错误的推论，这错误也必定会马上就闪现在他眼前；因为这里的前提是，即使研究同样错综复杂，在洞察力方面优越于他人的人，也会先一步发现真理。因此，他必须尽可能地使自己的研究简单明了、易于理解，以便他能够在自己的考察中根据自己的判断力的尺度，与另一个人在一个错综复杂得多的研究中根据自己的判断力的尺度相比，猜想有同样多的光明和正确性。

在实施我的计划时，就像人们马上将要觉察到的那样，我让这种遵循对我来说成为一个法则。

十一 〔14〕

在结束这一前言之前，我们希望再简明扼要地说明一下关于**活力**的争论当前的状况。

根据种种迹象，在**莱布尼茨**先生率先向世人描述活力的所有事例中，都不是他第一个发现了活力。一种见解，尤其是带有某种大胆的、奇特的东西的见解，其开端通常比按照平方进行测算的见解要更为简单。人们有某些共同的经验，凭借这些经验我们知道，一种现实的运动，比如打击或者碰撞，总是要比惰态的压力具有更多的力量，尽管后者同样强劲。这一观察也许是一个思想的胚胎，它在莱布尼茨先生手下不可能依然不结果实，经过加工它发展壮大为最著名的理论之一。

十二

总而言之，活力的事情似乎可以说被恰当地解释为：过去，在某个任意的时间，知性必定受到了活力的诱惑。**被克服了的重力障碍、被移动的物质、被压迫的弹簧、被运动的质量、在复合的运动中产生的速度，**这一切都以奇妙的方式协调一致地完成了按照平方进行测算的假象。有一个时期，证明的多样性被看做是在另一个时期达成证明的精确性和清晰性的东西。如今，这个时期就现存于活力的一些辩护者中间。即使他们对自己的这一个或者那一个证明很少感到确信，相比之下从更多的方面表现出来的真理假象也巩固了他们的赞同，并使这种赞同不致发生动摇。

十三

迄今为止在活力的争论中，要说出得胜的推测最多地表现在哪一方面，是比较困难的。身为自己民族的哲学家中间的顶
〔15〕尖人物的两位**贝努利**先生①、**莱布尼茨**先生和**赫尔曼**先生，不可能被欧洲其他学者的声望超过。惟有这些掌握了几何学的所有武器的人物，才有能力支持一种如果处在一个不怎么知名的辩护者手中也许就无法显示出来的意见。

无论是**笛卡尔**②的学派，还是**莱布尼茨**先生的学派，都对自己的意见感到人们通常在人类知识中所能够获得的所有确

① 指约翰·贝努利和他的第二个儿子丹尼尔·贝努利，参见下文72页注和152页注。——科学院版编者注
② 参见上文11页注。——科学院版编者注

信。双方都只为敌手的成见感到遗憾，每一学派都认为，只要自己意见的敌手愿意花费点力气，以一种平衡的心灵倾向看待这种意见，这种意见就根本不可能被质疑。

然而，在活力学派试图借以维护自己的方式和笛卡尔的测算借以为自己辩护的方式之间，却表现出某种值得注意的区别。后者仅仅援引真理和谬误的判定在其中简单明了、确定无疑的简单事例，与此相反，前者却把自己的证明尽可能地弄得错综复杂、晦涩难懂，可以说是借助黑夜从一场战斗中撤退；假如在光天化日之下，它也许每一次都要败北的。

莱布尼茨学派在自己这方面也几乎拥有所有的经验；这也许是他们惟一超过笛卡尔学派的地方。**波莱尼**先生、**格拉维桑德**先生和**穆森布罗克**①先生为他们提供了这种服务，如果人们更为正确地加以利用的话，这方面的成果也许是很出色的。

在这篇前言里，我将不讲述我在本文中打算就活力问题提供的东西。除了立足于简明扼要之外，本书也就不抱希望还有人来读它了；因此对读者来说，弄明白它的整体将是件轻而易举的事情。

倘若我可以信赖我自己的自负，我就会说，我的见解能够产生一些并不令人厌烦的供参考的成果，来调解众多极为重大〔16〕的分歧中目前流行于欧洲几何学家中间的一个分歧。不过，这种劝说是无济于事的；一个人的判断在任何地方所起的作用都不小于在他自己的事情上。我并不会如此偏爱自己的事情，为

① 关于波莱尼，参见下文 176 页注；关于格拉维桑德，参见下文 176 页注；关于穆森布罗克，参见下文 118 页注。——科学院版编者注

了它而听从自负的成见。但无论如何我都敢于自信地预言：这场论争要么很快就被终结①，要么永远也不会停止。

① 当然，这场争论很快平静下来了，但并不是由于康德的裁定，而是因为随着数理力学的进步，兴趣减弱了。差不多与康德的作品同时，博斯科维奇试图居间调停，而艾拉克里托·曼弗雷迪和弗兰西斯科·马里亚·扎诺蒂则赞同笛卡尔学派的立场，萨穆埃尔·柯尼希于1751年要求莱布尼茨的力的量度是力学的一个普遍原则。约翰·克里斯蒂安·阿诺尔德于1754年在论文《论活力及其测算》中描述了这场争论的历史。

对于分析力学来说，如达朗贝尔已经阐述的那样，不存在对力的量度进行争论的需要，因为那里出现的大小始终是由分析的表述清晰地定义的，而且用一个特殊的词来称谓它们，实际上依然只是一种口舌之争。就此而言，康德有权说**在数学内部**根本不能作出任何裁定。

尽管如此，如果人们超出力学而追问，在物体变化的不同领域里保持着什么样的作用实在性，这种争论就没有被终结。因为在这种情况下，这种实在性就必须以确定的方式被定义为大小。从现代的立场出发，人们可以与热学中的熵、电磁学中的电量类比，把笛卡尔学派的力的量度，即运动的大小mv，视为大小的一种，对于这些大小来说在这些个别领域里存在着特殊的法则，部分地是守恒法则，遵照这些法则，它们就**在它们的领域内部**充当变化的量度。但是，在从一种能形式向另一种能形式的过渡中，惟有在这时保持自己为恒量的那种大小才能被视为量度；这就是容积大小与强度因子的乘积，它拥有“能”这个名称，并在现实运动的特殊能形式中作为莱布尼茨的力的量度$\frac{1}{2}mv^2$出现。——科学院版编者注

第一章
论物体的力 〔17〕

第1节 每一物体都有一种本质的力

由于我相信，某种东西有助于实现我所怀的意图，即明确无疑地说明一番关于活力的学说，所以，既然我在事先已经确定了关于物体的力的一些形而上学概念，我就从这里开始。

人们说，一个处于运动中的物体有一种力。因为克服障碍、压紧弹簧、移动质量，所有的世人都称这为起作用。人们如果看得并不比感官告诉我们的更远，就会把这种力视为某种完全从外面传递给物体的东西，而如果物体处于静止中，它在这方面就一无所有。在**莱布尼茨**之前，所有的世俗智者都持这一见解，惟有**亚里士多德**一人例外。人们认为，亚里士多德那隐晦的隐德莱希就是物体起作用的秘密。总的来说，所有追随亚里士多德的学校教师都没有理解这个谜，也许，它被提出来就不是为了让某人理解的。人类理性有许多东西要归功于莱布尼茨，他首先教导说，物体具有一种本质性的力，它属于物体，甚至在广延之前。Est aliquid praeter extensionem imo extensione prius［除了广延之外，甚至在广延之前，还有某种东西］①；这就是他的原话。

①关涉如下的话："在有形事物中，除了广延之外，甚至在广延之前，我们在别处提醒过有某种东西"，《动力学模型》，载《教育者年鉴》，145页，1695。参见上文11页注。——科学院版编者注

〔18〕

第 2 节　莱布尼茨把物体的这种力称为作用力

发明者用作用力①这个普遍的名称来称谓这种力。人们似乎只应当在形而上学的体系中紧追发明者；但是，人们力图更为精确地规定这种力。据说，物体有一种运动的力；因为人们发现物体除了产生运动之外就无所事事。假如物体施压，它就是在追求运动；但在这种情况下，如果运动是现实的，力就存在于实施中。但是我断言，如果把一种本质性的力（vim motricem［运动力］）赋予物体，以便了结对运动原因问题的回答，那么，人们就在一定程度上玩弄了学校教师所使用的一种手腕；后者在研究热和冷的根据时，就求助于一种 vi calorifica［产生热的力］或者 frigifaciente［产生冷的力］。

第 3 节　应当合理地把本质性的力称为 vim activam［作用力］

假如把运动当做一种作用，并由此而赋予它一种同名的力，这种说法是不正确的。一个极少遭遇到阻力，从而几乎根本不起作用的物体，却拥有最多的运动。运动只是物体状态的外在现象，此时物体虽然不起作用，但还是在致力于起作用；然而，在它由于一个对象而突然失去自己运动的时候，即在它静止下来的时刻，它还在起作用。因此，人们不应当用一个根本不是作用的东西来给一个实体的力命名，更不要谈论在静止状态中起作用的物体（例如谈论一个放在桌子上的球通过其重力对桌子施压）说，它们有自己运动的努力。这是因为，由于

① 出自《论第一哲学的改进暨论实体的概念》，载《教育者年鉴》，111 页，1694。——科学院版编者注

这些物体在自己运动的情况下似乎不起作用，于是人们不得不说：一个物体在起作用的时候，就具有了一种陷入它不起作用的状态的努力。因此，人们应当宁可把一个物体的力称为 vim activam［作用力］，而不是称为一种 vim motricem［运动力］。

第4节　何以能够从作用力出发解释运动 〔19〕

但是，再没有比从作用力的普遍概念推导出我们称为运动的东西的起源更容易的事情了。实体 A 的力是注定要向外起作用的（也就是说，改变另一个实体的内在状态），它要么在其努力的第一瞬间就马上找到了承受其全部力量的对象，要么找不到这样一个对象。如果所有的实体遇到的是第一种情况，那我们也许根本不认识运动；因此，我们也不能用运动来称谓物体的力。但是，如果实体 A 在它努力的瞬间并不能运用自己的全部力量，那它就只运用了自己的部分力量。然而，它以其剩余的部分力量并不能始终无所事事。毋宁说，它必须以其全部力量发挥作用；因为如果力量不被完全运用，它也就不再叫做力量。由于在世界的共存状态中找不到这种实施的结果，所以人们不得不在对它的第二种测算中，即在事物的渐进序列中找到这些结果。因此，物体不是突然地，而是逐渐地使用它的力。但在前后相继的各瞬间中，它不可能总是作用于它一开始就作用的同一些实体；因为这些实体承受的只是它的力的第一部分，其余的东西它们没有能力接受；因此，A 逐渐地总是作用于别的实体。但是，它在第二个瞬间所作用的实体 C，相对于 A 必须与它一开始所作用的 B 在地点和位置上关系截然不同，因为若不然，就无法解释 A 为什么不在一开始就一下子既作用于实体 C 又作用于 B。同样，它在前后相继的各个瞬间所作用的各个实体，每一个相对于物体 A 的第一地点都有不同的位置。这就是说，A 通过逐渐地起作用，改变了自己的位置。

第 5 节　如果仅仅把 vim motricem［运动力］赋予物体，由此将会在肉体作用于灵魂的学说中产生什么样的困难

由于我们不清楚一个物体在静止状态下起作用时造成了什
〔20〕么，所以我们总是回想到在将阻力忽略不计时所产生的运动。利用运动，似乎就足以使人们对在物体中所发生的东西、对我们不能看到的东西拥有一种外在的特征。但通常，运动被看做力在充分地突然释放时所造成的东西，被看做力的惟一结果。由于从这个小小的歧路重新返回正确的概念是如此轻而易举的事情，人们也就不应当设想这样一种失误会造成什么后果了。不过，这一失误虽然在力学和自然学说中不是失误，但事实上却是失误。原因在于，正是由于这一点，设想物质何以能够以一种事实上有效的方式（即借助物理的影响）在人的灵魂中产生表象，在形而上学中是一件如此困难的事情。人们要说，除了引起运动之外，物质还会做别的什么呢？因此，物质的全部力量所导致的结果将是，它至多把灵魂从它所在的地方移开。然而，仅仅造成运动的力，居然产生出表象、理念，这怎么可能呢？这可是如此不同种类的事物，一个怎么能够是另一个的源泉，这是不可理解的。

第 6 节　在谈到灵魂作用于肉体时由此产生的困难以及如何能够通过命名一种 vis activae［作用力］来克服这一困难

如果问题在于灵魂是否也能够使物质产生运动，就会表现出同样的困难。但是，如果人们不是把物质的力计入运动，而

是计入对其他不能更为精确地规定的实体的作用，那么，两个困难就都消失了，物理的影响也就没有得到一点说明。因为灵魂是否能够引起运动，也就是说灵魂是否有一种运动力的问题，就变成了这样的问题：它的本质性的力是否能够被规定为一种向外的作用呢？也就是说，它是否能够在自身之外作用于其他存在物并且造成变化？人们可以用一种斩钉截铁的方式回答这一问题：灵魂从这一理由出发必定能够向外起作用，因为它在一个地点。原因在于，如果我们分析我们称为地点的东西 〔21〕
的概念，人们就会发现，地点暗示着诸实体相互之间的作用。因此，除了这种小小的概念混乱之外，再也没有任何东西阻碍一个有洞察力的作家来完善物理影响对预定和谐的胜利了；而人们只要把自己的注意力集中在这方面，很容易就能够找到摆脱这种概念混乱的出路。

只要把物体的力称为一种作用力，就很容易理解物质何以能够促使灵魂产生某些表象

关于物质人们只能想象，它除了运动之外什么也不能引起，而物质将某些表象和映像印入灵魂是怎样可能的，理解这种悖谬的定理，同样也是很容易的。因为被置于运动之中的物质作用于所有在空间上同它联结的东西，因此也作用于灵魂，这就是说，它改变了灵魂的内部状态，只要这种内部状态与外部的东西有关。既然灵魂的整个内部状态不外是它的所有表象和概念的总括，这种内部状态只要同外部的东西有关联，也就叫做 status repraesentativus universi［整体的显现状态］；因此，物体借助它在运动中拥有的力，改变了灵魂借以表象世界的状态。人们就是用这种方式来理解物质何以能够把表象印入灵魂的。

第 7 节　有些事物能够真实存在；尽管如此却能够不在世界上任何地方现存

在一个范围如此广泛的题材中，要想不跑题是很困难的；然而，我必须再次转向我关于物体的力已经说明了的东西。由于彼此存在于外部的实体的所有联结和关系都来源于相互的作用，这些作用把它们的力相互施加给对方，所以就让我们看一看，从力的这一概念中可以推导出什么样的真理。一个实体要么同它之外的其他实体处在某种联结和关系中，要么不是这样。由于任何一个独立的存在物都在自身中含有它的所有规定
〔22〕的全部起源，所以，同其他事物处于联结之中，这并不必然属于它的此在。因此各个实体能够存在，尽管如此却与其他实体根本没有外在的关系，或者与它们处于一种现实的联结之中。由于没有外部的连接、位置和关系就无所谓地点，因此，有一事物真实存在，但并不现存于整个世界上的任何地方，这是完全可能的。这个悖谬的定理，虽然是些极为熟悉的真理的一个结果，而且是一个非常易于理解的结果，但据我所知却还没有被任何人觉察到。不过，还有另外一些定理出自这同一个源泉，它们同样地奇特，可以说是违背知性的意愿而吸引了知性。

第 8 节　不止一个世界能够存在，这在真正形而上学的知性中是真实的

由于某种东西如果与其余部分根本没有联结，就不能说它是整体的一个部分（因为若不然，在一个现实的结合与一个想象的结合之间就找不到区别了），而世界是一个真正复合的存在

物，所以，一个在整个世界上不与任何事物相联结的实体也就根本不属于这个世界，除非它存在于思想中，也就是说，它不是世界的一个部分。如果诸如此类不与世界上的任何事物相联结、但彼此之间又有关系的存在物很多，由此也就产生了一个极其特殊的整体；它们构成了一个极为特殊的世界。因此，人们在世俗智慧的课堂上总是讲，在形而上学的意义上只可能存在一个惟一的世界，这话是不正确的。即便是在真正形而上学的意义上说，上帝也创造了数百万个世界，这确实是可能的；因此，这些世界是否确实存在，这依然是有区别的。人们在此所犯的错误之所以产生，无疑是由于人们认真地关注对世界的解释。因为定义只是把与其余事物有一种现实联结的东西归属世界①，但是，定理忘记了这一限制，谈论起所有存在的事物。〔23〕

第9节 倘若实体都没有在自身之外起作用的力，那就既没有广延，也没有空间

很容易就可以证明：倘若实体都没有在自身之外起作用的力，那就既没有广延，也没有空间。因为没有这种力也就没有联结，没有联结也就没有秩序，没有秩序最终也就没有空间。不过，要看出如何从实体的这种力在自身之外起作用所遵循的规律产生出空间度量的多样性，却更为困难一些。

空间三维度的根据尚未被认识到

莱布尼茨先生在《神正论》的某个地方曾根据从一个点相

① Mundus est rerum omnium contingentium simultanearum successivarum inter connexarum series［世界是所有相邻、相似、相继、相互联结的事物的序列］。

互垂直地引出的直线的数目作出了一个证明；由于我在这一证明中觉察到循环论证，所以我就想到，从人们在数的乘方那儿觉察到的东西出发来证明广延的三维度。数的前三次乘方是十分简单的，不能够还原为另一次乘方，惟独第四次乘方，作为平方的平方，不外是第二次乘方的重复。尽管数的这一特性在我看来如此适宜于由此解释空间的三维度，它在运用中却并不是无懈可击的。因为在我们凭借想象力关于空间所能够想象的所有东西中，第四次乘方都是一件极不合乎情理的事情。在几何学里，人们不可以用平方自乘，也不可以用它的根来乘立方；因此，三维度的必然性的基础，并不是如果人们设定更多的度量，则此举无非是重复先前的度量（如同数的乘方那样），而毋宁说是我还不能解释的另一种必然性。

〔24〕

第10节　空间的三维度很可能来自实体的力相互起作用所遵循的规律

由于在一个事物的特性中所出现的一切，都必须能够从自身包含着该事物的完备根据的东西推导出来，所以，广延的特性、从而还有广延的三维度，也将建立在实体就与之联结的事物而言所拥有的力的特性之上。一个实体与另一个实体联合发挥作用所凭借的力，不能被设想为没有某个在它起作用的方式中表现出来的规律。由于实体相互起作用所遵循的规律的方式也必然规定着许多实体结合与复合的方式，所以，度量一大批实体（即一个空间）所遵循的规律或者广延的维度，就产生于各实体凭借自己本质性的力追求结合所遵循的规律。

三维度之所以产生，似乎是由于各实体在实存的世界中如此相互作用，以致作用的强度与距离的平方成反比

据此我认为：各实体在我们作为一个部分的实存世界中具有这样的本质性的力，以致它们在相互的结合中按照距离的双倍反比从自身扩展其作用；其次，由此形成的整体凭借这一规律而具有三重维度的特性；再次，这一规律是随意的，上帝也可能选择另一个规律，例如三倍的反比；最后，从另一个规律也可以引申出具有另一些特性和度量的广延。关于所有这些可能的空间类型的科学，显然是有限的知性所能够从事的最高级的几何学。我们在自己这儿发现不可能想象一个多于三维度的空间，这种不可能性之所以产生，在我看来乃是由于我们的灵魂同样按照距离的双倍反比规律接受从外部来的印象，由于灵魂的本性自身注定不仅仅如此承受，而且也以这种方式向自身 〔25〕
之外起作用。

第11节　之所以可能存在多个世界的条件

如果存在着具有不同度量的广延是可能的，那么，上帝确实把它们安置在某个地方就也是可能的。因为上帝的作品都具有它们能够容纳的大小和多样性。这种类型的空间不可能与本质迥然不同的空间相结合；因此，诸如此类的空间根本不属于我们的世界，而是必然构成独特的世界。在前面我已指明，就在形而上学的知性中来说，可能有多个世界一起存在；然而在这里，条件同时也如同对我表明的那样，是多个世界确实存在之所以可能的惟一条件。因为如果只有惟一的空间样式（它只能承受一次三元测算）是可能的，那么另一些世界（我把它们安排在我们生存的世界之外）在空间上也许能够同我们的世界联结，因为它们是另一类型的空间。因此就要问一问，上帝究

竟为了什么要把这个世界与另一个世界分开，因为上帝通过它们的联结而赋予它的作品一种更大的完满性；联结越多，世界上的和谐和一致也就越多，因为相比之下，空隙与分离将损害秩序和完满的规律。因此，多个世界的存在是不可能的（尽管这本来是可能的），除非我在这里所谈的多种多样的空间是可能的。

这些想法可以是我留待自己作的一项考察的提纲。不过我不能否认，我怎样想到它们，也就怎样说出来，并没有通过长期的研究来赋予它们确定性。因此我准备，一旦更为成熟的判断向我揭示了它们的弱点，我就又摈弃它们。

第12节　一些形而上学家断言，物体由于自己的力而致力于向所有方位运动

最近的世俗智慧①关于物体本质性的力确定了某些当然不
〔26〕能赞同的概念。人们把这些概念称为一种持续的运动追求。除了这一概念像我一开始指出的那样自身带有的错误之外，还有另一个我现在要谈到的错误。既然力是一种持续的起作用的努力，那么，假如人们想说就外部事物而言力的这种努力根本是不确定的，就明显地自相矛盾。因为根据它的定义，它确实是致力于在自身之外作用于其他事物；的确，根据已被接受的最新形而上学教师们的学说，它确实是作用于其他事物。因此，那些认为力与其说就方向而言根本不确定，倒不如说力指向所有方位的形而上学家，似乎说得最为正确。所以，著名的**汉姆**

① 关涉克里斯蒂安·沃尔夫：《一般宇宙论》，第149节（也请参见下文29页），法兰克福和莱比锡，1737。——科学院版编者注

贝格[①]先生断言，单子实体性的力同时致力于向所有的方位运动，并因此而像一个天平那样由于反作用力的平衡而保持静止。

第13节 对这种意见的第一个反驳

根据这个体系，当两个对立的趋势之间的平衡消失，物体因较大趋势保持着超过较小趋势的力的优势而沿着较大趋势的方向运动时，运动就产生了。在运动的物体与被运动的物体总是同时向前移动的情况下，这种解释也就满足了想象力。因为这种情况与某人用手托着两个重量相等的天平盘中的一个、从而造成了另一个天平盘的运动那种情况是类似的。不过，一个通过撞击获得了自己运动的物体，即便推动力不再对它起作用，它也将无限地继续这一运动。但是根据上述学说体系，它将不能继续自己的运动，而是一旦推动的物体不再对它起作用，它就也突然静止下来。这是因为，由于物体的力指向所有方位的趋势与其主体是不可分离的，所以，一旦外部与某一趋

① 汉姆贝格（Georg Erhard Hamberger），耶拿医学教授，后为物理学教授，1697年生于耶拿，1755年卒于同处。在他的纲要《以数学方法为讲课使用而编写的物理学基础》（耶拿，1727，后来反复再版）中，他把物体的不可穿透性归因为一种向所有方向起作用的固有的力（第38节以下，7页以下）。这种认为每个物体在每个瞬间都在所有方向上向外和对自己起作用的学说（第44节，9页），似乎对于康德来说曾推动他提出自己的物质的反冲力。他在第51节（60页）更为详细地回到这一点，因为他在其中看到解释运动从静止，不仅仅从“现实的”运动产生的一种办法，并且在这里特别关涉在表面张力的作用下出现的运动现象（参见汉姆贝格：同上书，第179节，71页）。——科学院版编者注

势对立的力停止起作用，这两种倾向的平衡一瞬间就重新建立
〔27〕起来了。

第14节　对这种意见的第二个反驳

但是，这还不是惟一的困难。由于一个事物一般来说必须是确定的，所以各实体向所有方位施加的运动追求必然有一定程度的强度。因为它不可能是无限的；然而，起作用的有限努力没有某种大小的追求是不可能的。由于强度的程度是有限的、确定的，所以人们假定，具有同等大小质量的物体 A 以上述物体在其实体的本质性的力中所拥有的全部运动努力 3 倍强的力量撞上它，那么，它将由于自己的 vim inertiae［惰性力］只能获取碰撞者的 1/3 速度；但它自己也将不能达到比相当于运动物体的 1/3 速度更大的速度。因此，在完成撞击之后，应当是 A 作为撞击物体以 2 个单位的速度，而 B 则以 1 个单位的速度在同一个方向上向前移动。由于此时 B 妨碍了物体 A，并且没有得到它为了阻碍物体 A 的运动所必需的那么多速度；由于它尽管如此并不能阻止物体 A 的运动，所以 A 确实地沿 AC 方向[①] 以 2 个单位的速度，妨碍物体 A 的 B 以 1 个单位的速度沿着这同样的方向运动，而两方面的运动尽管如此却不受阻挡地进行。不过这是不可能的，除非人们要假定 B 被 A 穿透，但这是一种形而上学的无稽之谈。[②]

① 图 1。（所有插图见文后——译者注）

② 如果考虑到，在完成撞击之后，物体 A 在 B 尚未越过平分 AC 线的 D 点时，就已经到达 C 点，对这一点就可以有更清晰的理解了；所以，A 必须穿透 B；因为若不然，它就不可能领先 B。

第15节 运动的双重划分 〔28〕

现在是我结束这一形而上学的准备的时候了。但是，我不得不再附加一点我认为要理解以下的东西就必不可少的说明。在我的读者那里，我预设了在力学中出现的惰态压力及其尺度的概念，无论如何，用这几页纸我也无法陈述关于所有属于活力和惰力学说的东西的完备探讨；而是仅仅勾画出一些微不足道的思想，它们在我看来是新颖的，并且有助于我的基本意图，即改进莱布尼茨的力的尺度。因此，我把所有运动都划分为两个基本类型。第一个类型具有这样的特性，它被赋予某个物体，并保持在该物体自身中，如果没有一个障碍与它对抗，它将无限地继续。另一种运动是一种始终在推动着的力的持续作用，对它来说甚至不需要一种阻力来抵消它，相反，它仅仅建立在外部的力之上，而且一旦外部的力不再维持它，它就立刻消失。第一种运动的事例是射出的子弹和所有被抛出的物体；第二种运动的事例则是一个用手轻轻推动的球，或者所有被支撑或者以一般的速度被牵引的物体。

第16节 第一种运动与惰态压力没有区别

无须从事形而上学的深入研究，人们就可以轻而易举地理解，与第二种力相比，在第一种运动中表现出来的力具有某种无限的东西。因为一旦推动的力撤掉，第二种力就会部分地消失，并突然地自己停下来；因此人们可以这样看待它，似乎它在每一瞬间都会消失，但也同样经常地重新产生，而与此相反，第一种力是一种自身不会消失的、在持续的时间里完成自己作用的力的内在源泉。因此，它与前者的关系就像瞬间与时

间的关系，或者就像点与线的关系。所以，就像沃尔夫男爵先
〔29〕生在他的宇宙学中已经指明的那样，这种方式的运动与惰态压力没有区别。

第 17 节　第二种运动以一种与速度的平方相等的力为前提

由于我原本要谈在空荡荡的空间中永远保持自己的运动，所以我想按照形而上学的概念，稍稍考察一下运动的本性。如果一个自由运动的物体在无限精细的空间中移动，那么，它的力就可以按照他在永恒中所起的全部作用的总和来测算。因为如果这一集合不等于它全部的力，那么，人们为了找到一个与力的全部强度相等的总和，就必须假定一个比无限的时间更长的时间，而这是荒谬的。如果比较一下两个物体 A 和 B，其中物体 A 的速度为 2，物体 B 的速度为 1，那么，物体 A 从其运动一开始就永恒地以 2 倍于 B 的速度压迫着它所通过的空间无限小的质量，不过，它在这个无限的时间里所通过的空间也 2 倍于 B；因此，A 所完成的作用的全部大小，是与它同空间的小微粒相遇所用的力和这些微粒的量的乘积成正比的；B 的力也具有同样的性质。这样，二者对空间的小分子的作用与其速度是成正比的，而且，这些微粒的量也与其速度成正比；因此，一个物体的全部作用与另一个物体的全部作用相比的大小，就与它们速度的平方成正比，因而它们的力也处在这一比例中。①

① 由于我在本作品中原本是要对莱布尼茨先生的意见提出某些反驳的，所以看起来我在自相矛盾，因为我在这一节中提供了一种证明来证实他的意见。但是在最后一章我将指明，如果莱布尼茨先生的看法仅仅局限在一定的方式上，则它确实是成立的。

第 18 节 这方面的第二个根据

为了更好地理解活力的这一特性，可以回想一下第 16 节已讲过的东西。除了简单的速度之外，惰态压力不可能再以任何东西为尺度；这是因为，由于它的力并不以它所作用的物体为基础，而是借助一个外部的力量完成的，所以，就这种力力图在物体中维持自身所利用的强度而言，克服它的阻力并不需要某种特别的努力（因为力并不以任何方式植根于起作用的实体并且致力于在它里面维持自身），它只需要消除物体改变地点所利用的仅有的速度。不过，对于活力来说就完全是另外一回事了。由于实体在自由运动中以某种速度前进时所处的状态，完全以内在的规定性为依据，所以，这一实体同时也就致力于维持自身在这一状态中。因此，外部的阻力除了它用来与该物体的速度保持平衡的力之外，还需要一种特殊的力量，来克服物体内部的力致力于维持自己在这种运动状态之中的努力，而要使处于自由运动之中的物体静止下来的阻力的全部强度，也必须从速度和物体致力于在自身中维持这种努力的状态所借助的力的比例出发，处在复合的关系之中。也就是说，由于两个比例彼此相等，所以阻力所需要的力是移动物体的速度平方。 〔30〕

第 19 节

我并不可以允诺在一项纯粹形而上学的考察中获得某种决定性的、无可争议的东西，因此，我转向下一章，通过运用数学，这一章也许可以要求有更多的确信。与其他很多科学一样，我们的形而上学实际上只是处于一种相当缜密的知

识的门槛前；谁知道何时看到这个门槛被跨越。在形而上学所从事的某些东西中，发现它的弱点并不是难事。人们经常
〔31〕把成见当做是它的证明的最大强项。除了力图扩大人类知识的人们的流行倾向之外，再也没有什么东西应当为此负责了。这些人很乐意拥有一种伟大的世俗智慧，但似乎应当希望它也是一种缜密的世俗智慧。对一个哲学家来说，如果他能够在一项艰难的研究之后最终安心地拥有一种相当缜密的科学，这差不多就是对他的努力的惟一报答。因此，要求他极少信赖他自己的赞同，要求他在自己的发现中不隐瞒他自己不能改善的缺陷，要求他从来不那么爱好虚荣地将对一种缜密的科学的自负所造成的愉悦置于认识的真正收益后面，则未免太过分了。知性非常喜欢赞同，长久地克制赞同当然是很困难的；不过，为了把所有自身有一种广泛诱惑力的东西奉献给言之有据的认识，人们最终还是应当克制自己。

〔32〕

第二章

对莱布尼茨学派活力学说的研究

第20节

我在比尔芬格① 先生递交给彼得堡科学院的论文中发现一

① 比尔芬格（Georg Bernhard Bilfinger，也写作Bülfinger），Chr. 沃尔夫最重要的学生之一，1693年生于内卡河畔的坎施塔特，1750年卒于蒂宾根。这里康德所引用的段落位于日期为1725年9月和10月的论文：《论物体运动固有的力及其测算》，第Ⅱ章，第ⅩⅥ节，载《彼得堡科学院评论》，第Ⅰ卷，87页，彼得堡，1728。——科学院版编者注

种观点，我在任何时候都把它当做真理研究的一条规则来利用。如果在具有健全知性的人们那里，要么在一方要么在双方都找不到对他人意图的猜测，他们都在维护着大相径庭的意见，那么，将自己的注意力集中在某个一定程度上让两个学派都有点道理的中间定理，是符合概率的逻辑的。

第21节

我不知道，我通常是否幸运地以这种方式思维过；不过，我希望在关于活力的这场争论中是这样的。世人在某些见解上，从来没有像在涉及被运动物体的力的尺度的见解上如此平分秋色。从所有迹象上看，两个学派都是同样坚定，同样合理。这当然可能是对立面的观点相互混同，然而，人们能够说哪一学派与对方的观点毫不相干呢？因此，我选择最可靠的道路，采用一种两个伟大学派都能在其中得到考虑的见解。

第22节　莱布尼茨和笛卡尔对力的测算 〔33〕

在**莱布尼茨**之前，世人推崇笛卡尔的惟一定理，它将单纯的速度赋予物体，作为其力的尺度，即便是处在现实运动中的物体也是如此。没有人想到对这一定理提出质疑；惟有莱布尼茨，通过宣告一个新的规律突然使人类理性亢奋起来；随着时间的推移，这一规律成为那些为学者们提供极大的知性竞赛的诸规律中的一个。笛卡尔完全根据速度来测算被运动的物体的力，而莱布尼茨先生则把其速度的平方作为力的尺度。他并不是像人们可以设想的那样，在某些容许先前的规则保留一些地盘的条件下阐明自己的规则的；不，他是绝对地、毫无保留地否定笛卡尔的规律，并且立刻以自己的规律取而代之。

第23节 莱布尼茨力的尺度的第一个错误

原本我认为**莱布尼茨**先生的规则有两点值得指摘。我现在将讨论的一点，在活力问题上并不会引起重要的结果；但尽管如此，却不可以不对它作出说明，以便就一个如此伟大的定理而言，不致错过能够使它摆脱人们可能对它提出的任何小小责难的东西。

在任何时候，**莱布尼茨**力的尺度都是以这一公式陈述的：**如果一个物体处在现实的运动中，则它的力就与它的速度的平方成正比**。因此，根据这一定理，力的这一尺度的标志无非是**现实的**运动。但是，即使一个物体的力并不大于它单纯凭借压力以这种初始速度施加的力，它也能够**现实地**运动。这一点，我在上一章已经表明，此处再次重复。我在光滑的平面上缓缓地向前推动一个球体，如果我抽回手，该球体就立刻停止向前运动。因此，物体的力在这样一种运动中每一瞬间都会消失；
〔34〕但它同样经常地通过一种新的压力重新产生。所以，在物体遇到对象的同一瞬间，它还具有的力并不是来自先前的运动，不是的，这样一种力已经被完全抵消了；物体仅仅拥有推动的力量在恰好是它碰到对象的同一瞬间传递给它的力。因此，人们可能认为它好像根本不运动，好像只在静止状态中对阻力施压。于是，这样一个物体就与施加一种**惰态压力**的物体没有区别，从而它的力也就不是它的速度的平方，而是速度本身。这就是我对莱布尼茨的规律所作出的第一个限制。他也许不应当仅仅把一种**现实**的运动看做活力的标志；补充一种**自由的**运动也是必要的。因为如果运动不是自由的，那么，物体就根本没有活力。按照这一规定，莱布尼茨的规律**要想是正确的**，就必须以这一公式出现：**一个处于现实的、自由的运动之中的物**

体，具有与……平方成正比的力。

第24节 什么是一种现实的运动

现在我作第二点说明，它将向我们披露这场声名不佳的争论的起源，也许还提供了重新调停这场争论的惟一方法。

活力新测算的辩护者们在这一点上与笛卡尔学派还是意见一致的，即如果物体的运动只是处在开始，物体就具有一种与其单纯的速度成比例的力。但是，一旦能够把运动称为**现实的**，那么，按照他们的看法，物体就以速度的平方为尺度。

现在让我们探讨一下，究竟什么是一种**现实的**运动。因为这个词曾是人们离开笛卡尔的原因，但也许这一原因也能够成为重新联合的一个原因。

不仅在某一运动处于开端的那一点上的情况下，而且在 〔35〕由于该运动的持续而一段时间流逝掉的情况下，人们都称该运动为**现实的**。其实，就是这段在运动的开端和物体起作用的那一瞬间之间流逝掉的时间，使得人们能够把运动称为**现实的**。

但是人们也许会发现，这段时间① 并不是某种具有已确定、已测量的长短的时间，相反，它是完全未确定的，可以任意规定的。这就是说：如果需要用它来表示一个**现实的**运动，就可以假定它是任意短的。因为并不是时间的这种和那种长短使运动真正成为**现实的**，不是，它是时间自身，时间可以任意地或长或短。

① 在莱布尼茨力的尺度的公式中。

第 25 节① 莱布尼茨力的尺度的第二个基本错误

据此，在运动中用掉的时间是活力真正的和惟一的特征；惟有它才是活力相对于惰力借以获得一种特殊尺度的东西。

现在，让我们借助从 A 发端的直线 AB② 来说明从运动开端直到物体碰到一个它所作用的对象为止所流逝掉的时间。于是，物体在 B 拥有了活力，但是在开端的点 A 它并没有活力；因为在这儿，它仅仅以一种运动的努力来向与它相对立的支点施压。不过，让我们继续考察以下的情状。

第一，时间 AB 是处于 B 的物体的这样一种规定，借助它，活力得以被设定在物体中，而始点 A（也就是说，如果把物体设置在点 A）则是作为惰力根据的一种规定。

第二，如果我设想把借助直线 AB 表达的这一规定缩小，那么，我也就使物体更为接近始点；则很容易就可以理解，如
〔36〕果我继续这样做，物体最终就会处在 A 自身；因此，规定 AB 通过缩小而被设定得越来越接近在 A 处的规定；因为如果它根本不接近这一规定，那么，物体就根本不能在我无限继续做下去的情况下，通过时间的缩短抵达 A 点，而这是很荒谬的事情。因此，物体在 C 点的规定要比在 B 点更接近惰力的条件，在 D 点又比在 C 点更为接近，依此类推，直至物体在 A 点自身拥有惰力的全部条件，而达到活力的条件完全消失为止。但是，

第三，如果某些规定是一个物体的一种特性的原因，这些规定逐渐地转化为另一些规定，后者是物体另一种对立特性的

① 参见下文第 113a 节，一、对第 25 节的说明（126 页）。——科学院版编者注
② 图 2。

根据，那么，曾是前一种条件的一种结果的特性，也就必然同时改变，并逐渐地转变为作为后一种条件的一种结果的特性。① 因为现在，如果我设想缩短时间 AB（它是在 B 点的一种活力的条件），活力的这一条件必然被设定得比它先前在 B 点更接近于惰力的条件，那么，物体在 C 点就必定确实有一种比在 B 点更接近惰力的力，而如果我将它设定在 D 点，那就更为接近了。据此，一个在时间流逝的条件下具有活力的物体，并不是在任何可能任意短暂的时间中都拥有一种活力的；不是的，这个时间必须是确定无疑的；因为如果它更为短暂，物体就不再具有这种活力。因此，莱布尼茨关于力的测算的规律就不能成立；因为它不加区别地把一种活力赋予一般有一段长度的时间运动（这无非就是说**现实地运动**）的物体，这段时间可以任意地短或长。②

第26节 从连续律出发对它的证明 〔37〕

我现在所证实的东西，是从**连续律**③得出的完全精确的结

① 根据 posita ratione ponitur rationatum［被说明的东西借已设定的理由被设定］这一规则。

② 这一证明的简要内容如下。处在运动开始和物体碰撞瞬间之间的时间，可以比任意的时间还短得多，由此不可以理解为活力的条件因此而消失（第24节）；但现在，这种缩短是能够理解下面这一点的根据，即如果这种缩短继续下去，物体最终将处在始点上，在那里，活力确实消失了，并相反地获得成为惰力的条件；因此，这一时间的缩短并不是使活力的条件失去某种东西的根据，同时又是它的根据，这是自相矛盾的。

③ 连续律由莱布尼茨最初在致贝尔的一封信中提出：《文字共和国新闻》，阿姆斯特丹，744页以下，1687。对笛卡尔的碰撞定律的反驳（在笛卡尔那里位于《哲学原理》，第Ⅱ卷，第45～52节），参见上书，747～749页。——科学院版编者注

果，人们也许还没有充分地认识到连续律广泛的好处。连续律的发明者**莱布尼茨**先生把它当做使笛卡尔的规律经不起检验的试金石。我认为，它差不多独自就提供了一种手段，来正确地揭示并以真正的形象表现整个力学可靠的规律，这就是它的优越性的最伟大证明。

人们可以把自己的注意力专注于莱布尼茨先生针对笛卡尔利用这一原理的方式，这样一来，人们就可以轻而易举地觉察到，这一原理在此是怎样必然地被使用。它证明，当一个物体朝一个运动着的物体撞去时成立的规则，在该物体背着一个静止的物体运动时就必然失效；因为静止同一种非常小的运动没有区别。在不相等的物体相对运动时有效的东西，在物体相等时也必然有效；因为一种很小的不相等可以混同于相等。

我也以这种方式进行推论：在一个物体运动一段时间的情况下有效的东西，即便运动仅处于开始时也必然有效；因为运动的一个非常短暂的持续期与其单纯的开端没有区别，或者人们能够有理由把它们混同起来。我由此得出：如果物体在运动一段时间（哪怕它任意地短）的情况下拥有一种活力，那么，它在刚开始运动的时候也必然有活力。因为是它刚开始运动还是已经开始运动了极短一段时间，都是一回事。因此我得出结论：由于从莱布尼茨的力的测算规律中得出了这种荒谬，即甚至在运动的始点力也是活的，所以人们可以不附和它。

〔38〕很容易就可以发现，如果这一规律是清楚明白地提供给知性的，知性就会如何与它相对立。说服自己相信一个在A点上有一种惰力的物体，在它只离开这个点一段难以察觉的距离后，就具有了一种比惰力无限大的活力，这是不可能的。这一思想跳跃太突然了，它并不是一条使我们从这一规定过渡到另一规定的道路。

第27节 在运动中流逝的时间以及运动的现实性，并不是物体具有一种活力的条件

人们应当留意由此产生的东西。流逝掉的时间如果表现得不确定，就不可能是活力的条件，这一点我在前面已经证明过了；但是，即便它表现得是确定的，并且限定在一定的长度上，它也不可能提供活力的真正条件，现在我以如下的形式证明这一点。

假定人们能够证明，一个具有这种速度的物体在1分钟之后将拥有活力，而且这1分钟就是它获得这种力的条件，那么，如果这一时间的长度翻个倍，则所有先前仅仅就单数而言已经将活力置于物体之中的东西，也将在物体中翻倍。但是，第1分钟的长度为物体的力附加了一个新的维度（per hypothesin［根据假定］）；因此，2分钟的长度由于以2倍的方式在自身中包含着第1分钟在自身中所包含的条件，就又为物体的力附加了1个维度。所以，自由地继续其运动的物体，在运动的始点虽然只有1个维度的力，并在过了1分钟之后有2个维度的力；但在第2分钟，它的力就有了3个维度，在第3分钟有4个维度，在第4分钟有5个维度，并如此继续下去。这就是说：它的力在整齐划一的运动中时而以速度自身，时而以速度的平方，时而以其立方，时而以其4次方为尺度；这样的越出常规，没有一个人会为之〔39〕辩护。

对这一推理的正确性不可有所怀疑。因为如果要求，从一个物体运动的开端直到某个点上所流逝的一个具有确定长度的时间，完全在自身中包含着活力的条件，那么，也就不能否认，在一个2倍长的时间里也有2倍多的这种条件；因为时间除了

其长度之外没有其他的规定。因此，如果一个单一的时间是把1个新的维度引入物体的力的充足理由，那么，一个2倍的时间将设定2个这样的维度（根据 rationata sunt in proportione rationum suarum［被说明的东西与其理由成正比］）。还可以补充说，时间之所以能够是活力的一个条件，只是因为物体在时间的流逝中离开了存在于开始那一刻的惰力的条件，这个时间之所以必须具有一定的长度，乃是因为物体在很短的时间内将不能像活力的大小所要求的那样足够地远离惰力的规定。因为物体如今在一个更长的时间里越来越远离开始的那一刻，也就是远离惰力的条件，所以物体运动的时间越长，即便它的运动是整齐划一的，它的力也必将无限地获得越来越多的维度，而这是无稽之谈。

因此，首先，运动现实性的缺乏并不是把简单速度的测算赋予一个物体的力的真正的、正确的条件。

其次，无论是运动自身的现实性和与此相关对流逝掉的时间所作的一般的、不确定的考察，还是规定的、设定的时间长度，都不是活力和根据平方对活力的测算的充足理由。

〔40〕

第28节　数学不能证明活力

我们要从这一考察得出两个重要的结果。

第一个结果是，数学从来不能为有利于活力而提供一些证明，而且以这种方式测算的力即便通常是同时发生的，也至少是处在数学考察的领域之外的。每一个人都知道，即便是要在这一科学中测算一个以一定速度被运动的物体的力，人们也不受制于在运动中流逝的时间的任何固定的瞬间，相反，就这种限制来说，一切都是不确定的、无关紧要的。因此，数学提供的对运动物体力的测算是这样一种测算，它涉及所有的运动自身，而在这上面流逝的时间可以任意地短，它在这方面没有给我们设置任何界限。但是，这种测算也涉及物体处在开端的运动（第25、26节），因而这运动是惰态的、以其简单的速度为其尺度。由于不可能同时将活力与惰力一起在同一种测算中来把握，所以人们很容易看出，活力完全被数学考察排除掉了。

此外，数学在一个物体的运动中所考察的无非是速度、质量，如果人们愿意的话，也许还有时间。速度绝不是活力的根据；因为物体尽管按照莱布尼茨的看法拥有活力，但却并不能在其运动的每一瞬间都能够拥有活力，而是在其运动开始之后一段时间才拥有，尽管所有的速度都已经现存在它里面，但它在运动的开始还没有活力（第25、26节）。质量就更不是活力的根据了。我们最终从时间出发证明了这一点。因此，特别地说，每一个物体的运动在自身之内都不包含任何在数学的考虑中显示运动所固有的活力的东西。由于现在关于一个运动中的物体对运动所做的事情的所有推论，都必然是从在对速度、质 〔41〕量和时间的考察中所把握的Notionen［概念］中推导出来，所以它们如果是正确地得出的，就不会提供确认活力的结论。即便看起来它们给活力提供了这种服务，人们也不信赖这一表面现象；因为在这种情况下，结论中所包含的东西多于原理自身所包含的东西，也就是说，rationatum［被说明的东西］大于ratio［理由］。

在这两个世纪的几何学家们作出如此多方面的伟大努力，借助数学学说来解决笛卡尔和莱布尼茨先生的争论之后，我却开始否认这门科学对这场争论的裁定权，这看起来是很奇怪的。尽管一段时间以来人们就在争论，这门科学是对笛卡尔的规律有利，还是保护了莱布尼茨先生的学派，但鉴于这一分歧，每一个人在下面这一点上还是一致的，即为了正确地解决力的测算的争论，就必须使之取决于数学的裁决。如此伟大的推理大师们会走上岔路，却没有觉察到，或者哪怕是想到，这是否也是能够引导他们拥有自己所追求的真理的道路，这件事真是够奇怪了。不过我在此觉得，我找到了迫使我把所有这些奇怪的东西当做耳边风的根据，然而按照它们的裁决我应该继续转向何方呢?

数学就自己的本性而言已经证实了笛卡尔的规律

我从前面的考察得出的第二个结果是：**数学的理由不利于活力，毋宁说总是要证实笛卡尔的规律。**根据第 21 节的定理，这必定是早已清楚明白的，而且我还可以补充说，数学的量、线、平面等等无论多么小，与它们谁也不知道有多大时一样，都具有这同一些属性；因此，从最小的数学量，从最小的平行四边形，从一个物体通过最短路线的下落，必然能够引申出与从这些类别的最大值所引申出的同样一些属性和结果。如果运
〔42〕动刚一开始所显示的那样的路线，与运动在开始之后很久所显示的路线具有同样的规定和属性，也具有同样的结果，那么，人们在对一个物体运动的数学考察中所得出的力，就决不会与在极短的时间里，即在无限短的时间里，在开始的瞬间就存在于物体之中的力具有不同的属性。由于这是一种惰力，从而自身就具有简单速度的尺度，因此所有的、每一种在数学上衡量的运动都不会说明任何别的测算，而只能说明按照单纯的速度进行的测算。

第 29 节

据此，早在我们对事情作出进一步的研究之前，我们就知道，**莱布尼茨**的追随者们由于用这样一些远离他们问题本性的

武器来为自己辩护，因而在反对笛卡尔的名声不佳的争论中失败了。在这一般的考察之后，我们要特别考虑莱布尼茨学派主要在这一争论中使用的一些证明。

莱布尼茨先生首先是被人们在物体因其重量而下落时感知到的东西引导到他的看法的。不过，正是不适当地运用了笛卡尔的原理，把他引向了错误；随着时间的流逝，这错误也许成为当时潜入人类理性的最明显的错误。也就是说，它确认了以下的定理：将一个4磅重的物体举高1尺与将一个1磅重物体举高4尺，需要同样的力。①

第30节　最初将莱布尼茨先生引向活力的定理

由于莱布尼茨依据的是他那个时代所有力学家的赞同，所以我觉得，他是从**笛卡尔**用来解释杠杆本性的一条规则推论出这一定理的。笛卡尔假定，挂在杠杆上的砝码穿越了诸多可以就其与静止点的距离来描述的无限小的空间。现在，如果这些 〔43〕
空间相互之间与物体的重量成反比，那么，两个物体就处于平衡中；因此，**莱布尼茨**推论说，把1磅重的物体举到4个单位的高度，并不比把另一个质量为4的物体举到1个单位的高度需要更多的力。人们很容易察觉，只有在运动的各个时间相等的情况下，才能从笛卡尔的基本规则得出这一结论。因为就天平而言，砝码穿越其无限小的空间所用的时间是彼此相等的。莱布尼茨先生不考虑这一条件，并且推论到时间彼此不相等的运动。

① 参见莱布尼茨：《教育者年鉴》，161页，1686。——科学院版编者注

第 31 节　赫尔曼[①]先生关于力等同于物体借助力所能够达到的高度的证明

这位人物的辩护者们似乎注意到了人们因时间而可能对他提出的反驳。因此他们力图这样来建立自己的证明，似乎就物体因下降而获得的力而言，时间的区别可以完全忽略不计。

假如有一根无限的弹簧 AB[②]，它表现出从 A 到 B 的持续下落中跟随物体的重力，于是**赫尔曼**先生说，重力将在空间的每一个点上把同样的压力传递给物体。他借助共同构成了矩形 AF 的直线 AC、DE、BF 等等来描摹这些压力。于是按照他的看法，当物体到达 B 点时，它就具有了一种等于所有这些压力之总和、即等于矩形 AF 的力。因此，D 点的力与 B 点的力的比例，就如同矩形 AE 与矩形 AF 的比例，也就是说，如同穿越过的空间 AD 与空间 AB 的比例，因而也就是如同 D 点和 B 点的速度平方。

赫尔曼先生就这样作出了推论，他断言，重力在自由下落的物体中所起的作用，视物体下落时经过的空间而定。

与此相反，一些笛卡尔分子断言，重力的作用不是与在被
〔44〕终止的运动中已经过的空间成比例，而是与物体或者下落或者复升所用的时间成比例。现在，我提供一个使笛卡尔学派的意

① 赫尔曼（Jacob Hermann，不像康德所写的那样是 Herrmann），雅各布·贝努利的学生，1678 年生于巴塞尔，1733 年卒于同处，帕多瓦、奥德河畔的法兰克福、彼得堡数学教授，最后任巴塞尔道德哲学教授。他在这里受到攻击的论文《论物体的力的测算》注明日期为 1725 年，载《彼得堡科学院评论》，第 I 卷，1～42 页，1728。——科学院版编者注

② 图 3。

见免除怀疑的证明，人们由此也将同时学会领悟到，赫尔曼先生的虚假证明错在哪里。

第32节 反驳赫尔曼先生事例的证明

将5根具有同样张力的弹簧[①] A、B、C、D、E 中的惟一一个在1秒钟长的时间里压紧，与在同样的时间里逐一将5根弹簧压紧，所需要的是同样多的力。因为人们把作为物体 M 维持将弹簧 A 压紧的时间的这1秒钟分成了5等份；如今物体 M 并不是经过这1秒钟的所有5等份对弹簧 A 施压的，人们假定，它仅仅在这1秒钟的第一部分将弹簧 A 压紧，而在这1秒钟的第二部分则不是将弹簧 A 压紧，而是下移到另一个弹簧，即弹簧 B，后者具有同样程度的张力；这样，由于这种混淆，在物体 M 用来压紧的力中看不到任何区别。因为弹簧 B 和弹簧 A 在所有方面都是完全相等的，因而在这1秒钟的第二部分仍是这个弹簧 A 被压紧还是弹簧 B 被压紧，都是一回事。同样，物体 M 在这1秒钟的第三部分是压紧第三根弹簧 C 还是在这同一时间等份中仍然压紧前面的弹簧 B，也是一回事；这是因为，由于各个弹簧没有区别，人们也就能够把一根弹簧放置在另一个位置上。因此，物体 M 在整整1秒钟长的时间里维持将惟一的弹簧 A 压紧所用的力，与它在同样的时间里逐一将5根这样的弹簧压紧所用的力同样多。恰恰这一点是可以说的，人们尽可以把弹簧的数量增多到无限，只要施压的时间是相等的。因此，测算物体压紧所有这些弹簧的力，所根据的不是这些被压紧的弹簧的数量，相反，施压的时

[①] 图4。

间才是真正的尺度。

现在，让我们接受**赫尔曼**先生在弹簧的作用与重量的压力
〔45〕之间所作的比较，这样我们就会发现，是物体的力能够反抗重力多久的时间，而不是已经过的空间，才是测算物体的全部作用所必须依据的东西。

因此，这就是第一个试验，它如我所相信，证实了我在上面所说的东西，即**笛卡尔**的意见在数学的证明中胜过了**莱布尼茨**先生的规律。

第 33 节　笛卡尔学派在维护同一件事情上的错误

查泰勒侯爵夫人① 曾以优美的辞令阐明了**笛卡尔学派**与活力的辩护人的争论；我在这场争论中发现，为了使**莱布尼茨学派**关于物体下落的推论失效，笛卡尔学派也利用时间的区别。不过，在她从**马兰**② 先生反对力的新测算的著作所引证的东西中，我看出此人并不知道他能够从时间的区别得出的真正好处；我相信在上一节已经指出了这种好处，它无疑是十分简单明了的，以致人们必然感到惊奇的是，虽然有这样的理智之光居然没有发现好处。

这些人士在探究大自然的真正规律，即重力从一个物体夺去的力是与时间，而不是与空间成比例的时候，如此严重地陷

① 查泰勒侯爵夫人（Marquise du Chastelet [Châtelet]），1706 年生于巴黎，1749 年卒于吕内维尔。《答活力问题》，布鲁塞尔，1741。参见下文第 113a 节，二(128 页)。——科学院版编者注

② 马兰（Jean Jacques d'Ortous de Mairan），1678 年生于贝济耶，1771 年卒于巴黎。《论物体驱动力的估算和测量》，巴黎，1741。《就活力问题致查泰勒夫人的信》，巴黎，1741。——科学院版编者注

入迷途，这肯定是非常奇怪的事情。在他们走得如此之远，以至他们承认莱布尼茨学派的观点，即一个物体能够以2倍的速度发挥4倍的作用之后，在他们据我看来如此败坏了自己的事情之后，他们不得不求助于一种相当糟糕的遁词，即物体虽然发挥了4倍的作用，但却仅用了2倍的时间。因此他们非常认真地坚决要求，两个物体的力必须按照它们在同样时间内所发挥的作用来测算，而且人们根本不可能留意它们在不同时间内能够达成的东西。人们无比清晰地看到了这种遁词，而我不理解的是，进一步抵制真理的强制在当时究竟是如何可能的。

但是我们由此还看到，正是笛卡尔学派的错误推论才使得莱布尼茨学派庆贺胜利的，他们根本不是因为自己事情的弱点才输掉争论的。如果他们能够掌握事情的本性原本为他们提供的正确武器，他们会始终占据优势的。〔46〕

第34节 利希特沙伊德先生的怀疑被解除

我已经证明，重力所产生的作用、重力在上升过程中所造成的阻力，是与物体在运动中所花费的时间成正比的。不过，我想到一种情况，它也许足够明显，能够使一些人对这一定理产生怀疑。**利希特沙伊德**①先生在《教育者年鉴》中提到，如果让一个钟摆②从 D 以这样一种方式下落，即摆绳固定在支

① 利希特沙伊德（Lichtscheid），神学博士，柏林教会监理会成员，1661年生于维也纳附近的维姆凌，1707年卒于柏林。所引用的论文载《教育者年鉴》，494页，1691：《关于钟摆在不同轨道上的高度和速度的某些思考》（印张 Rrr；在这一卷中就连印张 Qqq 也是这个页码）。——科学院版编者注

② 图5。

点 E，钟摆通过从 B 又升高到 C，划了一个较小的圆弧，这样，它凭借自己在 B 获得的速度重新达到高度 CF，这一高度与它下降的出发点高度 DG 是相等的。但是，钟摆在下落时通过圆弧 DB 所用的时间，要比它重新升高达到 C 所用的时间更长。因此，重力在前者要比在后者对钟摆起作用的时间更长。现在人们应当想一想，我在前面曾经证明过，重力在更多的时间内产生的作用也更大；如果这是正确的，那么，物体在 B 所获得的速度必然大于重力在从 B 到 C 的运动中能够又从它夺走的速度。因此，它凭借这一速度必定能够超越 C 点，然而，按照利希特沙伊德先生的证明，这是错误的。

但是，只要人们思考一下，摆绳 AB 在物体从 D 向 B 运动时，要比摆绳 EB 或者 EC 在物体从 C 到 B 下落时对物体有更强烈的抵抗，通过重力更多地阻碍下落，那么就很容易理解，在从 D 下降到 B 的所有瞬间里积聚在物体中的力的元素，
〔47〕要小于在物体从 C 下落到 B 时重力反过来在每一瞬间带进物体 C 的基本力。这是因为，由于是一个固定在一根绳上的物体为定点 A 所迫使经过圆弧 DB 或者 CB，还是它在一个同样的曲面 BD、CB 上自由地向下滚动，这都是一回事，所以人们可以想象，仿佛我们所谈的下落真的发生在两个这样凹进去的、彼此连在一起的曲面上。如今，曲面 DB 比另一个曲面，即曲面 CB 更趋向于水平线，因此虽然物体在曲面 DB 上比在曲面 CB 上更长时间地蒙受重力的推动，但该曲面也比另一个曲面，即曲面 CB 阻止了致力于合并到物体中去的重力的一个更大的部分。

我可能用不着来释解这一责难了，因为莱布尼茨先生的支持者们好像已经觉察到了这一责难自身的弱点，我在任何地方都没有发现他们利用这一责难。不过，被利希特沙伊德

先生选为自己论文评判人的莱布尼茨先生，给予这篇论文一种溢美性的赞同，正是莱布尼茨先生的威望，能够使他具有一些影响。

第35节

在我离开关于**物体由于重力而下落**这个题材之前，我还想给活力的辩护者们提供一种事例来解答。我觉得，这一事例应当足以表明，决不能像莱布尼茨先生及其辩护者至今要劝告我们的那样，把对时间的考察排除在对重力带入一个物体的力的测算之外。

第36节 新的事例表明，在对由于重力而产生的力的测算中，必须一并考虑到时间

这一事例如下：我以**笛卡尔学派**和**莱布尼茨学派**都习惯的方式，借助无限多的金属弹簧 AB、CD、EF、GH 来设想从高度 ab 开始直到水平线 bc 传送给物体的重力的压力。① 此外，我把一个物体 m 放在斜面 ac 上，让另一个物体 l 自由地由 a 下落到 b。如今，物体 m 被弹簧的压力驱动沿斜面 ac 下落，在这一倾斜下落结束时，莱布尼茨学派将如何测算它的力呢？他们只能把若干将物体由 a 驱动到 c 的弹簧与每一弹簧对物体沿着 ac 方向施压的力量的乘积规定为尺度；因为他们的理论要求这样，就像我们从赫尔曼先生的事例看到的那样（第31节）。同样，他们也不得不借助一批向前驱动物体的弹簧与每 〔48〕

① 图6。

一根弹簧向前驱动物体所用的强度的乘积，来测算存在于另一个从 a 自由下落到 b 的物体 l 之中的力。但是，两方面不仅经过斜面 ac，而且经过高度 ab 的弹簧总数都是一样的，因此，只剩下每一根弹簧在两种情况下带进其物体的力的强度来做物体 l 和 m 在 b 和 c 中产生的力的真正尺度了。这些金属弹簧中的每一根沿着斜面 ac 的方向对物体 m 施压所用的强度，如同力学首要的原初根据教导我们的那样，与同一根金属弹簧沿着物体 l 运动的方向 ab 对物体 l 压力的强度的比例，等于 ab 与 ac 的比例。因此，物体 l 在垂直下落结束时在 b 处拥有的力与物体 m 在倾斜下落结束时在 c 处拥有的力的比例，等于 ac 与 ab 的比例；但这是荒唐无稽的，因为两个物体在 b 和 c 处具有同样的速度，从而也具有同样的力。

笛卡尔学派通过将时间一并考虑来逃避这一责难。因为尽管每一根弹簧在斜面 ac 上带进物体 m 的力都更少（因为一部分力被斜面的阻力消耗掉了），但这些弹簧对物体 m 作用的时间要比对物体 l 作用的时间长得多，后者只有一个短得多的时间蒙受这些弹簧的压力。

第 37 节

在我已经证明对因重力而下落的物体的考察不以任何方式
〔49〕对活力有利之后，就是考虑另一类证明的时候了；活力的辩护者们任何时候都以这一类证明自豪。这是一些似乎为他们提供关于弹性物体运动的学说的证明。

第 38 节

就莱布尼茨先生的力的测算在世人中引起的分裂而言，在几何学家们中间产生的迷惑和歧途之多，令人对这些推理大师们几乎难以猜想。人们关于这场名声不佳的争论的所有事件向我们公开的消息，有朝一日将在人类知性的历史上占有一种很有裨益的地位。除了最有洞察力的几何学大师们在一项应当在他人面前对他们保证清晰无误的研究中也无法逃避的这些诱惑，没有任何考察更能战胜这些如此提高了我们理性推理的正确性的人们的自负了。

如果莱布尼茨学派的先生们愿意花费点力气，把自己的注意力集中在他们如今视为活力不可推翻的证据的证明本身的构造上，就不可能陷入这样的歧途了。

第39节 从弹性物体的运动得出的所有证明的大全

几乎所有的证明，至少是人们为了活力而从**弹性物体通过碰撞发生的运动**借用的那些证明中最显而易见的证明，都是以如下方式产生的。人们把碰撞发生之后处在这些物体之中的力同碰撞之前的力进行比较。如果按照质量与速度的乘积来测算这些力，就会发现前一种力比后一种力更大；只有不用简单的速度，而是用速度的平方，才会表现出完全的相等。莱布尼茨学派的先生们由此推论出，只要一个弹性物体的力完全与它的速度成正比，那么，该物体决不能像实际发生的那样给予它碰 〔50〕
撞的物体那么多运动；因为按照这一尺度，原因总是小于所起的作用。

第40节 莱布尼茨学派用自己的力学体系反驳自己的推论

这一推论遭到了使用它的那些人自己的学说体系的全面反

驳。我并不想列举**雷恩**、**沃利**、**惠更斯**①和其他一些人的力学发现。政府顾问**沃尔夫**②男爵先生应当是我的担保人。看一看他那众所周知的力学，就会发现不容置疑的证据，即弹性物体都完全按照**作用与原因相等**的规律把运动给予其他物体，人们没有必要在它们里面设定一种不同于单纯速度的力。我还可以补充说，人们根本不可以认识活力，也不可以按照名称认识它，这一点也不应当有碍于认识如下的事情，即从一个弹簧状物体在向其他同类物体的撞击中所拥有的力，产生出这样那样的运动，它们每一个都是由这种力产生的。在一个几何学的证明中，人们发现按照单纯的速度测算的力足以从中推演出其他物体中的运动的一定大小，我要说的是，按照这样一个证明，还会产生一种想法，即这种力对此并不是足够大的，这难道不是很奇怪吗？这不是意味着收回先前极为严格地证明了的东西，仅仅由于一种微不足道的外表就转向了反面？我请读这几页书的人们把我所引证的力学与此进行对照，他们只会感觉到极大的信心，即为了极为严格地发现人们习惯于归给弹性物体的那些结果和运动，他们根本不需要按照平方进行测算的概念。因此，我们不想让自己被任何诱惑从这条小路上引开。因

① 根据王家协会要求研究关于碰撞学说的动议，沃利（John Wallis，1616—1703）于1668年11月26日、雷恩（Christopher Wren，1632—1723）于1668年12月17日、惠更斯（Christian Huygens，1629—1695）于1669年1月4日呈交了论文。——《哲学学报》，1669。惠更斯的碰撞定律以作为普遍原则的活力守恒为基础的证明只是在他死后才在遗著中发表：《论物体出自碰撞的运动》（莱顿，1703），也见《遗著集》，第Ⅱ卷，阿姆斯特丹，1728。——科学院版编者注

② 沃尔夫（Christian Wolff）的《力学基础》构成了《普遍数学基础》的第二卷，首先于1733年出版。——科学院版编者注

为在几何学证明中被认定为真的东西，也将永远是真的。

第41节 赫尔曼先生关于三个弹性物体碰撞的事例 〔51〕

让我们在一个特殊的事例中来阐明我们已经完全证实的东西。**赫尔曼**先生在一篇他为活力辩护而作的论文①里，让一个质量为1、速度为2的物体 A② 在完全平滑的平面上撞击一个质量为3的静止球体 B，然后由于 A 从球体 B 弹开并以1个单位的速度返回来，就又撞到质量为1的球体 C。球体 A 把1个单位的速度传递给球体 B，也把1个单位的速度传递给物体 C，随后就处于静止中。赫尔曼先生由此推论道，如果力只与速度成正比，那么 A 在撞击前就会有等于2的力，而撞击后在物体 B 和 C 里面一共有4个单位的力，这在他看来是荒唐无稽的。

我们要研究一下，物体 A 是怎样能够以等于2的力把4个单位的力带入物体 B 和 C，而又不借助奇迹，或者不需要求助于活力。请借助弹簧 AD 设想一下物体 A③ 因碰撞而起作用的弹性力，并借助弹簧 DB 设想球体 B 的弹性。从力学的首要根据我们知道，物体 A 借助弹簧一直把新的压迫和力带入球体 B，直到 B 和 A 以同样的速度继续运动，而这是在这些物体的速度与球体 A 撞击之前速度的比例等于 A 的质量与 A 和 B 两个质量总和的比例的情况下发生的，也就是说在目前的情况下，如果它们以1/2速度继续向 BE 方向运动的话。没有人否认，这里还可以按比例发现根据速度测算的力的作用。不过，让我们再研究一下，当物体 A 借助于弹簧 AD 和 DB 作用

① 参见上文43页注。这段话位于那里引用的论文的14页，第11节。——科学院版编者注
② 图7。
③ 图8。

于球体 B 的时候，弹簧 AD 和 DB 到底发生了什么。由于弹簧
〔52〕 AD 在 D 点对弹簧 DB 所施加的力，必定与弹簧 DB 对物体 B 施加的压力同样多；而球体 B 同样强烈地阻抗在它里面发生的作用，所以很清楚的是，弹簧 DB 由于另一根弹簧的努力而以与它带入球体 B 的同样程度的力受到压迫。与此同时，球体 A 也以它在 D 点上作用于弹簧 DB 的同样程度压迫它的弹簧 AD；因为弹簧 DB 强烈地对抗弹簧 AD，与弹簧 AD 在它里面起作用一样强烈，从而也就与球体 A 致力于压迫它的这根弹簧一样强烈。此时，由于弹簧 DB 被压紧所用的力与球体 B 的阻力，从而与这个球体由此感受到的力相等；而弹簧 AD 的压迫力与前者也是相等的，所以，二者也就与物体 B 在此获得的力同样大，也就是说，与物体 B 以 3 个单位的质量和 1/2 单位的速度运动的力同样大。因此，如果这两根弹簧弹开，那么，弹簧 DB 就给予球体 B 一个与弹开之前的速度相等的速度，即 1/2 的速度；而由于物体 A 是物体 B 质量的 1/3，弹簧 AD 也就把 3 倍之多的速度，即 1＋1/2 单位的速度给予物体 B；因为如果力是相等的，那么，速度 per hypothesin［根据假定］就与质量成反比。因此，球体 B 就从物体 A 的撞击、然后又从它的弹簧的弹击一共获得了在 BE 方向上 1 个单位的速度。但是，球体 A 由于在 AE 方向上的撞击之后还剩下的 1/2 速度必然被弹簧的弹击朝 AC 方向带给它的速度拉回，从而也获得了使它在 AC 方向继续运动的 1 个单位的速度①，这恰恰是赫尔曼先生认为不可能按照笛卡尔的规律解释的情况。

① 我在这里没有同时混入物体 C；原因在于：由于它的速度和质量在任何一点都与球体 B 的质量和速度没有区别，所以它被赫尔曼先生毫无困难地添加进去取代物体 B。

我由此推论：物体 A 能够以 2 个单位的速度，也能够以 2 个单位的力完满地发挥赫尔曼先生要否认它的那种作用；如 〔53〕
果有人断言，它拥有 4 个单位的力，但却只造成了它以 2 个单位的力就能够造成的结果，也就违背了**原因和作用相等**的规律。

第 42 节　赫尔曼先生的结论中错误的原因

我们还要在赫尔曼先生的推理中寻找谬误的真正关键，它同时出现在人们为了活力而要利用弹性物体的几乎所有地方。因此，人们曾经作出推论，物体在碰撞之后的力必然与碰撞之前的力相等；因为作用与耗尽自身造成作用的原因一样大。我由此发现，他们认为惟有发生碰撞之后力的状态和大小才是碰撞前存在于撞击物体之中的力的作用。这是一种失误，其后果我们已经看到了。因为原本完全来源于撞击物体 A 的力的运动，不外是 A 和 B 以弹簧受到压迫的方式都以 1/2 的速度继续向前运动，对弹簧的压迫既不是 A 朝 B 移动所用的力的一种特殊作用，也不是两个物体惯性力的一个结果。因为如果 B 不同样强烈地反作用于施压的弹簧 DB，就不能获得 $1+1/2$ 的力，因此，如果压力与反压力相等的状态不同时压紧弹簧 BD 的话，弹簧 AD 也不可能把力带入 B。此外，如果弹簧 AD 不由此以同等程度的强度被压紧的话，物体 A 也不可能借助它的弹簧 AD 对弹簧 DB 施压。人们不必对两个此前并不单独存在于 A 里面的全新的力以这种方式来到自然界感到惊奇。即便是一个非弹性物体作用于另一个非弹性物体，这一点也确实是随时发生的，只不过在这种情况下，这种新力的后果并不像对弹簧状物体那样被保存下来，而是消失了。

〔54〕 *即便在非弹性物体相互碰撞的瞬间，实施中也有多于碰撞之前的力*

因为在物体 A 以力 x 作用于物体 B 的瞬间，并不仅仅物体 B 接受了这一朝向 BE 方向的力，而是 B 同时还以 x 的强度反作用于 A。因此第一，有两个 x 现存于大自然中：即球体 A 对 B 施压之前的 x，以及同样是球体 B 反施压之前的 x；第二，还有作为从 A 沿着 BE 方向转到 B 的力的 x。前两种力量在弹性物体的碰撞中被用于压紧两根弹簧，它们在随后弹开时把自己的力传递给自己的物体。因此，弹性物体是自然界中的这样一类机械装置，它们具有保存在碰撞的瞬间处于自然界中的力的全部大小的性质；因为如果没有弹性物体，物体的碰撞所带给世界的力就会丧失一部分。

第 43 节

我在解析**赫尔曼**的事例时，没有说过任何这位哲学家就证明的根据而言可能不知道的东西，或者活力可敬的辩护者们在涉及他们应当作出表白的时候会要求予以否认的东西。赫尔曼先生必定知道，人们怎样能够从弹性物体的单纯速度推导出来出自弹性物体碰撞的运动；因为若不然，他就不可能先验地知道，1 个质量的球体在以 2 个单位的速度与 3 倍质量的球体的碰撞中产生 4 个单位的力。我要说的是，没有我们所提供的这种解决方式，他本人就不可能知道这一事例；因为每一个人都知道，人们是在一种力学研究中发现一个弹性物体因碰撞而产生的运动的，人们首先特别地寻找物体在没有其弹力时所造成的东西，然后为此加上弹性的作用，但却是根据它按照自己的质量和自己的简单速度的比例能够造成的东西来确定二者的。

以这种人们称为 argumentum ad hominem［对人辩论式］的推理，人们提不出任何更强有力的东西来反对赫尔曼先生和莱布尼茨学派了。因为他们要么必须承认他们迄今为止一致地为产生于弹性物体碰撞的运动提供根据的所有证明都是错误的，要么他们必须承认，单是这样一个物体用总的来说与质量和速度成比例的力就产生了运动；因此之故，他们相信物体需要速度的平方。 〔55〕

第44节　查泰勒夫人不知道这一解析

我将通过**查泰勒侯爵**夫人与**马兰**先生的争论说明，现在对弹性物体如何通过碰撞带给世界比碰撞前更大的运动量的方式作出一种详细的阐述，并不是多余的。因为马兰先生说：**弹性力是自然界的一部真正的机械装置……要想通过把弹性物体在两个对立的方向上提供的东西当做正的加在一起，来特别考察弹性物体碰撞的所有作用，那么，就必须绝对地不把似乎由此在自然界形成并通过碰撞表现出来的新力归结到碰撞物体的活动，好像是它把这种力转让给了被碰撞的物体，而是归结于力的外来源泉……总而言之，归结于弹性的某种物理原因，无论这种原因是什么样的，都是碰撞释放出它的效能，可以说是对弹簧施压……**——我要说的是，当马兰先生说这些话的时候，查泰勒夫人回答他说：**在这一看法的发明者花费力气将他在这里要断言的东西建立在一些证明上面之前，研究这种东西没有什么用处。**我荣幸地代替马兰先生承受这份辛劳，而且这是我用来原谅自己在这个主题上唠叨不休的辩解。

〔56〕

第 45 节 尤林先生对两个非弹性且不相等的物体相互碰撞的异议

对莱布尼茨学派来说，**尤林**[①]先生和其他人还提出了这一异议：两个以与其质量成反比的速度相遇的非弹性物体，在碰撞之后保持静止。按照活力的学说，这里有两个力，人们可以任意地使它们不相等，但尽管如此它们却彼此保持平衡。

贝努利先生借助与压迫弹簧的比较来驳斥这一异议

我在**查泰勒**夫人的自然学说[②]中发现了对这一异议的回答，就像我从引证中看到的那样，这一回答以著名的**贝努利**[③]先生为发明人。贝努利先生未曾顺利地为自己的意见找到与他的名声匹配的防御武器。他说道，非弹性物体借助其各个部分的压力而相互之间施加出它们在压迫处于它们之间的弹簧时所施加出的相同作用。因此，他假定有一根弹簧 R，它在同一时间内向两面伸展，并从两面推动质量不相等的物体。[④]他证明，通过这根弹簧传递给两个物体的速度，与它们的质量成反比，因此，如果球体 A 和球体 B 以这样的速度返回，它们又会使弹簧处于最初的压迫状态。一切都是如此正确，与笛卡尔学派

① 尤林（James Jurin），医生，王家协会成员和秘书，生于 1684 年，1750 年卒于伦敦：《物理数学论》，伦敦，1732。康德说的是《教育者年鉴》（205 页以下，1735）上关于这本书的报告。参见下文第 110～112 节和第 146 节。——科学院版编者注

② 《物理学准则》，巴黎，1740。参见上文 45 页注。——科学院版编者注

③ 指的是约翰·贝努利。参见下文 72 页注。参见下文第 113a 节，三（133 页）。——科学院版编者注

④ 图 9。

的原理完全一致。不过，让我们看一看他是如何进行自己的推论的。弹簧的各个部分通过相互弹开，有的朝 A 面运动，有的朝 B 面运动，但分界点却是在 R 点，该点按照 A 和 B 质量的反比将弹簧一分为二。因此，弹簧 R 的 RB 部分作用于质量为 3 的物体 B，而另一部分 RA 则把自己的力传递给质量为 1 的球体 A。但是，被带给这些物体的力，是与将自己的压力用于它们的弹簧的数目成正比的；因此，尽管球体 A 和 B 的速度与其质量成反比，但它们的力是不相等的。现在，如果 〔57〕
弹簧 R 充分伸展开，而物体则以它伸展时传递给它们的同样速度向它返回，那么人们就很容易看到，一个物体就会借助对弹簧的压迫使另一个物体处于静止状态。如今它们的力是不相等的，人们由此就认识到，力不相等的两个物体相互使对方处于静止状态是如何可能的。他把这运用于非弹性物体的碰撞。

第46节　贝努利先生的思想受到反驳

在这一推论中，我并没有认出**贝努利**先生，他习惯于用完满得多的清晰度来形成自己的证明。无可争议的是，彼此弹开的弹簧分配给物体 A 和 B 中的一个的力，必然与分配给另一个的力同样多。因为它带给球体 A 的力，等于它用来顶撑另一个球体 B 的强度。如果它根本不顶撑在任何一个支点上，那么它就根本不会把力分配给球体 A，因为在这种情况下，它根本没有弹出任何作用。因此，如果不从运动球体 B 的另一面施加同等程度的压力，这根弹簧就不能向 A 用力。所以，球体 A 和 B 的力彼此相等，而不是像贝努利先生错误地要人们相信的那样，和长度 AR 与 RB 一样成正比。

很容易就可以看出贝努利先生推论中的错误是如何产生

的。莱布尼茨学派如此坚持的定理是这一错误的根源，亦即，一个物体的力与作用于它的弹簧数目成正比。① 我们在上面② 已反驳了这一定理，贝努利先生的事例证实了我们的想法。

〔58〕

第 47 节　贝努利先生的想法证实了我们的意见

人们可能不无高兴地发现，有人想要用来为活力辩护的这一说明是怎样出色地成为我们反过来完全打消这种辩护的武器。这是因为：由于肯定无疑的是，弹簧 R 分配给质量分别为 1 和 3 的两个物体的力是相等的（第 46 节），此外如莱布尼茨学派自己也承认的那样，质量为 1 的球体速度为 3，而另一个球体的速度为 1，所以，由此产生了两个直接与活力相矛盾的结果。第一，一个物体通过弹簧的压力获得的力，并不与将它推开的弹簧的数目成正比，而是毋宁说与弹簧作用的时间成正比；第二，一个质量为 1 速度为 3 的物体，并不比另一个质量为 3 但速度为 1 的物体拥有更多的力。

第 48 节　借助在世界上持久地维持力的同样大小来为活力辩护

迄今为止我们已经看到，**莱布尼茨**的追随者们是如何利用弹性物体的碰撞来为活力辩护的。不过，对弹性物体的利用仅仅是数学的。但是，他们自以为在运动学的这个部分中为自己的见解也找到了一种形而上学的根据。**莱布尼茨**先生

① 因此，物体 A 和 B 之所以有相等的力，乃是因为弹簧 RA 和弹簧 RB 作用于物体的时间同样久，因为这些弹簧的各部分具有同样强度的张力。

② 参见上文第 32 节。——科学院版编者注

甚至就是这一根据的发明者，他的声望使这一根据产生了不小的影响。

他心甘情愿地接受了**笛卡尔**的基本定理，即世界上力的大小始终保持不变，只不过它是这样一种力，它的量必须按照速度的平方来测算。他指出，力的旧尺度并不容许这一出色的规则。因为如果人们接受了这一点，那么，在物体相互之间的位置变化之后，自然界中的力就会不断减少或者增多。莱布尼茨相信，让上帝被迫像**牛顿**先生想象的那样不断地更新他赋予自己作品的运动，有损于上帝的权能与智慧；这促使他寻求一种有助于他克服这一困难的规律。〔59〕

第 49 节　对这一异议的第一个解析

由于我们在上面已经证明，活力在其辩护者自己如何利用它们的方式中，也就是说在数学意义上，任何地方都找不到位置，所以，上帝的权能和智慧在这里已经通过对问题的完全不可能性的考察拯救了自己。即便我们在对这一异议的另一种回答方式中遭到失败，我们也能总是隐藏到这一防护堡垒之后。因为即使按照我们所断定的运动定律，宇宙随着自己力的逐渐耗尽而最终完全陷入无序是不可避免的，这一打击也仍然不会触及上帝的权能和智慧。因为人们从来也不能抱怨上帝的权能和智慧，说它没有把一种我们知道绝对不可能，因而不能以任何方式施行的规律带给世界。

第 50 节　对上述异议的第二个回答

不过，请稍安毋躁。我们还没有被迫如此绝望地逃遁。这也许叫做斩断死结，但我们宁可解开死结。

既然莱布尼茨学派认为为了维持世界机器，按照平方测算物体的力是绝对必要的，我们也就无法承认他们的这一小小的要求了。凡是我迄今已经证明以及到本章结尾还想证明的东西，都是要使他们确信，无论是在抽象的考察中，还是在大自然中，物体的力都不以莱布尼茨学派采取的这样一种方式，即在数学上作出权衡，来提供按照平方进行的测算。但我并没有因此就完全否认活力。在本文的第三章中我将阐明，在自然界中确实可以找到其尺度是其速度平方的力；只是要加上一条限
〔60〕制，即人们以迄今为止所采取的方式永远不能发现它；面对这一类考察（即数学的考察）它们将永远隐藏自己；任何东西，无论是一种形而上学的研究还是一种特殊的经验，都不能使我们认识它们。因此，我们在这里原本不是否认事情本身，而是否认 modum cognoscendi［认识的方式］。

据此，我们在要点上与莱布尼茨学派是一致的；所以，我们也许还能够在他们的结论中与他们一致。

第51节　莱布尼茨关于保持同样大小的力的推论的来源

但是，对**莱布尼茨**先生的指责是建立在一个错误的前提之上的，这一前提长期以来就已经给世俗智慧带来了诸多不便。也就是说，下面的命题已经成为自然学说的一个原理：除了借助一种也处在现实运动中的物质之外，大自然中就没有运动发生；因此，除非是通过另一个现实的运动，或者是上帝直接插手，在世界的一个部分中消失的运动就不能被重建起来。这一命题在任何时候都给赞同它的人们惹来了麻烦。他们被迫以人为地编造出来的混乱使自己的想象力疲惫不堪，把一个假说建立在另一个假说之上；他们不是最终把我们引向世界大厦的一幅简明易懂，足以从中推导出大自然

的所有复合现象的蓝图，而是以无限多的奇特运动让我们困惑不已，这些运动与它们应当被用来说明的所有东西相比，要更为离奇和不可理解得多。

如何才能消除这一困难

据我所知，**汉姆贝格**[①]先生首先提供了消除这一弊端的方法。他的想法很好，因为它简单，因而也符合自然。它表明（但还是一个很不完善的草图），一个物体如何能够通过一种自身只是处在静止中的物质而获得一种现实的运动。这就预防了无数的弯路，甚至经常是预防了与对立的意见伴生的奇迹。确实，这一想法的根据是形而上学的，因此也不合当前自然学说的胃口；然而，同样显而易见的是，自然作用的第一源泉必然不折不扣地是一个形而上学的题目。汉姆贝格先生未能实现他的意图，为世人指示出一条更便捷的新路，把我们引向对大自然的认识。这一领域尚未建设，人们还不能离开老路，斗胆踏上新路。人们把自己交付给一个离题和想象力任意虚构的大海，而不重视简单明了，但正因如此也是自然的方法，这难道不是不可思议的吗？然而这已经成了人类知性的流行瘟疫。人们还将在很长时间里受这一潮流的吸引。人们将以复杂而做作的思考为乐，知性由此领略到其自身的力量。人们将拥有一种充满了洞察力和想象力的出色实验的物理学，但却没有大自然本身及其作用的蓝图。但是，最终占据统治地位的，将是这样一种物理学，它依照大自然本来的样子，也就是说简单地、不必无穷无尽绕弯子地描述大自然。大自然的道路只不过是一条舍此无他的道路。因此，人们在成功地踏上正确的道路之前， 〔61〕

① 参见上文26页注。——科学院版编者注

必定早已尝试过无数条歧路。

莱布尼茨学派应当比其他人更多地利用汉姆贝格先生的意见。因为正是他们断言，一种惰态的压力被传递给物体并保持在该物体中，如果没有一种不可克服的障碍再来消除它，就会形成一种现实的运动。因而，他们也不可能否认，一个悬浮在包围着它的液体各部分之上的物体，倾向于一个方向甚于另一个方向，如果这一液体的性质使它不能凭借自己的阻挡重新消除物体的力，那么物体就获得了一种现实的运动。这必然使他们相信我现在断言的东西，即：一个物体能够从本身处在静止中的物质获得一种现实的运动。

〔62〕 对莱布尼茨先生提出的异议的裁定

那么，我们将如何避开**莱布尼茨**先生要通过对上帝智慧的考察给予笛卡尔定律的打击呢？一切都取决于一个物体能够获得一种现实的运动，哪怕是凭借一种处在静止中的物质的作用。我就是以此为根据的。世界大厦中最初的运动并不是由一个被推动的物质的力造成的，因为否则的话它们就不是最初的运动了。但是，只要它们还能够通过一种处在静止状态中的物质的作用而产生，它们就也不是由上帝或者任何一种智慧的直接力量引发的。因为上帝是在不损害世界机器的情况下尽自己所能地避免起作用，相比之下，他又尽可能地使大自然成为积极能动的。如果运动是通过本身是静止的、非被推动的物质的力量首先引入世界的话，那么，它也将能够通过同一种力量保持自身，并且在丧失的地方恢复自身。因此，虽然在物体的碰撞中丧失了某些原来存在于物体中的力，但世界大厦却并不蒙受任何损失；当人们对相信这一点还心存疑虑的时候，必定对怀疑抱有巨大的兴趣。

第 52 节 按照莱布尼茨定律，在一个小的弹性物体与一个较大的物体的碰撞中，力在碰撞前后是相等的。

话题扯远了，偏离了我在这里着力处理的主题，我要重新言归正传。我已经注意到，活力的辩护者们特别对这样一种观察非常自以为是，通过这一观察他们发现：如果按照**莱布尼茨**先生的定律来测算物体的力，那么在弹性物体的撞击中，力的大小在碰撞前后总是同样的。这种看上去以一种奇特的方式倾向于活力的想法，毋宁说对于我们驳倒活力大有帮助。让我们作出如下的总结：**如果按照某个定律，在一个较小的弹性物体与一个较大的物体的碰撞中，碰撞后的力并不大于碰撞前的力，那么，这个定律就是错误的。如今，莱布尼茨的定律就是这样的。如此等等。** 〔63〕

第 53 节 莱布尼茨学派的上述观察是与活力完全相悖的

在这一结论的前提中，只有大前提需要得到证明。我们想以下面的方式做到这一点。当球体 A① 撞击一个较大的球体 B 时，在 A 实施撞击并压迫我们称为弹力的弹簧的那一瞬间，物体 B 所获得的力，并不多于它通过自己的惰性在 A 中所消除的力，而另一方面，物体 A 由于质量 B 借助它压紧的弹簧的强度而传递给它的阻力所丧失的力，也不多于它传递给这一球体的力。假如人们要否认这一点，那也就再也不能肯定：传递给一个物体的作用与该物体的反作用是相等的。因此，弹簧

① 图 8。

被压紧了，而两个物体中力的总和与此前单独存在于球体 A 中的力是一样的。如果现在这些具有双向弹力的弹簧松开，它们会以同样的强度朝两个球体伸展。显而易见，如果 A 沿 AE 方向压迫弹簧之后还具有的力与附属于它的弹簧借以弹开的力同样大，那么，这一弹簧的弹开能够从球体 A 所夺走的力，就会与另一方面弹簧 DB 带入 B 的力同样大；因此，在所有这一切都完成之后，无论是由于碰撞还是由于弹性，在物体 A 与 B 中所存在的力，都不会多于此前单独存在于 A 中的力。然而，以这为前提条件是徒劳的。如果发生碰撞，弹簧受到压迫，那么，A 沿 AE 方向具有与 B 同样的速度，但是质量较小，因而比弹簧在弹开时释放的力也小；因为弹簧具有一种张
〔64〕力，与球体 B 的力一样大。由此得知，弹性从存在于 A 中的力所能够夺取的，不如它传递给物体 B 的那么多。因为 A 没有这么多的力，所以也不能从它夺走这么多的力。据此，通过弹力的作用，必定在 B 中产生一个新单位的力，为此并没有在另一方丧失同样多的力；甚至在 A 中也同样产生了一种新的力。这是因为，由于弹性在力这方面再也找不到它在 A 中消除的东西，所以，球体只能以惰性来与它对立，并获得了弹簧超出球体 A 在自身还具有的力的力量单位，从而向 C 弹回。

显然，在一个较小的弹性物体撞击一个较大的物体的事例中，碰撞之后存在的力必定大于碰撞之前存在的力。现在，人们却必须设定相反的东西，即如果莱布尼茨关于力的测算是正确的话，碰撞之后所存在的力与碰撞之前同样大小。所以，我们要么必须否定这一定律，要么就取消这一节提供给我们的所有信念。

第54节　如果设想一个较大的弹性物体碰撞一个较小物体的事例，上面所说的将表现得更为清晰

如果我们把上面的事例倒过来想，假定质量较大的球体 B①撞击较小的 A，我们就将完全相信现在所说的东西的正确性。因为，首先，球体 B 通过撞击 A 所丧失的力，既不多于、也不少于它恰恰由此在 A 中所产生的力（也就是说，如果我们只考虑弹性爆发前发生的情况的话）。因此，在弹力发挥作用之前，这两个物体中的力既没有增多，也没有减少。如今，弹力以物体 A 移向 C 的单位被压紧，它的强度小于 B 中沿 BC 方向剩余的力；因此，当它弹开时，它绝不会耗尽后者的力，尽管它使尽了自己的全部力量。所以，当在碰撞中被压紧的弹簧弹开的时候，它虽然给予物体 A 〔65〕
一种新的力，但它也在 B 中消除了与它传递给 A 的同样大小的力。因此，即便是由于弹力，整个的力也不会变大，因为在任何时候，被另一方夺走的力都与这一方获得的力是同样多的。

由此我们看到，惟有在一个较大的物体碰撞一个较小质量的物体的情况下，才在碰撞中保持着同样单位的力；而在弹力在一方面所能够消除的力并不与它在另一方面产生的力一样多的所有其他情况下，任何时候碰撞之后的力都大于碰撞之前的力；这就破坏了莱布尼茨的定律。因为在莱布尼茨定律中，在任何哪怕仅仅是可能的情况下，大自然中的力总是保持同样的大小，既不减少，也不增加。

① 图8。

第55节　这一计算证实，在一个较大的物体碰撞一个较小物体的事例中，按照笛卡尔定律，总是保持着同样大小的力

因此，如果**莱布尼茨学派**能够的话，他们应当向我们展示一种情况，其中一个较大的弹性物体撞击一个较小的物体，并且与笛卡尔的测算相冲突，那样的话，就没有人能够指责什么。因为这样一种情况之所以是决定性的、没有例外的，乃是因为人们在它里面于碰撞后肯定总是发现碰撞前力的全部大小。然而，从来没有任何一个活力的辩护者敢于在这种碰撞中攻击笛卡尔的定律；因为他将必然毫不费力地认识到，力学规则在这里与笛卡尔的测算是完全吻合的。例如，人们可以假定：物体 B 的质量是 3，A 的质量是 1，B 以 4 个单位的速度撞击 A。在这种情况下，根据已知的运动学规则，人们论证道：球体 B 在碰撞后的速度与碰撞前的速度的比例，正如 A 和 B 的质量与其总和的差别一样。因此，它具有 2 个单位。进一步说：球体 A 在碰撞后的速度与碰撞前球体 B 的速度之间的比例，就是 $2B$∶（$A+B$）。因此，A 获得了 6 个
〔66〕单位的速度。这样，根据笛卡尔的测算，碰撞后在两个球体中的力一共是 12；碰撞前它也是 12。而这，也就是人们所盼望的东西。

第56节　较小的球体从较大的球体那里反弹回来的力带有负号

如果要测量一个力的量，就必须在它的作用中来追查它。但是，人们必须事先把那些虽然与这些作用结合在一起、但却并不是这里要予以测算的力的结果的现象与此区分开来。

如果一个弹性物体碰撞另一个质量较大的弹性物体，根据运动的定律我们知道，撞击后质量较小的物体以某个单位的力弹回。从上一节我们还知道，较小的物体从较大的物体那儿弹回所用的力，等于激活的弹性的努力超出物体 A 的力所拥有的那种力的剩余；在弹力作用于两个球体之前，物体 A 就以这种力与球体 B 一起沿 AE 方向移动。如今（按照事先已经证明的东西），只要弹力在物体 A 中还遇到一种朝向 AD 的、它在与带给物体 A 的力同样的程度上消除的力，——我就要说，在两个物体中总的来看，没有任何东西不是此前作为原因仅仅存在于 A 中的力的那个量已经在自身所包含的；因此，两个物体的状况也就可以看做碰撞前 A 所具有的力的正常作用。因为这种作用在任何时候都既不大于也不小于原因。但除此之外我们还知道：如果弹力已经消除了 A 中朝 AE 方向还剩下的所有的力，那么，它就给 A 和 B 这两个物体带来了新的力，这些力超过了构成球体 A 本来的全部作用的那些力。因此，如果我们从物体 A 那儿减去它在碰撞之后用以返回的力，也从球体 B 所获得的力中减去同样多，我们以这种方式就能够从两个球体的运动中得出上述这种力。由此很容易看出，小的 〔67〕
弹性球体从其所撞击的较大球体弹回所用的力是一种否定性的力，本身带有负号。例如，如果一个球体 A 以 2 个单位的速度撞击质量为 3 的球体 B 时，碰撞之后它以 1 个单位的速度弹回，并且也给球体 B 以 1 个单位。如要获得 A 所实施的作用的全部大小，就不能把碰撞之后 A 用以返回的力添加到球体 B 的力上。不能，必须不仅从物体 A 中扣除它，而且也从存在于 B 里面的力中扣除它。剩余的 2 就将是由球体 A 的力所完成的全部作用。所以，一个质量为 2、速度为 1 的球体与另一个质量为 1、速度为 2 的球体具有同样的力。

第 57 节　查泰勒夫人不合时宜地对此给予嘲笑

因而，恍然大悟的**查泰勒侯爵**夫人乐意不合时宜地嘲笑**马兰**先生①。她回答他的，就是我们刚刚援引的观察：**她认为，他不会愿意轻易地作出一种尝试，面对一个带着负号的标记、以 500 或 1 000 个单位的力回摆的物体。**我也这样认为；假如我担心马兰先生会以这种方式来澄清真理，我就是在严重地愚弄自己。不过，事情的关键并不在于像侯爵夫人似乎由此推论的那样，标有负号的力并不是现实的力。马兰先生想说的无疑不是这点。它实际上是一种现实的力，如果人们想检验一下，它也会发挥现实的作用。只是这一点将由此得到说明：无论是这种力，还是球体 B 与其相等的力中的一个部分，都不能被看做球体 A 的全部作用；相反，毋宁说人们必须这样来看它，
〔68〕就好像它根本不存在于 A 中，也不是从 B 中得来的，冲撞之后余下的力在这种情况下就首先表现为碰撞之前力的全部作用。但是，如果要这样看待一种大小的话，它在相加时被看做是小于无的，因而需要一个否定的符号。

第 58 节　莱布尼茨学派借助非弹性物体的碰撞来回避对活力的研究

我的读者们现在会猜想，即便是从**关于非弹性物体因碰撞而产生的运动的学说**中，也可以找到某些证明来引用，莱布尼茨测算的追随者们已经使用过这些证明来为活力作辩护。不

① 参见上文 45 页注。——科学院版编者注

过，他们是在欺骗自己。这些先生并不认为这种类型的运动对于他们的观点来说非常有利，于是他们试图将这种运动从研究中完全排除出去。这就使这些正直体面、从事认识真理的智者们在此病魔缠身。可以说，他们在看来与他们已经置入头脑中的定理相冲突的东西面前闭上了眼睛。当问题取决于消除一个妨碍他们所赞成的意见的困难时，一个微不足道的托词、一个冷漠而平淡的借口就能让他们满意。人们如果在这个部分愿意约束一些自己的话，在哲学中就可以为我们避免许多错误。既然愿意找来知性为了证明人们先前假设的一种观点所提供的所有理由，那就应当以同样的专心和努力去致力于用各种各样只是以某种方式表现出来的证明方法来证明反面的情况，就像人们在对待一个喜欢的观点时总是能够做的那样。人们不应当忽视任何哪怕看起来对反面情况只是稍稍有利的东西，并尽最大努力为它辩护。在知性的这样一种平衡中，通常被看做不可能有错误的观点常常遭到拒斥，而真理如果最终出现，就将更为令人信服。

第59节　从考察活力这一目的来说，非弹性碰撞比弹性碰撞更具有决定性的意义 〔69〕

人们曾常常提醒活力的辩护者们：要澄清活力是否成立，非弹性物体因碰撞而产生的运动比弹性物体的运动更为合适得多。因为在弹性物体的碰撞中，总有弹力混杂其中并带来无尽的混乱；相反，对于非弹性物体的碰撞来说，物体的运动仅仅是由作用和反作用决定的。毫无疑问，由于这种思想的清晰性，只要它不将活力的整个大厦颠覆，莱布尼茨学派就会被说服。

第 60 节　莱布尼茨学派在从非弹性物体的碰撞出发对他们提出的异议方面的托词

因此，他们不得不把一种例外当做自己的避难所，这也许是人们曾经利用过的最糟糕的避难所了。也就是说，他们宣称：在非弹性物体的碰撞中，总是有一部分力消失了，因为这部分力被用来压迫物体的各个部分。因此，当一个非弹性物体撞击另一个质量相同、处于静止中的物体时，它所具有的力的一半就消失了，在压迫物体的各个部分时耗尽了。

第 61 节　这一错误想法的根源

这一想法并不只有一个糟糕的方面。我们来考察它们中的一些。

乍一看，我们马上会觉得发觉这种错误的来源并非难事。部分是凭借经验，部分是凭借自然学说的各种根据，人们知道：一个在碰撞中其形状只有少许改变，甚至根本没有改变的坚硬物体，肯定是有弹性的；相反，非弹性物体的各个部分是如此拼合的，它们在碰撞中变软并被撞凹。大自然一般来说是把这些特性结合在一起的；只不过在数学考察中，我们并不必须把它们联结在一处。

〔70〕 活力的追随者们在此错误百出。他们想象，由于大自然中一个非弹性物体通常具有这样一种结构，即它的各个部分在碰撞中变软并被撞凹，所以，对这样物体的运动的纯数学考察所呈现出的规则在不具备这种特点时也不可能存在。这就是我们在第 60 节中所见到的那些困难的根源，正如我们现在将要看到的那样，这是完全没有道理的。

第62节　对莱布尼茨学派的例外情况的第一个回答

在数学中，人们把一个物体的弹力无非是理解为这样一种特性，借助这一特性，当另一个物体撞击它时，它又以后者撞击它的同样单位的力来反弹后者。所以，一个非弹性物体就是一个不具备这一特性的物体。

数学并不关心这种特性如何在大自然中表现出来的方式和方法。但是，弹性是否来自形状的改变或者形状的突然恢复，抑或一种隐秘的隐德来希、一种 qualitas occulta［隐秘的质］，或者天知道还有什么原因是它的源泉，这都是并且仍将是完全不清楚的。既然人们在力学中发现是这样描述弹性的，即它产生自一个物体的各个部分的压迫和反弹，那么人们就会认识到，利用这一说明的数学家们插手了与他们无关、与他们的目的毫不相干、本来是自然学说的课题的事情。

据此，如果在数学中对一个非弹性物体的考察仅仅以它自身不具有把一个撞击它的物体又反弹回去的力为前提条件，并且如果这惟一的规定就是非弹性物体运动的整个核心建立于上面的东西，那么，宣称这些运动的规则之所以是这样的，乃是因为相互碰撞的物体的各个部分的压迫允许这样的规律而不允许其他的规律，就是荒唐无稽的了。因为在人们得出这些规律的基本原理中，找不到各个部分压迫的任何迹象。人们将这些规律建立于其上的所有概念就这些限制而言 〔71〕
都是不确定的，以致人们可以在不损害上述规律的情况下把在碰撞中其形状没有改变的物体与承受其各个部分被压缩的物体同样看做非弹性物体。如果人们在构造这些规律的时候，为了按照它们来建立运动的规则，完全不考虑这种压迫，或者根本也不以蕴含着这种压迫的这样一些概念为基础，那么，把上述规律在现实中表现出的样子的责任推诿给这些概念，就是非常奇怪的了。

第63节 第二个回答：因为尽管一个物体完全坚硬，也可以称它为非弹性的

我们已经说过，在数学关于非弹性物体的运动呈现给我们的考察中，也可以把这些物体看做完全坚硬的，就好像它们的各个部分并不被碰撞所压迫似的。大自然还向我们展现出这样的例证，即并非一个物体的各个部分比另一个物体的各个部分更多变软，就必定是非弹性的，相反，一个物体的各个部分由于碰撞与另一个物体相比几乎没有被压迫，但与另一个各个部分更容易变软的物体相比，却常常更少是弹性的。因为，让一个木球落向铺石路面，它远远不会像一个充气的，但却很容易会被压迫的球反弹得那么高，而与后者相比，前者可以被称为非常坚硬。由此我们看出：甚至在大自然中，物体是非弹性的，也并非因为其各个部分被压迫，而只是因为它们没有以它们被压迫的同样单位的力使自己复原。因此，我们也可以设定一些物体，它们的各个部分在碰撞中变软非常少，但同时却具有这样的性质，即它们也不从这一非常小的压缩中恢复自己，或者它们虽然得到一点恢复，但却远远没有以它们被压挤的那种单位的速度恢复；就像如果人们可以将一个小东西与一个大东西进行比较的话，一个木球所表现的那样。诸如我所说的这类物体，或许是完全坚硬的①，但却是非弹性的。因此，人们
〔72〕或许不能将它们当做非弹性物体碰撞规律的例外，而且它们的

① 因为一个只能非常少地被压挤的物体，可以无误地被称为完全坚硬的。

各个部分或许尽管如此也不会被压挤。在此，莱布尼茨学派先生们的例外情况将如何存在呢？

第64节 第三个回答：各个部分受到压挤并不是非弹性物体碰撞中失去一部分力的原因

我们还可以给予**莱布尼茨学派**他们的前提条件，即非弹性物体总是承受到对其各个部分的压挤，但这对我们没有丝毫损害。一个物体在另一个运动着的、它通过撞击压迫其各个部分的物体中所产生的作用，与它在两个物体之间有一个弹簧、它通过冲力压迫弹簧的时候所产生的作用是一样的。我可以自由地利用这一思想，这不仅是因为它简单明了、令人信服，而且还因为它也为活力的一位伟大的守护神**贝努利**①先生在同样的情况下使用过。

如果现在一个球体 A② 向另一个球体 B 运动，并在碰撞中压迫弹簧 R，那么我就说，所有被用来压缩弹簧的微小单位的力，都转入到物体 B 中，并积聚起来，直到它们将弹簧被压缩所用的全部力都带入上述物体 B 中。因为物体 A 并没有丧

① 指的是约翰·贝努利，1667年生于巴塞尔，1748年卒于同处，格罗宁根教授，后为巴塞尔教授。在其作为对巴黎科学院为1724年提出的问题的回答于1723年撰写的《论运动的传递规律》中（1727年出版，也见其《全集》，第Ⅲ卷，7～107页，1742），他引入了以弹簧的绷紧来图解力的作用的方法，但由此把一系列新的分歧引入了关于力的量度的争论。此外请参见《力的守恒定理选》，见《彼得堡年鉴》，第Ⅱ卷，200页以下，1727；《论活力的真概念》，见《教育者年鉴》，210～230页，1735，其《全集》，第Ⅲ卷，239页。参见下文91页和152页注。——科学院版编者注

② 图9。

失任何单位的力，而且一点也不会受到压迫，除非弹簧支撑在物体 B 上。但是，它支撑在这一球体上所用的力量，等于球体突然消失的时候它向这一面弹开时所用的力，也就是说，是 A 从另一面压迫弹簧所用的力，是该物体在压缩它时使用和耗尽的力。显而易见，正是弹簧致力于向 B 伸展、球体 B 的惰性所反抗的这个单位的力，必然进入球体 B。因此，B 获得了沿 BE 方向运动的全部的力，这些力在 A 压缩弹簧 R 时在 A 中耗尽了。

〔73〕 这一应用简便易行。因为弹簧 R 表示着非弹性球体 A 和 B 由于碰撞而被压迫的部分。因此，当物体 A 在它向 B 的碰撞中从两方面压迫那些部分时，它在这一压迫中并没有耗尽自己力量中物体 B 没有得到、使物体 B 在碰撞之后运动起来的东西。所以，没有一个部分丧失掉，更不用说一个像莱布尼茨学派所错误地预定的那样大的部分了。

第 65 节

要穷尽**莱布尼茨学派**在非弹性物体碰撞这一事情上想给我们制造的这种困难所包含的所有错误与矛盾，我会疲惫不堪的。我惟一还想列举的，就足以使这一困难失去效力。

第四个回答：论非弹性物体的硬度与在莱布尼茨学派的例外特殊情况中必须得到确定的撞击力单位之间的比例

即使人们容忍我们的敌手其他的一切，也不可以原谅他们在下述要求中包藏的胆量。这要求就是：在非弹性物体的碰撞中，由于压迫各个部分所消耗的力既不多于、也不少于、而是恰好等于他们按照自己的测算认为甚至在任何情况下都必然消耗的那么多。这是一种难以理喻的放肆：有人想抛开所有的证明而强迫我们相信，由于压迫各个部分，一个物体在与相等的物体的碰撞中必定正好丧失一半的力，在与三倍于己的物体的碰撞中必定正好丧失 3/4 的力，如此等等，而不能向我们说明为何恰恰是这么多、不是更多或者更少的原因；因为，即使假定一个非弹性物体的概念必然要求在压迫时丧失一些力，我还是不明白，人们究竟是从哪里推论出：弹性的这种阙失要求必定恰好消耗这么多而不是更少的力。莱布尼茨学派却无法否认：与撞击物体的力相比，非弹性物体质量的硬度越小，在压迫各个部分时所消耗的力也就越多；但是，两个物体越是坚硬，力的损失也就必定越少；因为如果它们是完全坚硬的，力 〔74〕 就不会有任何损失。因此，如果要在碰撞中恰恰消耗和消除撞击物体的一半的力，为此就要求两个相等的非弹性物体的硬度有某种确定的比例关系。没有这一比例，在人们使相撞的物体变得更软或者更硬之后，结果就会更多或者更少。在莱布尼茨学派寻找例外情况时所违背的非弹性物体运动规则中，非弹性物体的硬度、甚至还有它与撞击强度的比例是完全不确定的，因而从它们出发根本就无法理解：对各个部分的压迫是否会发生，由此一种力是否会被消耗掉以及究竟会失去多少；不过，他们至少提供了一些理由，使人们能够理解，在一个球体与另一个重量相同的球体的撞击中恰好有一半的力丧失掉。因为，在这些物体的硬度与撞击的力量之间如果没有某种完全精确地规定的比例的话，这种情况就不会发生。由于在派生出自身包含着力的一种确定损失的任意一种根据的非弹性物体碰撞规律的基本原理中，不可能发现这样一种规定，所以，这些规则具有这种性质而不是别种性质的原因，就不能设定在对各个部分那种任何情况下所造成力的损失都恰如莱布尼茨学派认为应完全抵消的那么多的压迫中。

我们的结论的应用

在活力的辩护者想借以避开所有非弹性物体碰撞的规律给予他们的打击的托词不仅以一种方式被认为无效之后，就再也没有什么能够阻挡我们利用这些规律，来达到它们总是非常出色地为我们提供的服务了，也就是说，将活力从其以非法的方式侵入的数学领域中排除出去。

〔75〕

第 66 节　非弹性物体的碰撞完全取消了活力

但是，在此详尽地分析非弹性物体的运动取消活力的方式和方法，是多余的。人们所提到的任何一种情况，都可以没有丝毫例外或困难地做到这一点。例如，如果一个非弹性物体 A 撞击另一个处于静止之中的同样种类、相同重量的物体 B 时，二者在碰撞之后就会以相撞之前速度的 1/2 单位运动。因此，按照莱布尼茨的测算方式，实施碰撞后在每一个物体中都有 1/4 的力，从而总共有 1/2 个单位的力，而在碰撞之前大自然中存在着 1 个完整单位的力。因此，有一半的力没有产生与之相等的作用就损失了，或者说，也没有遇到任何会消耗它的阻抗。甚至我们的敌手也不得不承认，这是人们可能做出的最大的荒唐事情之一。

第 67 节　一般的证明：物体的相撞必定总是与活力相悖的

如果不事先附加上一种自身包含着人们以此方式反对活力总会说的一切的一般性考察，我还不想结束用物体的相撞来反驳活力的这一章。在这一考察中，我将阐明：即使人们承认莱布尼茨学派对力的测算，要从物体的相撞出发证明这一测算，也是与事情的本性完全相悖的；而且，除了简单的速度之外，这一测算决不会、也不可能表现出一种别的尺度，尽管按照平方来测算将是一种完全正确的和毋庸置疑的事情。我要说的是，不可能从物体的相撞出发认识这一测算，尽管它通常在千百次别的场合中像人们一直希望的那样明显地表现出来。

第68节 这一证明的阐述 〔76〕

我的证明建立在以下理由上。

人们在这一点上是一致的：人们不能为了我们所说的最终目的以任何其他方式来利用物体因碰撞而产生的运动，除非把一个运动着的物体由于碰撞而带给另一个物体的力看做作用，人们必须借助这种作用来测算为产生这种作用而耗尽的原因的量。也就是说，人们是在作用中探求原因的大小，作用就是原因的一个结果。因此不言而喻的是：在此必须特别注意，在被撞击的物体中所得到的力，实际上不外就是由另一个物体的撞击直接产生的作用；因为否则的话，人们所寻找的整个尺度就是骗人的和无用的。但显而易见的是：紧接着撞击物体在被撞击物体中产生其作用的那一瞬间，所有此后在被撞击物体中存在的力都是碰撞的一种无可置疑的作用。因此，人们必须利用这一作用而不是其他东西，把它用作撞击物体在产生作用时所使用的力的尺度。于是，一个借助另一个物体的撞击获得自己运动的物体，紧接着碰撞将力带给它的那一瞬间，而且在它与撞击物体的接触尚不能拉开一个有限距离的时候，虽然已经具有了这一碰撞所能够传递给它的所有的力，只是还不具有现实的运动，因为人们还没有给予它运动的时间，而只是给予它一种单纯的运动努力，从而是一种静止的、以简单速度为其尺度的力。因此，曾存在于撞击物体中的力被消耗掉，从而在另一个物体中唤起一种力，对于这种力的完全准确的测算永远不外是单纯的速度本身，尽管人们还想通过假设在撞击物体中设定一种力，它作为尺度的，我不愿说是速度的平方，而是甚至立方、四次方，天晓得是速度的多少次乘方。

如果人们想设定，一种要求按照平方来测算的力被用于产生另一种仅仅按照速度来测算的力，这将是荒谬无稽的，它将
〔77〕完全颠倒**作用与原因相等的规律**。这是因为，由于前者比后者大无数倍，所以，这就完全像是人们想说一个平方的全部面积被用于产生一条线，确切地说是产生一条有限的线。因此显而易见的是，无论弹性物体还是非弹性物体，其所有规律都决不能提供另外一种不同于简单速度测算的证明，它们就其本性而言必定总是与活力相悖的，即使人们挖空心思编造出一些表面上看来有利于活力的情况。

第 69 节

在上一节中，一切都取决于下面的情况：人们只是把被撞开物体的那种力当做撞击物体的力的尺度，后者紧接着传递作用的一瞬间就出现在前者中，而且恰在此时它脱离开与撞击物体的接触，但尽管如此，还是在运动已经现实地发生之前；因此，我毫不怀疑，这将是我如今有幸称为我的敌手的先生们最为反对的一点。我愿意能有幸先以下面的陈述答复这些先生。

继续证明：在物体的碰撞中不必考虑像被撞击物体的初始速度之类的东西

被撞击物体在它离开撞击物体之前的瞬间所具有的力要么是等于、要么是不等于它在已经现实地运动起来并且离开撞击物体之后所拥有的力。如果是第一种情况，那就连我的限制也不需要；相反，人们可以在任意一个运动瞬间来设想被撞物体

的力，但将在任何地方都发现它是符合速度自身的①；因为这种力与它在自己的运动成为现实之前所具有的力是相等的。如果它不等于这种力，那么人们在此想说的无非是：在被撞物体已经离开撞击物体之后，存在于被撞物体中的力大于接触时的力。但如果是这样，我就承认，这正是我不能用它来测算撞击力的原因。因为在被撞击物体中，由于它在碰撞后已经离开撞击物体，如果比原来它还接触撞击物体时在它里面的力多出1个单位，那么，这1个新单位的力也不是撞击物体的作用，因为物体之间只有在它们还相互接触时才能相互作用；相反，只有前一种情况才是这样。所以，人们也可以最正当不过地运用那种力去测算为产生它而已经消耗掉的力。〔78〕

第70节

我们已经成功地克服了物体的相互碰撞可能会给老的笛卡尔定律所造成的困难。我认为，我现在可以大胆地说：**莱布尼茨**先生的一派从这方面并不会占它的什么便宜。我们要致力于使自己也能够从其他方面为此而自豪。

第71节　论通过运动的复合为活力所作的辩护

现在，让我们来考察一下活力的辩护者们为支持自己的测算从物体的**复合运动**借来的那些事例。糟糕的事情总是具有这样的特征，即它喜欢隐藏在模糊不清、混乱不堪的事例后面；

① 因为只要被撞物体的运动还没有成为现实（也就是说，只要它还没有离开撞击物体），按照莱布尼茨学派所承认，它的力自身就还是惰态的。

同样，活力一派也想利用人们在考察复合运动时很容易会陷入其中的混乱。我们要致力于揭掉迄今为止惟一有利于活力的这些运动的昏暗盖子。**比尔芬格**①先生已经围绕这类证明作出了
〔79〕极大的贡献，因而他的思想应当率先成为我们将加以检验的思想。

他的论文刊于《彼得堡科学院评论》第一卷。作为他的整个体系基础的定理如下②：一个物体 A 同时获得两种运动，一种沿 AB 方向以速度 AB 运动，另一种沿与前者垂直相连的方向以速度 AC 运动，在它分别穿过每一条边的时间里，它运动过这个直角的平行四边形的对角线。但是，指向平行四边形各条边的力并不是相互对立的，因而其中的任何一个都不给另一个造成任何损失，所以，当物体顺应这两种运动，也就是说当它在对角线上运动时，它所拥有的力等于沿着各条边的力的总和。若按笛卡尔的测算，这是不成立的。因为对角线 AD 总是小于 AB 和 AC 两边的总和；然而，除了仅仅在按照二者速度的平方来测算它们的力这一惟一的事例中之外，在所有其他可能的测算中，物体以速度 AD 所拥有的力永远也不会等于以速度 AB 和 AC 拥有的力的总和。比尔芬格先生由此推论说：一个处在现实运动中的物体的力只能用它的速度的平方来测算。

第 72 节

比尔芬格先生在他的证明中并没有完全弄错。他的推论在事情的根本上是正确的；然而，这一推论的应用严格说来毕竟

① 参见上文 32 页注。见那里引用的论文，55 页以下。——科学院版编者注
② 图 10。

存在着缺陷，并且自身带有判断轻率的特征。

比尔芬格的证明在什么意义上是正确的

如果人们像通常那样来看待物体沿 AC 边所具有的运动①，也就是说，物体以这一运动垂直地撞上平面 CD，那么确定无疑的是，另外在直线 AB 中的侧运动**就此**而言完全不与前一运动相互对立，因为后者是与 CD 平面平行运动的；所以，它既没有使物体朝向这一平面，也没有使它离开这一平面。同样，**就物体以另一条边 AB 上的运动致力于朝平面 BD 产生的作用来说，**侧运动 AC 与 AB 上的运动也根本不相互对立，因为它同样是与平面 BD 平行运动的。但是由此得出什么结论呢？它不外是：如果物体同时顺应这两个侧运动，并且穿过对角线，那么，它将对平面 CD 和 BD 一下子产生与它在分别通过边的运动中所产生的同样的作用。因而，**就 CD 和 BD 这两个平面来说，**物体在通过对角线的运动中自身有一种力，这种力等于沿两个边所具有的力的总和。然而，只有在我曾讲过的这种条件下，在它里面才能发现这一等式。〔80〕

第73节 比尔芬格先生已经超出了争论问题的内容

比尔芬格先生并没有注意到这一条件，尽管他由于自己的证明的本性而应当发现自己不得不这样做。他恰恰是这样作结论的：**所以，物体在通过对角线的运动中具有一种等于两个侧力总和的力。**

这一如此不受限制地提出的定律正式地接受了与比尔芬格

① 图10。

证明中结论的内容相去甚远的一种意义。因为如果有人说：一个具有这样或者那样速度的物体自身就具有这种或者那种力，人们是把它理解为物体在其运动的直线方向上并且朝一个它垂直地撞击的对象施加的力。因此，如果以一种如此有局限性的方式来讨论一个物体的力，那么，人们就必须力图仅仅在这种意义上来规定它的大小；否则人们就是在认为，物体在其运动的直线方向上自身具有某种力，但物体鉴于它所撞击对象的某个位置却只能将这种力施加到一边。无视这一点的比尔芬格先生由此便遭受到 fallaciae ignorationis elenchi［盲目论证错误］
〔81〕的指责。因为他已经离开了有关争论问题的内容，他本应当证明：物体在穿过对角线的运动中将碰撞**一个与它的这种运动方向垂直相对的对象**，所用的力相当于它通过分离的侧运动撞击到它下面的两个平面所用的力的总和；但他却证明：物体虽然施加了这些力的集合，但只是朝向 CD 和 BD 两个侧平面，而不是朝向恰与其运动相对的垂直面。

第 74 节　同一证明在有争议的一点上是有缺陷的

因此，一切都仅仅取决于我的如下证明：一个沿对角线 AD 运动的物体，本身在笔直方向 AD 上并不具有两个侧力的总和。为此我需要做的不外是：就像数学家通常所做的那样，把每一个侧运动都看做是复合的。① 据此，侧运动 AB 是由运动 AF 和 AH 复合而成的，相反，侧运动 AC 是由运动 AE 和 AG 复合而成的。由于如今无论是运动 AF 还是运动 AE，都恰好是相互对立的，从而由于彼此相等而互相抵消，所以，剩

① 图 11。

下来的就只有物体在对角线方向上继续移动所用的速度为 AH 的运动和速度为 AG 的运动了；所以，并不是两个侧运动全部的力都存在于对角线方向上，而是在这个角度只能发现其中的一部分。此外，由于运动 AF 和 AE 本来就与物体在对角线运动中垂直撞击的 BH 平面平行运动，所以这两个运动中没有一个能碰到它，因此，无论是从这一点还是从前面一点都可以看出，物体并不是用 AC 和 AB 边上的力的总和撞击与它通过 AD 的运动垂直相对的对象的。

第75节　由此得出的结论 〔82〕

现在，一切都得到了解决。因为从现在起我们知道：一个物体在沿对角线向一个垂直相对的对象运动时，并没有施加它以自己朝着同样与它垂直相对的平面所做的两个侧运动所拥有的两个侧力的全部总和。由此必然得出结论：在穿过对角线的运动中，力小于两个侧力的总和；因此，一个物体的力不能按照其速度的平方来测算，因为以这种测算方式必然会发现事实上不能发现的上述等式。

第76节　从比尔芬格的事例出发，活力本身将被驳倒

我们不想仅仅满足于此。我们并不惧怕**比尔芬格**先生的推论，相反，我们更愿意利用这些推论来证明**笛卡尔**的定律。一件好的事情本身总是具有这样的特征，即甚至敌手的武器也必定有利于为自己辩护，而且我们不止一次看到，我们的推论也可以自夸具有这样的优点。① 按照现在已经证明的东西，侧运

① 图11。

动 AB 带入对角线方向上的不是别的速度，而是物体在分离的运动中与 BH 平面垂直相遇所用的速度 AH。此外，另一个侧运动 AC 独自带入对角线方向的也只是物体垂直撞击 CG 平面所用的速度 AG。AH 和 AG 这两种运动自身所携带的力如今复合成为对角线上全部的力，所以没有出现在前两者中的，也不会存在于后者中；因为否则的话，在和中所包含的就会大于两个加数的相加。因此，速度为 AD 的力就应当等于速度为
〔83〕 AH 的力加上速度为 AG 的力；问题是，必须选取 AH、AG 和 AD 的多少次幂，才能使前两者的和与后者相等。在这里，从算术最简单的理由就可以清楚地看出：如果人们想要通过线段 AH、AG 和 AD 的一个大于一次方的乘方来测算各种力的话，那么，速度为 AD 的物体以这种方式测算出的力就会大于速度为 AH 和 AG 的力的总和；但是，如果人们要选取一个比简单速度的**函数**更小的**函数**（像比尔芬格先生自己所说的那样），那么，各个分力的集合就会大于整个由此产生的、以速度 AD 为标记的力；相反，如果一切都仅仅按照速度来测算的话，将会发现它们是相等的。由此可见，人们必须要么按照速度 AH、AG 和 AD 的比例来设定力，要么承认这一集合小于或大于各个因数的相加。

第 77 节　以另一种方法作出同样的反驳

我们也可以用另一种方式来说明同样的东西。我们像**比尔芬格**先生那样假定：由于两个速度分别为 $ba=AB$ 和 $ca=AC$ 的相等球体的碰撞，侧力 AB 和 AC 被传递给了物体 a①，这

① 图 12。

两个同时发生的推动造成了穿过对角线的运动和力。但是，由于这是一回事，我们想假定这两个球体从 C 和 B 离开并以速度 $CD=ba$ 和 $BD=ca$ 在 D 点与物体 a 相撞。不可否认的是，物体 a 在这个位置上从上述球体将获得的力，与它在 A 点能够获得的力同样多；位置根本不造成任何差别，因为所有其他的东西都是一样的。因此问题是：球体 a 在 D 点上从 BD 和 CD **对垂直平面** FE 同时发生的两个撞击中获得了怎样一种力？我的回答是：球体 B 以运动 BD 就对这个平面的作用而言所给予物体 a 的，本来也只是速度 BE，而从速度为 CD 的球体 C 的撞击中，同一物体 A 只获得了它用以在 D 点上对平面 FE 起作用的速度 CF。因为 a 此时从这一双重碰撞中所获得的另外两个运动 Bg 和 Ch 是与平面平行的，因而它们并不与这个平面相遇，而宁可说它们相互抵消，因为它们相互对立又大小相等。所以，两个侧力 BD 和 CD，或者说 AC 和 AB 也一样，就物体沿对角线运动垂直遇到的平面而言给予物体的这样一种力，只是等于速度为 BE 和 CF 的力的总和；因而首先它不是它们全部的力，其次它是这样一种力，关于它这里和上一节一样显而易见的是：它与复合成它的那些力的比例，等于速度 AD 与速度 CF 和 BE 的比例，而不与它们的平方成正比。〔84〕

第78节　对角线上笔直的力并不等于两边上的力的总和

我们从迄今为止的考察中看到：如果人们假定，在对角线运动中沿平行四边形的各边施加的力总起来等于对角线方向上的力，那么由此得出的结论就是，人们必须按照速度的平方来测算这些力。然而，我们同时已经证明：这种假定是错误的，并且一个物体在斜线运动中施加的作用，直至它在其中所有的力消耗殆尽，总是大于它通过垂直碰撞所造成的效果。

这一考察具有一个悖论命题的外观。因为由此可以得出，对于某些以一种特殊的方式与它相对的平面来说，一个物体能够施加的力要比人们假定它本身具有的力更大。因为人们所说的一个物体所具有的力，与它通过垂直撞向一个无法克服的障碍所用的力是一样多的。

〔85〕由于以形而上学的方式解决了这一困难，我们毕竟可以无忧无虑了；因为无论事情是怎么样的，数学总是要作出判决的，而在数学作出判断之后，人们就不会再怀疑了。

第 79 节　在莱布尼茨对力的测算中，斜线方向上施加的力的总和等于对角线的力；但在笛卡尔的测算中，前者通常大于后者无数倍

从对运动的分解中可以清楚地看到：当一个物体沿斜线方向相继朝许多个平面撞击时，如果所有 Sinuum angulorum incidentiae［入射角的弦］的平方的总和等于其运动的第一个速度所指示的 Sinus totius［整弦］① 的平方的话，那么它将完全失去自己的运动。迄今为止，所有的力学家都意见一致，笛卡尔学派也不例外。然而对于莱布尼茨学派来说，却尤其是由此得出了如下的结论：如果使按照平方进行的测算成立，当沿斜线方向施加的力加起来等于直线运动中物体固有的力时，这一物体就失去了它所有的运动。与此相反，按照笛卡尔的测算，情况就完全不同。物体通过许多前后相继的碰撞在斜线方向上

① 为理解这个过时了的表达方式而说明，这里要把入射角（angulus incidentiae）理解为碰撞方向与承受平面（不是与入射垂线）构成的角，而且整弦是 90°的弦，因而等于 1，亦即在线性描述作为基础的圆的半径时。——科学院版编者注

施加的力，直到它所有的运动被耗尽，按照笛卡尔的测算，加起来要比它在直线运动中拥有的那一惟一未分解的力大得多。因此，当在分解开的运动中施加的所有力的总和与其整个未分解的力相等时，物体还没有失去自己的运动。因为一个物体对多个斜面所能够造成的结果要远远多于对它在直线方向上垂直碰撞的那个平面所造成的结果，而且达到如此程度，以致（如果人们假定，碰撞的斜度都以同样的角度发生在所有的斜面上）在此为借助一个斜对的障碍消耗掉一个物体的力所必需的力的大小与在直线方向抵消它的那种力的大小的关系，就等于整弦与入射角的弦的关系。① 因此举例来说，如果整弦与一个入射角的弦的比例等于 2∶1 的话，那么，前一种力就是后一种力的 2 倍；如果是 8∶1 的话，它就是 8 倍；如果这个比例 〔86〕
是无限小的话，那么，前一种力就无限大于足以在直对的方向上消耗掉它的全部运动的障碍的力量。因此，按照莱布尼茨的测算，某种障碍会完全夺去一个物体的力，而按照笛卡尔的测算，同样的障碍在同样的方向上消耗该物体的力只能是无限小的；也就是说，如果移动物体已经克服的所有障碍的全部力量是有限的，那么，无论物体是在怎样任意倾斜的运动中克服这些障碍的，按照平方来测算，该物体力的损失也是有限的；相反，按照速度来测算，一个物体所施加作用全部的力可以是有限的，但只要它克服所有阻碍的那个角是无限小的，物体力的损失也就是无限小的。

① 在舒伯特和罗森克兰茨的版本（莱比锡，1839）第Ⅴ卷 107 页，这段话旁有舒伯特的如下注释："在我那本康德自己使用过的样书中，出自他的手笔，以他在 1750—1770 年特有的强劲笔迹，在页边写下：这种意见通过我后来的思想得到纠正，但从中引出的东西依然完好无损。"——科学院版编者注

这种区别令人惊讶。在大自然的某个地方必然有一种作用；无论它在哪里，都值得花费力气把它找出来。因为它的结果不仅仅是人们可以决定一个物体在一个直角平行四边形的对角线上的力是否等于各个侧力的总和，而且还能够决定是莱布尼茨先生的测算正确，还是笛卡尔的测算正确；因为这一问题是与另一个问题不可分割地联系在一起的。

第 80 节　活力被一个新的事例所驳斥

我们所寻找的事例是一个物体被自己的重力引向中心、围绕中心在一个圆周线上的运动（行星运动就是这种方式）。

让我们假定一个物体获得了足够的离心力，足以围绕地球做圆周运动。除了重力之外，还让我们抽象掉所有可能减缓其运动的障碍；这样，可以确定的是：首先，它的运动速度是有限的；其次，该速度以同样的单位在同一条线上没有任何减损
〔87〕地持续到无限。我将这两条定理看做是基础；因为无论是莱布尼茨学派还是笛卡尔学派，两派都赞同这两条定理。此外第三点，我设定为基础的是：重力在一个自由运动的物体中在一个有限的时间里产生了一种有限的力，或者，当物体固有的力与重力用以施加压力的力作用相互对立时在其中消耗掉一种有限的力。这个假定围绕给定的中心做圆周运动的物体不断地遭受重力的压迫，并且根据第三条假设，由于所有无限小的重力压迫的总和而在一个有限的时间里承受着一个驱使它趋向其环绕运动中心的有限的力。然而，物体凭借自己特有的力，通过总是与圆心保持同样的距离而使所有在它里面发生的压力保持平衡。因此，在克服重力的障碍方面，物体在任一有限的时间里都施加着一个有限的力。从我们在第 79 节已经了解到的东西出发可以清楚地认识到：如果一个物体在斜线

方向上已经克服了一定量的障碍，这些障碍总计为一个有限大小的力，那么，它在此同时（如果人们承认莱布尼茨的测算的话）必定在自己固有的力上蒙受一个有限量的损失。所以，由于克服重力，假定的物体在其圆周运动的任一时间里都损失一个有限的力，从而在某一确定的时间失去它的所有的力与速度；因为，根据第一条假设，它在圆周运动中所拥有的速度只是有限的。

因此，它要么根本不能做圆周运动，除非它具有无限的速度，要么必须承认：一个物体通过所有斜线作用的总和所能够造成的结果无限大于它在直线撞击中所拥有的力；莱布尼茨学派的力的尺度不承认这一点，是错误的。

第 81 节

由于我们在这里阐述的思想会带来非常丰富的结果，所以我们想排除所有围绕着这一思想的小难题，尽可能使这一思想清楚明白、没有纰漏。

证明：一个做圆周运动的物体对重力施加的影响等于它碰撞一个斜面时所施加的影响 〔88〕

首先，人们必须学会清楚地理解，运动着的物体在圆周运动中用以与重力保持平衡的力，施加了一种斜线作用，并且如我们在上一节中确实指出的那样，可以与一个物体撞击一个斜面相比。

正如人们在数学中通常也把圆看做是一个具有无限多条边的多角形一样①，为了这一最终目的，可以把物体在其圆周运

① 图 13。

动中经过的无限小的弧设想为无限小的直线。当重力没有给穿过无限小的直线 *ab* 的物体造成任何阻碍的时候，这一物体将继续这一运动的直线方向，并在第二个无限小的时间段里到达 *d*。然而，由于重力的抵抗，它被迫离开这一方向，并画出无限小的线 *be*。因此，重力的这种障碍 per resolutionem virium［通过各种力的分解］使它失去了侧运动 *ac*，后者是由落到延长至 *c* 的线段 *bd* 之上的垂直线 *ac* 来表示的。所以，物体由于重力的障碍而在点 *b* 上承受着与它从自己以角 *abc* 撞击的平面 *cd* 所承受的同样的抵抗；因为这个平面给它造成的障碍在这里同样是由小的垂直线 *ac* 来表示的。所以，人们完全可以把一个物体在其圆周运动中对把它向下拉的重力施加的力与它对斜面的撞击相比，也可以用测算后者的同样方式测算它。如例所示。

第 82 节

其次，第 80 节中所假定的我们证明的第三个基本定理似乎还需要作出一些证实；至少当人们与这样的敌手打交道时，就最显而易见的真理而言还不能足够谨慎；因为关于活力的争论已经充分地向我们证明：就某些意见而言的党派性可能是多
〔89〕么强大和受人欢迎，甚于真理不加掩饰的力量，人类的知性自由又伸展得如何辽远，直至在最显而易见的真理面前还要满腹狐疑，或迟迟不作判断。

圆周运动的物体在克服重力阻碍的每一个有限的时间里都施加了一个有限力的作用

自由运动物体的重力在每一个给定的有限时间里也产生了一种有限的力，鉴于这样一条定理，我本来可以援引第 32 节；然而，这条定理在活力的辩护者们那里已经有了自己的敌手，

最好是用他们自己的武器来打败他们。假定在其圆周运动中在一个有限的时间里穿过 af 弧的物体，接受了它在整个有限空间 af 中不断地蒙受的所有重力弹簧的压力。如今，甚至按照莱布尼茨学派所承认，存在于某个有限空间中的具有重力材料的弹簧连续地把自己的压力传递给一个物体，并传递给它一个有限的力，因此，等等。

第 83 节　结论

据此，如果与直角平行四边形各边的平方成比例地测算在分离的运动中施加的力，那么，这种力的存在就根本用不着物体做圆周运动的最众所周知的规律以及造成这种运动的向心力。所以，在任何一种复合运动中，侧力都并不像莱布尼茨的测算所要求的那样，与其速度平方成比例；也正因为如此，结论也就是人所共知的：按照平方进行测算是完全错误的；因为，从力学首要的基本学说可知，任何一种运动都可以被看做复合的。

第 84 节　笛卡尔的测算是如何消除这一困难的

还必须注意，笛卡尔对力的测算是如何出色地消除莱布尼茨的测算如我们现在看到的那样所遇到的困难的。

从数学中可以得知，与无限小的弧 ab 的对弦 bi 平行且相等的短线 ac①是一个第二等的无限小，因而小于无限短的线段 〔90〕
ab 无限多倍。但是，ac 是物体在其圆周运动中时时处处用以对重力的压迫产生反作用的角的弦，而 ab 作为物体绝对运动

① 图 13（a）。

自身的一个无限小的部分，则是其整弦。但从前面证明过的第79节中可以得知，如果一个物体在斜线运动中如此作用于某一障碍，以致从整弦来看入射角的弦完全是无限小的，那么，按照笛卡尔的测算，由于障碍而失去的力与所有被克服的障碍的全部力量相比就是无限小的。所以，物体在对重力的所有克制的全部总和中克服一个无限大的力之前，它在圆周运动中不会由于重力的压迫而损失一个有限的力。但是，经过一个有限时间的所有重力压迫的总和只是一个有限的力（第 80 节，第 3 条假定），因而并不是在过去一个无限的时间之前有一个无限的力；所以，围绕一个被自己的重力引向的中心作圆周运动的物体由于重力的障碍只是在一个无限的时间中损失一个有限的力，从而在任何一个有限的时间里所损失的都是无限少的。与此相反，按照莱布尼茨的测算，在同样的条件下任何有限时间内的损失都将是某种有限的东西（第 80 节）；因此，笛卡尔的测算在这种情况下并没有遇到莱布尼茨的测算如我们已经看到的那样总要遇到的困难。

第 85 节　活力在此还遇到的一个新矛盾

我们现在对活力已经作过的反驳同时在按照平方对力进行的测算中揭示了一种奇特的矛盾。由于每个人都同意，按照速度自乘的直角三角形来测算的力肯定比仅仅由速度的简单尺度表示的那种力具有无限更多的力量，它与后者的关系就是面与线的关系。然而这里表现出来的正好相反，
〔91〕也就是说，在我们已经看到的两类力被设定为在完全相同的条件下起作用的事例中，莱布尼茨的测算要无限地小于笛卡尔的测算，并且被无限少于后者的障碍消耗掉；这是一个不可能设想得更大的矛盾。

第86节

对复合运动中与简单运动中存在着同样大小的力的普遍原理的摧毁，同时也就推翻了活力的辩护者们建立在同一基础之上的事例。

反驳贝努利关于四个同样弹簧的张力的事例

沃尔夫先生在其力学中所援引的**贝努利**的事例①就是这些事例中最引人注目的事例之一。他假定有4个弹簧，它们全都需要同样的力才能被压紧。此外，他让一个具有2个单位速度的物体以其弦为1的30度角垂直撞击第一个弹簧，之后让它用剩下来的运动以其弦同样为1②的角度垂直撞击第二个弹簧，并如此这般撞击第三个弹簧，最后撞击第四个。现在，这个物体压紧了每一个弹簧；因此它以2个单位的速度施加了4个单位的力；所以，它早已具有了这种力，因为否则的话，它就不可能施加它。由此看来，这一物体的力并不与其速度2成正比，而是与其速度的平方成正比。

① 贝努利的通告（参见上文72页注）载沃尔夫的《力学基础》（参见上文50页注），哈勒版，77～78页，第327节，1748。——科学院版编者注

② 弦在这里的意思是：相应的分量。参见编者“异文”中关于此处的修改建议（该处的修改建议为：其弦同样产生1个单位的速度？拉斯维茨。也就是说，这是 $\sin 30°=1/2$，而且由于起动的物体的力等于2，故而所考虑的分量等于 $2\cdot\sin 30°=1$。康德以易被误解的表述概括了这一思想，“其弦为1”明显有沃尔夫那里的一段话的印迹，但在那里这个表述是不令人生疑的，因为同时用字母在一个图形上做了证明。——译者注）。——科学院版编者注

我并不要求断言：一个具有 2 个单位速度的物体在任何条件下都不能施加 4 个单位的力。然而，它只有在斜线撞击中才能施加这种力，并且我们已经充分证明了，它在直线撞击中的力任何时候都只等于 2，而它在斜线运动中的力总是大于它在垂直运动中的力。但是，每一个人都是按照在垂直撞击中出现在物体里的力量来测算一个物体的力的。因此，笛卡尔一方相
〔92〕对于活力学派的优越之处，就在于这一类作用，它没有任何含混性，所有的敌手都同意它就是力的真正尺度。

第 87 节

最终建立在运动的复合之上的，还有一个人们可以称为我们敌手们的阿基里斯的事例。

马兰① 先生对赫尔曼② 事例提出的反对意见

这一事例在于：一个质量为 1、速度为 2 的物体 A，以 60 度角突然撞击两个质量均为 2 的物体 B 和 B。撞击后，撞击物体 A 处于静止状态，而物体 B 和 B 每一个都以 1 个单位的速度运动，因而二者总共是以 4 个单位的力运动。

马兰先生已经非常清楚地认识到：力的测算如果是正确的，就必须毫无差别地在所有的、任何的条件下表现出来；而说一个特殊的，只有局限于特定条件下的事例会证明一种新的测算，这是十分奇怪的，也是自相矛盾的。莱布尼茨学派任何时候都大胆地要求：如果一个物体施加 4 个单位的力，那么，无论以怎样的方式，人们总是能够肯定地说，该物体即使是在垂直方

① 参见上文 45 页注。——科学院版编者注
② 参见上文 43 页注。——科学院版编者注

向上也将施加同样的力。然而，在当前这一事例中显而易见的是：一切都取决于一定数量应被推动的元素，取决于这些元素相对于撞击物体的一定位置；因此，如果这些规定发生变化的话，情况就会完全不同；所以，如果人们作出结论说，物体在这些条件下施加了这种或者那种力，从而也必定（根本谈不上任何限制）具有这种或者那种力，而且只要人们愿意，也在垂直作用中释放出这些力，那么，人们就是在自己欺骗自己。

我现在只想致力于把马兰先生在回答查泰勒[①]夫人于其自然学说中对他提出的异议时用以反对赫尔曼事例的想法的意思表达出来。然而我觉得，借助于我们迄今为止在力的复合与分解方面所说明的东西，整个事情将能够得到更为简明和更为令人信服的解决，而且它绝大部分也已经由此得到了解决；因此〔93〕我相信，通过联系我在此提请注意的东西，本文的读者很容易使我免除作进一步详尽的阐述。

第88节

马兰先生是笛卡尔的辩护者们中间惟一一位通过对莱布尼茨学派将力的一种新测算建立于其上的理由进行选择而作出一些考察的人；然而，他也只是在我们于上一节里面已经提到的惟一事例中这样做的。粗看起来，这类研究似乎意义不大，然而实际上，它却像艺术中任何一种哪怕是仅仅可设想的方法一样，具有极其出色的益处。

马兰先生的这种方法的实用性

人们必须具有一种方法，借助它，通过对某种意见建立于

① 参见上文45页注。——科学院版编者注

其上的基本原理所作的普遍思考、通过将这些基本原理与从它们得出的结论进行比较，人们在每一个事例中都可以得知，前提的本性是否也包含了就由此推导出的学说而言所要求的一切。如果准确地说明依附于结论本性的那些规定，并且清晰地注意到在建构证明的时候是否也已经选择了局限于蕴含在证明中的特殊规定上的那些原理，就会出现这种情况。如果不是这样做的，那么，即使人们还不能揭示错误究竟何在，即使这一点可能永远不为人所知，人们也只会确信，以此种方式尚有缺陷的推论没有证明任何东西。因此，例如，我从对弹性物体运动的普遍思考得出结论：通过物体的相互碰撞而产生的现象不可能证明一种不同于笛卡尔对力的测算的新测算。因为我记得，所有这些现象都被力学家们连同弹性一起从质量与速度的
〔94〕乘积的惟一源泉中排除掉了，对此，人们可以向莱布尼茨学派展示上百次检验，它们都是由最伟大的几何学家所做的，并且人们无数次地看到这些伟大的几何学家们以自己的赞同来证实它们。所以我的结论是：仅仅由按照速度的简单尺度来测算的力所造成的东西，除了从按照速度进行的测算出发之外，不能从其他任何测算出发作出证明。我原本还不知道，究竟在何处去寻找莱布尼茨学派关于弹性物体相互碰撞的推论中的错误；但在我以上述方式证明，无论多么隐蔽，在这些推论中的某处一定隐含着一个错误的推理之后，我全神贯注地查找它，而且我认为，我曾在不止一处遇到过它。

这种方法是这整篇论文的主要源泉

一言以蔽之：这整篇论文可以被看做是这种方法的一个产物。我想坦率地承认：我相信，我现在完全把握住了赞同活力的所有那些证明的弱点；但一开始的时候，我把它们看做是如此众多的几何学证明，我在其中设想不出哪怕极微小

的错误，而且如果对莱布尼茨先生的测算得以确立的那些条件所作的普遍思考没有给予我的观察提供一种迥然不同的推动的话，我或许永远也不会发现一处错误。我看到，运动的现实性是这种力的尺度的条件，它构成了人们不应当像测算追求运动的物体的力那样来测算推动物体的力的真正原因。然而，当我思考这一条件的本性时，我轻而易举地认识到，人们可以把它与惰力的条件归为一类，它只是在大小上与后者有区别，而不可能具有一种结果与惰力条件的结果完全不同，并且虽然作为这一结果之原因的条件被设定得如此接近另一条件，以至于几乎与之混杂起来，却依然与后者保持着无限多的区别。所以，我以一种不亚于几何学的确定性认识到：运动的现实性并不能是充分的根据，使人推论出物体的力在这种状态下必然与其速度的平方成正比，因为在一个持〔95〕续时间无限短的运动中，或者换句话说也一样，在对运动的单纯追求中，物体的力不以速度之外的任何东西为尺度。由此我得出结论：如果数学仅仅把运动的现实性作为按照平方来进行测算的根据，除此之外什么都不用，那么，其推论必定是非常不恰当的。由于对莱布尼茨所有的证明都抱有这种持之有据的怀疑，我抨击这种测算的辩护者们的推论，以便除了从现在起知道在它们里面必定存在错误之外，还知道这些错误存在于何处。我自忖，我的计划并没有完全落空。

第89节 缺乏这一方法是某些明显的错误长久以来秘而不露的原因之一

人们如果在任何时候都致力于这种思维方式，那就能够在哲学中避免许多错误，至少它会是早得多地摆脱这些错误的一种方法。我甚至要大胆地说：错误对人类知性有时持续数百年之久的专制主要来自缺乏这种方法或者与它关系密切的其他方法，因而为了今后防止那种弊端，从现在起人们要与其他方法相比更关注这种方法。让我们来证明这一点。

既然人们相信借助于某些在某处隐含着一个非常明显错误的推论已经证明了某种观点，在此之后除非首先发现其中隐含的错误，否则就没有其他办法来认识这一证明的无效性；因而既然在能够说证明中存在着一个错误之前，必须事先就知道是一个什么样的错误使证明被摈弃，既然像我所认为的那样除此之外没有其他方法，那么我断言，错误将很长时间未被揭穿，在骗局真相大白之前，这一证明仍会无数次地蒙骗人。原因如下。我假定，如果在一个证明中出现的定理与推论都是显而易见的，〔96〕本身就具有人人皆知的真理的外观，那么知性就会赞同这一证明，而不会去在它里面花费心力没完没了地查找一个错误；因为在这种情况下，就知性因此而产生的确信而言，证明就如同一个具有一种几何学的明晰性与正确性的证明一样有效，而隐藏在推论中的错误由于未被察觉，就好像在证明中根本不存在错误似的，从而也不会产生减低赞同的作用。因此，知性要么永远也不赞同一种证明，要么当它在证明中没发现任何看起来像是错误的东西，也就是说，即便证明中有一个错误它也猜想不出的时候，就必须赞同这一证明。因此在这样一种情况下，知性从来不会付出特别的努力去查找一个错误，因为它没有这样做的动因；所以，这一错误将只会借助一种幸运的巧合表现出来，从而在被发现之前，一般说来将很长时间依然隐而不露；因为这种幸运的巧合可能很多年，甚至通常是数百年也不会出现。这差不多就是作为人类知性的耻辱持续许多时代，此后一种非常简单易行的考察就揭穿了的那些错误的最主要根源。因为隐藏在一个证明中某个地方的错误初看起来很像人所共知的真理，因而证明也被看做是完全清晰明确的，人们不会猜想其中有任何错误，当然也就不会去查找错误，人们只是以巧合的方式才会发现它。

人们预防错误长期存在的方法必须是什么样的

由此可以轻而易举地得出：应在何处寻找秘密，什么可以预防这一困难，什么有助于我们揭示人们所犯的错误。我们必须掌握从前提出发猜测以某种方法建立起来的证明就结论而言究竟是否包含着充分和完备的基本原理的艺术。以这种方式我们将得出，在证明中是否肯定存在着一种错误，即使我们没有在任何地方发现它，但是我们随后会考虑查找它，因为我们有充足的原因去猜想它。所以，这将是一堵防止那种危险的赞同意向的城墙，没有这种动因，赞同会使知性的一切活动远离对〔97〕于一个对象的研究，因为它根本找不到怀疑和不信任的理由。这一方法已经在第25、40、62、65和68节中帮助过我们，它还将继续为我们效力。

第90节

倘若有人想把这一方法解说得更清楚一些，并指示出其运用的规则，这将是一项效益不菲的考察；然而，这种研究方式并不属于这篇论文本来应当完全具备的那种数学的权限。但是，我们还是想在对从运动的复合中借来的有利于活力的那些推论的反驳中说明对其有用性的一种检验。

惰态的压力，例如沿斜线方向画出一个交点的重力，在其复合中如果这些方向包含了一个直角，那么其初始速度也是由作为一个直角平行四边形的各边的线段来表示的，由此产生的压力则由对角线来表示。虽然在这里对角线的平方同样等于各边平方的和，但决不能由此得出结论说：复合的力与各简单的力中的一个的比例等于表示初始速度的各条线段的平方；相反，世上所有的人都一致认为：尽管如此各个力在这一事例中仍然只处在速度的简单比例中。如今，仍像借助数学所设想的那样以现实运动的复合为例，并把它与数学进行比较。构成平行四边形各边与对角线的各条线段无非是沿各方向的速度，与惰态压力的复合的事例中完全一样。对角线与各边的比例与它在后者中的比例一样，而且角也是同一个角。因此，注入复合
〔98〕的现实运动的数学观念中的那些规定，与人们在同一科学中用以表达惰态压力的复合的那些规定没有什么不同。所以，既然从后者得不出按照速度的平方对力进行的测算，从前者就也不能得出它来；因为它们是同样的基本概念，所以它们也就拥有同样的结论。人们还会反对说：在它们之间确实可以发现明显的差别，因为人们假定，它们中的一种是**现实**运动的复合，另一种则只是**惰态**压力的复合。然而，这种假定是空洞无用的。它并不一起进入构成定理的那些基本概念的方案，因为数学并不表达运动的现实性。作为考察主题的各线段只是表达各个速度间的关系。所以，对于运动**现实性**的限制在此只是一个死的、多余的概念，它只是被顺便想到的，从它出发在数学考察中产生不了什么结果。由此得出，从复合运动的这种探究方式中推不出任何有利于活力的东西，反而必定是某种我们现在并不想谈论的混杂的**哲学**结论。以这种方式，凭借我们受到称赞的方法，我们认识到，从运动的复合出发对活力作出的数学证明必定是不正确的、充满错误的；但我们还不知道这是些什么样的错误，然而我们毕竟有一种持之有据的猜测，或者毋宁说是某种确信，即它里面肯定有错误。因而，我们可以不怕麻烦地去认真寻找它们。我已经使我的读者们摆脱了这种麻烦，因为我认为自己已经找到了这些错误，并且在刚

刚过去的几节中指出了这些错误。

第 91 节

最后，对于**比尔芬格**① 先生想针对自己的敌手能够对他提出的责难来保护自己迄今为止已被我们驳倒的结论所用的所有吹毛求疵的辩解和区分之死结来说，我们的方法还是一把利剑。对于我们来说，能够斩开这个死结大有好处，因为否则的 〔99〕
话，解开这个死结是要大费力气的。

比尔芬格先生想用来逃避马兰先生责难的区分就是借助这种方法完成的

比尔芬格先生非常清楚地注意到：人们将责备它说，他的证明倘若是正确的，就必须也为惰态压力的复合证明同样的东西。但是，他已经从这方面凭借他善于作出的错综复杂的形而上学区分之堡垒来设防了。他注意到：惰力的作用必须借助强度与其所选路径的乘积来测算，而这一乘积又是由这一线段的平方来表示的；因此，人们虽然可以向笛卡尔学派承认：在惰态压力的复合中各种作用是相等的，然而并不能由此得出结论说，各个力由此也必定是相等的。他补充道：in motibus isochronis solum actiones sunt ut vires，non in nisu mortuo [只有在等时运动中，活动才与力成正比，在惰态支撑中并非如此]。在一场数学争论中，形而上学研究起着一种特殊的作用。数学行家相信，他并不擅长这种吹毛求疵的辩解，即便他没有能力解决它，离由此而犯错误也还相去甚远。他沿着几何学的导线

① 参见上文 32 页注。——科学院版编者注

继续前进，所有其他的路径对他来说都是可疑的。在对待比尔芬格先生的借口时，几何学家们同样是如此行事的。据我所知，还没有人与他为伍使用这些武器。人们通过事先的深思熟虑而免除了这一辛劳；因为，一种形而上学的研究，尤其是一种如此错综复杂的综合性的研究，还总是向四面八方留下无数避难所，让敌手中的某一个能够躲避，别的人却不能追捕他或者把他抓出来。我们已经做得很好，一开始就从比尔芬格先生自己承认惟有数学才作出断言的那一方面来进攻他的推论。然而，正如我说过的那样，借助于我们的方法，即便这些区分还隐藏在如此无法穿透的阴霾笼罩之下，我们也掌握了它们。

〔100〕 我们的方法可以预防比尔芬格先生的区分

在此问题主要是：比尔芬格先生的区分是否能够使他从现实运动的复合中对角线与各边线段的比例出发所作的有利于活力的数学证明有效，或者，这一数学证明是否尽管这一切仍不能提供对新测算的任何保护。这本来就是争论的焦点；因为如果比尔芬格先生的大厦只是建立在形而上学的基本原理之上，没有得到运动之复合的数学概念的支持，那么，即便我们不从事这一章的研究，它的意图也已经为我们作了辩解。但是，从人们同样在惰态压力的复合中推导出对角线速度与边线速度的比例的同一理由出发，在**现实运动**的复合中这一比例也得到了证明。事实的确如此，即便在复合的现实运动中所发现的性质和规定无异于惰态压力中的性质和规定，因为这可以得到充分的证明，除了在复合的惰态压力中也必须作为前提条件的东西之外，人们为此不需要任何别的东西。因此，从现实运动中对角线速度的比例不能得出结论说：复合的力必定具有不同于惰态压力的本性与测算方式；因为，即使复合的力的本性与惰态压力根本没有区别，同样的比例也依然出现，因为要证明这一点，除了在此也需要的那些理由之外，人们并不需要别的理由。比尔芬格先生想利用这些理由，从中得出结论说这些力不是与速度成比例，而是与速度的平方成比例，这是白费力气。

据此，这位哲学家所运用的形而上学区分或许能提供让进一步的哲学思考会从中得出有利于活力的一些理由的东西；然而，要弘扬我们所说的那个数学证明，这些区分还是不充分的，因为那个证明仅就其本性而言，就已经使人们想由此得出 〔101〕
的规则所要求的东西不确定了。

第 92 节 莱布尼茨先生的一个特别的复合事例

在我们已经向活力的辩护者们指出所有这些不同的错误证明类型之后，我们终于遇到了以活力之父**莱布尼茨**先生自己为首创者、并且也表现出他的洞察力特征的那个证明。他首先借解决修道院长**卡特兰**[①]的责难之机在《教育者年鉴》[②]上将该证明公之于世。此后，每当他想阐发自己对力的测算时，他都特别地援引这一证明，因此我们要把它看做是活力的主要支柱并予以清除。

① 修道院长卡特兰（Abbé de Catelan），一位巴黎的笛卡尔学派，在《文字共和国新闻》（999～1003 页，1686）回应莱布尼茨对笛卡尔的第一次攻击。争论在该杂志继续：131 页以下和 577 页以下，1687。卡特兰的反驳如此软弱无力，以至于莱布尼茨从此转向了作为更重大的敌手的帕品和马勒伯朗士。——科学院版编者注

②《教育者年鉴》，1690。*

*论文在 228～239 页：《戈·威·莱布尼茨：论重力的原因：暨针对笛卡尔学派捍卫自己关于力的自然法则》。——科学院版编者注

一个质量为4的球体A① 在一个高度1AE为1的倾斜曲面上从1A下落到2A，并以它通过下落获得的单位为1的速度在水平面EC上继续运动。此外人们设定：它将自己具有的全部的力都传递给一个质量为1的球体B，在此之后它停在点3A上。如果质量为1的球体B的力应当由此与具有4倍质量和1个单位速度的球体A所拥有的力相等，那么，球体B会从球体A那里获得怎样的速度呢？笛卡尔学派说：其速度必定是4倍。因此，物体B以4个单位的速度在水平面上从1B运动到2B，在它于此同倾斜曲面2B3B相遇后，将沿此倾斜曲面向上运动，并因此而在它上面凭借它拥有的速度达到其垂直高度3BC为16的点3B。人们进一步假定一个倾角台秤3A3B在点F运动，它的一个秤臂F3B长达4倍于另一个秤
〔102〕臂3AF多一点，尽管如此它们相互仍保持着平衡。现在，如果物体B达到点3B，并在那里登上台秤的秤臂，那么显而易见，由于秤臂F3B与另一个秤臂3AF之比大于3A的球体质量与3B的球体质量之比，所以平衡被打破，物体B从3B下降到4B，同时球体A从3A上升到4A。但是，高度4A3A差不多是高度3BC的1/4，也就是说为4；因此物体B以此方式将球体A推升到差不多4倍的高度。只要借助简单的力学技巧就能够做到：球体A从4A重返1A，并以其通过回落所获得的力施加某些力学作用，但此后再次从点1A沿斜面1A2A下落，将一切置入先前的状态，也像以前一样把自己所有的力

① 图14*。

*康德的图与莱布尼茨［上注引文：235页］所给出的图完全一致，只不过在莱布尼茨那里，杠杆旋转中心处是字母C，康德以F取代之。在康德那里是C的位置，莱布尼茨并没有标注。——科学院版编者注

传递给可以凭借平面 $2B4B$ 难以察觉的倾斜而重返点 $1B$ 的球体 B，并再次重复所有这一切。莱布尼茨先生继续推论说：因此，从笛卡尔的力的测算可以得出，只要人们利用一个物体的力，它就会无限地产生越来越多的作用，推动机器、压紧弹簧、克服障碍，它进一步不间断地做到这一点的能力不会有所损失；因此，作用会大于其原因，而所有力学家都认为荒唐无稽的永恒运动是可能的。

第93节　这一证明中错误推论的要点

这一证明是活力的所有辩护中惟一一个其显明能够使人原谅莱布尼茨学派在其测算的辩护理由方面表现出的草率的证明。贝努利先生、赫尔曼先生和沃尔夫先生没有说过任何在发明与明显的实力方面可以与它媲美的话。如果不是甚至引诱莱布尼茨先生去犯错误的想法对于他来说也必定是值得赞扬的，一位像他这样伟大的人物是不会犯错误的。对于这一证明，我们想说的是维吉尔笔下赫克托自诩的话：

…Si Pergama dextra 〔103〕
defendi possent，etiam hac defensa fuissent.
Virg. Aeneid.

［……如果能用我的右手保卫佩尔加姆的话，
它就会得到我的右手的保卫的。
维吉尔：《伊尼特》］①

① 引文出自维吉尔：《伊尼特》，Ⅱ，291－292。——科学院版编者注

我想简明扼要地表述我对于这一证明的判断。莱布尼茨先生不应当说：球体 A 在借助台秤被提升到 4 倍的高度 $4A3A$，并从 $4A$ 重新返回斜面 $1A$，但此前曾施加过力学的力之后，其回落无论看起来如何，都是传递给球体 B 的力的一种作用。如我们马上就会看到的那样，所施加的力学的力虽然是机械装置中借助传递给 B 的力引发的一个后继状态，但尽管如此，它却不是这个力的作用。我们必须非常谨慎地避免这两种意义的混淆；因为这里正是莱布尼茨证明中出现的所有假象引为根据的错误推论的要点。如果所有这些力学结果不是物体 A 传递给另一物体 B 的力的真正作用，那么，即使人们说，在机械装置后继状态中所包含的比先行状态中的多，一个荒谬思想的所有声望也一下子就消失了。由此尚不是作用大于其原因，而且永恒运动本身在这一事例中也不是荒谬的事情，乃是因为所造成的运动并不是本来仅仅引发这一运动的力的真正作用，因而也就无论如何都会大于这个力，人们并没有违背力学的基本规律。

第 94 节　*A* 通过机械装置的安排获得的力并不是物体 *B* 的力所产生的作用

人们把球体 A 所有的力传递给物体 B，物体 B 在沿斜面 $2B3B$ 上升时将之消耗殆尽。因此，在点 $3B$ 上它已经实现了自己的全部作用，也耗尽了所有传递给它的力。现在，当它落到台秤的秤臂上时，它用来将 $3A$ 上的物体抬高的力，就不是先前的力，而只是重力新生的力量造成了这一作用，而 B 从
〔104〕球体 A 所获得的力根本没有参与这一作用。此外，如果球体 A 由此被抬升到 $4A$，球体 $3B$ 的压力就也以这种方式施加了它的全部作用，而物体 B 在从 $4A$ 返回 $1A$ 时所获得的力又是一个新原因的作用，这个新原因与秤臂的活动截然不同，而且

也比它大得多，这就是在自由降落中传递给物体的重力的压力。因此，在物体 A 重新到达点 $1A$ 之前，它用来施加力学作用的力是某种虽然由球体 B 的力所引发，即被给予某些力学原因、但却不以它们为产生的原因的东西。

第 95 节 这一点将得到证实

如果莱布尼茨学派设定大自然中产生的后继状态中的力，总是恰恰等于先行状态自身包含的力，那么我很想知道，他们究竟想如何避开人们从他们自己的证明出发可能向他们提出的责难。如果我将 $3B$ 上的球体 B 放在台秤上，从而它在这里向下压迫秤臂，并将物体 A 从 $3A$ 抬升到 $4A$，那么，这就是大自然的先行状态，而 A 此后在从 $4A$ 重新下落时所获得的力就是由先行状态引发的后继状态。但是后一状态所包含的力远远多于前一状态包含的力。因为 $3B$ 上的物体超出 $3A$ 上的物体的部分对于它们固有的重量来说是无与伦比的小，所以物体从 $3A$ 被抬升的速度相对于它通过从 $4A$ 的自由回落在 $1A$ 所获得的速度来说也可能是极其小的；因为重量未曾减弱的压力在此处聚积，而在彼处只有相对于它来说极其小的压力。因而，力在大自然中的后继状态无可争议地大于引发它的先行状态。

第 96 节 对此同样可以从连续律得到证明 〔105〕

这里的一切都首先取决于：人们确信，B 以 4 个单位的速度所拥有的力并不像莱布尼茨学派想在笛卡尔的规律中指出其荒诞不经时必定假设的那样，是此处出现在机械装置中的结果的原因。因为如果是这样的话，那么，只要人们稍稍减弱这一原因，结果就也会稍稍变小。然而这在此处的机械装置中表现完全不同。如果我们设定，1*B* 上的物体所拥有的速度略小于 4 个单位，那么，它将仅仅上升到曲面 2*Ba* 上的 *a* 点；在那里，一个秤臂的长度 3*AF* 与另一个秤臂的长度之比正好是 4，因而物体 *B* 的重量既没有使秤臂运动，也没有使 3*A* 上的物体从其位置上向外移动丝毫。所以，如果 *B* 减少一部分力，这部分力可以看做如此之小，以至于差不多可以忽略不计，3*A* 上的物体在这种情况下也根本不再获得任何力了；相反，一旦增加少许，3*A* 上的物体不仅会重新获得它开始时具有的力，而且远远不止如此。显然，如果 3*B* 上的物体的力就是出现在机械装置中的那种状态的真正产生性原因，这种飞跃就不会发生。

第 97 节　先行状态中充足理由的全部大小

如果人们就各个物体的比例关系来思考机械装置中杠杆的布置及其几何学规定的话，如果人们此外还附加上高度 3*B*4*B* 与高度 1*AE* 之比大于物体 *B* 的质量与 *A* 的质量之比的部分的话（因为高度 3*B*4*B* 与高度 1*AE* 之比是 16 比 1，而质量 *A* 与 *B* 的比只是 4 比 1），那么，人们就具有了在 *A* 中造成力的那些规定的全部大小；此外，如果人们还设想借助几何学规定的
〔106〕有利布置而变得更为有效的重力的压迫，那就具有所有充足理由的完整概括，其中人们将完全是重新发现在 *A* 中产生的力的大小。如果人们把物体 *B* 惟一的力与此分离开来，那么，将会发现它太小，不足以在它里面说明进入 *A* 的力的理由，也就不奇怪了。物体 *B* 在此所做的一切，就是它在克服重力的抑制的同一时间获得了某种态势，即某个大于按照其速度、从而也按照其质量的比例来说的高度。

这样一来，物体 *B* 的力并不是在 *A* 中被产生的力的真正起作用的原因，因而就此来说，力学的伟大规律 effectus quilibet aequipollet viribus causae plenae［任何结果都与其全部原因的力相等］就没有效力了；而且，总是能够以这种方式来产生一种**永恒运动**，丝毫无损于这一基本规律。

第98节 惟一还可能隐藏在莱布尼茨证据中的困难

莱布尼茨先生以他的证据能够提出来反对我们的一切都在于：即便人们不能说明事情的完全不可能性，但下述情况仍然是不合规则的、违背自然的，即一种力唤起了另一种比它自己更大的力，而无论这是以什么方式发生的。莱布尼茨先生转向了这一页①：Sequeretur etiam causam non posse iterum restitui suoque effectui surrogari; quod quantum abhorreat a more naturae et rationibus rerum facile intelligitur. Et consequens esset: decrescentibus semper effectibus, neque unquam crescentibus, ipsam continue rerum naturam declinare, perfectione imminuta, neque unquam resurgere atque amissa recuperare posse sine miraculo. Quae in physicis certe abhorrent a sapientia constantiaque conditoris②［可以得出，原因不能被重新恢复并取代其结果；很容易就可以理解，这与自然的规律和事物

①《教育者年鉴》，442页，1691。

② 在莱布尼茨那里，etiam、surrogari、rerum、esset 后面都有逗号（这并不影响下面的汉语译文。——译者注）。引文的最后部分在莱布尼茨那里是："……ipsam rerum naturam continue declinare perfectione imminuta; nec unquam resurgere et amissa recuperare posse sine miraculo. Quae in Physicis……Conditoris"（汉语译文应为：事物的本性随着完美性受损而不断变化；如果没有奇迹，就永不能恢复，不能失而复得。在物理学中，这些是……相悖的。——译者注）。——科学院版编者注

的理由是多么不一致。合乎逻辑的结论是，由于结果总是有所亏损，从不会有所增加，事物的本性不断地变化，在完美性受损之后，如果没有奇迹，就永不能恢复，不能失而复得。在物理学中，这些肯定是与创造者的智慧和稳定性相悖的］。如果他没有看到事物的本性强迫他作出这种缓和的话，他的措辞是不会如此婉转的。人们可以肯定的只是：如果他的敏锐机智没有认识到这一弱点的话，他就会以其几何学魅力的全部雷霆和
〔107〕数学的所有力量来反对自己的敌人。然而，他发现自己被迫求助于上帝的智慧，这是某种标志，说明几何学并没有给他提供强有力的武器。

Nec Deus intersit，nisi dignus vindice nodus
Incideri—

Horat. de arte poët.

［倘若不是出现值得保护的关联，
上帝也就不会出场——

贺拉斯：《论诗艺》］①

答复

然而，就连这些小小的防御也不能持久。在此讲的只是通过数学而为人所知的对力的测算，而如果这并不能让上帝的智慧完全满意，那也毫不奇怪。这是一门从所有认识的手段中抽取出来的科学，它自身并不是充分地以端正和相称的规则存在的，如果要把它完全运用到大自然，就必须把它与形而上学的学说结合起来。处于各种真理之下的和谐犹如一幅画卷中的协

① 引文出自贺拉斯：《论诗艺》，191 — 192。——科学院版编者注

调一致。如果人们特别地抽取出一部分，端正、优美与精巧就会消失不见；然而，要想感受到同样的东西，就必须同时看到端正、优美与精巧。笛卡尔的测算违反了自然的目的：因此，它并不是真正大自然的力的尺度，但这并不妨碍它不应是真正而合理的数学的力的尺度。因为数学关于物体及其力的特性的概念与大自然中遇到的那些概念仍有很大的差别，而我们已经看到笛卡尔的测算并不与前者相悖，这就足够了。但是，为了确定真正大自然的力的尺度，我们必须把形而上学的规律与数学的规则结合在一起；这将裨补缺漏，更好地满足上帝智慧的意图。

第99节　帕品先生的责难

活力最臭名昭著的反对者之一**帕品**①先生曾非常不成功地利用笛卡尔的事情来反对莱布尼茨先生的这一证据。他已经为自己的敌手清理了战场，并经过了长途跋涉，为的是在某个地方布置一个保护他的岗哨。他向莱布尼茨先生承认：如果假定物体*A*把它全部的力传递给了物体*B*，那么，按照笛卡尔的测算，就会产生一种永恒运动；并且慷慨大度地向他承认，这种运动是荒唐无稽的事情：Quomodo autem per translationem 〔108〕 totius potentiae corporis A in corpus B juxta Cartesium obtine-

① 帕品（Denis Papin），1647年生，卒于1712年。论文见《教育者年鉴》，6～13页，1691，题目为《力学家关于动力的意见：由D. 帕品针对著名的戈·威·莱布尼茨提出的非难》。第二段引文是第一段引文的直接续文（9页）。帕品在B、Cartesium、perpetuus、possibilitatem后面都有逗号，在demonstrat后面有一个冒号（这并不影响下面的汉语译文。——译者注）。——科学院版编者注

ri possit motus perpetuus, evidentissime demonstrat atque ita Cartesianos ad absurdum reductos arbitratur. Ego autem et motum perpetuum absurdum esse fateor, et Cl. Vir. demonstrationem ex supposita translatione esse legitimam [他极为清晰地证明，按照笛卡尔的说法，以什么方式通过把整个物体 *A* 的力量传递给物体 *B*，就能够保持永恒的运动；而且他相信已经给笛卡尔学派指出了他们的谬误。不过我也承认，不仅永恒的运动是荒唐无稽的，而且这位著名的人物从假定的传递出发所作出的证明也是合理的]。他在用这种方法败坏了自己的事情之后，却这样来寻找自己的托词：他否认自己的敌手只构成其论证的一个非常偶然部分的假设，并向他提出挑战，要求他解开这一死结。下面的话表明了他的意见：Sed hypothesis ipsius possibolitatem translationis nimirum totius potentiae ex corpore A in corpus B pernego, etc — [但是，我坚决否认他关于全部力从物体 *A* 传递到物体 *B* 的假设的可能性，等等——]①。

第 100 节

莱布尼茨先生一下子就解除了自己敌手的武装，并且没有给他留下一丝一毫的借口。他向自己的敌手指出，力的现实传递并不是自己的证明中的核心部分，而且把能被 *A* 中的力替换的一种力置于 *B* 中就已经足够了。在他已经收入到《年鉴》中，而且我们已经援引过的论文中，人们可以看到一切都得到了证明。但是，我不能不举出莱布尼茨先生的一个过失，它会在公

①《教育者年鉴》，9 页，1691。

开的辩论中使自己的敌手胜券在握的。这一过失就在于：如他提请人们注意的那样，为了说明论证中的一种附带的情况，他承认了某种本来与主旨无关的东西，但这种东西一旦被接受，虽然附带的条件就得到了证明，但却完全颠倒了证明中的要点。

莱布尼茨先生的一个过失

事情是这样的：除了一个物体不可能将其全部的力传递给另一个物体，**帕品**先生本打算在对其敌手的反驳中不留下任何其他例外；他力图使莱布尼茨先生自认为能够证明这一点的所 〔109〕
有机巧都值得怀疑。因此，他竭尽全力反驳莱布尼茨这一点：一个质量为 4 的物体 $1A$[①] 在点 $1A$ 撞击极为坚硬的杠杆 $1ACB$，点 $1A$ 到支点 C 的距离与距离 CB 之比为 4，物体 $1A$ 通过撞击将其全部的力传递给质量为 1 的物体 B；因为莱布尼茨先生在维护其我们已经讨论过的那一力学事例中把自己引向了这一点。当帕品先生利用这一解析并从中得出不利于活力的结论时，他并没有发现自己的事情可能包含的长处。他开始进行解析，但他所持的理由却如此孱弱，反而给他的敌手增加了勇气来坚持维护活力。所以，莱布尼茨坚持其手段的正确性，他相信能够利用这一手段通过惟一一次撞击而将一个物体全部的力置入另一物体中。他满怀感激之情地接受了帕品为指出活力的虚假性所援引的理由，并排除了帕品误以为会反过来破坏这些理由的困难。我相信，他说出下面这些话是非常认真的：Cum Florentiae essem，dedi amico aliam adhuc demonstrationem pro possibilitate translationis virium totalium etc. corpore majore in minus quiescens，prorsus affinem illis ipsis，quae

① 图 15。

Clariss. Papinus ingeniosissime pro me juvando excogitavit, pro quibus gratias debeo, imo et ago sinceritate eius dignas①[当我在佛罗伦萨的时候，我曾给一位朋友作出全部力从较大的物体传递到较小的静止物体的可能性的另一种证明，总之是与著名的帕品为了支持我而极为出色地想出来的东西有关的证明，我对此心怀感激之情，而且我表达这种谢意是与他的慷慨相配的]。我们现在要看一看，莱布尼茨由于顽固地坚持维护这一定理，从而给予他的事情以一个非常差劲的推动；他倒是应当承认这一定理属于他的敌手；因为在这种情况下，他虽然失去了次要的事情（但这种损失根本不会给他带来什么不利），却会赢得主要的事情。帕品先生能够而且应当以下面的方式进行论证，以便根据自己的敌手的供认捉住他。

证明：一个质量为4的物体通过撞击一个杠杆能够给一个质量为1的物体传递4个单位的速度

如果一个质量为4的物体1A以1个单位的速度撞击1A上的杠杆，那么显而易见的是：通过这一撞击，它将把自己全部的力与速度传递到与它质量相同、距离杠杆的支点同样远的另一物体2A中。但是，由于撞开2A所用的这种速度是杠杆在撞开物体后返回经过无限小的空间2A2a时所用的运动的继续，所以这一无限小的运动的速度就等于被撞开的物体2A的速度，因而也就等于1A撞击杠杆的速度；所以，球体1A在其撞击时把杠杆下压一个无限短的线段1A1a，确切地说，是以1A撞击时相同的速度返回经过这一线段。现在用球体B来代替物体2A，球体B的质量比为A的1/4，距支点C的距离

〔110〕

① 引文出自上文106页注引用的论文。——科学院版编者注

则为4；并且看一看，物体B在物体$1A$致力于向$1a$下压杠杆时会给它制造一个什么样的阻碍。众所周知，vis inertiae［惰态的力］或一个物体借助其惰态的力阻挡另一个物体运动的阻力与其质量是成正比的；但是，一个到支点的距离为4的1个质量可以被测算为等于距离为1的4个质量：因而B上的B给予物体$1A$对杠杆的撞击的阻力正好与物体$2A=1A$在$2A$上会给予的一样多。所以，即便是在球体B而不是球体$2A$处在杠杆上的这种情况下，物体$1A$也与杠杆同时穿过了无限短的线段$1A1a$，而且是以与前此情况中相同的速度，即与其撞击点$1A$所用的速度相等。但是，物体$1A$并不能把杠杆从$1A$压向$1a$，却不同时把B处的另一端从B抬升到b；但是，无限短的线段Bb却4倍于$1A1a$；因此，物体B通过杠杆的这一撞击获得的速度是$1A$用以撞击的速度的4倍。

以另一种方法作出的同样的证明

还可以用另一种方式对此加以阐明。我们可以把所有坚硬的物体都想象为弹性的，也就是说，想象为被撞凹又重新弹回的；这样，我们也可以赋予坚硬的杠杆$1ACB$以这样一种弹力。因此，以1个单位的速度撞击杠杆的物体$1A$，在它压紧弹簧$1AC$并将它压下$1A1a$这样一段空间时用尽了自己全部的力。现在，这个弹簧在这一受压的全部时间里借助自己的阻力在物体$1A$中所消耗的速度的元素，与弹簧$C2A$作为杠杆延长的臂在同样的时间里借助这种张力弹开通过$2A2a$的空间所用的元素是相等的；因此，如果这一坚硬的线段被延长到B，那么弹簧CB在杠杆$1aCB$重新恢复为直线$1aCb$时用以弹开的速度的元素，就4倍于它在点$2A$上摆回所用的元素（因为点B在同样的时间里返回经过的空间bB乃4倍于$2A2a$）。然而，由于点B距支点C的距离为4，而弹簧CB的硬度却是弹簧 〔111〕

$C2A$ 的硬度的 1/4；因此，必须相应地使 B 中的阻力是 $2A$ 中的阻力的 1/4，在这种情况下弹簧 CB 带入质量为 1 的物体 B 中的速度的元素依然为 4，因为与之相反，弹簧 $C2A$ 用在质量为 4 的物体 $2A$ 上面的元素为 1。现在，弹簧 CB 起作用的时间与弹簧 $C2A$ 弹开所用的时间一样大，而两个物体 $2A$ 和 B 通过两个作用时间同样长的两根弹簧 $C2A$ 和 CB 的作用所获得的速度，就等于这些弹簧带给各自物体的速度的元素，因而在物体 B 中 4 倍于在 $2A$ 中；但由于 $2A$ 从弹簧 $C2A$ 的撞击所获得的速度与 $1A$ 在点 $1A$ 撞击所用的速度是相等的，所以，物体 B 通过物体 $1A$ 对杠杆的这一撞击所获得的速度就 4 倍于 $1A$ 用以完成其撞击的速度。如例所示。

帕品先生何以能够由此出发进行论证反对莱布尼茨

我们从这一双重的证明看到：一个质量为 4 的物体凭借这惟一一次撞击能够将等于 4 的速度传递给一个质量为 1 的物体。按照活力最热情的辩护者也不可能怀疑的那些力学基本原理，这是正确的。帕品先生如果很好地利用自己的长处的话，他会由此将自己的敌手狠狠逼入墙角的。他应当告诉自己的敌
〔112〕手：你们向我承认，一个质量为 4 的物体借助一个杠杆就可以将自己全部的力带入一个质量为 1、与支点距离为 4 的物体中；我还可以向你们阐明：它在这种情况下给予那个物体 4 个单位的速度；所以，一个质量为 1、拥有 4 个单位速度的物体具有一个质量为 4、拥有 1 个单位速度的物体的全部的力；不过，这正是争论的焦点，也是你们要否定我的。

第 101 节

这样，在活力用来威胁笛卡尔的测算的所有打击中，最可

怕的一击也落空了。从此，活力在这一击之后还要寻找手段维护自己，恐怕是没有什么希望了。

> …vires in ventum effudit, et ultro
> Ipse gravis graviterque ad terram pondere vasto
> Concidit: ut quondam cava concidit aut Erymantho
> Aut Ida in magna radicibus eruta pinus.
>
> Virg. Aen. Lir. V.
>
> [他白白地浪费力气，此外
> 他自己有多重就多么重地以巨大的重量摔倒在地上，
> 就像埃里曼索斯山或者高高的伊达山上的一棵巨松，
> 被挖掉了根而倒了下来。
>
> 维吉尔：《伊尼特》，第5卷][①]

第102节　我们已经反驳了莱布尼茨学派最主要的几种理由

至此，我们已经援引了活力的新论证最可观和最著名的理由，并且处心积虑根据一报还一报的权利向这个学派偿还了他们经常向笛卡尔的学生们提出的所有异议与指责。人们可能会无理地要求我们：为了使我们这一方从中获得全面的胜利，我们应当将所有在这一问题上站在莱布尼茨先生一边所写下的东西都抓取过来。这将意味着：为了能够充实自己的著作，从黎巴嫩的雪松到墙中长出来的海索草，什么东西都不放过。我们甚至还可以再在我们敌手的领域里攫取一块地盘，抢夺他们的财物，为笛卡尔的追随者建立起众多的胜利纪念物和凯旋门；

① 引文出自维吉尔：《伊尼特》，V，446以下。——科学院版编者注

〔113〕但我相信，我的读者对此并没有多大的要求。如果人们在任何时候都有理由说一部巨著就是一场巨大的灾难的话，那么，对于像本书这样一部著作，人们也可以这样说；这本书除了纯粹是对同一件事情，即一件非常抽象的事情的不同辩护之外，很少吸收别的东西，最后，吸收它们也只是为了一个惟一的目的，即将它们全部驳倒。

不过，我们还不能完全取消对详尽性的滥用，以至于我们不应当有理由还要提出一个证明；我们争论的问题的所有敌对者和辩护者都会原谅我们避而不谈这一证明。只是因为其作者的地位，这一证明才有资格在本文中占据一席之地；不过，就他在两派的追随者那里享有的声望来说，这一证明并没有丝毫地位。莱布尼茨学派未曾相信过这一证明会对他们的意见有什么用，而且尽管它们经常被逼入困境，人们也没有看到过他们曾求助于它。

第 103 节　沃尔夫先生的一个论证

我们就是从**沃尔夫**①先生那儿获得了这一证明，他用极为奢华的方法装点这一证明，发表在《彼得堡科学院评论》第一卷中。人们可以说：用一长列借助一种严格的方法非常精确地分开和复制的先行定理贯穿自己的定理，可以与一支军队的谋略媲美，这支军队为了给自己的敌人制造假象，隐蔽自己的弱点，而把自己分成许多支队，远远地张开自己的双翼。

① 克里斯蒂安·沃尔夫（参见上文 50 页注）的论文见《彼得堡科学院评论》，217～238 页，第Ⅰ卷，1728，并且注明日期为 1726 年 12 月。标题为：《动力学原则》。——科学院版编者注

任何一个会在科学院上述著作中读到他的论文的人都会发现，很难从中找出在它里面构成一个真正证明的东西，由于在这里表现出来的分析爱好，所有的一切都大大扩展，并被弄得无法理解。我们想在一定程度上解释他的论证的情况。

第 104 节　这一论证的主要原理 〔114〕

帕品① 先生曾断言：如果一个物体根本没有克服任何阻碍，没有移动任何质量，没有压紧任何弹簧，等等，人们就不能说它做了什么。在这一点上，**沃尔夫**② 先生与他意见相左，而且是出于这样一个理由：如果一个人运载一个重物穿越某个空间，那么，每一个人都一致同意，他已经**做**了某事并取得了某种效果；现在，一个物体借助它在现实运动中所拥有的力运载自己的质量穿越一个空间；它的力由此同样已经**做**了某事并实施了某种东西。沃尔夫先生在他的论文一开始就许诺要放弃这一理由并且不依赖于这一理由来证明自己的定理；不过，他并没有信守自己的诺言。

在他已经说明了他所理解的**未受损失的作用**（effectus innocuos），即在其产生中力没有消耗掉的那种作用之后，他将一个命题设定为基础，他的整个大厦都仅仅建立在这个基础上，而我们只要从他那里夺走这个基础，他这部作品的所有努力就都会化为乌有。Si duo mobilia per spatia inaequalia trans-

① 关涉上文 107 页注中所说的论文，7 页。——科学院版编者注

② 参见上文 113 页注中所说的论文，221 页，第 14 节，系论 I。——科学院版编者注

feruntur，effectus innocui sunt ut spatia① [如果两个运动物穿过不同的空间，未受损失的结果就与这些空间成正比]。这就是我们所说的定理。② 让我们看一看，他是如何开始证明这一定理的。他以如下方式进行推论：如果通过空间 A 的作用是 e，那么在同样的空间或同一空间 A 中产生的作用也是 e；因此，在空间 $2A$ 中作用就是 $2e$，在空间 $3A$ 将是 $3e$，也就是说这些作用是与空间成正比的。

因此，他的证明建立在这样的假设上：**如果物体穿过同一个空间，那么，它也就施加了同样的未受损失的作用。**这就是真正的误导和失误之点，后来扩展到他的整部作品。如果由同一物体在空间中所施加的作用应当是同一作用的话，那么，仅
〔115〕仅空间是同一空间是不够的；这里还必须考虑到物体用以穿过这一空间的速度。如果这一速度不同样是相同的，那么，无论空间如何相等，未受损失的作用还将是不同的。要理解这一点，我们必须像在第 17 节中已经做过的那样，把物体所穿过的空间不是设想为完全虚空的，而是设想为充满了物质的，只不过是充满了非常稀薄的，因而阻力非常小的物质。这种情况之发生，只是为了我们有一种真正的作用和这种作用的某个主体；因为在其他情况下，正如沃尔夫的论证中的情形一样，依然是一种未受损失的作用。因此，如果物体像另一个与它相等

① 在沃尔夫那里（上文 113 页注中所说的论文，224 页，定理 6，第 29 节），mobilia 后面还有 aequalia，而 effectus 后面没有 innocui 这个词（如此，则汉语译文应是：如果两个相同的运动物体穿过不同的空间，结果就与这些空间成正比。——译者注）。——科学院版编者注

② 因此，沃尔夫先生在一个物体通过不受任何阻碍的空间，即通过一个空的空间的运动中赋予物体某些作用；然后他又把这些作用用做物体力的尺度；因此，他没有履行自己的承诺。

的物体一样穿过了一个同样大小的空间，那么二者都使同样多的物质产生了位移，但因此却并没有总是产生同样的作用。因为如果一个物体以 2 倍的速度穿过它的空间，那么他的空间的所有微粒都由于他的作用而从它那里获得的速度，就 2 倍于另一物体以 1 倍的速度穿过的空间的微粒，因此，第一个物体施加了更大的作用，尽管质量和穿过的空间在二者那里是相等的。

第 105 节　沃尔夫的纲要的又一主要根据

这样，**沃尔夫**先生所有推论的原理显然是错误的，并且与人们从作用和运动的概念出发能够最清晰最确定地证明的东西相矛盾。人们一旦犯了错误，后果无非就是一个错误的链条。沃尔夫先生从他的基本原理中得出另外一个原理，这一原理为他的体系真正提供了所有令读者出乎意料地惊奇并感到奇怪的重大推论。这就是：由于**在相同的运动中，空间处于速度和时间的复合关系中，所以未受损失的作用就与质量、时间和速度的总和成正比。**在此之上他建立起这样一个定理：Actiones, quibus idem effectus producitur, sunt ut celeritates [产生同一结果的那些活动与它们的速度成正比]。① 〔116〕

反驳

在这一原理的证明中存在着一个错误的推论，它也许比我们几乎没有发现过的错误推论还要严重。他证明，如果两个同样的物体在不同的时间中产生同样的作用，而它们的速度则与

① 沃尔夫：上文 113 页注中所说的论文，228 页，定理 10，第 47 节。——科学院版编者注

产生这同样的作用的时间成反比，这就意味着：在一半时间中就完成其作用的物体拥有 2 个单位的速度，而另一个为此必须使用全部时间的物体则相反，只拥有 1 个单位的速度。他由此推论说：**由于每一个人都承认，在以另一个运动的 1/2 时间完成其作用的活动是 2 倍大，所以，这一事例中两个活动与时间成反比，即与速度成正比。**之后他继续前进，思考了两个不同的物体在同样的时间中产生同样的作用的事例。他指出，在这一事例中速度与质量成反比，并进一步推论道：Quoniam hic eadem est ratio massarum，quae in casu priori erat temporum，ratio vero celeritatum eodem modo sese habet：perinde est，sive massae sint eaedam et tempus diversum，sive massae diversae et tempus idem etc① ［由于这里质量的比例就是上一事例中时间的比例，而速度的比例则保持老样子；所以是质量相同而时间不同，还是质量不同而时间相同，这都是一回事，等等］。这个推论是一个怪物，但却不是一个人们在数学论文中应当看到的论证。人们记得，在前面的事例中，之所以说两个在不同的时间中完成同样作用的相同物体，其活动与时间成反比，乃是因为在较短时间内产生这一作用的活动正因为如此并且在同等程度上大于为此用去较多时间的另一个活动。因此，这一推论之所以成立，乃是出自这一理由，即由于完成一个作用的时间之短，任何时候都是由一个更大的活动产生的。然而，如果我像在这里第二个事例中那样，用质量的不相等来替换时间的不相同，而使时间成为相等的，那么人们就很容易看出，质量不相等的结果并不是时间不相等的结果。因为在第一个事例中，在较短时间内完成其作用的物体，**正因为时间较**

① 上文 113 页注中所说的论文，229 页。——科学院版编者注

短，而产生一种较大的活动；然而在这里，质量较小并以这一质量在与另一物体相同的时间里完成同样多的作用的物体，就 〔117〕不是**因为其质量小**就具有了**更大的活动性**。这样说是荒唐无稽的；因为质量的小毋宁说是活动性的小由以建立的真正的、本质性的根据，而如果一个物体尽管质量如此小却依然还像另一个物体一样在相同的时间里产生同样多的作用，那么人们就只能推论说：它的活动由于质量小而缺少的东西，通过一个较大的速度得到补偿，并由此而与另一个物体的活动相匹敌。因此，如果质量不相等，时间与作用却相等，那就不能说：两个物体的活动与其质量成反比，即使在时间与质量相等的事例中就时间和活动来说这一比例成立。**因此，是质量不同而时间相同，还是时间不同而质量相同，并不是一回事。**

这样，沃尔夫论文中的一个主要定理建立于其上的证明就是无效的、无用的；因此，活力在这里将找不到能够滋养它的土地。

在一部作品中，偶尔会有某些可以容忍的错误，这些错误扩展得并不广泛、并不完全损害主体部分的有效性。然而在我们谈的这篇论文中，这些依靠方法的定理就命悬一线；因而一两个错误就使得整个体系应予拒斥、毫无用处。

第106节　我们还没有动力学

沃尔夫先生在他的论文中本打算为我们提供一门动力学的最初基础。他的努力不幸失败了。这样，我们到现在还没有动力学的基本原理，使我们能够有理由在它们上面进行建设。我们这篇允诺要说明活力的真正测算的论文应当弥补这一缺憾。第三章应当从事这方面的尝试；然而，人们可以期

望击中目标吗？因为各种尝试中的一个毕竟以这种考察方式
〔118〕未能达到目标。

第 107 节　穆森布罗克先生的论证

刚才，当我正在用前面的事例结束对极为著名的莱布尼茨学派由以建立自己力的测算的理由进行反驳的时候，我收到了由戈特谢德教授先生翻译的、**彼得·冯·穆森布罗克**①先生的**《自然科学的基本学说》**，它是在这个 1747 年的复活节书展上面世的。这位伟大的人物是当代自然研究者中间最伟大的一位，他的意见中成见和学派热情的成分要少于其他任何一个人的学说；这位如此著名的哲学家率先使莱布尼茨先生的测算经受他的数学研究，之后又经受他如此巧妙地进行的试验，并认为它在二者中都得到了证实。他所采用的后一种方法，并不属于当前这一章的内容，但第一种方法却是与此相关的。本文的目的要求我思考这位著名的作者在这里给笛卡尔的测算制造的困难，而且可能的话使它们避开我们应当维护的对象。但是，这几页书的狭小篇幅，或者坦率地说，这里表现出来的惊人的不平等，难道不会给我设置无法逾越的障碍吗？

① 穆森布罗克（Pieter van Musschenbroek），生于 1692 年，1761 年卒于莱顿。康德所利用的书的书名为：世俗智慧和数学硕士、莱顿编内教师彼得·冯·穆森布罗克先生著，《自然科学的基本学说》，根据拉丁文第 2 版，连同作者的一些新附录译为德文，莱比锡世俗智慧编内教师约翰·克里斯托夫·戈特谢德写序阐明……。莱比锡，1747，戈特弗里德·基赛维特尔出版，斯德哥尔摩书店。献词注明日期为 1747 年 5 月 1 日。——科学院版编者注

让我们看一看，他认为在数学思考中证明了莱布尼茨规律的，究竟是一些什么样的理由。① 假定② 有某个与被施压的物体一起运动的外部原因，例如一根固定在立柱 AS 上，并弹开物体 F 的弹簧 BC，那么，如果物体 F 是处在静止中的，弹簧 BC 将给予该物体 1 个单位的速度。但是，一旦该物体已经拥有了这个单位的速度，那么，要给它第 2 个单位的速度，就要求有 2 倍的弹簧。因为如果一根弹簧再次独自伸展，那么，已经在以弹簧展开的那个单位的速度现实运动的物体，就会避开弹簧、不接受它的压力。因此，必须再加上第二根弹簧 DB③， 〔119〕
它使得支撑弹簧 BC 的点 B 以物体逃逸的速度追击物体，以这种方式物体 F 就像开始一样相对于弹簧 BC 是静止的，以便它在弹簧 BC 伸展时获得单位为 1 的速度。同样④，要使已经拥有 2 个单位速度的物体 F 获得第 3 个单位的速度，就要求有 3 根弹簧 ED、DB、BC。一个已经拥有 100 个单位的物体，要给予它一个新的单位，就要求 101 根弹簧，余者依此类推。因此，给予一个物体某个单位的速度所需要弹簧的数目等于物体的全部速度所分解成的单位的数目，也就是说，给一个物体传递 1 个单位速度的所有弹簧全部的力，等于该物体在拥有这个单位的情况下所拥有的全部速度。现在，在三角形 ABC 中⑤，

① 图 16。
② 康德后面的阐述关涉穆森布罗克上注的书，94～99 页（第 180～190 节）。图 16～19 完全就是如在穆森布罗克那里表 I 图 19～22 那几张图，就连称谓也一样，只不过在最后一张图上，康德还有从点 E、G 等出发的小垂线，并附上了小写的 e、g 等。也请参见下文第 152 节。——科学院版编者注
③ 图 17。
④ 图 18。
⑤ 图 19。

它的直角边 AB 被等分为各个部分，线段 DE、FG、HI 等等分别等于线段 AD、AF、AH，因此，人们可以利用线段 DE 表示给予物体第 1 个单位速度 AD 的弹簧；利用 2 倍长的线段 FG 表示产生第 2 个单位速度 DF 的 2 倍的弹簧；利用线段 HI 表示唤起第 3 个单位速度 FH 的 3 倍的弹簧；等等。如果人们设想这些线段 DE、FG 等等无限接近，那么，按照卡瓦列里[①]引入测量术的无限小方法，它们就构成了三角形 ABC 的全部面积。因此，在一个物体中产生速度 AB 的所有弹簧的总和就等于平面 ABC，即速度 AB 的平方。但是，这些弹簧表示一起在物体中产生所说的速度的那些力，而**对一个物体起作用的各种力的数目怎么样，在它里面产生的力也就是怎么样；**
〔120〕因此，一个物体的力与他所拥有的速度的平方成正比。

第 108 节　对这一论证的研究

我相信，一个笛卡尔的追随者将对这一证明提出以下的异议：

如果要根据某些弹簧的总和测算传递到一个物体中的力，那就必须仅仅计算现实地把自己的力量带入物体的那些弹簧；然而，那些根本没有对物体起作用的力，人们也不可为了在物体中设定一个与它们相等的力就加以利用。这一定理是力学最清晰的定理之一，没有一个莱布尼茨学派的人对它提出过质疑。穆森布罗克先生本人在他的证明的结尾也承

① 卡瓦列里（Bonaventura Cavaliere），1598—1647 年在博洛尼亚，伽利略的学生，参见《以某种理由提出的不可分者连续物的测量术》，博诺尼艾，1635。——科学院版编者注

认这一定理；因为这就是他的原话[①]：**对一个物体起作用的各种力的数目怎么样，在它里面产生的力也就是怎么样**。但是，如果一个已经以 1 个单位的速度运动的物体 F 通过两根弹簧 DB、BC 的伸展获得了第 2 个单位，那么，在这两根弹簧中只有 BC 才对它发生了作用，DB 没有把自己的张力中的任何东西带入它。因为弹簧 DB 是以 1 个单位的速度伸展的；而物体 F 也已经现实地以 1 个单位在运动；因此，F 避开了这根弹簧的压力，这根弹簧在自己的伸张中够不着它，无法把自己的张力传递给它。它所做的无非是使支撑弹簧 BC 的立柱 B 以物体 F 运动的同样速度追赶物体 F，以便立柱相对于该物体来说是静止的，而弹簧 BC 把它等于 1 的全部力带入该物体。因此，它不是以这种方式在 F 中附加给前一种力的力的作用因，而仅仅是一种偶因；而惟有弹簧 BC 才是这种力的作用因。此外，如果这个物体已经拥有 2 个单位，那么，在 3 根同样的弹簧 ED、DB、BC 中，惟有弹簧 BC 才把自己的力以及速度的第 3 个单位给予它，余者依此类推，以至无穷。因此，〔121〕
如果 DE[②] 是第一根把自己的力带入物体 F 并在它里面唤起第 1 个单位的速度 AD 的弹簧，那么，与它相等的弹簧 fG 则给予该物体第 2 个单位的速度并把自己的力传递给它，弹簧 hI 给它第 3 个单位，等等；所以，弹簧的总和 $DE+fG+hI+kM+lN+rO+bC=BC$ 构成了从其静止状态开始运用于物体 F、并在它里面唤起速度 AB 的力的全部大小。但是，BC 与

① 在穆森布罗克那里（上文 118 页注引用的书，97 页，第 188 节），这句话是：“但是，由于强制从施压的力过渡到被施压的物体，于是在被运动的物体中就不断地产生一个力，它与传递给它一些速度的那些力的数目情况相当。”——科学院版编者注

② 图 19。

AB 成正比，而 BC 是力，AB 却是速度；因此，力与速度成正比，而不是与速度的平方成正比。

第 109 节　证实笛卡尔力的尺度的新事例

从现在起，我们已经越过了在维护笛卡尔规律的时候能够与我们对立的所有困难。但我们还不想满足于此。对于一种曾经拥有声望、甚至拥有成见的意见，人们必须穷打猛追，把它从所有的避难所里赶出来。这样一种意见就如同那个多头怪兽，每砍一次它都长出新头来。

Vulneribus foecunda suis erat ille: nec ullum
De centum numero caput est impune recisum,
Quin gemino cervix haerede valentior esset.

Ovid. Metam.

[它因自己的伤口而是能生产的，但在数以百计的头颅中，
不会平安无事地被砍掉哪一个，
毋宁说，他的头颈因双倍的后来者而更强大。

奥维德：《变形记》][1]

如果有人指责这部作品，说它多余地、使用比需要更多的理由来反驳莱布尼茨力的测算，我认为这对我来说是非常光彩的；但是，如果我让它缺乏这些理由，我会感到羞愧的。

假定一个倾角台秤 ACB[2] 的一个秤臂是另一个秤臂的 4

① 引文出自奥维德：《变形记》，Ⅸ，70 以下。——科学院版编者注
② 图 20。

倍，而对4倍的秤臂终端施压的物体B是另一个物体A的1/4。这些东西将在我们设定它们所处的状态中静止，并相互完全处于平衡中。如果给物体A再附加上一个小重量e，那么，物体B就会被抬高通过弧Bb，与此相反，物体A则通过弧Aa下落，但物体B将在这一运动中获得4倍于A的速度。如果去掉重量e，与此相反把一个1/4的重量d加给秤臂Cb终端的物体b，那么，b被下压通过弧bB，而a则被抬高通过弧aA；但与B是一回事的b由此获得了与第一种场合中同样多的速度，同样，与A是一回事的a也同样获得了在第一种场合中带入它里面的速度；区别只是运动的方向颠倒了。由于添加的重量e所施加的作用存在于物体A和B一起具有的力中，而1/4的d所完成的作用同样被设定在$b=B$和$a=A$由此一起获得的力中，所以很清楚，这两个重量e和d施加了同样大的作用，因而必须使用、从而也曾经具有过同样多的力。但是，这两个重量e和d起作用所用的速度（也就是说，既包括其初始速度，也包括它们通过所有这些压力的积累所获得的有限速度）与它们的质量是成反比的，因而两个速度与其质量成反比的物体具有同样的力；这驳倒了按照平方进行的测算。 〔122〕

第110节　莱布尼茨的怀疑之结

在**尤林**[①]先生发现一种事例，通过它人们简单明了地认识到速度的倍增在任何时候都只是设定力的倍增之前，笛卡尔学派从未能以如此多的自信来对抗力的新尺度的辩护者们。莱布尼茨先生拒绝这一点，特别是在他发表于《年鉴》[②]的动力学

① 参见上文56页注。——科学院版编者注

②《教育者年鉴》，155页，1695。

论文①中的试验里。人们只是听到他如下的说法：Cum igitur
〔123〕 comparare vellem corpora diversa aut diversis celeritatibus praedita，equidem facile vidi：si corpus *A* sit simplum，et *B* sit duplum，utriusque autem celeritas aequalis，illius quoque vim esse simplam，huius duplam，cum praecise，quicquid in illo ponitur semel，in hoc ponatur bis. Nam in *B* est bis corpus ipsi *A* aequale et aequivelox nec quicquam ultra. **Sed si corpora *A* et *C* sint aequalia，celeritas autem in *A* sit simpla et in *C* dupla，videbam non praecise，quod in *A* est，duplari in *C*，** etc［因此，当我想把不同的物体、确切地说是具有不同速度的物体进行比较的时候，我确实很容易看出：如果物体 *A* 为 1，物体 *B* 为 2，二者的速度却是相同的，那么前者的力同样为 1，后者的力为 2，因为非常明确，无论在前者中设定什么，在后者中都要设定 2 倍。原因在于，在 *B* 中有双倍的自身相等、速度相等的物体 *A*，除此之外没有别的。**但是，如果物体 A 和 C 相等，而速度在 A 中为 1，在 C 中为 2，我就不能明确地看出，在 A 中的东西在 C 中就加倍**，等等］。尤林先生借助世界上最简易的事例解开了这个死结。

尤林先生的解决

他假定了一个运动的平面，例如②一条驳船 *AB*，该船沿

① 指的是《动力学模型》，参见上文 11 页注。在莱布尼茨那里，vidi、aequirelox、videbam、est 后面有逗号，而 diversa、aequale、simpla 后面则没有。莱布尼茨在 aequalis 后面有一个分号（以上情况并不影响汉语译文。——译者注）。康德略去了莱布尼茨那里这句话的结论，它说的是：“即便速度加倍，物体也不加倍”。刊印时的着重号出自康德。——科学院版编者注

② 图 21。

BC 方向以速度 1 运动，并以同样的运动携带着球体 E。因此，这个球体通过平面的运动具有为 1 的速度，也具有为 1 的力。此外，他假定在这个平面上有一根弹簧 R，该弹簧在立柱 D 上弹开，给予上述球体自身再加 1 个单位的速度，从而也给予 1 个单位的力。因此，这个球体一共获得了 2 个单位的速度，并与这 2 个单位的速度同时获得 2 个单位的力。因此，速度的倍增并没有造成比力的倍增更多的东西，并没有像莱布尼茨学派错误地劝说的那样，造成力的 4 倍。

这一证明是非常清晰的，并且根本不容许逃避；因为平面的运动除了给予物体一个与它相同的速度、即给予它一个为 1 的速度并从而给予它一个为 1 的力之外，什么也不能做。而弹簧 R 由于与平面和球体同时有一个共同的运动，除了自己的张力之外也不能以别的任何东西起作用。如今，这张力恰如它给予一个物体——例如我们这里的物体——的那么多，即不多于 1 个单位的速度、从而也仅仅 1 个单位的力。因此，在进入这个问题的设计的所有东西中，无论人们向何处求助，都只能发现 2 个单位的力的原因，在物体中现实地存在着 2 个单位的速度。

第 111 节　查泰勒夫人对尤林的论证提出的异议 〔124〕

查泰勒侯爵夫人反对**尤林**先生的论证，但却是以这样的方式，要是对一种曾经选择的意见的爱好不会给予一件糟糕的事情以最美好的色彩的话，她的洞察力是足以发现这种方式的弱点的。

她提出了以下的异议。驳船 AB 并不是一个不动的平面；因此，既然弹簧 R 是由立柱 D 支撑的，那么，它将给驳船带入某些力，因此，人们将在驳船的质量中又发现 2 个单位的力，这是人们按照莱布尼茨的测算在物体 E 中没有找到的。

第 112 节

在这一逃避中，存在着人们称为 fallaciam ignorationis elenchi［盲目论证错误］的那种谬见的错误。她并没有真正在自己敌手的证明要害之处攻击其论证，而是关心一个看起来对自己的意见有利、但并不必然附属尤林证明的偶然附带情况。我们很容易就可以把这块绊脚石从道路上清除出去。没有任何东西阻碍我们设想驳船是由一种不允许它借助弹簧向 D 使劲而沿方向 AF 稍稍后退的力推动的。为此目的只能设想它具有无限大的质量。在这种情况下，驳船由于弹簧 R 的有限力量只是无限少地后退，即根本没有后退；因此，物体从弹簧获得的力，与弹簧朝一个完全不动的立柱伸展时弹开所获得的力同样多，即它将获得全部的力。

第 113 节　李希特先生对尤林论证的异议

在为树立力的新尺度而作出自己贡献的人们的名册中没有丝毫地位的**李希特**[①]先生，却对尤林的论证提出了一种更有点徒有其表的异议。[②]

〔125〕他认为，恰恰这种力在与不同事物的关系中非常不同。虽

① 李希特（Georg Friedrich Richter），1691 年生于施内贝格，任莱比锡大学教授，1741 年卒于莱比锡。被引用的论文题目为：《格·弗·李希特答著名人物雅·尤林：关于物体力的测算的演示》。——科学院版编者注

②《教育者年鉴》，511 页，1735。

然就与驳船同时以一个方向和速度运动的事物而言，弹簧 R 给予球体 E 一个为1的力，但是，就在驳船之外现实地静止的对象而言，弹簧给予球体的就不是1个单位的力，而是3个单位的力。

我很想知道，按照李希特先生的意见物体 E 在与静止对象的关系中获得的2个单位的力究竟是从哪里来的；因为它不可能由于一种空洞的抽象或者一种休闲的思想就能够从它产生，而是必须绝对有活动的原因和力，应当由它们来产生它。但是，如果一切都对外在的事物处在绝对的静止中，而驳船开始以1个单位的速度运动，那么，在物体 E 中就由此产生出1个单位的绝对的力。由此开始，驳船已经不再对物体起作用了；因为它相对于物体是静止的，而弹簧的张力开始释放其活动。这种活动所拥有的，也恰恰只有产生1个单位的力所要求的那么多；再在它里面寻找更多的，那是白费力气。因此，除了归入2个单位的力的这么多之外，在物体中并没有施加更多的绝对作用。如果在与静止事物的关系中，即在绝对的理解中，据说在物体中产生了4个单位的力，但尽管如此在物体中所施加的绝对作用却不多于2个单位，那么，就必然有2个单位是偶然地、没有原因地产生的，或者是从无中生出的。

既然在一件如此清晰的事情中还出现了一些疑虑，那么，为了完全避免一切疑虑，我们可以这样安排尤林先生的事例：如果一切都处在绝对静止中，那么，物体 E 首先从弹簧获得1个单位的速度，此时驳船还处在静止中，这样，物体 E 的这个获得的力就毫无争议地是一个绝对的力。现在，如果驳船在这种情况下也开始以1个单位运动，那么，这又是一个绝对的运动，因为它之前对一切事物都是静止的。因此，它传递给所有属于它的质量的东西1个单位的力，从而也给物体 E 又传 〔126〕
递1个单位的力，而由于产生这个单位的原因是在绝对运动中起作用的，所以物体从这个原因得到的力不会多于 1 个单位。因此，即便是以这种方式，在一切中为物体 E 产生的也不多于 2 个单位的力。

李希特先生还试图用另一个从弹性物体的碰撞得出的借口来逃避。然而，他的辩护是建立在莱布尼茨学派的共同假设之上的，即人们在弹性物体的碰撞后必然发现恰恰如同碰撞前的力。我们反驳过这一假定；因此，这里特别与李希特先生进行纠缠是不必要的。

第 113a 节　涉及本章一些部分的补充和说明

一、对第 25 节的说明

对第 25 节更清晰的阐述

由于这一节的定理是我们当前的考察最重要的基础，所以我们想再以一种更为清晰些的形态阐述它。

一种现实的运动的标志是运动有限的持续期。但这个持续期或者从运动的开端所流逝的时间是不确定的，因而是可以任意地假定的。据此，如果线段 AB① 表示运动期间流逝掉的时间，那么，物体在 B 有一种现实的运动，此外在作为半程的 C、在作为 1/4 点的 D、在此后这段时间的所有更小部分上，哪怕人们无限地使它任意小，物体都有一种现实的运动；因为是它大小不确定的概念允许这样的。因此，我可以设想这段时间无限小，而不会由此使运动现实性的概念损失什么。但是，〔127〕如果这段持续期的时间是无限小，那么，它就可以被计算为无，而物体就仅仅处在初始点，即处在单纯的运动努力中。因

① 图 2。

此，物体的力在任何现实的运动中都以平方为尺度，如果这一点不用其他的限制——例如**莱布尼茨**规律所要求的——就是正确的，那么，它即使在单纯的运动努力中也就已经如此了；而这必然自己否定自己。

有限时间不确定的概念何以自身包含了无限小的时间

乍一看，似乎莱布尼茨规律通过附属于它的有限流逝时间的限制得到了充分的保障，以致不可能被引导到其持续期无限小的运动上来；因为有限的时间是一个表示与无限小的时间完全不同的类的概念，因此看起来，由于这一限制，仅仅在有限时间的条件下允许的东西，根本不可能被引导到无限小的时间上来。即使人们如此谈论有限的时间，即人们假定，如果把它作为条件，从它引申出这种或者那种属性，它就必须是确定的，它的大小必须被规定，这一点也依然有其正确性。但是，如果要求一个有限的时间，同时却允许人们可以任意地假定其大小，那么，在这种情况下，无限小的时间就也被包括进它的类了。对于莱布尼茨学派来说，这一点并不是不为人知的。因为他们必然知道，他们的祖师就是把连续律建立在这个基础之上的，也就是说，如果假定 A 比 B 大，但究竟大多少却是不确定的，那么，人们不用损害在这一条件下正确的规律，就可以说，A 与 B 相等，或者如果人们让 A 撞击 B，并且假定 B 也在运动，那么，假如它的这种运动的单位是不确定的，人们就也可以假定，B 是静止的，而不会由此取消在那个条件下确定的东西；在其他事例中还可以举出很多。

莱布尼茨的测算在有限速度的条件下也不适用

最后，如果有人还想说，莱布尼茨的测算虽然不能在有限时间的条件下，但却依然能在有限速度的前提下是正确的（尽 〔128〕
管这显然是违背他们的学说的），就会发现，无论是有限的速度，还是有限的时间，人们都可以用线段 AB 来表现，在这种情况下，同样将证明，如果他们的规律在速度有限的情况下完全有效，那么，它也必须在速度无限小的情况下有效，而这是他们自己不能不否认的。

二、对第 31～36 节的补充

一个物体压迫所有的弹簧，直到它的全部运动都被夺去，而这些弹簧被压迫的时间则可以是随意的；这样，该物体正好拥有所有这些弹簧的力；我们的敌手把这列入人们仅能够拥有的最清晰的概念。关于那些不仅仅满足于被压迫的弹簧的数量，而且还总是追问压迫的时间的人，**约翰·贝努利**[1]先生说，这就和一个人想测量一个杯中的水，但却不满足于他眼前拥有的现实尺度，即杯子的容量，而是认为还必须知道该杯子被装满所用的时间一样荒唐。他满怀信心又不满地补充说：Desine igitur quaerere nodum in scirpo[2]［不要在鸡蛋里面挑骨头了］[3]。**查泰勒侯爵**夫人也准备好一种同样幽默的想法了；不过，他们两个都错了，而且恕我直言，都受声名所累，与他们在这一错误中让人看到的信心一样大。

时间何以必须在有重力障碍时被考虑到

如果弹簧 A、B、C、D、E 中的每一个都具有这样的性质，即它只对抗物体 M 的惟一压力，同时由此失去自己的全部活动，所以在此之后就不再在物体 M 中起作用了，而不管物体 M 承受它随意多长时间，那么我自己就承认，无论物体
〔129〕 压迫弹簧是 1 个单位的时间还是 4 个单位的时间，它所施加的

① 参见上文 72 页注。——科学院版编者注
② 康德所援引的页码（210 页）是论文题目的页码（参见上文 72 页注），引文自身在第 XIX 节结尾的 218 页。——科学院版编者注
③《教育者年鉴》，210 页，1735。

都是同一种力；因为在它压迫弹簧之后，它就在弹簧那里无所事事地浪费时间了。如果与此相反，物体在克服弹簧的压力时，它的力并没有同时取消弹簧的活动，那么，每一时刻都在从弹簧向反作用的物体中传递着新的单位的力；因为这根弹簧在第一时刻就是逐渐消失在物体中的单位的力的原因，它的作用在第二时刻，此外在第三时刻以及在此后无限的所有时刻中都依然存在，而且同样强。在这些条件下，克服这些弹簧压力的物体是在较短的时间里还是较长的时间里做到这一点的，就不是一回事了；因为在较长的时间里，它要比在较短的时间里承受更多的压力。但如今，重量的压力就是这种类型。它的每一根弹簧都在所有的时刻里以同样的活动起作用，而在第一时刻克服它们压力的物体却因此而尚未在随后的所有时刻里都做到这一点。它将为第二个时刻需要同样多的力，依此类推。因此，一个物体用来对抗造成重力的物质惟一一个部分的压力的力，不仅与重量压力的强度成正比，而且与它同时间的乘积成正比。

还有一个不利于活力的证明

为并非弹簧的数量而是时间才是施加的作用的尺度这一定理的多余证明，人们还可以再附加上这一点。一个斜着抛出的物体的运动是抛物线状的，该物体必然不仅由于下落而快得多地通过某个高度，而且也在下落的终点获得一种比从同样高度垂直下落能够给予它的大得多的速度和力。因为当它划出曲线的时候，它直到下落的终点比它垂直下落经过了一个更大的空间。但在那个更大的空间中，它必须承受比它在短的直线中能够碰到的更多的重力弹簧；因为造成重力的物质是向所有方向同等地扩散的；因此，根据莱布尼茨的定理，它必须在前者中比在后者中获得更多的力和速度；这是荒唐无稽的。

对查泰勒侯爵夫人和马兰先生关于活力的争论的想法 〔130〕

马兰先生考虑按照**未被克服的障碍、未被压迫的弹簧、未被位移的物质**来测算一个物体的力，或者像**查泰勒**夫人所说的那样，按照它不曾作过的事情来测算它的力。这位女敌手认为在这一思想中发现了某种奇怪的东西，她认为自己可以引证它来寻开心。尽管这位著名的人物给他的思想附加了一个本来是一切的关键的限制，即：**即使人们借助一个假说假定它保持或者一再接受自己的力，这些弹簧也依然受到压迫，**但他的女敌手依然在这一假说中发现了某种未被允许、未被授权的东西，以致她因此而对他提出一个更为严厉得多的责难。我将简明扼要地指出，这位杰出人物的思想是多么确定无疑、多么可靠，除了我们已经援引过的尤林先生的思想之外，在这一事情上不是那么容易就能够想出某种更为重要的、更为缜密的东西的。

针对查泰勒夫人为马兰先生的测算方式辩护

如果人们接受在某些障碍被一个物体的力克服的时候该物体的力所损失的部分，如果人们——用我的话说——测算这种损失，那么，人们就会最确定无疑地知道，被克服的阻抗的全部力量究竟有多大；因为物体如果不用掉一个与这种阻抗或者障碍相等的单位的力，就不能克服它们，而这个在物体中被抵消、被消耗的力究竟有多大，夺走该物体这个力的障碍也就有多大，以这种方式施加的作用也就有多大。

〔131〕假定有一个物体以 5 个单位的速度自地平线垂直升空，并且像通常那样用三角形 ABC 的面积表示它所达到的空间或者高度①；在这个三角形中，线段 AB 表示流逝的时间，BC 则表示它升到这个高度所用的速度。相等的线段 AD、DF、FH 等等应当表示整个时间 AB 的元素，从而复合构成大三角形平

① 图 22。

面的各小三角形都与 ADE 一样大，就是整个空间的各元素或者物体在时间 AB 里所压迫的弹簧的数目。据此，我们的物体在开始升空的第一个时间段 BK 里压迫了它在空间 $KLBC$ 中遇到的 9 根弹簧。但是，如果这些弹簧的收缩在它里面没有消耗力，或者这种损失总是从别的地方得到补偿，那么，它就还会压迫弹簧 LlC，它现在未能压迫它，乃是因为它在压迫其他弹簧时所支出的力恰好等于它为此必须拥有的那么多。因此，弹簧 LlC 就是被压迫的 9 根弹簧的阻抗在我们的物体中所消耗的那种力的尺度。在它完成这一步之后，它以上述损失之后还给它留下的残余力量继续升空，在第二个时间段里压迫在空间 $HIKL$ 中遇到的 7 根弹簧。这里又一次清楚易见的是，如果我们的物体能够压迫这 7 根弹簧并且还完全给它留下它的力量，那么，它在这同一时刻还要压迫并克服弹簧 IiL；然而，由于它并没有这样做，所以可以得出，它通过压迫其余的 7 根弹簧失去的那个单位，其补充将使它能够还克服 IiL；因此，这根弹簧就表示出 7 根弹簧的阻抗给它的力带来的损失的大小。以同样的方法，弹簧 GgI 将表示第三个时间段由于压抑重力而造成的力的损失，依此类推。这样，自由升空的物体由于克服重力的障碍所蒙受的损失就是未被压迫的弹簧 LlC、IiL、GgI、EeG、AaE 的总和，从而也就是它所克服的障碍自身的平方，因而它的力也就处在这个比例之中。由于未受压迫的弹簧与时间或者速度成比例关系，所以物体的力也等于这些比例关系。如例所示。 〔132〕

此外，由此可以看出，马兰先生为什么有权利通过一个假说假定物体克服了障碍却完全保持住自己的力，这最初显得是违背运动的第一基本原理的。因为障碍当然夺走了它一部分与它们相等的力；但尽管如此，还是可以总是在思想中从别处补充这一损耗，保持物体不受损失，以便看一看它在以这种方式不减少力的情况下，比障碍消耗的部分丧失掉的情况下将多做多少事情。在这种情况下，这就提供了阻抗现实地从物体夺走的那种力的整个尺度，因为可以认识到，要使物体不损失任何东西，就必须添加一个怎样的单位。

我不得不在这里对侯爵夫人攻击其敌手的定理所用的方式再加以说明。我觉得，她未能选择比她忙于给他的推论一种奇怪和荒唐的特征更好的办法来触及他的最痛之处。一种严肃的介绍将吸引读者作出相关的注意和研究，并使灵魂对所有可能从这一面或者那一面进入它的所有理由开放。但是，她让自己的敌手的意见出现所用的那种奇怪的形态，却立刻抓住了读者弱的一面，在读者心中毁掉了更详尽思考的兴趣。统治判断和反思的那种灵魂力量具有一种懒散和清静的本性；它乐于找到自己的退隐之处，愿意在使它免除一种费力的反思的东西那里流连忘返；因此，它很容易被那些把两种意见中的一种突然置于可能性之下，并宣布进一步研究的辛劳没有必要的观念所俘
〔133〕获。因此，如果我们的女哲学家的敌手不能拥有严肃的理由的话，她本来能够以更多的合理性或者还以更好的成果来运用她的 ridendo dicere verum① ［笑谈真理］或者笑对她的敌手谈真理的念头，而人们也想让他感到自己的可笑。我在这里所作的说明，会对她那个性别的其他任何人来说都具有一种不合礼仪的品行和某种人们称为学究气的举止的样子；然而，在我所说的这个人物身上表现出的知性和科学的优势，使她超越了她那个性别其他所有人，也超越了另一个性别的大多数人，同时使她失去了人类更美的一半的真正特权，即奉承和以奉承为基础

① 引文出自贺拉斯：《讽刺诗集》，Ⅰ，1，24；不过必定是 ridentem（不是 redendo ）dicere verum（并不影响汉语译文。——译者注）。——科学院版编者注

的赞美。

马兰先生的选择之所以杰出，还由于在他的方法中作为被用掉的力的尺度的弹簧不仅是相等的，而且还在同样的时间里受到压迫；因此，无论是莱布尼茨学派还是笛卡尔学派都感到高兴；要是莱布尼茨学派承认力是相等的，他们就坚决要求空间是相等的；而笛卡尔学派则在时间方面要求这一点。

三、对第45、46、47节的补充

我觉得，除了一根弹簧如果不以与它在另一面用张力撞击物体同样大的力量支撑在一个立柱上并且同样强劲地顶住它，就不可能撞开一个物体之外，我不能讲出任何更确定无疑、更无矛盾的东西了；因此，由于在**贝努利**先生的事例中除了物体 B 之外并没有别的立柱，它必须对物体 B 使用与它对 A 使用的力量同样大的力量；因为如果 B 不在阻抗弹簧的伸张时在张力中获得那种力，弹簧就根本不能弹开物体 A；因此，由于物体 B 不是不动的立柱，所以它同样接受了弹簧带给 A 的所有力。尽管整个世界都是以同样的方式思考的，但约翰·贝努利先生却在对立中找到了一种我也不知道什么样的亮光，他就 〔134〕
在此之上建立起一种不可战胜的信心。他说道：Non capio，quid pertinacissimus adversarius，si vel scepticus esset，huic evidentissimae demonstrationi opponere queat[①]［我不理解，即便最固执的敌手是怀疑论者，他又究竟能用什么来反对这个最清晰的证明］；接着他又说道：Certe in nostra potestate non

①《教育者年鉴》，219页，第XXIII节。Adversarius和Scepticus在贝努利那里均大写。——科学院版编者注

est, aliquem eo adigere, ut fateatur, discere, quando videt solem horizontem ascendere① [我们肯定没有能力如此逼迫某个人让他承认，一看到太阳升上地平线就学习]。让我们不要冷漠地看待人类理性在一位如此伟大的人物人格中发生的这种巧合，而是要从中学会也给我们最大的信念植入一种明智的怀疑，并且总是猜想即便在这种情况下我们也没有摆脱欺骗我们自己的危险，以便知性至少能够如此长久地保持自己的平衡，直到它获得时间在充分的检验中认识事态、证明和对立面。

正是在我们所说的这篇论文中，贝努利先生指出，人们怎样能够在较短的时间里借助同样多的弹簧的压力给予一个物体同样多的力。我已经在它与我们的事情相关的程度上对它给予了充分的回答。但在这里，我还想再附加一个考察；这个考察虽然与我们的计划无关，但尽管如此却可能有其独特的用处。他在那里说道：无论4根弹簧 a、b、c、d 是像图23那样排成一条线，还是像图24那样排成相邻的两部分，还是像图25那样排成这样的4份，球体 F 都通过它们获得同样多的力。

就贝努利先生认为能把多根弹簧全部的力带入一个物体的方式引起的回忆

在这里，请注意以下保留条件。只有在前后连贯的弹簧 a、b、c、d② 还没有给予物体比这些弹簧中的一个单独弹开所

①《教育者年鉴》，222页，第XXVII节。在贝努利那里，Certe后面没有逗号，在他那里结尾是："一看到太阳升上地平线。"康德在第45～47节只是从查泰勒夫人的书中了解贝努利的阐述，而他从那时起看到了贝努利的论文。——科学院版编者注

② 图24。

用的速度更大的一个速度的情况下，贝努利先生的思想才是正确的；因为一旦是这种情况，人们想按照贝努利先生的估算借助彼此相邻地结合起来的弹簧①给予物体与它们按照先后顺序所能够给予它的同样大的速度，就会落空。也就是说，在图 〔135〕 23 中一列弹簧直到它们完全伸展开所给予物体的速度是 10，而这些弹簧中的一个，例如 a，独自伸展开，即是说，不弹开一个物体，所用的速度是 8，这样就很清楚，在图 25 的方法中，这 4 根弹簧将只能给予物体 8 个单位的速度。因为一旦物体获得这 8 个单位的速度，它就拥有与应当弹开它的弹簧在自由弹开时自己所拥有的相同的速度；因此，它们在这种情况下将再也不能带入物体任何东西。然而无可争议的是，如果这个物体 F 应当通过碰撞又压迫图 25 中的 4 根弹簧，那么，它为此与在图 23 中和图 24 中一样，需要 10 个单位的力。但是，由于恰恰这个图 25 可以是每一个物体的弹性力的写照，所以由此说明，一个完全弹性的物体能够以某个速度撞击一个不动的立柱，尽管如此它弹回所用的速度会比它撞击所用的速度小得多，这是可能的。但是，如果人们乐意让这 4 根弹簧把自己全部的力都传递给它们撞击的物体，那么，人们就必须给质量 F 再加上 2/10；因为在这种情况下，这 4 根弹簧将就物质的量而言补偿它们用速度不能带入的东西。

四、对 105 节的说明

详细阐述沃尔夫证明中的错误

当我在第 116 页想指出**沃尔夫**男爵先生的论证中非同一般

① 图 25。

的错误时，我并没有作出足够清晰的阐述。乍一看，这就好像其中的推论在数学上，即依照 aequales rationes sibi substitui invicem possunt［相同的比例可以互相替代］的规则，还足以得出似的；然而，它事实上与这一规则毫无共同之处。前面的
〔136〕事例是：Tempora，quibus duo mobilia，si sunt aequalia，eosdem effectus patrant，sunt reciproce ut celeritates① ［两个运动物如果相等，则产生同一种结果所用的时间与其速度成反比］。紧随其后证明的第二点是：Massa corporum inaequllium，quae eosdem effectus patrant，sunt reciproce ut celeritates ［产生同一种结果的**不相等物体**的质量也与其速度成反比］。沃尔夫先生由此得出（因为如果人们对它的论证作出适当的分解的话，它就是这样的）：由于在两个事例中时间和质量的比例等于速度的比例，所以，它们彼此相等。这可以得到赞同，但只是不要忽视它们彼此相等所依的规定，即产生同一结果的不相等物体的质量，其比例完全等于（请注意!）**同样的物体**施加同样的作用所用的时间；因为这如人们所看到的那样，是与这些比例相联系的限制。然而，沃尔夫先生的结论却是：因此，物体质量的比例等于**这些不同的物体**施加其相同的作用所用的时间；这是对既定比例关系的明显歪曲。

如果我们的作者只是想到把他想彼此引导出的两个定理相互加以比较，那么，他就必定清楚地看到，它们不仅不能相互引导出，而且甚至还是正好互相矛盾的。也就是说，第一个定理是：Actiones，quibus corpora aequalia eosdem effectus patrant，sunt ut celeritates［相同的物体产生同一种结果所用

① 此句和下面三个拉丁语句子不是出自沃尔夫的引文，而是由康德所撰。——科学院版编者注

的活动与其速度成正比]。他想从中引导出证明第二点的结果，即 Actiones，quibus corpora inaequalia eosdem effectus patrant，sunt etiam ut ipsorum celeritates；celeritates autem eorum sunt reciproce ut masse [不相同的物体产生同一种结果所用的活动，也与它们的速度成正比；但它们的速度却与其质量成反比]。

如果我们按照第一个定理的尺度假定两个相同的物体 A 与 B，使 B 的速度 2 倍于 A，那么，按照这一规则，B 产生与 A 相同的结果所用的活动就 2 倍于物体 A 的活动，因为前者由于其更大的速度就以 1/2 的时间完成这一结果。然而，按照第二个规则，我就能使 B 变成 1/2，而尽管速度仍与先前一样大，所说的活动却也与先前一样大。但显而易见的是，如果 B 是先前的 1/2，它的速度仍是同样的速度，它就不可能 〔137〕
以与它的质量 2 倍大的时候同样的时间里作出既定的结果，而是为此需要更多的时间；因此，由于为同样的结果所使用的时间越大，活动就越小，所以在这种情况下，活动就必然比 B 的质量以同样的速度 2 倍大的时候更小；而这与第二点相矛盾。

但是，即便人们免除沃尔夫引以为基础的那个定理，即活动可以不相等其结果却相等，所有这些矛盾也依然可以在他计划的证明中发现。一个有死的人从来不会让自己想起予以维护的这一定理，是一个具有人们能够想得出的最佳形式的矛盾。因为活动这个词是一个相对的词，就另一个事物包含着它的理由而言，它表示一个事物中的作用或者结果。因此，结果与活动是同一种东西，含义上的区别仅仅在于，我时而是与那个作为理由的事物相联系考察它，时而在那个事物之外考察它。因此，这无非就是说：一个活动可以与它自身不相等。此外，它之所以有活动的名称，乃是因为一个结果取决于活动，如果在这一活动中能够有一个部分并没有一个与它相等的结果取决于它，则这个部分就不能还有活动的名称。即使产生这些结果的时间是不相等的，被用于它们的活动却可以是相等的，这只能从中得出，在时间相等的情况下，结果以及与结果对应的活动将是不相等的。

简单地说：显而易见的是，在这篇与作者尽人皆知的、备受赞颂的、在作者的财富中最突出抢眼的洞察力根本不一致的论文中出现如此不正常的错误，必定有极其特殊的原因。不难
〔138〕判断，莱布尼茨的荣誉当时被视为整个德国的荣誉，挽救这一荣誉的光荣要求引起了这一努力，并使得证明以比它们在其首创者的光照之外显现出来更为有利得多的形态被阐述。事情本身具有如此可疑的性质，以致为它作的辩护不可能没有错误；但是，对它的巩固却是如此诱人，以致它就没有给冷静的研究留下位置。诸如赫尔曼先生、贝努利先生等等这些著名人物的作为，我要么是已经指出过，要么是将要指出，在这一主题之外人们几乎是根本不可能在他们身上遇到诸如此类的东西的；关于它们，我要说的也正是这些。因此，我谈到的这位人物的荣誉依然是有保障的。我冒昧地如此对待他的防护性文章，如同对待一件不属于他所有的事情似的。此时，他可能会大声告诉我一位年长的哲学家即便在一件事情更准确地涉及他的时候也会叫出的话：**你只是击中了阿那克萨库斯的外壳。**①

① 阿纳克萨库斯（Anaxarchus），据说是在他奉王子尼考克莱昂（Nikokreon）之命被在一个石臼中捣碎之时说的这句格言。证据见策勒：《希腊人的哲学》，第Ⅰ卷，第4章，861页，第4段。——科学院版编者注

第三章 〔139〕

什么把活力的一种新测算表现成为大自然真正的力的尺度

第114节① 在数学中被认为错误的那个规律缘何能够在大自然中成立

我们据此已经详细地说明，按照平方对力进行测算在数学中被认为是错误的，除了老的或者笛卡尔主义的力的尺度之外，数学不允许其他力的尺度。然而，在上一章的不同地方，我们已经使读者建立了尽管如此仍将平方测算引入大自然的希望，现在是兑现我们的承诺的时候了。这种冒昧将使我们的大部分读者感到诧异，因为从这里似乎可以得出，数学并不是不会骗人的，对它的陈述提出上诉也是可以的。然而，事情并非确实如此。如果数学陈述自己关于所有物体的规律，那么，大自然的规律也将包括在内；而且，希望有一种例外，那是徒劳的。然而，它却借助于各种公理确定了自己关于物体的概念；对于这些公理它要求，人们就它的物体而言必须以这些公理为前提条件，但这些公理却具有这样的性质，即它们就数学的物体而言并不允许并排除某些特性，但在大自然的物体那里却必然遇到这些特性；因此之故，数学的物体是与大自然的物体迥 〔140〕
然不同的事物。所以，某种东西对前者来说可能是真的，但却不可转用到后者身上。

① 按照思想进程紧接着第106节，由此证实了第107～113a节为后来插入的猜测。——科学院版编者注

第115节　数学物体与大自然物体之间的区别以及与双方都相关的规律

我们现在要看一看，在大自然的物体中所遇到、而数学就自己的物体而言不允许的特性，究竟是一种什么样的特性；此外究竟是什么原因使得前一种物体成为与后一种物体完全不同类的事物。数学不允许自己的物体拥有一种不是完全由作为它的运动的外部原因的东西产生的力。因此，它不允许物体中有别的力，除非这种力是从外部在物体里面造成的；就它的运动的原因而言，人们每一次都精确地、以同样的尺度再次遇到这种力。这是力学的一个基本规律，但其前提条件却也不允许除笛卡尔主义的测算之外的其他测算成立。不过，我们马上就会证明，大自然的物体完全是另一种情况。大自然的物体自身就有一种能力，自动地在自己里面增大由其运动的原因从外部在它里面唤起的力，以致在它的运动里面，就能够有并非从运动的外部原因产生的，甚至大于这种原因的单位的力；因此，这种单位的力不能用度量笛卡尔主义的力的同样尺度来度量，也可以有另一种测算。我们要以一件如此重要的事情所要求的那种极为精确缜密的态度来探讨大自然物体的这种特性。

第116节　速度不是一种力的概念

一如我们在第3节已经看到的那样，速度自身并不包含一种力的概念。因为它是运动的一种规定性，也就是说，它是物
〔141〕体的这样一种状态的规定性，在这种状态中，物体并不运用自己拥有的力，而是拥有这种力却什么也不做。但它原本就是物体在静止时所拥有，即物体以无限小的速度所拥有的那种力的

数目；也就是说，它是这样一个数目，其中物体在速度无限小的时候所拥有的力就是单位。这一点，根据尤林那个杰出事例（第 110 节）的提示，也就是说如果我们按照类似的方式，像他把速度看做是由两个相同的部分构成的那样，就其无限小的各部分来衡量它，就可以最清晰地由剖析的方式得到解释。

第 117 节　如果没有在自身中保持状态的努力，就没有力

为了精确地知道究竟是什么规定了力的概念，我们必须以下面的方式进行。力被正确地凭借终止它并在物体中消解它的障碍来测算。由此得出，一个物体，如果在它里面没有一种在自身中保持障碍要消除的那种状态的努力，就会根本没有力。因为如果不是这样，那么，障碍要终止的那种东西就会像是一个零。

什么是强度

运动是力的外部现象，而保持这种运动的努力则是能动性的基础，而速度则表明，为了拥有全部力，就必须假设速度是多少倍。这里我们想把那种努力称为强度；因此，力等于速度与强度的乘积。

对这一概念的说明

为了有一个能够更为清晰地说明这些概念的例子，且假设有一根 4 段的弹簧 a、b、c、d。[①] 如果我们确定，这 4 段中的每一段单独开始伸展的速度是 1，那么，由 4 段这样的弹簧组

[①] 图 23。

合而成的整根弹簧 *ad* 在自由伸展时的初始速度就是 4；看起〔142〕来好像可以由此得出，这根 4 段的弹簧施加给一个物体的初始速度比 1 段的弹簧造成的初始速度大 4 倍。然而，强度在 4 段的弹簧中是在 1 段的弹簧中的 1/4；正是以某种尺度向一个不动的支点压迫这 4 段弹簧中的 1 段的力量，也成 4 倍多地压迫 4 段的弹簧，因为单个弹簧如果以这种方式与其他 3 段联在一起，它的支点就是可动的支点，从而 4 段的弹簧的坚硬度，或者换句话说也一样，4 段的弹簧的强度，也就失去了传递它们速度的那种东西。因此就发生了这样的事情：4 段的弹簧虽然在自由伸展时其初始速度要大于 1 段的弹簧 4 倍，但它给予一个物体的初始速度却并不大于该物体从 1 段的弹簧能够获得的初始速度。这一点可能有助于解释强度的概念，并说明，缘何在测算力的时候必须把强度考虑在内。

第 118 节　如果强度就像是一个点，那么，力就像是一条线，也就是说如同速度

如果一个物体的力是这样的，即它只是在一个时刻致力于保持运动的状态，至于速度则随它的便，那么，这种努力或者强度对所有的速度来说都是同样的；因此，这样一个物体的全部力都仅仅与它的速度成比例；因为因数中的一个始终是相同的，所以，显示力的量的乘积与第二个因数成比例。

第 119 节　如果强度是有限的，即如同一条线，那么，力就如同平方

对于这样一种运动来说，不断地从外部补偿在物体中每时每刻都在消失的力是必要的，而如果物体要以这种方式作出不

断的运动的话，力就永远只是一个不断的外部推动的结果。不过由此也可以清楚地看出：如果与此相反，物体的力是这样的，即它在自身包含着足够的努力，以给定的速度始终如一地、不断地从自身出发不需要外部援力保持运动，那么，这种力就必然是迥然不同的，必然也极为完善得多。〔143〕

这是因为：由于对前一种力来说，其强度对所有的速度都是相等的，即是无限小的，只是通过大量各种单位的速度才多样化的，所以，后一种力与此相反，在大量各种单位的速度中总是与速度成比例，并与之相乘，其乘积则是力的真正尺度。因为其强度无限小的有限速度提供了一种力，其中恰恰这种强度在速度无限小的情况下形成的力就是单位。因此，如果一个物体要在自身中充分地确立这种速度和力，以便拥有完整的努力持久地在自身中保持它们，那么，它的强度就必须与这种速度或者力成比例。在这种情况下，由此就产生出一种全新的力量，它是与速度成比例的力与相等于速度的强度的乘积；因此，这乘积也就等于速度的平方。也就是说很容易就可以理解，由于物体以无限小的强度在速度有限的情况下所拥有的力如同表现这种速度的一条线，而强度则如同一个点，所以如今强度同样如同一条线，而由此产生的力则如同一个从前一条线的运动产生的面，而且是如同平方，因为所说的这些线相互之间是成比例的。

人们可能会觉察到，我在这里完全没有考虑质量的差别，或者把质量设想为相等的；其次，就我所说的运动而言，我把空间看做是空荡荡的。

第120节 自身具有自由地、持久地保持其运动的内在努力的物体，具有一种与速度的平方成正比的力

据此，一个物体，在自身中充分地确立自己的运动，以致

从它的内在努力出发就可以充分地理解，它将自由地、持久
〔144〕地、不受阻碍地在自身中把这运动保持到无限，这样的物体就具有一种以其速度的平方为尺度的力，或者如我们想称谓的那样，具有一种活力。与此相反，如果它的力并不是在自身中拥有保持自己的根据，而是仅仅以外部原因的在场为基础，这种力就与单纯的速度成正比，也就是说，它是一种惰力。

第 121 节　物体从其内部的动力出发把来自外部的压力无限地提高并使它成为一个迥然不同的类别

但如今，我们要衡量一个物体的力，看它在通过一个外部原因的作用而在物体里面最先产生时是什么样子。在这种情况下，它肯定是以外部原因的在场为依据，并且在外部原因未唤起推动的那个时刻，它并不存在于物体里面。因此，在它依据外部原因的时刻，它具有这样的性质，即如果外部原因不在场，它就会马上消失。这是因为，物体是否能够在这个时刻之后在自身中确立在它里面唤起的这种力，以及在此之后从中产生出什么，我们现在不谈这个问题。所以在这个时刻，力的强度无限地小，因而仅仅以外部推动为依据的力自身和单纯的速度一样，也就是说是惰态的。但是，如果在此之后这个物体将赋予它的这种力确立在自己内部的力中，从它的努力中产生出对运动的一种持久自由的保持，那么，它在这种情况下就不再是一种惰力，而是一种以平方为尺度的活力，与惰力的关系就像一个面与一条线的关系。由此也就很清楚，一个物体以这种方式，当它自己自由地继续施加给它的速度时，就自动地在自身中无限地加大它从外部的机械原因获得的力，并把它提高为一个迥然不同的类别，因而我们在第 115 节所作的说明在此得
〔145〕到了证明，活力被完全排除在数学的审判权之外。

物体不能从外部获得任何活力

此外，人们由此看出，活力不能由一个外部的力——无论它多么地大——在一个物体中造成；因为只要一个力依赖外部的原因，那么它就总是像我们已经证明的那样，与自己的简单速度成正比；相反，它必须从物体自然力的内在源泉获得与平方尺度相应的规定性。

第122节　在惰力与活力之间有无限多的中间单位

我们已经证明，如果一个物体在其自身中充分完备地说明自己运动的原因，以致从其力的性质出发就能够理解，这种力在物体中将不变地、自由地永远得到维持，那么它就具有一种活力；但如果它在自身中根本不能说明自己的力，而是由此而依赖于外部，那它就具有一种惰力；后者无限地小于前者。这马上就得出了结论：如果这个物体虽然有一些，但却不能完备地在自身中说明自己的力，那么它的力就有一些接近活力，并且与惰力有一些区别；在这两个终极的界限即完全的惰力和完全的活力之间，必然还存在着无限多从前者向后者过渡的中间单位。

活力仅仅在运动开始后的一个有限的时间里产生

此外，由此还可以借助连续律得出：一个物体，它在开始的瞬间拥有一种惰力，并且在此之后获得一种活力，后者与惰力的关系如同一个面与产生它的线的关系，则这个物体只是在一个有限的时间里获得这种活力的。因为如果要设定，它不是在开始瞬间的一个有限的时间里，而是直接在开始瞬间之后无限小的时间质点中获得后一种力的，那么这无非是说，它在开〔146〕始瞬间自身中就已经拥有了活力。因为连续律，甚至数学都证明，无论我说物体处在其运动的开始瞬间还是说它处在开始瞬间之后无限小的时间质点上，这都是一回事。但是，力在运动开始的点上是惰态的。因此，人们不可能说在此之后它是活力，同时断定运动中的这种活力只是在外部原因起作用后经过一个有限的时间才能在运动中找到。

对此的解释

也就是说，物体的自然力在自身之中延续着从外部接受来的压力，并且由于它借助一种得到延续的努力而将事先像一个点的强度在自身中积累起来，直到它变得像一条线，这条线与从外部在它里面激发的与速度成正比的力也是成正比的，这样，它就由此而将从外部获得的、事先也仅仅像一条线的力自身积累起来，以致它如今像一个平面，在这个平面中，外部给予的速度和力表现为一条边，而从物体内部自己生成的强度构成另一条边，后者与前者成正比。

第123节　什么是活化

物体的力虽然还不是活力，但却在朝着这个目标前进的那种状态，我称之为力的变活或者**活化**。

强度在力的活化期间是什么状况

因此，力上升为活力的那段时间位于两个端点之间，即始点与力完全成为活力的那个点之间；在这段时间里，物体在自身中还没有充分地确立自己的力。在此，也许我的读者会想到发问，物体在这段时间里究竟是怎样能够自由并且一致地维持和继续自己被给予的速度，因为在这种情况下它在自身中还没有充分地确立自己的力和运动，从而还不能自己来维持它。对此我的答复是：力在这段时间里虽然还不具备这样的性质，使得从它出发就可以理解一种永远自由且不减弱的运动，即使它不凭借内在的努力而继续得到提高。不过，力维持自己的努力在这种方式中是否不完备，在此暂不讨论。要问的只是：尚未如此增长，以致能够不减弱且不断地维持运动的力，其强度却至少能够经历直到完成活化所必需的这段时间而维持运动。至于这种情况不仅是可能的，而且事实上也是如此，这一点由此也得到了说明，因为在这整个时间段里，每一瞬间都有强度的新元素在物体中产生，这个新元素在一个无限小的时间质点里维持着既定的速度，从而这一强度经过整个时间段在物体中产生的所有元素就在这整个时间段的所有瞬间里维持着同一速度，从与第19节的对照中就可以清晰地说明这一点。 〔147〕

如果活化在完成之前中止，在这种情况下，运动会怎么样呢？

但是如果我们假定，在活化尚未完成的时间段里，物体突然停止进一步积累强度的元素，停止使力完全成为活的，在这种情况下，会发生什么事情呢？显而易见，在这种情况下，物体将仅仅在自身中确立并在自己的运动中继续不断地维持与它在活化的这段时间里已经获得的那种强度成正比的速度单位，而为了达到完全活化就要求比现实存在更大强度的其他单位的速度，就必然突然消失和中止。因为现存的强度在自身只能确立这种速度的一个部分，并且也不再在每一瞬间都产生强度的新元素来在所有的瞬间维持既定的速度，因此其余的部分必然自动地消失。

在这种情况下，力会是什么样子呢？

因此，如果一个自由运动的物体遇到一个阻力，它在以自

〔148〕 已的全部速度达到完全活化之前运用自己的力量来克服这一阻力，那么，它所使用的这种力量就如同它所达到的强度与之成正比，并与之相适应的速度单位的平方，因而这种力量能够在给定的时间里成为活的，或者这种力量也如同它所达到的这种强度的平方；物体并不以其他的单位做什么事情，或者仅仅按照简单速度的尺度起作用，但相对于其他的力，这一点并不值得注意。

第124节　对力的新测算

据此，一个在自由运动中将自己的速度毫不减弱地维持到无限的物体，就具有一种活力，即具有一种以速度的平方为尺度的力。

这种力的条件

然而，这也是与这一规律相联系的条件。

1. 物体自身必须包含着在一个畅通无阻的空间中不变地、自由地并且持久地维持其运动的根据。

2. 从以上所证明的已经看出：物体并不是从将它置于运动之中的外部原因获得这种力的，相反，这种力是在外部刺激之后从物体自身内部的自然力产生的。

3. 这种力在物体中是在一个有限的时间里产生的。

第125节

这一规律是力的新测算的主要根据；关于这种新测算我要说，如果我的判断与我所论及的如此伟大的人物相比的微不足道性允许我以这样的权威性说话，那么，我要用它来取代笛卡尔和莱布尼茨的测算。此时，我并非不乐意使自己相信：这一规律也许能够规定这样一个目标，而未切中这一目标在所有民族的哲学家中间造成了分裂和争论。活力在被从数学中放逐之后，被接纳入了自然界。人们将绝对不能责难两位伟大的世俗 〔149〕
智者中的任何一个——无论是莱布尼茨还是笛卡尔——犯有错误。即便是在自然界中，莱布尼茨的规律也不会不同于经过笛卡尔的测算缓和之后的样子。如果人们在不同的机敏人物的人格中把人类理性与自身统一起来，并且即便在他们相互矛盾的情况下也找出这些人物的缜密决不会完全错过的真理，这在某种意义上叫做捍卫人类理性的荣誉。

第126节 由于存在着自由运动，所以也存在着活力

问题的关键在于，世界上存在着自由运动，如果没有外部的阻力，这种自由运动将持久而且毫不减弱地维持自身。这样问题就清楚了，在自然界中肯定存在着活力。行星自由持久的运动，以及证明自由运动的物体仅仅按照阻力的规定而丧失自己的运动、没有这种规定就将永远维持这种运动的无数其他经验，都提供了这种保证，断定了自然界中活力的存在。

数学不容许任何自由运动

然而由此还可以清楚地看出：数学根据其判断的明晰性不容许其物体有自由运动。因为它不容许必然使运动自由和持久的东西，也就是说，不容许物体从其内部产生一种既不是从外部原因产生也不能来源于外部原因的努力和力。因为除了从是其运动原因的物体中产生的力之外，数学不承认一个物体中还有别的力。

第127节 利用这些考察的更便捷方法

尽管迄今的考察和证明具有这样的性质，即无非是仅仅就
〔150〕事情的本性所允许而比得上数学的概念及其明晰性，但我还是想满足那些认为凡是仅仅具有一种形而上学外表的东西都值得怀疑的人们；他们绝对要求一种经验，使经验成为推论的基础，显示出一种使他们能够更为满意地利用这些考察的方法。也就是说，我将在这一章的结尾从一个经验出发以数学的明晰性说明：在自然界中确实能够发现拥有速度之平方的力。

这些先生们可以从第二章所有证明的结果过渡到这一点：一个诸如此类的力不可能是外部机械原因的一个作用，因为如果允许力仅仅是造成运动的那个原因的作用，那么，除了按照单纯的速度进行的测算之外，就不可能进行任何别的测算。这将把测算引导到这种力何以能够从物体的内在自然力产生的方式，并逐渐地使它过渡为我关于活力的本质所进行的那些考察。

第128节 贝努利已经拥有了这些概念

我曾经说过，力的自由的、从物体内部出发得到继续的持续期是真正的标志，人们只有从这标志出发才能得出力是活力并且以平方为尺度的结论。我非常高兴的是，在我上面[①]援引的**贝努利**先生的文章中极为精确地发现了这一思想。

① 指上文128页。——科学院版编者注

作为一位单纯的几何学家，他虽然不是以地道的形而上学语言，但却完全清楚明白地表述了自己的见解。他说道：Vis viva est aliquid reale et substantiale, quod per se subsistit, et quantum in se est, non dependet ab alio; —Vis mortua non est aliquid absolutum et per se durans etc. etc.① [活力是某种实在的、实体性的东西，它凭借自身存在，且它如何自己存在，并不依赖于他物。——惰力并不是某种独立的、凭借自身而持久的力……]

这一引述给我的考察带来不少好处。这位数学行家通常带着某种怀疑看待他相信是出自吹毛求疵的形而上学区分的推论，这种怀疑迫使他拒绝给予他的赞同；我不得不担心，他对我的推论也会这样做；但在这里，事情是如此显而易见，以至于它会自动地显现在最严厉的几何学家的数学思考中。 〔151〕

但他并不是以卓绝的理由发现这些概念的

我惊讶的是，由于贝努利先生在活力的概念中有这种醒悟，他已经有可能在他要证明这种力的方式上如此误入歧途。他很容易就能够得出，在就这种 realis et substantialis, quod per se subsistit et est absolutum aliquid [实在的、实体性的、凭借自身存在的、绝对的某物] 而言不确定的事例中、在不能

① 引文不精确。这段话在贝努利那里（《教育者年鉴》，211页，第Ⅲ节，1735）是："由此可知，活力（最好称为作用的能力，法语为 le pouvoir）是某种实在的、实体性的东西，它凭借自身存在，它如何自己存在，并不依赖于他物"。第二个句子"Vis mortua……"以这种形式根本不存在于贝努利那里，而是仅仅复述在第Ⅳ节表述的思想的一个部分。——科学院版编者注

发现应当引导到此的那些规定性的事例中，他将发现不了这种力；因为如他自己所看到的那样，这样的东西是活力的类标志，而就这种特性而言不确定的东西，也不能把人引导到活力上去。不过，他指的是在两个不相等的物体之间伸展开的弹簧的事例中发现活力，在这一事例中，不仅发现不了与其说应当引向所谓的惰力、倒不如说引向由上述区分标志说明的活力的任何东西，而且甚至所有在他确立自己的证明时所出现的力，都是某种 quod non est aliquid absolutum，sed dependet ab alio [并非绝对的，而是依赖于他物的东西]。

我们由此再次被引导到，在一个复合的、明显的证明中听凭于单纯喝彩声的结果，离开我们在第 88、89、90 节称颂并收益颇丰地利用的方法的导线，该是多么危险；也就是说，事先考虑必然地附属于作为证明主题的事物的概念，然后研究证明的条件是否也在自身中包含着以确立这些概念为目的的相关规定性，该是多么绝对地必要。

第 129 节　活力具有偶然的本性

我们已经证明，活力在自然界中的存在仅仅建立在这样的
〔152〕前提条件之上，即自然界中存在着自由的运动。但现在，从一个物体根本的、几何学的属性出发，却难以找到应当使人根据我们在前文已经阐明的东西认识到像为了提供一种自由的、不变的运动而要求的这样一种能力的证据。

就连莱布尼茨学派也认识到了这一点

因此可以得出，活力并不是被认做一种必然的属性，而是某种有条件的、偶然的东西。如莱布尼茨先生特别地在《神正论》中所承认，他自己已经认识到了这一点；而丹尼尔·贝努

利①先生则通过据他认为人们证明活力所必须利用的方式证实了这一点。也就是说，人们必须预设一个基本的等式，即 $dv = pdt$；在这个等式中，dv 表示速度的元素，p 表示造成速度的压力，dt 则表示压力造成无限小的速度所用的时间的元素。他说，这是人们必须接受的某种有条件的东西。

尽管如此，他们还是在几何学上必然的真理中寻找活力

活力的其他辩护者们对作出不同于莱布尼茨先生的判断感到不安，于是就众口一词。尽管如此，他们还是在绝对是几何学上必然的事例中寻找活力，并且自认为可以在其中找到；这毫无疑问是极为令人惊异的。

赫尔曼先生的特殊失误

赫尔曼先生以同样的方式尝试这样做，但却没有因活力的偶然性而把自己搞糊涂。不过，作为前提条件的关于莱布尼茨

① 康德写的是尼考劳斯·贝努利（Nicolaus Bernoulli）。有两位作为数学家而著名的尼克劳斯·贝努利（Niclaus Bernoulli），即尼克劳斯（Ⅰ）·贝努利（1687—1759），是某位尼克劳斯·贝努利（生于1662年）的儿子，后者的父亲尼克劳斯·贝努利（1623—1708）也是著名的雅各布·贝努利和约翰·贝努利的父亲，因而尼克劳斯（Ⅰ）是雅各布和约翰的侄子；此外是尼克劳斯（Ⅱ）·贝努利（1695—1726），约翰·贝努利的儿子（参见上文72页注）。这里所指的不是二位中的任何一位。康德的阐述关涉丹尼尔·贝努利的论文《力学原则检讨：暨关于力的复合与分解的几何学演示》（《彼得堡年鉴》，第Ⅰ卷，126页以下），确切地说关涉第Ⅴ和第Ⅵ节（130～134页）。丹尼尔·贝努利是约翰的第二个儿子（因而是尼克劳斯［Ⅱ］的弟弟），医学博士，于1700年生于格罗宁根，1782年卒于巴塞尔。——科学院版编者注

思想的良好评价以及绝对作为目的的意图使他陷入了一种无疑值得注意的错误结论。我觉得，并不能轻而易举地找到某个人物，让他想到作出这样的推论：人们必须把 a 和 b 两个量合并起来，在其结合中予以考察，因此人们必须把它们一起相乘；但尽管如此，这却是完全按照赫尔曼先生这样一位如此伟大的推理大师发生的。他说，“在下落时获得力的一个新元素的物体，却已经有了一个速度，于是必须把这个速度一起予以考
〔153〕察。因此，人们必须把它已经拥有的速度 u、它的质量 M 和速度的元素或者——这是一回事——重力 g 和时间的乘积——即 gdt——合在一起。**因此，*dV* 或者活力的元素等于 *gMudt*，也就是说，等于这里标出的量的乘积”**①。

第130节　经验证实了逐渐的变活

我们的学说体系自己就包含着，一个自由地、不变地运动

① 这一段是对赫尔曼的话（《彼得堡年鉴》，第Ⅰ卷，24页）的一种不精确的翻译：“由于活力 dV 的那种增长产生自作用于物体 C 的重力 g，该物体已经拥有速度 u 和质量 M，而且因此运动就有了量 Mu，所以必然要有这个量的运动的理由，亦即在这个有运动者的状态中速度与运动者自身不可分离；因此，活力的增长由这三者复合而成，确切地说由 g、Mu 和 dt 复合而成，而且因此必然是 dV＝gMudt，无论如何不是像普遍假定的那样，dV＝gMdt。”可以看出，康德说的不是赫尔曼所使用的三个因子（运动大小 Mu、加速度 g 和时间要素 dt），而是置换成质量 M、速度 u 和速度要素 gdt 这几个因子，这使得乘法显得更为随意。在赫尔曼的话中（复合而成）清晰地蕴涵着，复合是以 dV 与所列举的三个大小的比例为条件的，因此乘法是有根据的，由此康德的质疑就失效了。由于一种书写或者印刷错误（是 gMdt，而不是 gMudt），最终康德恰恰把赫尔曼否认的东西当做了结果。——科学院版编者注

的物体在其运动的开始并不拥有其最大的力，相反，如果它已经运动了一段时间，它的力就会更大。我觉得，每一个人都有某些能够证实这一点的经验。我自己就发现，在一杆火枪装得完全同样满的情况下，在其他条件都完全相同的情况下，如果我在离目标几步远的地方点燃火枪，则其枪弹就比我在离目标仅仅几寸远的地方向一块木头射击时射入木头更深得多。那些比我有更好的机会做试验的人们，有可能对此作出更为精确的、得到更好测定的检验。不过，经验教导我们，一个不变地、自由地运动的物体，其强度是按照我们在这里证明的定理在物体中产生，并且只有在一段确定的时间之后才获得其充足的量的。

第131节

如今，在我们奠定了力的一种新测算的基础之后，我们应当致力于指明那些与这种新测算特别关系密切的规律，它们似乎是构成了一门新动力学的脚手架。

我有能力阐述力的活化或者变活所遵循的一些规律，不过，由于本文致力于勾勒出力的这些如此新颖、如此出乎意料的属性的第一套方案，我不得不理所当然地担忧，我的那些特别渴望了解主要本质的读者们，会发现自己心烦意乱地卷入了 〔154〕
对一件次要事情的深入研究，尤其是因为如果主要的东西首先得到保证并通过经验得到证实，是有足够的时间研究次要的事情的。

根据这一点，我将致力于仅仅尽可能清晰地揭示最普遍的、最值得考察的规律，它们与我们对力的测算密切相关，离开了它们就不能很好地理解这种测算的本性。

第 132 节

以下的说明阐述了一个完全未知的动力学规律，在力的测算中具有不凡的意义。

力的活化并不是对所有速度都有效

我们学到过：一个在静止中起作用的物体，只施加了一种惰态的压力，它与活力的种类截然不同，仅仅以一种简单的速度为尺度；在这一点上，无论是笛卡尔的所有追随者，还是莱布尼茨的学生们，都是意见一致的。但是，一个速度无限小的物体，本来就根本不运动，从而具有一种处于静止状态的力；因此，它具有单纯速度的尺度。

因此，如果我们要规定属于活力类别的运动，那么，我们就必须不把它们延伸到所有其速度可以任意大或者小的运动，也就是说，其速度在此不确定的运动。因为在这种情况下，对所有无限更小的速度单位来说，同一规律都将是真的，而物体也将能够在速度无限小的情况下拥有一种活力，这在前文不远处已被认定是错误的。

速度在此必须是确定的

据此，按平方测算的规律不能不考虑其速度而对所有的运动有效，相反，速度在此是被一并考虑的。因此，就一些单位的速度而言，与它们相关的力并不能成为活的，只有速度达到一定的大小，力才能获得活化。在这个大小之下，就所有更小的单位而言，直到无限小的单位，这种情况都不会发生。

因此，也不是毫无区别地对所有速度而言都可能有一种自由运动

此外，由于力的完全变活是自由地、持久地维持运动的原因，因此可以得出，这种运动也不是对所有的速度来说都毫无限制地可能的，相反，它在这里同样必须是确定的，也就是说，如果物体要以某种速度提供一种持久的、不变的、自由的运动，则该速度必须具有某种确定的大小；在这个确定的单位之下，对所有更小的单位来说，这都是不可能的，直到对无限小的速度单位来说这种属性完全消失，运动的持续只是某种暂时的东西。 〔155〕

因此，运动自由的、不减弱的延续的规则并不是绝对地、而是仅仅从某个单位的速度开始有效，在这个单位之下，所有更小的单位都自动地消耗殆尽而消失，直到对无限小的单位来说运动仅仅持续一个瞬间，需要外部不断的补偿。所以，牛顿的规则在其不确定的意义上并不适用于自然界的物体：Corpus quodvis pergit in statu suo，vel quiescendi，vel movendi，uniformiter，in directum，nisi a causa externa statum mutare cogatur① [任何物体，除非被外部原因迫使改变其状态，都将保持其状态，或者是静止，或者是不变的、直线的运动]。

第133节 经验证实了这一点

经验证实了这一说明；因为如果无限小的速度能够变活，

① 著名的运动第一定律（完善后的惯性定律），以这种形式最初在牛顿的《自然哲学的数学原理》（1687）作为定律Ⅰ引入。在那里说的是：“任何物体，除非受到施加的力的作用而改变自己的状态，都将保持其状态，或者是静止，或者是不变的、直线的运动。”——科学院版编者注

那么它由于同有限力的变活成正比，就必须在无限小的时间里变活（第122节），因此，两个物体在仅仅施加重力的压力时，虽然仅仅拥有与其速度成正比的力，但一旦它们从哪怕是完全不可觉察的微小高度下落，它们的力就必然立即如同速度的平方；这是违背连续律和经验的。因为如同我们已经提到的那样，一个凭自己的重量没有压碎一块玻璃的物体，即便让它从一段极小的距离落到玻璃上，它也不具有击碎玻璃的力量；两个重量彼此相等的物体，如果有人让它们两个同样地向天平秤
〔156〕盘稍稍下落，它们也仍然保持着平衡，因为如果发生上述那种情况，这里就必然要产生严重的偏重现象。

在 medio resistente［有阻力的中间空间］中的运动方面的运用

因此，在规定关于物体在其中自由运动的中间空间的阻力的规则方面，这一规则必须被一并考虑在内。因为如果速度已经开始变得很小，中间空间就不再像以前那样多地促使运动的减弱，相反，运动将部分地自动消失。

第134节　变活和自由运动是否就所有较大乃至无限的速度单位而言都是可能的

我们正处在最典型的任务的中心，抽象的力学以前从来不可能完成这一任务。

我们提出一个这样的问题：物体是否就所有**任意小的**速度而言都能够达到力的完全变活，并且不变地自由地继续其运动。如今我们要研究一番，物体是否就所有较高的速度单位而言都能够提供同样的运动，也就是说，物体是否无论其被赋予的速度任意地大，都能够自由地继续并毫不减弱地维持其被赋

予的运动，从而达到力的完全变活。

由于变活和以此为基础的运动毫不减弱的自由继续是物体内在自然力的一个结果，从而始终以后者能够在自身内产生前者并且自动地达到所要求的强度单位为前提条件，因而就提供所有更高乃至无限的活力单位而言，仅仅取决于这种自然力的大小和能力。但是，自然界没有任何大小确实是无限的，形而上学以一种清晰无误的方式阐明了这一点；因而每一个物体的所谓自然力都必然具有一个确定的有限的量。所以，它的作用能力也局限于一个有限的尺度。由此得出，它将自己在速度单 〔157〕
位越来越大的情况下从自身产生活力的能力仅仅延伸到某个有限的目标，也就是说，物体不能直至无限地就所有的速度单位而言都以这种能力在自身中使力变活，从而使它在自由运动中无限地、毫不减弱地延续下去，相反，物体的这种能力在任何时候都仅仅有效到速度的某个大小，以致在高于这个大小的所有单位上，物体的能力都不再足以完成与该单位相符合的活化，并从自身中产生如此大的力。

第135节 就自由运动而言由此产生了什么

由此得出，如果这个单位是确定的，那么，物体在一个外部的原因以更大的速度推动它时虽然顺从这一原因，并且只要外部的推动还在持续就接受这一运动速度，但一旦那个外部原因停止作用，就必然也立刻自动失去那个超过确定尺度的单位，而只保留下并自由地、毫不减弱地继续物体按照其自然力的尺度在自身中能够使其变活的那个单位。

物体在这方面的能力是各不相同的

此外由此得出，在自然界形形色色的物体中，这一些物体的自然力在不同的物体中将具有不同的大小，因而其中一个物体有能力自由地继续某种速度，而另一个物体却不足以达到这一点。

小结

因此，这就是使某一个物体的力的活化能够进行的那种速度被包含在内的两个界限，在一个之下，在另一个之上，变活和自由运动不再能得到维持。

〔158〕 **第 136 节　活力可能部分地在不起作用的情况下消失**

我们在第 121 节就已经知道，一个物体的力如果变活，就会比赋予它全部运动的那个力学原因大得多；因此，尽管一个物体运动的外部原因按照尤林方法的规定（第 110 节）仅仅以 2 个单位的力在它里面起作用，但该物体却以 2 个单位的速度拥有 4 个单位的力。现在我们想说明，一个障碍的力量比物体所拥有的力小得多，但尽管如此却能够夺走该物体的全部运动，因此，**如同活力在前一种场合部分地由自己产生一样，在第二种场合在克服一个比它小得多的障碍时也会由自己消耗殆尽。**

证明

要证明这一点，我们只需要回到尤林的例子（第 110 节）。也就是说，驳船 AB 以等于 1 的速度自 C 向 B 运动。此外我们要设定，球体 E 沿着同样的方向，即沿着方向 CB 运动，但这是一种自由运动，利用的是活力，其速度等于 2，因而这个球体仅仅以 1 个单位的速度与此处一根弹簧表现出来的、其力等于 1 的障碍 R 相遇；原因在于，就另一个单位的速度而言，它对于这个障碍来说并不以该单位运动，因为这一障碍同样有沿着同一方向的这种运动，从而物体在与这一障碍的关系中仅仅剩下1个单位的运动。但就1个单位的运动而言，力也仅仅等于1，所以球体是以等于1的力与同样只有1个单位的力的障碍相撞的，从而由于这个障碍而失去了它的这个单位的速度和力。在这种情况下，它仅仅剩下了1个单位的绝对运动，从而也只剩下了1个单位的力，可以再让另一个等于1的障碍来消除；因此，我们设定有一种活力、从而以2个单位的速度拥有4个单位的力的物体，将被两个障碍归于静止；这两个障碍中的每一个都只有1个单位的力，因而按照这种方式必须有2个单位在这个物体中自己消失，不需要被外部原因抵消或者 〔159〕
克服。

第137节

因此，一个物体浪费自己的一部分活力不起作用的情况如下：两个或者多个障碍相继以这样一种方式阻挡它，这些障碍中的每一个都不是对抗运动物体的全部速度，而是像上一节的分析所说明的那样，仅仅对抗它的一个部分。

按照我们的活力概念对这一命题作出的解释

这一点如何与我们关于活力的概念相一致，可以按照以下的方式毫不困难地得到理解。如果一个物体的速度被分解为它的各个单位，那么，在这些单位中的一个单位上与其他单位相分离所发现、因而物体在不用其他单位而单独利用这个单位起作用时也使用的活力，就与这个单位的平方成正比；但如果物体以其全部速度不分解地同时起作用，那么，全部的整体力就与这速度的平方成正比，从而力的属于上述速度单位的那个部分就与该单位同整个速度的 Rectangulum［乘积］成正比，它形成了一个比在前一种场合更大得多的量。因为例如，如果我们假定整个速度由 2 个单位构成，这 2 个单位相继被赋予物体，那么，在速度依然是 1 的时候，活力只能提高到一个等于 1 的大小；但在加上第二个单位之后，在物体中就不是仅仅又产生出只与第二个速度单位成正比的 1 个单位的力，而是自然力还以速度产生的那个比例将强度提高，使活力就整个速度而言达到 4 倍，因为力在所有分离开的单位上的总量只是 2 倍，这样，每一个单位在相关的作用中都能够与其他单位一起实施 2 个单位的力，因为每一个单位自身在单独的作用中只有 1 个单位的力。所以，如果一个具有活力、从而以 2 倍的速度具有
〔160〕 4 个单位的力的物体不是同时地、而是一个单位接一个单位地运用它的全部速度，那么，它就仅仅实施了 2 倍的力，物体就全部速度而言所拥有的其余 2 个单位的力则在自然力停止维持它之后，就像它在产生时自动地从自然力中产生出来一样，也自动地消失了。

第 138 节

这一说明以重要的结论来酬劳我们的努力。

结论

1. 除了障碍同时阻挡以活力侵犯的物体的全部速度并一起承受这缩短的所有单位之外，我们在任何地方都无法发现活力的全部作用。

2. 与此相反，在障碍仅仅对抗速度的一个单位、从而无非是在分解开的各单位中逐次承受全部速度的地方，一大部分活力将自动丧失，而不是被障碍消除。如果有人相信障碍以这

种方式消耗掉全部运动，也抵消了全部的力，那就大错特错了。在任何时候，障碍所承受的速度单位相对于运动物体的全部速度越小，这种损失就越可观。举例来说，物体拥有其活力所在的速度被分解为3个同等的单位，障碍每次都只能单独地对抗它们中的某一个，这样，虽然物体在这些单位的每一个上面都拥有活力，每一个单位的力却都等于1，因而相继克服这3个单位的障碍的力量也就等于3；但这个物体的全部活力却等于3的平方，即等于9。因此，这种方式，就有6个单位的力，即整体的2/3，没有外部的阻力而自己丧失了。与此相反，如果我们假定另一个障碍，它一次承受的不是上述全部速度的三分之一，而是其一半，因而不是把全部运动分解为3个，而是分解为2个单独的单位，那么，活力除了这一障碍消耗的东西之外，所承受的损失就仅仅等于2，即整体的1/2，因而就比前一种场合更小。以同样的方式，如果障碍一次对抗 〔161〕 的单位是全部速度的1/8，那么，物体所浪费的就是全部力的7/8，其原因是不能在障碍中寻找的；依此类推，乃至无限。

3. 如果障碍在每一瞬间所对抗的速度单位都无限小，那么在这种情况下，在被克服的障碍中就再也找不到活力的任何痕迹；相反，由于在这种情况下，每个个别的单位都仅仅与其直接假定的速度成正比地起作用，而全部速度的所有单位的总和又是相等的，所以物体的力无论是不是活的，其全部作用都仅仅与其简单速度成正比，而活力的全部大小都将自己消失殆尽，不会造成一种与它相符合的作用。也就是说，由于它本来等于一个由表示速度的直线的运动产生的平面，因此这第二个向度的所有元素都逐渐地自己消失，除了仅仅与产生者直线即速度自身成正比的之外，在作用中没有表现出一种力的任何其他痕迹。

4. 因此，即使物体确实具有一种活力，也在任何地方都不能在所施加的作用中或者在被克服的障碍中发现一种活力的痕迹，除非障碍用来进行对抗的速度元素大小是有限的；但即使在这种情况下，也不能没有这一重要的条件，即速度的大小也不是可以任意小的，因为我们从第 132 节得知，速度要有一定的量，才能使以该速度运动的物体具有一种活力，而如果障碍阻挡的元素按照上述的量过于小，那么在它里面也不能感受到活力的任何作用。

我们将特别在本章结尾处看到这一说明极为显著的益处，在那里，它将有助于正确地说明和证实证明活力的重要经验。

〔162〕 **第 139 节　物体克服重力的现象并不证明活力，但尽管如此也不否定活力**

由于重压的元素仅仅以无限小的速度发生，所以借助上一节第 3 条就可以非常清楚地知道，一个利用自己的运动克服重力障碍的物体，虽然力自身与速度的平方成正比，对障碍却只能施加与其速度自身成正比的作用，这完全是依照即便是这方面的经验也使人认识到的东西，我们在上一章已经详细地并且不仅仅按照一种方式看到了这一点。

因此，这里甚至表现出一种经验，它似乎仅仅认可**笛卡尔**的规律，而这事实上本来也除了这种测算之外，自身并没有显示出其他任何一种测算的征兆，但尽管如此，仔细想来却并不与按照平方进行测算——如果在其正确的意义上接受它的话——相抵触，反倒是给它留下了地盘。

所以，垂直升高的物体在克服重力的障碍时所产生的作用虽然无可争议地驳倒了**莱布尼茨**的测算，然而，它虽然没有真正地证明我们的活力，但尽管如此也没有取消它们。不过，如果我们把自己的注意力完全集中在这方面，那么，我们甚至还会在这里发现我们的测算的一些闪光。因为物体在它不能从自身中产生出同时作为其自由运动乃至活力的基础的内在努力或者强度的地方，它也不能自由地继续其固有的运动，并把该运动一直维持到外部的对抗逐渐地从它那里夺走为止。

第140节　以此为基础的试验

从迄今所证明的东西，我们同时看到了那个极为著名的特技的原因，有人借助极小的障碍就能够抵消几乎无法制服的力量。也就是说，当要制服的力量建立在活力的基础之上时，人们并不是以一个一次性地作出对抗并且突然 〔163〕
被制服的障碍来与它相对立的，因为这个障碍通常必须极为巨大，相反，毋宁说是以一个在其无限小的速度单位中逐渐地承受并消耗力的障碍与它相对立的；因为以这种方式，人们是凭借微不足道的对抗来挫败大得惊人的力量的，这就好像例如人们用羊毛袋来抵消攻城槌的撞击，如果攻城槌直接撞击到城墙上，就会把城墙撞毁。

第141节　柔性物体并不以其全部力量起作用

此外可以得知，柔软的、在撞击时很容易压缩的物体，长时间并不通过撞击运用自己的全部力，毋宁说，它们仅仅施加很小的作用，而如果力和质量相同，但硬度却更大，这些作用就会大得多。我清楚地知道，这方面还有其他一些原因，除了我们谈到的那些原因之外，它们也为上述损失起到了自己的作用，或者毋宁说使得它显得是一种损失，但我们所列举的原因无可争议地是最重要的原因，而且是一种真正的损失的原因。

第142节 提出的问题：物体的作用是否无论其质量的差别都能够与其活力成正比

如今我们想研究一番，一个拥有活力、其质量被设想为无限小的物体，其作用究竟会是什么样的，因为这将使人认识到：在同样的条件下，如果两个物体的力都是活的，那么，假如人们把它们置于同样的条件下，一个物体的质量也任意地小，它们是否都能够施加与这些活力成正比的作用；或者毋宁说，每一个物体的质量都必须具有一定的大小，以致如果人们使它的质量更小，它所施加的作用就不能与它的活力成正比。

〔164〕这是确定无疑的：如果一个质量有限的物体具有一种活力，那么，它的每一个部分无论多么小，也都必然具有一种活力，而且即便是它与其他部分分离开来运动，也都会具有一种活力；但这里的问题是，这样一种微小的、或者如我们在这里要假定的那样无限微小的粒子，如果把它置于一个更大的粒子与其活力成正比地起作用的同样条件下，它是否也能够独自在自然界造成一种与其活力成正比的作用。我们将发现，这是不可能发生的，一个具有活力的物体，如果它的质量小于按照我们要证明的规则必须具备的质量，在自然界中是不能起到与它的这种活力成正比的作用的，相反，质量越小，物体也就越不接近这一比例，直到当质量无限小时，物体虽然具有活力，但却以这种质量也只能与其简单速度成正比地起作用，而另一个具有同样的速度和活力，但却具有适当大的质量的物体，在同样的条件下将起到随其质量增长符合其速度的平方的作用。

第143节 回答

事情仅仅取决于，自然界中所有应当被某种力制服的障碍，都不是立即就在接触点上以一种有限单位的对抗，而是先以一种无限小的单位来阻挡这种力，然后，在经过推动力所穿过的无限小的空间之后，推动力所遇到的阻力才变成有限的。凭借与真正的自然学说的一致，我把这一点作为前提条件，不打算在此列举证实它的一些根据。因此，牛顿的学生们抓住机会说，物体即便尚未相互接触，也对其他物体起作用。据此，即便我们不重视本来任何时候都存在于两个质量不同的物体的力之间的差异，而是仅仅考虑从我们的活力概念产生的差异，我们在一个质量无限小的物体向自然界的这样一些障碍施加的 〔165〕作用和它的质量达到某种有限的大小时所起的作用之间也发现了一种特别的差异。

也就是说，我们已经知道，即便物体具有一种活力，但这种活力被用来克服重压的障碍，物体的作用也仅仅与其简单速度成正比，作为活力标志的所有强度都不起作用地消失掉。但如今，重力的反压以无限小的外力一直作用到其质量的内部，即直接作用于推动物体的无限小的部分，因此，它的这种状态与虽然有活力、但质量无限小而向着自然界的某个障碍运动的物体相同，因为后者如我们已经说明的那样，也在这里总是承受着一种恰如就具有无限小外力的重力而言直接地对抗它的阻力；因此，这样一种无限小的质量也以同样的方式在自身消耗着自己的活力，并且对自然界的任何障碍都仅仅按照其速度的比例起作用。

由此可以清晰地得出，只有无限小的物体会遇到这种情况，相反，一个质量有限且确定的物体能够对同样的障碍施加一种符合其活力的作用，因为如我们所假定的那样，障碍只能从外部施加其阻力，不像重力作用到内部；因此，有限的物体在无限小的质量由于障碍继续不断的无限小的对抗而失去了自己全部速度的地方，只失去了无限小的东西，即什么也没有失去，相反，它的力仅仅用来克服无限小的质量不能达到的有限单位的对抗；所以就达到了如我们在第138节第4条所看到的那样，应当运用自己的活力来实现一种与自己成正比的作用的物体必然身处其中的条件。

〔166〕 **第144节　一个物体能够施加与其活力成正比的作用所借助的质量必须是确定的；在这一大小之下，更小的质量不能做到这一点**

如今，由于以有限的力，但却无限小的质量运动的物体在自然界的任何地方都不是与速度的平方，而是仅仅与速度自身成正比，所以，依据我们已经通过经常的运作必然已经熟知的那种推理方式可以得出，这个物体具有一种活力，因而在适宜的条件下①，哪怕质量是任意地小，它的速度也将与其活力成正比；相反，要使人们能够这样说，就要求质量达到某个量，而在这个尺度之下，这样一个物体对自然界的障碍的任何作用都不能与其活力成正比，无论这些障碍是什么样的；但是，质量的量越是低于这个确定的尺度，作用就越是偏离活力的比例，而就它之上的所有大小而言，关于它们都已经不言而喻，根本不会发现这种偏离。

① 也就是说，在另一个质量更大的物体以同样的速度完全运用其活力的条件下。

第145节

由此可以得出以下的说明：

结论

1. 一小块物质在与一个具有活力的大质量的牢固结合中，能够施加一种完全不同的、比它独自地与该质量分离时能够作出的大得出奇的作用。

2. 尽管如此，这一区别却不是必然的，而是建立在自然界偶然的属性之上的；按照连续性规则，自然界的所有障碍早在以其有限的对抗与运动过来的物体对立之前，就远远地以无限小的单位开始了，或者说，尽管如此，自然界已经不允许有别的作用。

3. 这并非毫无区别地都是真的：两个物体的力都是活的，〔167〕
它们的速度相等，它们的作用在同样的条件下与它们的质量成正比；因为如果它们的质量中的一个小于按照上述的规则应当具有的质量，那么，它的作用就会偏离速度的平方，从而比它仅仅按照质量的比例所应有的小得多。

4. 甚至物体形状的改变也能够在没有质量变化的情况下就导致，尽管力与速度的平方成正比，但它们的作用在所引起的条件下却与其速度成正比；因此，一个具有活力的物体，之所以能够造成一种小得多的作用，乃是因为它的形状变化了，而无论是它的质量还是速度、活力或者障碍的性状都没有发生一点变化。举例来说，一个具有活力的金球要比同样的含金质量以同样的速度和力撞上同样的障碍产生的作用大得多，但问题是后者事先已被锻造成一张又薄又宽的金箔。因为尽管在这里就力而言没有发生任何变化，但形状的改变已经使它的极小的微粒在这里遇上障碍，与它们彼此孤立地撞上障碍完全一样，因此根据刚刚证明的东西，它们早已不能以其活力并与活力成正比地起作用了，相反，它们所起的是一种或者接近简单速度之尺度的作用，或者是一种与简单速度一致的作用。在此恰恰相反，如果质量以一个坚硬的球的形状撞上障碍，在该球如此之小的面积上与它接触，以致该球在如此之小的空间里遇到的抵抗的无限小的元素，不能消耗掉质量的运动，从而活力就完好地保存下来，仅仅被用来克服这一障碍有限单位的对抗；同样，显而易见的是，它以前一种形状覆盖了障碍绝对大
〔168〕的面积，从而虽然质量相同，却蒙受到在障碍每一个点上遇到的无限小的外力的更大得难以置信的阻挡，所以必然更容易能够被该障碍消耗殆尽，活力或者完全丧失，或者丧失大部，而这在前一种情况是不会发生的。

第 146 节　液体与速度的平方成正比地起作用

然而，我从现在证明的规律得出的最重要的结论是完全以自然的方式从中产生的结论，即液态物体通过撞击与其速度的平方成正比地起作用，尽管它们即使作用在此应当与其活力成正比，也依然不一定按照其速度的平方①，而是按照其速度的立方的尺度来起这种作用；虽然这一点像尤林先生已经清楚地说明了的那样②，否定了莱布尼茨先生的活力，但它与我们的

① 如马里奥特* 先生通过试验已经阐明的那样。

* Edme Mariotte，1620—1684，《论水和其他液体的运动》出版于 1686 年。——科学院版编者注

② 参见上文 56 页注中引用的报告，《教育者年鉴》，209 页，1735。——科学院版编者注

活力力量却并不抵触。

如何从前面的东西得出这一点

因为液体分散为可以视为无限小的极精细部分，并不结合成为连在一起的固态物体，而是所有的部分前后相继地、都独立地、与其他部分分离地起作用的；因此，当它们撞上自然界的任意一个障碍时，它们承受着无限小的物体如我们已经说明的那样总是承受的那种活力的损失，因而尽管它们的力与其速度的平方成正比，但却仅仅与其速度成正比地起作用。

李希特[①]先生白白地耗费大量精力来避开尤林的这一打击。他的事情一筹莫展，因为它是与以下规则相结合的：力所处的比例，无异于作用所处的比例。

论中间空间的阻力

最后，每一个人也都能够轻而易举地理解，具有自由运动和活力的物体在一个液态的中间空间中为何仅仅与其速度的平方成正比地承受阻力，而不由此损害我们的活力；尽管这与莱布尼茨的测算相抵触，按照他的测算，这一阻力必然与速度的立方成正比。〔169〕

第147节 凭借经验来证实

有无数的经验来证实我们迄今所谈论的这一规则。尽管这些经验并没有得到精确的测定，但它们依然是真实无误的，拥有普遍一致的赞同。

① 参见上文124页注，见那里引用的论文513～514页。——科学院版编者注

因为如果我们不给自己的规则留下地盘，我们就必须设定：一个物体，即便它是那么微小，在同样的条件下也能通过碰撞产生出与一个大的质量在人们使它们的速度与其质量的平方根成反比、或者按照笛卡尔的规则在它们的速度与这些质量成反比的时候同样大的作用。然而，经验与此相抵触。因为每个人都一致认为，即便人们给予一根羽毛或者阳光下的一粒浮尘如同人们自己所要求的那种单位的速度，它们也不能通过一种自由运动来产生一颗炮弹的作用；我相信，也没有人会猜测如果它们以如此大的速度在自由运动中遇上一团固态的物质或者墙壁，它们中的某一个能够击碎这团物质或者穿透墙壁。这一切虽然不能通过任何安排妥当的试验予以检验和证实，但无数这方面在类似的场合——尽管不是以如此之大的程度——出现的经验，导致没有人怀疑所引起的结果。

但如今却不能否认，所说的小物体在上述对其速度的规定中必然与大物体具有同样的力，无论是按照笛卡尔的，或者莱布尼茨的，还是按照我们的力的尺度都是如此：所以，除了小物体必定施加一种比按照它的力所应当发生的那样更小的作用之外，没剩下别的方法来解释这一点；小物体的活力绝大多数都没起作用就被抵消了，这恰恰就像我们在第 143、144、145
〔170〕节关于小物体所证明的那样。

第 148 节　弹性物体的运动否定了莱布尼茨的测算，但并不否定我们的测算

属于那些除了笛卡尔主义的测算之外不给其他测算留下踪迹、从而显得与我们力的尺度相抵触的经验的，最终还有弹性物体通过碰撞产生的运动；我们在上一章已经详细地讨论过这些运动，它们都在完全真实无误的试验中被认定为真的。它们

也在事实上凭借与此不可分割地结合在一起的前提条件否定了莱布尼茨先生的平方测算：也就是说，在其产生中力消耗殆尽的那些作用，总是与力相等。我们的测算拥有理由充足的优越性，不服从这一规律，因而避开了这一打击。

我们从以上所说已经知道：活力并不是某种从外部借助一个外在的原因、例如借助一次撞击能够在一个物体中产生的东西；这已经能够向我们说明：我们将不把被撞击物体的活力视为撞击物体的作用，并力图用前者来测量后者。但是，全部困难的现实解决，如果人们确实认为能够在这里找到一种现实解决的话，就存在于下文之中。

第149节　证明

所有力学专家都必定知道：一个弹性物体以其全部速度并不是一下子就作用于另一个物体，而是通过它在该物体中相继产生的诸多无限小单位的连续积累。我没有必要讨论这方面的特殊原因；对我来说，获得我这方面的一致赞同就够了；而且每一个人都认识到，没有这一前提条件，就不能解释任何运动规律。这方面的真正原因也许是：因为按照一根弹簧的本性，弹性仅仅与足以绷紧它的那个单位的速度相对抗；因此，就它 〔171〕
所承受的任何无限小单位的压力而言，都总是只承受撞击物体的一个无限小单位的速度，从而在任何时刻都不是对抗全部速度，而是仅仅对抗无限小单位的速度，并把它接纳入自身，直到逐渐的积累将全部速度都以这种方式过渡到承受物体之中。

根据上文由此可以得出，由于撞击物体在此只是相继地以其速度的逐个无限小的单位起作用，它也仅仅简单地与其速度成正比地起作用，对它尽管如此却能够拥有的活力没有损害。

第 150 节

莱布尼茨先生关于一成不变地维持世界上力的某个大小的常用规律，还是一个显得在此需要仔细检验的题目。因此显而易见的是：即便在迄今的考察中有某种得到论证的东西，它在通常被接纳的意义上也无法成立。但是，我们的测算在这一章中究竟将引入什么，它怎样才能满足使得上述莱布尼茨规律如此值得赞扬的普遍和谐与秩序的规则，尽管我有能力就此提出一些纲要，但我们的计划的性质和我在一个如此生硬未经处理的题材上理所应当担心我的博学读者的注意力出现的疲倦，却不允许我作出相应的勾画；我不得不担心，也许已经过于伤害这种注意力了。

第 151 节①

我们如今处在经验的国土上；但在我们能够于此有所收获之前，我们必须确定借口对此拥有理由充分的权力并想把我们
〔172〕排挤出去的那些要求已经被根除了。如果我们忽视以著名的**穆森布罗克**先生为创始人，因而富有说服力和洞察力的那个试验以及力学证明，不对此维护我们采纳的力的学说的话，我们迄今为止所作的努力就会是不完备的。穆森布罗克先生想借助这一试验在莱布尼茨的意义上捍卫活力，因而我们就有义务检验这一试验。

通过仔细地衡量这一试验我们得知：它并没有产生预期的

① 第 151～156 节可能是事后插入手稿的。——科学院版编者注

结果，毋宁说是证实了笛卡尔的力的尺度。而这一点也重新证实了我们经常提到的那个说明：只要人们认为只能在外部原因中找到一种按照平方测算的力的起源，那就发现不了它的任何痕迹，真正的活力不是由外部在物体中产生的，而是在有外部力量的情况下在物体中从内部的自然力产生的努力的结果；因此，所有仅仅承认外部起作用的原因，以便由此出发规定承受物体中力的尺度的人们，即便他们正确地作出判断，也永远不会发现不同于笛卡尔的测算的东西。

第152节 穆森布罗克对活力的力学证明

穆森布罗克先生的证明①如下：

假定有一个中空的圆柱，上面固定一根弹簧。从圆柱中必须伸出一根布满洞孔的棍子，它通过一块硬铁皮的开口插在上面。如果用力将钢制的弹簧压向这块铁皮并且压紧，以致棍子进一步从铁皮的开口伸出，那么，通过在铁皮突出的一面将一根钉子插入棍子的某个洞孔里，就可以将弹簧固定在这种张力中。最后，如果将圆柱当做一个钟摆悬挂在某一个机器的两根绳子上，在此之后抽出钉子，那么，弹簧就将迅速弹开，并给予圆柱某个速度，通过达到的高度就可以认识这个速度。且称这个速度为10。然后通过在圆柱中装入所需要的重量，使它比 〔173〕
事先重两倍，并和之前一样压紧弹簧。如果在这种情况下再使它弹开，则借助它所达到的高度可以发现，速度有7.07个单

① 参见上文118页注引用的穆森布罗克的书，第6章，第194节，101页。穆森布罗克所勾画的图（图26）有助于理解康德所描述的实验。该图是双重悬挂的圆柱，AB是弹簧，C是布有洞孔的棍子，DE是硬铁皮。——科学院版编者注

位。由此穆森布罗克作出了如前的论证。

弹簧两次都同样地被压紧，因而在两个场合拥有同样的力，由于它每一次都运用自己全部的力，所以它两次带给圆柱的力是相等的；因此，一个物体以1倍的质量和10个单位的速度所拥有的力必然等于在另一个拥有2倍的质量和7.07个单位的速度的物体中所发现的力。但是，这无论如何都是不可能的，除非按照质量与速度平方的乘积来测算力；因为速度所有其他可能的函数都不允许这一等式，但惟独按照平方的测算数字10和7.07的平方 quam proxime［极为接近地］与质量1和2成反比，因此，它们与对方质量的乘积相等。

因此他得出结论，应当不是按照速度的尺度，而是按照速度的平方来测算力。

第153节

我有义务将我针对这一论据所要阐述的提醒不致弄得过于庞杂；因此，我就不再提及我在这里还能够提出的理由充分的质疑，即伸展开的弹簧压力的元素即便是按照莱布尼茨学派所承认也仅仅是惰力，因而无论是这种力还是由此赋予物体的力的元素，都必须仅仅按照速度来测算，从而作为这些元素之总和的全部力也是如此；相反，我想按照一种每个人都熟悉的、自身具有几何学的清晰性的力学方式行事，但同时也详细地阐释某种东西，不是像在事情不足够容易，只
〔174〕能更简略地把握它的时候那样，而是为了一劳永逸地完全根除就弹簧的作用而言迄今为止在力的测算的争论中流行的一切混乱。

第154节

穆森布罗克先生说道：弹簧在两种场合都同样地被压紧，因而它在两种场合里具有同样的力，但它每次都把自己全部的力传递给圆柱，因而它也在两次伸展时都给予其圆柱同样的力。这既是证明的基础，但也是失误的基础，尽管这种失误不仅是穆森布罗克先生个人的，而且宁可说是莱布尼茨力的测算的所有捍卫者共有的。

一个同样被压紧的弹簧给予一个较大的物体的力比给予一个较小的物体的力更大

如果谈到一个弹簧全部的力，那么，这无非是指它的张力的强度，它等于自己所作用的物体在一瞬间从弹簧的压力所获得的力。就这种力而言，人们当然可以说，无论弹簧所作用的物体是大还是小，这种力都是同样的。然而，如果人们留意弹簧在某段时间里通过连续的施压带给一个物体的力，则显而易见：以这种方式带给物体的力的大小取决于同样的压力在物体中积累所用的时间的长短；时间越长，同样被压紧的弹簧在这段时间里赋予物体的力也就越大。但如今，人们可以把弹簧在推动一个物体，直到它完全伸展开来时所用的时间任意地延长，也就是说，如果人们把这里应当被推动的质量像无人不知的那样增多的话；因此，人们还可以根据被同一根弹簧推动的质量被增多还是被减少，任意地使弹簧在张力相同的情况下通过其伸展时而给予更多的，时而给予更少的力。由此可以看出，说弹簧通过其伸展将它全部的力都给予它所推动的物体，这种表述是多么违背自然。因为它给予物体的力不仅是一个取决于弹簧的力的结果，而且根据被撞击的物体处在这根弹簧的

〔175〕压力下的时间是长还是短，也就是说，根据这个物体的质量是大还是小，它还是一个取决于被撞击物体的性状的结果；弹簧的力就其自身来看，无非就是其伸展的元素。

第155节　穆森布罗克之困难的解决

从现在起，很容易就可以防止穆森布罗克证明中的混乱。

2倍重的圆柱在弹簧伸展时比另一个具有1倍质量的圆柱更长时间地蒙受弹簧的压力。与前者相比，弹簧以同样的张力更快地推动后者，并与后者一起以更短的时间通过其伸展的空间。但由于弹簧在每一瞬间压迫圆柱的力的元素是相等的（因为其速度的元素与其质量成反比），所以，较重的圆柱通过弹簧的推动比较轻的圆柱获得了更多的力。因此，认为力在两种场合相等的那种测算是错误的，也就是说，力不能按照速度的平方来测算。

第156节　为什么圆柱速度的平方与质量成反比

如果人们还想知道圆柱从同一根弹簧所获得的速度究竟为什么恰恰如此成比例，以致速度的平方与质量成反比（这一比例本来就是诱引莱布尼茨先生的辩护者们的那个比例）的原因，我们也可以毫无困难地澄清这一点，用不着因此就求助于不同于笛卡尔尺度的另一种原因。

因为从力学的首要根据出发就可以得知：在均匀加速度运动（motu uniformiter accelerato）中，所达到的速度的平方与所通过的空间成正比；因此，如果两个都处在motu unifor-
〔176〕miter accelerato［均匀加速度运动］中的物体速度的元素不相等，那么，它们在这样的运动中所达到的速度的平方就处在由

空间和这些元素构成的复合关系之中。但现在，在穆森布罗克的试验中，同样被压紧的弹簧传递给每一个圆柱的运动是 motu uniformiter accelerato［均匀加速度运动］，而它们以这样的加速度运动在弹簧伸展到其最大扩张的点期间所通过的空间是相等的，因此，在此获得的速度的平方与弹簧的压力赋予每一个圆柱的速度的元素成正比，也就是说，与圆柱的质量成反比。

第157节

从现在开始，我着手阐述无可争议地证明了自然界中按照速度的平方测算的力的现实性和存在的那些试验和经验，它们将以一种成功的说服来酬报我的亲爱的读者，感谢他们如今让蹩脚的文章引起了所有煞费心机的注意。

证明活力的试验

我只同足够熟悉关于活力的争论性质的那些人们打交道。因此，我预先假定，我的读者们对**里乔卢斯**①、**格拉维桑德**②、**波莱尼**③和穆森布罗克先生的声名狼藉的试验有足够的

① 里乔卢斯（Giovanni Battista Riccioli），耶稣会士，1598年生于费拉拉，1671年卒于博洛尼亚。参见《新天文学大成》，第9卷，第4篇，第16章，381页以下，博诺尼艾，1651。——科学院版编者注

② 格拉维桑德（Wilhelm Jacob［本来是 Storm］van s'Gravesande），1688年生于赫尔佐根布什，1742年卒于莱顿。见《文学杂志》，《论物体撞击的一种新理论》，第Ⅻ卷，1页以下，1722；以及《物理学的数学基础》，第3版，第Ⅰ卷，第Ⅱ篇，第3章，229页以下，莱顿，1742。——科学院版编者注

③ 波莱尼（Marchese Giovanni Poleni），1683年生于威尼斯，1761年卒于帕多瓦。见《论河水流经的城堡》，帕多瓦，1718。——科学院版编者注

认识，这些人通过测量物体借助碰撞在柔软物质中造成的压力来研究物体的力。我只是想略微提及：大小与质量相等的球体从不同的高度自由地下落到柔软的物质中，例如下落到动物油脂中，在动物油脂中砸出坑洞，坑洞与球体下落出发的高度成正比，也就是说，与其速度的平方成正比；而如果他们的大小相等，但质量却不同，他们下落出发的高度则与质量成反比，在这种情况下在柔软物质中砸出的坑洞被发现是相等的。对于这些试验的正确性，笛卡尔学派不会提出任何异议，有争议的仅仅是由此得出的结论。

〔177〕莱布尼茨学派由此出发以如下方式作出了完全正确的论证。柔软物质对抗侵入物体的力的障碍，无非就是其各个部分的联系，因此，物体在侵入柔软物质的时候所要作的惟一事情就是分开它的各个部分。但是，这一贯穿全部柔软质量的联系是到处相同的，因此，阻力以及物体为征服柔软物质所必须使用的力的量与被分开的各个部分的总和成正比，也就是说，与砸出的坑洞的大小成正比。但根据以上引证的试验，坑洞的大小与侵入物体速度的平方成正比，因此，这些物体的力与其速度的平方成正比。

第 158 节　笛卡尔学派的质疑

笛卡尔的辩护者们不能对此提出任何有力的质疑。然而，由于他们之前曾以无可置疑的确定性发现，活力已受到莱布尼茨学派同样援引的数学的谴责，因此他们打算尽自己所能摆脱困难，因为他们毫不怀疑，那个看起来确认了几何学所不允许的某种东西的试验必定是骗人的。对此，我们在上文已经作了必要的提醒，现在我们只是想看一看，笛卡尔学派用来使上述试验无效的，究竟是一种什么样的托词。

他们指责说，莱布尼茨学派在这里又一次没有注意造成这些坑洞所用的时间。就克服这种柔软物质的障碍而言，与克服重力一样，时间同样是一个症结。被压出的坑洞并不是在同样的时间里造成的。简而言之，他们相信，就克服重力障碍而言根据时间提出的质疑是有效的（事实上它也确实有效），而现 〔178〕
在，他们想，人们在这里可以再次将它引入轨道，同样成功地用来反对活力。

第159节　遭到反驳

我清楚地知道，莱布尼茨学派简单地打发了这一控诉，他们除了别的东西之外，还让两个底面积不同的圆锥下落到柔软物质中去，此际造成坑洞的时间必须是相等的，尽管如此结果却同前面的一样；然而，我还是想抛弃这种好处，从根本上清除笛卡尔学派造成的困难。

就重力的作用而言，时间也被考虑在内

除了考虑一个物体应当克服的重压的阻力为什么不与空间、而是与时间成比例的原因之外，人们下一步也就没有该做之事了。但是，根据也就在于此。当物体克服一根重力弹簧时，它并不是由此清除了它的效用，而是仅仅给它提供了一个平衡力量，但它尽管如此却仍毫不减弱地继续保持其对抗，以便在物体承受其对抗的期间一直以同样的单位作用于物体。如果物体要通过制服来同时可以说是击溃每一根重力弹簧并消除它的力，那么毫无疑问，由于每一根弹簧都具有同样的力，所以物体所承受的阻力就等于所有被击溃的弹簧的总和而时间则可以是任意的。但是，每一根弹簧即使被物体所克服，也都保持着自己的压力，并且在物体仍处于这种压力之下期间继续向物体施压，从而就单独一根弹簧所起的作用来说不能被视为一个个别的、不可分的压力，相反，它施加的是一系列相互依赖的压力，物体处在这些压力之下的时间越长，这些压力就越大；举例来说，在空间的各部分中，当物体的运动比较慢时，在每一个点上停留的时间就比在运动比较快时更长，因此，物体在前一种场合要比在后一种场合承受一个更长系列的相同压力。

〔179〕 这在柔软物质那里完全是另一种情况

然而，就柔软物质的分离而言，这完全是另一种情况。柔软物质的每一个元素都有一种相同的相互联系的力，由此它也从分离它们的物体夺走了一个相等单位的力，但也正是由此，它也同时被分离开，从而不再继续作任何抵抗，物体在柔软物质处逗留的时间在此之后却可以是任意长的。因为在这里，弹簧同时被与其阻力相等的作用所粉碎，因而不能继续起作用，就像自身不可毁坏的重力弹簧一样。所以，柔软物质对侵入物体的阻力与它所击溃的弹簧的总和成正比，也就是说，与该物体砸出的坑洞成正比，在这里与时间没有一点相干。

第 160 节

莱布尼茨学派有理由庆祝相当令人满意地战胜了笛卡尔学派重要的失误。这一巧合通过其敌手们遇到的同样命运报复了指出如此众多的失误所带给他们的辱骂。莱布尼茨学派自认为在这样一些没有活力的场合里能够发现活力，但究竟是什么妨碍了这种发现？笛卡尔学派却在确实有活力的场合里不能看到活力，而在这些场合里，没有任何人能够大受蒙蔽却无视活力。

第161节

因此，上述试验证明了自然界中这样一些以速度的平方为尺度的力的存在；然而，我们先行的考察说明了在什么样的条件下这样的力不能成立，以及什么样的条件是这样的力能够获得地盘的惟一条件。如果按照我们的说明来利用这一切，人们就不仅会对活力获得一种足够的确定性，而且还会对活力的本性获得一个比以往所有或者所能有的概念不仅更正确，而且也更完备的概念。这一有计划的试验的特殊性质还提供了一些能 〔180〕
够引起特别注意的非同寻常的特征；然而，在有兴致的读者的注意力被如此众多复杂的研究搞得疲劳不堪，也许除了结束这些考察之外再也没有别的愿望之后，我绝对不能再探讨这些特征了。

不过，还有惟一一点我不能不提及，因为它印证并清晰地说明了先行的规律。我们所计划的试验证明了按照速度自身的平方测算的力，因此，按照第138节第4点，本试验中障碍的任何元素对抗的速度都必须以有限的单位产生；因为如果它们像重力的压迫那样以无限小的单位产生，那么，对重力的克服就和在重力那里一样很少能使人看到一种按平方测算的力（第139节）。因此我们想证明，柔软质量的每一个元素的对抗都不是像重力那样以无限小的速度，而是以一个有限的单位产生的。

第162节　柔软物质障碍的元素以有限的速度产生

如果把球状物体在柔软物质中砸出的圆柱形坑洞分成诸多重叠的圆盘，它们的厚度无限小，那么，这些圆盘中的每一个都表现出被移动质量的元素。因此，这些圆盘中的每一个都从侵入物体夺走了其速度的一个无限小的部分，因为它们加起来夺走了该物体的全部速度。但由于每一个圆盘相对于球体质量的量都是无限小的，因此可以得出，为了能够凭借自己的阻力从物体夺走其运动的一个无限小的部分，它的对抗速度必须是大小有限的。因此，柔软物质的每一个元素都以一种具有速度有限尺度的努力给砸入物体提供了阻力。等等。

〔181〕

第 163 节

这样，我们已经完成了自己的事情，鉴于它所指向的题材，只要阐述符合这一大胆妄为，这件事情就是足够大的。我自夸特别就主题而言，可以说达到了一种无可争议的确定性。就我自认为拥有的这种优越性而言，如果不是事先考虑到我的债主们的博学和明见，我是不会结束当前的论文的。按照笛卡尔学派的机敏努力，不难以数学防止平方测算的混乱；而按照莱布尼茨学派的巧妙安排，在自然界中不可能没有平方测算。对这两个极端界限的认识必然规定双方的真理共同归属的那个点。发现这个点，一点也不需要巨大的洞察力，它只需要稍稍去掉党派的激情，需要心灵倾向的短暂平衡，这样的话，不舒服的感觉立刻就被排除了。尽管我成功地在莱布尼茨先生的事情上发现了一些失误，我在这里也依然是这位伟大人物的负债者，因为如果没有我们应当归功于这位不朽发明者的杰出的连续律的导线，我将一事无成；连续律是找到走出这一迷宫的出路的惟一方法。简而言之，尽管事情的结果最有利于我，但留给我的荣耀份额却是如此之小，使我并不担心，名誉心会如此自贬身价，竟然妒忌我获得这种荣耀。

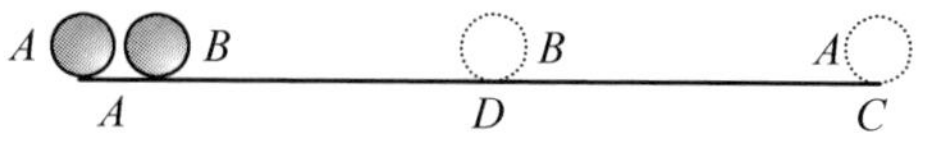

图 1

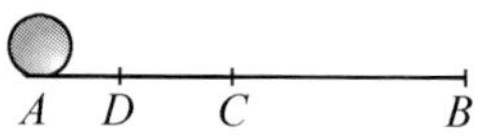

图 2

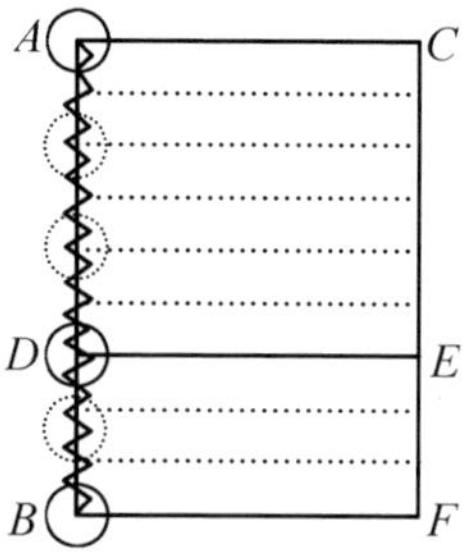

图 3

图 4

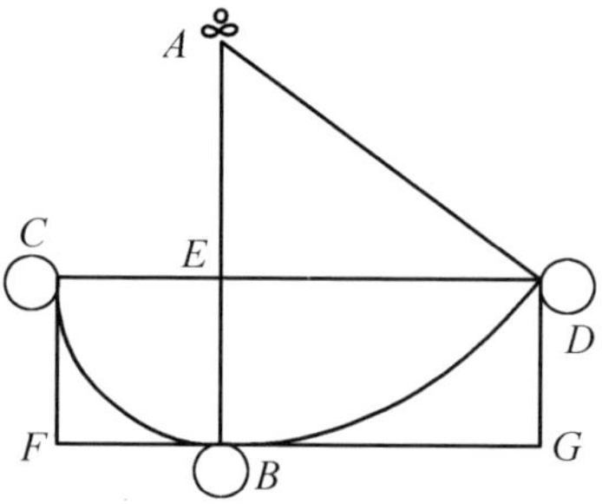

图 5

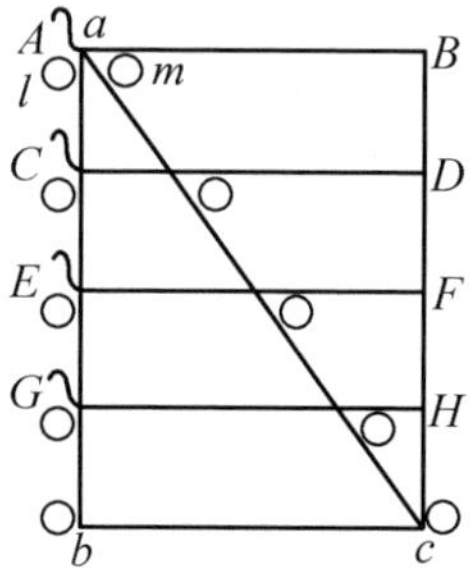

图 6

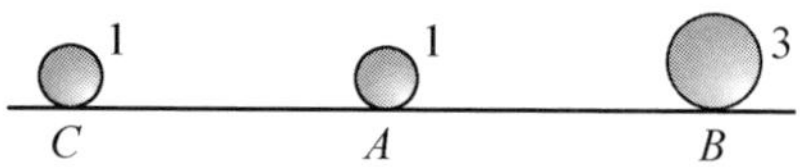

图 7

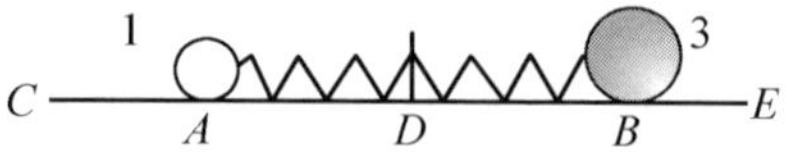

图 8

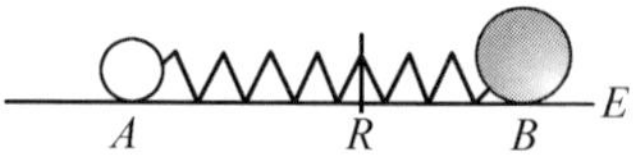

图 9

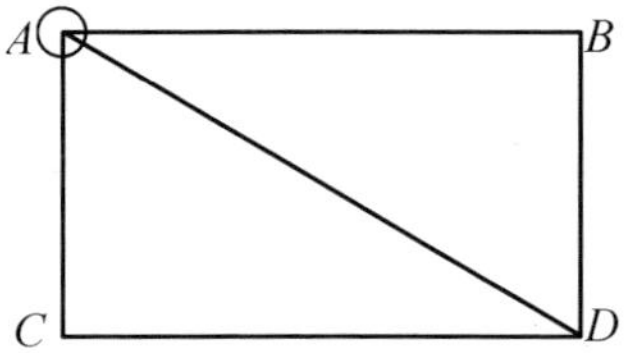

图 10

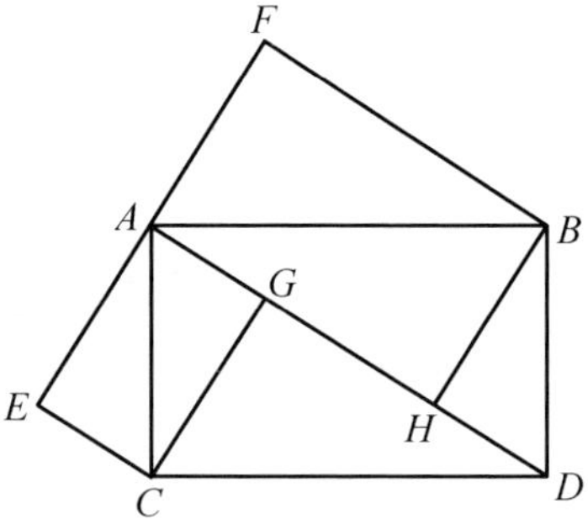

图 11

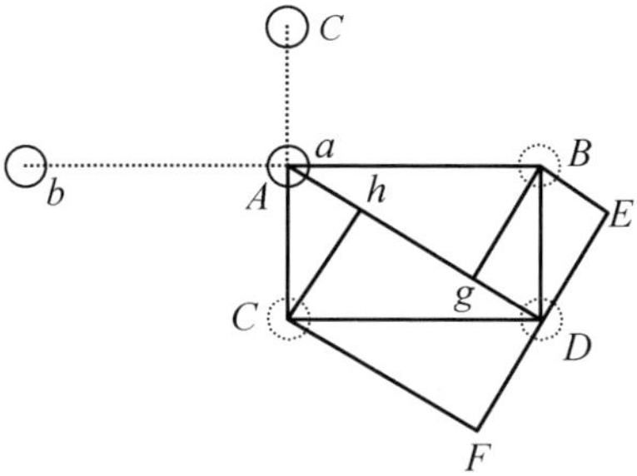

图 12

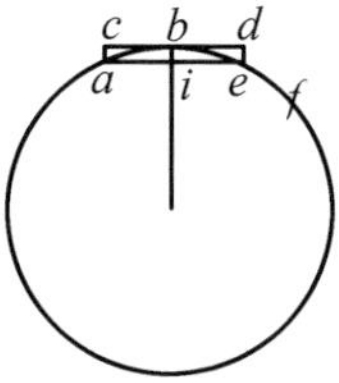

图 13

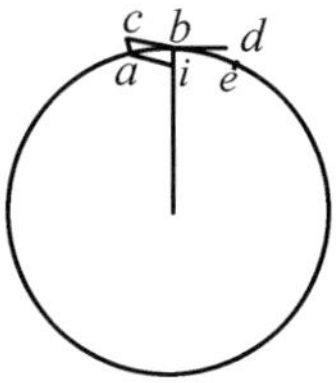

图 13（a）

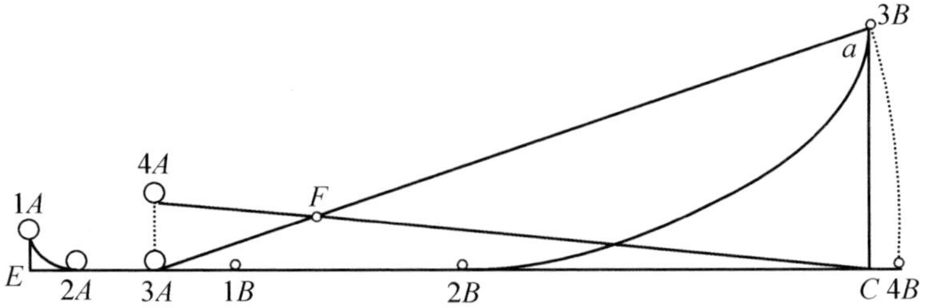

图 14

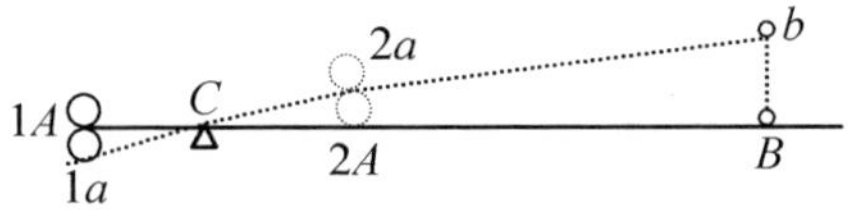

图 15

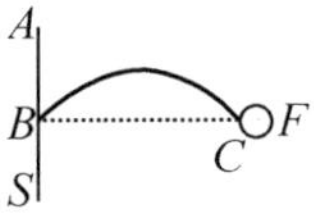

图 16

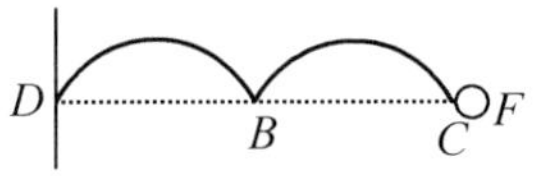

图 17

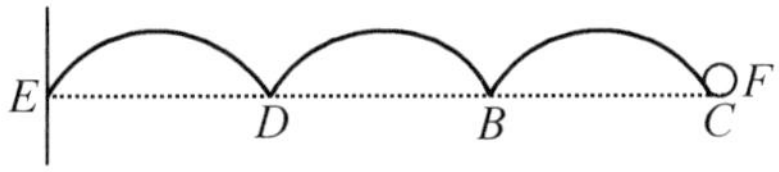

图 18

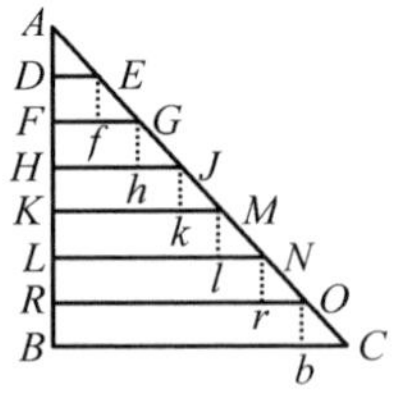

图 19

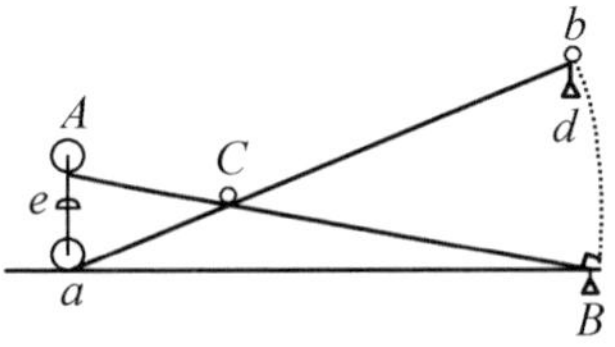

图 20

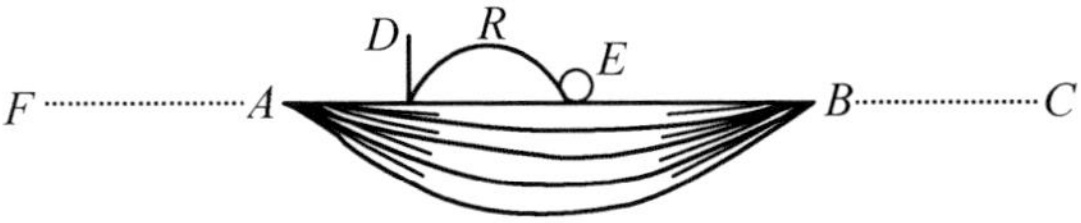

图 21

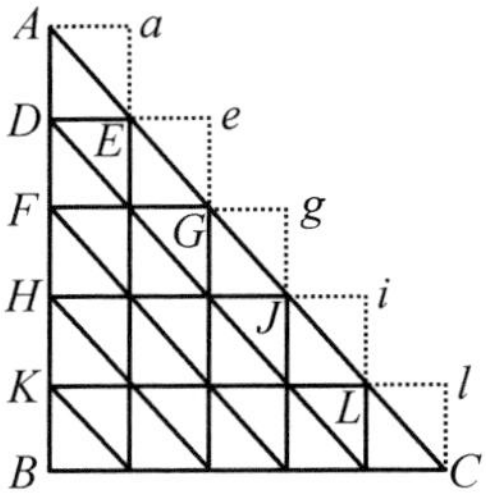

图 22

图 23

图 24

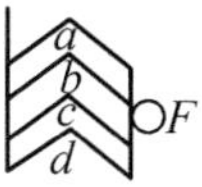

图 25

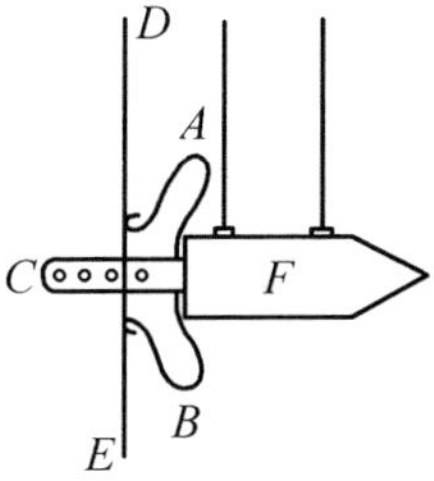

图 26

伊曼努尔 · 康德

1754 年

地球绕轴自转问题研究

地球是否已经衰老

1754 年

柏林王家科学院本年度有奖征文

地球绕轴自转问题研究

——就造成昼夜交替的地球绕轴自转而言，地球是否从其生成的最初时代以来就经历了一些变化，以及从何处可以确认这些变化？

李秋零　译

科学院版编者导言

约翰内斯·拉茨（Johannes Rahts）

这项研究发表在1754年6月8日和15日的《哥尼斯贝格咨询和广告消息周报》的第23和24期上。康德在此赋予这篇论文的题目并不包含科学院所提出的有奖课题的主题，而是：《柏林王家科学院为本年度奖金而提出的问题之研究》。为了表明这部作品的题材，似乎把科学院提出的问题像康德在这部作品一开始（《康德全集》，第Ⅰ卷，185页）给出的那样，以德文译文纳入标题，是适当的。

课题是于1752年6月1日由柏林科学院作为数学部1754年的有奖课题提出的，其题目为："地球的周日运动是否总是同样的速度？通过什么方式能够确定这一点？而如果有任何不同，是什么原因呢？"1754年6月6日，提交有奖征文的日期被推迟到1756年，而在1756年6月3日，奖金被授予比萨的福利西神父（参见普鲁士王家科学院的手写档案，还有《王家科学院新闻简报》，1770）。

遗憾的是，康德的这项研究很少或者根本没有进入公众之中，这大概要归咎于《哥尼斯贝格咨询和广告消息周报》销量小。康德在这里十分清晰地为地球的绕轴自转逐渐减慢阐述的原因，不得不在100年后被重新发现，以便排除我们的行星的运动中一种从古代观察和新近观察的对比中得出并且用牛顿的定律不能解释的反常。参见查理·欧根·狄洛尼：《论新目的因的存在对月亮每百年的时差值的显著影响》，载《科学院会议纪要》，1865年12月11日；乔治·比德尔·艾里：《论潮汐中摩擦力在影响月亮经度上的平运动的明显加速方面的假定的可能效果》，载《王家天文学学会每月通报》，1866年4月13日；以及W. 汤姆森：《为发现潮汐减慢地球自转所需的观测和计算》，载《哲学杂志》，1866年5月23日。在这些论文之前于1848年由罗伯特·迈耶在其《天体力学》中发表的以一种与康德非常类似的方式回答地球绕轴自转变化问题的纲要，与本作品一样不为人知。

就连在这篇论文的结尾（190页）给出的对月球围绕自己的轴的自转持续时间与它围绕地球的公转时间相同这个值得注意的现象的解释，也是康德独有的，只是最近才通过G. H. 达尔文的研究得到证实（参见G. H. 达尔文：《论一颗黏性较小的流体行星的历史提供的分析性表现：仅在一颗卫星那里注意到的》，载《伦敦王家学会会议录》，1880）。

这部作品在康德生年未出新版。

关于王家科学院今年征文之际争取获奖的那些文章，王家科学院所作的裁断不久就将公之于世。我对这个主题作了一些考察。由于我仅仅考虑了它的物理学方面，因此，在认识到就其本性而言在这方面尚不能达到那种希望获奖的论文所必备的完善程度之后，我打算仅仅简要地勾勒出我对此的想法。〔185〕

科学院的征文如下：**就造成昼夜交替的地球绕轴自转而言，地球是否从其生成的最初时代以来经历了一些变化，变化的原因是什么，以及从何处可以确认这些变化。**人们可以历史地探究这一问题，把出自最遥远时代有关当时一年的长度和为了防止一年的开端在所有的季节里游移而必须采用的闰余的古代文献，与我们的时代所规定的一年的长度进行比较，看一看一年在最古老的时代里比现在是多几天或者几小时，还是少几天或者几小时。如果是多了，那么绕轴自转的速度就减慢了；如果是少了，那么绕轴自转的速度就加快了。我在自己的主题中不打算借助历史的辅助材料来加以说明。〔186〕我认为，这种文献是如此地模糊不清，它的信息对于当前的问题来说是如此地不可信赖，以至于要使可能构思出的理论与大自然的根据保持一致，它就很可能颇有点杜撰的意味。因此，我想直接求助于大自然；大自然的联系可以清晰地表现出结果，并提供把出自历史的说明引导到正确方面上来的理由。

地球不停地以一种自由运动围绕其轴自转；在这种运动于某个时候与地球形成同时被赋予地球之后，如果不存在延缓或加快这运动的障碍或外部原因，那么，这运动就会自此以后恒定不变地以同样的速度和方向在一切无限的时代里继续下去。我开始着手说明：确实存在着外部原因，而且是一种逐渐地减缓地球运动、致力于在极为漫长的岁月后完全取消地球自转的外部原因。这个有朝一日将会发生的事件是如此之重要，如此之奇特，以至尽管它得以实现的那个不幸时刻被设定得那么遥远，甚至地球的可居住性和人类的持存也许还不到这段时间的十分之一，但哪怕仅仅是这种命运将会降临的确定性和大自然向这种命运的不断逼近，也依然是惊赞和研究的重大对象。

如果天空充满了在某种意义上起阻挡作用的物质，那么，地球每日的自转就会受到这种物质的不断阻碍，由此自转的速度就必然逐渐地减耗，并最终耗尽。但是，**牛顿**以一种令人信服的方式说明，即便是允许稀薄的彗星云有一种自由的、不受阻碍的运动的天空，也充满了起极小的阻挡作用的物质；在此之后，人们已不用再担心这种阻挡了。且不说这种无法测度的阻碍，除了月球和太阳的引力之外，没有别的外部原因能够对地球的运动造成影响。由于引力是大自然普遍的动力，牛顿用它来以一种十分清晰和不可置疑的方式揭示大自然的奥秘，因此，它在此处也提供了一种可以信赖的根据，人们可以借助它
〔187〕来进行一种可靠的检验。

如果地球是一个没有任何流质的完全固体的团块，那么，无论是太阳的引力还是月球的引力，都不会改变地球的自由绕轴自转；因为它们是以同样的力量吸引着地球的东半球和西半球，由此既不会造成向这一边的倾斜，也不会造成向另一边的倾斜；因此，它们使地球就像没有任何外部影响一样，完全自由地、不受阻碍地继续这种自转。但是，如果一个行星的团块包含着数量可观的流体元素，那么，月球和太阳的联合引力就会使这种流体物质运动起来，从而强加给地面一部分这种波动。地球正是处在这样的境况之中。大洋的水域至少覆盖着地球表面的三分之一，并且由于上述天体的引力而处在不停的运动之中，确切地说，是朝着与绕轴自转截然相反的一面运动。因此，这种原因是否能够导致自转的一些变化，是值得予以考虑的。月球的引力占这种作用的绝大部分，它使大洋的水不断地涨潮，从而无论是朝着月球的一面，还是背对月球的一面，

水都尽力涌向正处在月球之下的地方，并且使水面升高。由于涨起的地方是从东向西移动的，所以，它们也就使海水全都不断地向这一地区涌流。航海家的经验早就确定无疑地证实了这种普遍的运动。在海峡和海湾，可以最清晰地觉察到这种运动。在那里，海水由于必须流经一个狭窄的通道，从而加快了速度。由于这种涌流是与地球的自转截然相反的，我们由此也就有了一个可以准确无误地信赖的原因，它尽其所能地致力于削弱和减缓地球的自转。

的确，如果把这种运动的缓慢与地球的迅快、把水量的微小与这个球体的庞大、把前者的轻与后者的重加以对照，似乎〔188〕就可以把这种运动的作用视为无。但反过来，如果考虑到这种推动是持续不断的，是亘古以来恒常不变的，并将一直持续下去的，而地球的自转又是一种自由的运动，在这种运动中，它所失去的极微小的运动量将永远得不到补偿，与此相反，起减缓作用的原因又是不停顿地以同样的强度在生效，那么，宣称一种虽然微小、但却通过不断的积累最终必然耗尽极大的运动量的作用不值一提，对于一位哲学家来说，这是一种很不合乎身份的偏见。

为了能够在某种程度上估量大洋自东向西的不间断运动对地球的绕轴自转所造成的反面影响的大小，我们只需要计算一下海洋对美洲大陆东海岸的冲击；我们把美洲大陆的绵延一直延长到两极，因为用非洲的突出尖角和亚洲的东海岸来补偿欠缺的部分是绰绰有余的。让我们假定，上面所说的海洋运动的速度在赤道上是每秒1尺，到两极则按照纬圈的运动递减；最后，陆地任海水冲击的那些地面的高度按垂直深度估算，假定为100寻（法国6尺长的杆）。这样，我们就可以发现，海洋通过自己的运动加给相对的地面的力量等于这样一个几何体的水的重量，这个几何体的底面等于上述从一极到另一极的全部面积，其高度等于 1/124 尺。地球的大小则超过这个计有 110 万立方寻的水几何体 123 兆倍。由于这个水几何体的重量总是压抑着地球的运动，人们可以轻而易举地发现，到这种障碍耗尽地球的全部运动，究竟需要多少时
〔189〕间。如果假定海水涌流的速度始终是同样的，土块与水的质料具有同样的密度，那么，为此也许需要 200 万年。基于此，在有限的岁月之后，上述减缓还不太多；例如在 2 000 年的时间之后，减缓将导致一年必然由此比过去减少 8.5 小时，因为绕轴自转减慢了这么多。①

① 要为康德不加证明地引用的数字辩护，用得上以下的基本推导：根据康德如果不是从别的方面则无疑是从牛顿的《自然哲学的数学原理》（第Ⅱ卷，命题XXVI）得知的托里切利定律，从一个容器的开口流出的小部分液体，其速度与它在液体表面自由下落至开口时获得的速度是相等的。因此，如果流出液体的开口位于液体的自由表面 h 尺，并且 g 表示地球重力的加速度，那么，通过伽利略落体定律与上面提到的托里切利定律的结合，对于流出速度来说，就得出等式 $v^2=2gh$。另一方面，如果一个对容器开口施压的水流的速度是 v，那么，这个水流将由于一个高为 $h=v^2/2g$ 的水柱的压力而保持平衡。

据此，潮浪对海岸施加的力能够被一个其底面积等于被潮所触及的海岸面积且高度等于 $v^2/2g$ 的水体的重量所抵消。地球重力的加速度等于 31 尺，赤道上的潮浪的速度被康德设定为等于 1 尺，因此赤道上的水体的高度计为 1/62 尺。此外，由于潮浪的速度朝着两极在与纬度圈的运动相同的程度上减弱，也就是说，与地理纬度的余弦成正比减弱，所以，在地理纬度 45°上水体的高度计为 1/124 尺，而这也是高度的平均值，因为如很容易看出的那样，每两个与 45°纬度圈等远的地点的高度的和等于 1/62 尺。海洋通过其潮汐运动对与它相对的海岸施压的全部力量就能够这样被一个其底部等于整个被施压的面积且其平均高度为 1/124 尺的水体的重量所抵消（参见 188 页）。——据此，原本中列出的值 1/224 尺大概是一个印刷错误，尤其是后来的数字无法与这个值相统一。康德在下文并没有像根据文本必须

如今，每日运动的递减还受到很大的限制，因为：(1) 整

假定的那样给出水体的重量，而是如进一步的计算所必需的那样，代之以一种在赤道上地球半径尽头处发威并实施与前面提到的水量相同的阻碍作用的重量；这必然是出自康德引用的110万立方寻和123兆这两个数字。在仓促写就的纲要中，中间计算被省略了；我在这里试图简述，康德是如何以当时流行的、得自牛顿的《原理》的方式能够发现上述数字的。

推进着的潮浪的速度朝着两极增长，就像纬度圈的运动下降一样，因此，如果r表示纬度圈的半径、R表示地球半径的话，其比例为r/R。压高h根据前文以这种比例的平方或者以纬度圈与赤道的比例下降，因而在纬度圈r等于$\frac{1}{62}\cdot\frac{r^2\pi}{R^2\pi}$。这种压力所施加的平面是一个矩形，其一条边等于海岸线的一个无限小的弧b，另一条边等于100寻或者600尺的垂直深度。因此，压力在这个地方计为$600\cdot b\cdot\frac{1}{62}\cdot\frac{r^2\pi}{R^2\pi}$。这个重量是在杠杆臂r上起作用的，因而它的力矩是$r\cdot 600b\cdot\frac{1}{62}\cdot\frac{r^2\pi}{R^2\pi}=R\cdot 600b\cdot\frac{r}{R}\cdot\frac{1}{62}\cdot\frac{r^2\pi}{R^2\pi}$。但是，无限小的弧b与两个半径的比例$\frac{r}{R}$的乘积等于纬度圈$r^2\pi$与相邻的纬度圈的差距，而这个差距乘以$r^2\pi$等于球体在两个相邻的纬度圈之间所包含的部分。这样一来，潮浪的总力矩就等于$R\cdot\frac{600\cdot\text{地球}}{62\cdot r^2\pi}$，也就是说，等于这样一个重量的力矩，它在赤道上地球半径尽头处发威，与地球的重量的比例，如果地球的密度被设定等于水的比重的话，就是$\frac{600}{62R^2\pi}$比1。由于地球的半径是325万寻或者1950万尺，所以这个比例就等于1比123兆，一如康德也指明的。体积的大小110万立方寻与此一致。

在计算利用潮汐的阻碍作用耗尽地球的全部运动所必需的时间时，康德犯了一个错误。如果设地球的质量为M，上面计算的重量为m，此外赤道上一个点的速度为c，而预期的时间为T，则按照康德

个地球的密度并不像这里假定的那样与水的比重相同。(2)涌流的海水在海洋开阔地带的速度似乎比每秒1尺要小得多。但虽然如此，相比之下，这种欠缺所得到的补偿却绰绰有余，因为：(1)此处，地球的力量是在以赤道上某一点的速度进行的连续运动中计算的，它只是一种要小得多的绕轴自转；此外，在一个自转的球体表面上所产生的障碍，也由于它到中点的距离而具有杠杆的优势，它综合了两种原因，把海水冲击所造成的减缓加大了5/2。(2)但最重要的是，运动着的大洋并不仅仅对突出于海底之上的凸凹不平处、陆地、岛屿和礁石产生影响，而是在整个海底产生影响。它虽然在每一点上都比在前一种计算的垂直冲击中要小得多，但相比之下，却由于其发生范围的广大(比前面提到的面积还要大12.5万倍)，而必然得到极为绰绰有余的补偿。

此外，依此来说毋庸置疑，海洋自西向东的持续运动由于是一种现实的、巨大的力量，而对地球绕轴自转的减缓总是有所增进。在悠长的岁月之后，这种减缓的后果必然是可以明白无误地察觉到的。如今，应当合理地利用历史的见证来支持假说。然而，我不得不承认，我并不能找到一件如此极为可能的

所做的假定，就得出等式 $M \cdot c = m \cdot g \cdot T$（至于等式 $Mc = mgT$ 对于旋转运动来说不正确，而是应为 $Mc = \frac{5}{2}mgT$，康德如从189页得出的那样清楚地意识到了，那里明确地提到省略了因数 $\frac{5}{2}$。但是，这个因数的作用如康德在该处所阐明，被别的忽略所取消)，或者 $T = \frac{c}{g} \cdot \frac{M}{m} = \frac{1500}{31} \cdot 123$ 兆秒，亦即近乎2亿年，而不是像康德所指明的那样200万年。不是那里引用的年减短8.5小时，而出自同样的理由必须被设定为百分之一，亦即约5分钟。——科学院版编者注

事件的任何踪迹，因而把在可能的时候弥补这一缺陷的功绩留给其他人。〔190〕

如果地球以连续不断的步伐接近它自转的停顿，那么，这种变化的周期将在它的表面相对于月球来说处于相对静止时，即在它以月球围绕它自转的同样时间绕轴自转，因而总是以同一面朝着月球时完成。这种状态是由仅仅以微不足道的深度覆盖着地球表面的一部分的流体物质的运动给地球造成的。如果地球直到其中心都完全是流体的，那么，月球的引力就会在极短的时间里使地球的绕轴自转只剩下均匀的残余。这马上就为我们清晰地说明了迫使月球在其绕地球的运行中总是以同一面朝着地球的原因。不是朝着地球的部分比背对地球的部分更重，而是月球绕自己轴所作的千篇一律的自转恰恰等于它绕地球运行一周的时间，才使它始终如一地只显现着同一半。由此可以准确无误地推论出，地球对月球的引力在月球最初形成的时候，即在月球的团块还是流体的时候，以上述方式使这个卫星当时可能以较大速度进行的绕轴自转只剩下了这种均匀的残余。由此也可以看出，月球是一个在地球已经摆脱了流体状态并且成为固体之后才附加给地球的一个较晚的天体。若不然，月球的引力肯定会在短时间内使地球遭受月球从地球那里遭受的同样的命运。人们可以把后一种说明看做是某种天体自然史的尝试；在这一自然史中，大自然的原初状态，即天体的产生以及它们的系统联系，必须从宇宙结构的状态自己所显示的特征出发来规定。这种考察在宏观上，或者毋宁说在无限中，就是地球的历史在微观上所包含的那种东西。它在这样的宽广范〔191〕
围内，可以和人们在我们的时代力求作出的对地球的考察一样被看做是可靠的。我将对这一主题进行一系列的考察，并把这些考察综合在一个体系中。这个体系不久就将发表，其标题是：**宇宙生成论，或者按照牛顿的理论从物质运动的一般规律推演出世界大厦的起源、天体的形成及其运动的原因的尝试。**[①]

① 这里预告的著作就是《一般自然史与天体理论》这部作品。——科学院版编者注

1754 年

地球是否已经衰老

——对该问题的物理学考察

李秋零 译

科学院版编者导言

约翰内斯·拉茨

这部作品与前一部作品一样，发表在1754年8月10日至9月14日的《哥尼斯贝格咨询和广告消息周报》的相继6期（第32～37期）上。它与在翌年发表的更大作品《一般自然史与天体理论》有联系。

这部作品在康德生年未出新版。

要想知道是否可以称一个事物已经变老，是否可以称它很老或者尚年轻，就必须不是通过它持存的年代的数字，而是根据这个数字与它应当持存的时间的比例来对它作出评价。对于一种造物来说可以称为高龄的那种持存期，对于另一种造物来说就不然了。在一只狗变得衰老的同样时间里，人却几乎还没有超出自己的童年。当黎巴嫩的椴树或者冷杉已经衰老并且干枯时，橡树和雪松还没有进入自己的成熟期。就上帝的这一伟大作品来说，如果人把在这段时间里已经逝去的人类世代作为年龄的标准，那么，他大多是要犯错误的。令人担忧的是，人的判断方式恰恰就像封德耐尔所说的蔷薇花的判断方式一样。蔷薇花们猜测其园丁的年龄，它们说：**我们的园丁是一个很老的人。自蔷薇花们所能回想的时刻以来，他一直就是他所是的那个样子。他实际上不会死，他甚至就连变化也不会。**如果考虑到创世的安排而在其整体的重大环节上所发现的那种接近于无限的持久性，那么，人们就会被打动而相信，对于地球注定的持存来说，5年或者6 000年的进程也许还不到对于一个人的生命来说的1年。 〔195〕

说真的，我们在启示中找不到任何征兆可以使我们能够得出，地球如今可以被看做是年轻的或者衰老的，即理解为达到其完善的全盛期或者其各种力量已经衰退。虽然它向我们揭示了地球形成的时间和它的童年的时刻，但是，我们却不知道它如今更为接近它的持存的两个端点中的哪一个，是更为接近它的始点还是更为接近它的终点。事实上，确定地球是否已经衰老并且由于其力量的逐渐衰退而接近于毁灭，它如今是否处在这种日渐衰竭之年的时期，或者它目前是否仍然状态良好，或者也许根本还没有达到它应当发展成为的那种完善性，因而也许还没有超出自己的童年，这似乎是一个值得研究的课题。 〔196〕

我们如果听一听年迈老人的悲叹，就会获悉自然界在明显地老化。人们甚至可以觉察到自然界走向衰亡的步伐。据老人们说，气候不再像过去那样好了。自然界的各种力量已经消耗殆尽，自然界的美和正确性减退了。人既不再像过去那样强壮，也不再像过去那样长寿。据说，这种退化不仅可以在地球的自然状态方面觉察到，它还一直扩展到道德状况。古老的德性已不复存在，新的罪恶取代了它们。虚伪和欺诈占据着古老的正直的地位。这种不值一驳的幻觉既不是失误的结果，也不是虚荣心的结果。真诚的老人们如此自负，以致相信老天在照料他们，使他们在最兴盛的时代里降生到世上，也就不能相信他们死后世界会和他们出生前一样美好。他们喜欢想象自然界与他们自己同时衰老，以便不致为离开一个已经接近于衰亡的世界而感到懊恼。

尽管像要按照仅仅一个世代的尺度来衡量自然界的年龄和持存这样一种自负毫无根据，但另一种猜测初看起来却似乎并不同样荒谬绝伦，即数千年之后，也许可以在地面状况中觉察
〔197〕到一些变化。在这方面，仅仅像封德耐尔那样说明过去的树木并不比现在的更高大，过去的人既不比现在的人更强壮，也不比现在的人更长寿，还是不够的。我认为，这远远不足以从中推论出自然界没有衰老。这些特性自有本质规定性为它们确立的界限，即便是自然界最优越的特性和最兴盛的良好状态，也不能超越这些界限。就此而言，在所有的地区都没有差别。肥沃的、处于最佳地带的地区对于贫瘠的不毛之地来说，在这方面没有任何优势。然而，如果人们能够在过去时代的可靠信息和当代的精密观察之间进行一番比较，那么，是否可以在这些地区的出产能力方面发现一些差别，土地在过去为供养人类所需要的照料是否更少一些呢？倘若对此可以作出断定，那么，似乎也就为解决眼前的问题带来了指望。这就仿佛是面前有一个漫长的前进过程的最初一些环节，借助它们，可以认识到地

球在其年龄的长时间进展之后逐渐接近了什么样的状态。但是，这种比较是颇没有把握的，或者毋宁说是不可能的。人的勤劳对地球的出产能力的影响是如此之大，以至于根本不可能澄清，对于那些过去曾经是繁荣昌盛的国家而如今却荒无人烟的地区来说，最应当为它们的荒芜负责任的，究竟是人的疏忽，还是地区出产能力的下降。我想建议那些对按照两种条件在历史文献中考察这一问题具有更多的技巧和爱好的人来从事这一研究。我只想作为一个自然研究者来探讨这一问题，以期尽可能在这一方面达到全面的认识。

大多数提出地球理论的自然研究者的见解如下：地球的出产能力逐渐下降；它以缓慢的步伐接近着那变得荒无人烟的状态；要看到自然界完全衰老并且就其力量的减退来说渐渐死亡，只是需要时间而已。这一问题很重要，也许值得花费力气，去小心谨慎地接近这一结论。

不过，让我们事先就对人们关于一个借助各种自然的力量达到完善并借助各种元素的力量修正自己的物体的衰老应当形成的概念加以规定。〔198〕

一个存在物的衰老在其变化的过程中不是一个以外部强制原因为根据的阶段。而恰恰是使一个事物达到并维持在完善状态的那些原因，使该事物通过无法察觉的变化阶段又重新接近它的衰亡。这是它的存在延续中的一种自然退化，是那些致使它生成的原因的结果，这使它最终必然要衰亡。所有的自然事物都服从这一规律，即一开始有助于它们达到完善的那种机制，在它们达到那个完善的点之后，由于这种机制继续改变事物，就又使该事物逐渐地离开昌盛状态的那些条件，最终以不可察觉的步伐使它归于毁灭。自然界的这种行为方式清楚地表现在植物界和动物界的运营上。恰恰是使树木生长的那种动力，在树木完成了成长之后，就给它们带来了死亡。如果纤维和管道再也不能扩张，那么，营养的汁液由于继续输入各部分，就会开始堵塞各通道的内部，最终由于汁液的运动受阻碍而使植物渐渐死亡并枯萎。恰恰是动物或者人得以生存和生长的那种机制，当生长完成之后，最终给动物或者人带来了死亡。因为当供养动物的营养汁液不再同时扩张它们黏附的渠道，并在体积上增多起来时，它们就使其内部的穴道变得狭窄，汁液的循环受到阻碍，动物就佝偻起来，变得衰老并且死亡。同样，地球的昌盛状态的逐渐丧失，也被归入那些最初造成它的完善性的变化的后果，这种丧失只有在长期的进程之后才能够看出。因此，我们必须浮光掠影地看一看自然界从其开始直到其终结所上演的那些变化无常的戏剧，以便综观那些后果的整个链条；其中，衰亡是最后的一环。

〔199〕 当地球从混沌中产生时，它在此之前毋庸置疑是处在流质状态中。不仅是它的球状形体，而且尤其是由于地表朝着被旋转力改变了的重力方向在所有的点上都采取一种垂直的姿态所造成的旋转椭球体形状，都证明它的团块曾有能力自动地作出顺应，成为均衡状态在这种情况下所要求的形体。它从流质状态转化为固体状态，而且我们看到了无可指摘的迹象，说明地表首先硬化，此时各种元素在团块中按照均衡的规律继续彼此分离，团块的内部总是把灵活的气体元素混合了的微粒送到硬化了的地表下，在地表下造成了广阔的空穴，由此导致地表以各种各样的凹坑下陷，造成地表的凸凹不平，造成坚硬的大陆、山脉，造成海洋辽阔的低凹，造成干地与水域的分离。我们同样有自然界无可置疑的遗迹，它们使人认识到，这种巨变在很长的历史时期之后并没有完全停止，它与一个庞大的流质团块是相符的；我们地球的内部曾经并且在很长时间里都是这样的流质团块。在地球里面，元素的分离和在普遍的混沌中混合在一起的气体的离析并不是一下子完成的，而是使产生出来

的地穴逐渐加大，辽阔拱顶的地基重新动摇并坍塌。但这样一来，淹没在大海深处的所有区域都裸露出来了，与此相反，其他区域却沉陷下去。在地球的内部达到了一种较为固定的状态、坍塌停止之后，这个球体的表面才稍稍平静了一些，然而这离一种生成的完成状态还相差很远；还必须为各种元素设立某些界限。这些界限通过防止所有的混乱来维持这整个地面上的秩序和美。海洋自己通过卷起来的物质加高了陆地的海岸，通过卷走这些物质加深了自己的海底。它堆积起沙丘和堤岸来防止泛滥。理应带走陆地水流的江河还没有被纳入应有的河床，它们淹没过平原，直到自己最终被限制在适当的渠道中，〔200〕并且从它们的源头直到大海形成一个齐一的斜坡。在自然界达到这种秩序状态，并在其中固定下来之后，地球表面上的所有元素都处在均衡之中。出产能力在所有的方面都扩充着自己的财富；它是生机勃勃的，处于其力量的巅峰状态，或者如果可以这样说的话，处于其成熟的年龄。

我们地球上的自然界在其年龄的进步中并没有在其所有部分上都达到同一阶段。它的一些部分是年轻的，生机勃勃的，但它在另一些部分中却显得退化和衰老。在某些地区它是原始的，仅仅是半开化的，而另一些地区则处在其昌盛状态的巅峰，还有一些地区在经历了其幸运的时期之后已经逐渐地接近着衰亡。总而言之，地面的较高地区是最先从混沌中产生、并达到其生成之完成的最古老的地区，较低地区则是较年轻的，较晚才达到其完善性的阶段。因此，按照这一顺序，前者首先遇到重新接近衰亡的命运，而后者离这种命运则还很远。

人们首先居住在地面的最高地区。他们只是后来才来到平原，并且必须着手加速对自然界的改造；对于人的迅速增多来说，自然界的发展太慢了。埃及这个尼罗河的恩赐，过去在其最高部分是有人居住的，而且人口众多。而半个下埃及，即整个三角洲和尼罗河由于泥浆的沉积而加高了其入海口的地面并堆积起使河床变窄的河岸的地方，还是一片沼泽。如今，古忒拜地区似乎很少再拥有过去曾使它如此不寻常地富裕的那种特别的出产能力和繁荣了。相反，自然界的美已经下降到这片国土的较低、较年轻的部分，它们如今相对于较高部分来说保持着出产能力方面的优势。作为莱茵河的一个产物的下德意志地
〔201〕区、下萨克森的最平坦部分、普鲁士部分（由于维斯瓦河分成如此众多的支流，并且仿佛在追求自己的永恒权力那样，常常把人们的勤劳部分地从它夺取的地区淹没在它的洪水之下）似乎比这些河流发源的最高地区更年轻、更肥沃、更繁荣。当前者还是一片沼泽和海湾时，后者就已经有人居住了。

自然界的这种变化是值得作一番说明的。这些河流并没有在干地脱离海洋的一开始就找到了现成的河道和它们的流程所利用的现成的、齐一的斜坡。它们漫过了许多地方，造成了使土地变得无法利用的死水。逐渐地，它们在新形成的、松软的土地上侵蚀出河道。通过冲刷走充满河道的泥浆，它们在其最大的水流两旁筑起了河岸。在水位低时，河岸能够容纳并且限制水流。但在水位上涨严重时，河岸却由于泛滥而逐渐地被加高，直到这些河流完善地形成的河床能够把周围地区输送给它们的水以齐一的斜坡引入海洋。最高的地区是第一批可以享受到自然界的这种必然发展的地区，因而也首先有人居住，而较低的地区则在一段时间内还要与混乱作斗争，较晚时才达到完善。自此以后，较低地区通过掠夺较高地区而充实自己。在水位高涨时携带着冲刷来的泥浆的河流，在泛滥时把这些泥浆沉淀在其出口附近，抬高了它们所淹没的地面，从而造成了干地。在河流把自己的河岸加高到相应的高度之后，干地就可以居住了。而且由于用较高地区的肥沃物质来施肥，干地比较高地区要有更高的出产能力。

由于地球的形貌所经受的这种不断发展的构造和变化，当较高地区有时不再可以居住时，较低地区却变得可以居住了。然而，这种交替只是特别地涉及一些地区。这些地区苦于缺乏降水，从而如果河流通过自己加高河岸而限制了周期性的泛滥，它们就由于没有这种泛滥而缺少必要的水源，必然成为一片无法居住的荒野。埃及就是这种变化的一个显明例证。就其 〔202〕状况来说，埃及的变化是如此强烈，以至于根据希罗多德的证词，在他那个时代之前900年，只要河水上涨8尺，就会全部淹没整个陆地；而在他那个时代，要全部淹没整个陆地，河水就必须上涨15尺；而在如今我们这个时代，要达到这一点就要求上涨24尺了。由此可以看出由于不断的接近而日益严重地威胁着这一地区的恶化。

但是，由于自然界的这种变化，就其仅仅局限于地表的一些地区而言，是不显著的、微不足道的，所以关于地球衰老的问题必须从总体上来加以规定。最后，首先要考察这样一些原因，大多数自然研究者把上述结果归咎于它们，认为从它们出发，就足以事先宣布这个星球上的自然界的衰亡。

第一种原因出自那些把海洋的含盐性归咎于江河的那些人的见解。江河把从土地中渗出的，由雨水带入江河的盐带到海洋中。由于淡水的不断蒸发，盐也就留在了海里，积聚起来，海洋以这种方式得到了它所包含的所有的盐。由此很容易就可以得出：由于盐是生长的最重要的动力和出产能力的源泉，因此，按照这种假说，被逐渐地剥夺力量的土地必然会被置于一种没有生机的、没有出产能力的状态。

第二种原因可以假定为雨水和江河在冲刷土地，并把土携带到海洋里面时所起的作用。由此，土似乎越来越多地被冲走，而陆地的高度也就不断地降低，以致令人担忧的是，海洋由于越升越高，最终必然被迫重新淹没过去摆脱了它的统治的干地。

第三种见解是这样一些人的猜测，他们由于觉察到海洋在
〔203〕很长的时间里明显地从大多数海岸后退，使过去在海底的大量地段转变为干地，因而或者担心这种流体元素通过一种转换为固体状态的方式而真正地耗尽，或者担心其他原因妨碍从海洋的蒸发产生的雨水重新回到海洋从而使海水升高。

第四种，也是最后一种见解，可能是这样一些人的见解，他们把一种普遍的世界精神，一种无法感知的，但到处起作用的原则设想为自然界的隐秘动力，其精细的物质由于永无止息的生育而被不断地消耗掉，因而自然界也就处在危险之中，即由于这种隐秘动力的减少而在逐渐的衰弱中衰老和死亡。

这些见解就是我想首先简明扼要地考察的见解。然后，我想论证那些我觉得正确的见解。

假如第一种见解是正确的，那么就可以得出：大洋和一切陆间海的海水所包含的所有的盐在此之前都是与覆盖着陆地的土壤混合在一起的，并且由于盐被雨水从土壤中冲洗出来，被江河带走，从而也就不断地被以同样的方式带进海洋。然而，对于地球来说幸运的，对于那些打算利用这样一种假说、借助一种简单的说明使人理解海洋的含盐性的人来说难以克服的是：通过精确的考察，人们发现这种猜测毫无根据。因为假定地球上一年的中等降水量是 18 寸，这是在温带所观察到的降水量；假定所有的江河都是产生自雨水并由雨水补给的；同样，假定降到陆地上的雨水中有 2/3 通过江河又重新回到海洋，但有 1/3 部分地被蒸发掉，部分地被用于植物的生长；最后，假定海洋只占地球表面积的一半，这是人们所能设想的最小的量；这样，人们就把上述见解置于最有利的条件之下了。但尽管如此，地面上的所有江河每年带入海洋的水也只不过是 1 尺水。即使设
〔204〕想海洋的中等深度只有 100 寻，在蒸发用 600 年的时间使海洋完全干枯之后，这些河流也可以在同样的时间里把海洋注满。按

照这一计算，自创世以来，大洋已经由于所有的小溪和河流的流入而被注满了10次。但是，来自这些江河而在蒸发之后存留下来的盐只能比海洋天然地拥有的盐多10倍。由此必然可以得出：为了知道海洋的含盐量，只要蒸发10次1立方尺的河水，在此之后存留下来的盐就与1次蒸发同量的海水之后存留下来的盐一样多。这与可能性的距离太远了，以致就连一个无知识的人也不能说服。因为按照瓦列利①的计算，在北海只有少数江河注入海洋的地方，海水的含盐量为1/10，有时为1/7；在海水被江河的大量淡水稀释的波的尼亚湾，水的含盐量仍有1/40。因此，土地在此基础上有足够的保证，不因雨水和江河而失去它的盐和出产能力。毋宁说还可以猜测：海洋并没有掠夺陆地的含盐成分，而是向它传递自己的含盐成分。因为虽然蒸发把粗糙的盐留下来了，但海洋还提炼出一部分变得具有挥发性的盐，它连同水蒸气一起被带到陆地上，并赋予雨水那种出产能力。在这方面，雨水甚至比江水更为适宜。

另一种见解具有更高程度的可信性，能更多地自圆其说。**曼弗雷德**②在博洛尼亚学院的备忘录中曾讲到过这种见解，并

① 瓦列利（Johann Gottschalk Wallerius），1750—1751年在乌普萨拉任化学、矿物学和药剂学教授，1709年6月11日生于瑞典的内利克省，1785年11月16日卒于乌普萨拉。康德所提到的数据见其作品：《波的尼亚海湾西部地区的矿物学考察》，斯德哥尔摩，1752。——科学院版编者注

② 曼弗雷德（Eustachio Manfredi），1674年生于博洛尼亚，1739年卒于同地，是1711年在博洛尼亚创办的科学院的第一位天文学家，因其对水域运动的研究而著称。参见：《论增长了的海洋高度》，第3和7部分，发表在《博洛尼亚科学和艺术研究院备忘录》，第Ⅱ卷，第2部分，1746。参见《自然、艺术和科学总汇》，第1部分，246～272页，1753。——科学院版编者注

对它进行了严谨的探讨。他的详细阐释在一般的自然杂志上就可以找到。在对自然界进行考察时，曼弗雷德可能只赞同这种见解。他注意到，拉文纳大教堂那在新地基下面发现的被瓦砾掩埋的旧地基，比海水涨潮时的海平面还低8寸。因此，如果在建造教堂的时代海水不比现在更低，那它在每次涨潮时都必然被淹没在水下，因为古代的材料证明，海洋在当时一直进逼到这座城市旁边。为了证实自己的见解，即海洋的高度在不断
〔205〕地增长，他提到了威尼斯圣马可教堂的地基。该地基现在是如此之低，以至于如果泻湖上涨，不仅圣马可广场有时会被淹没，而且该地基自身也会被淹没于水下。然而，在此又不能猜测建造该教堂时就是如此。同样，他援引了环绕圣马可市政厅的大理石长凳。它也许是为乘船者修建的，为的是让他们能够步行登上自己的船。就这一目的来说，它现在却毫无用处，因为它在正常的潮水时就已经处在水下半尺深。从上述征兆就可以看出，海洋现在已经达到了比过去时代更高的高度。为了说明这种见解，他宣称，江河把它们涨水时所满带的、雨流从陆地的高处冲刷下来的泥浆裹挟入海洋，从而抬高了海底。这样，海洋就被迫以它的海底被逐渐填满的规模升高。为了使海洋的这种升高的幅度与现实的征兆所说明的升高相一致，他试图通过在2月底提取流过波诺尼亚的河水来估算河流在浑浊时所携带的泥浆的量。他在让土沉淀之后，发现土占含有泥浆的水的1/174。由此出发，根据江河在一年内流入海洋的水量，他确定出海洋由于这一原因逐渐增长的高度，即在348年内必然增高5寸。

由于我们以上就环绕威尼斯圣马可市政厅的大理石长凳所引证的考察，由于有一种尺度来确定他的其他说明的重要性的要求，**曼弗雷德**被打动，大大增加了前面提到的海平面的升高，以致使它在230年内将达到1尺。因为如他所宣称，除了

使江河的水变得浑浊的松软的泥土之外，江河还把沙子、石头和其他诸如此类的东西裹挟入海洋。基于此，尽管曼弗雷德对地球的探讨要比哈特雪克尔更为谨慎，地球的不幸也将以相当快的步伐降临。**哈特雪克尔**①曾从对莱茵河的相同考察出发，〔206〕预言了地球的命运。在10 000年之内，地球的可居住部分必然被冲刷掉，海洋必然将淹没一切，只有冰冷的岩石从海洋中露出。由此出发，人们就可以轻而易举地估算出在较短的一段时间里——例如在2 000年的时间里——衰亡的程度。

这种见解的真正错误仅仅在于过度或者不足。若不然，它就会在根本上是正确的。雨水和江河冲刷地表，并把土带入海洋，这的确是事实。但是，要说它们在像作者所猜测的那么大的程度上造成这种情况，那就大错特错了。作者任意地假定，河流终年都像山区的融雪造成了有充分威力侵蚀地面的湍急溪流、地面本身也完全湿透并由于过去冬日的寒冷而变得足够松软、以便尽可能容易地被冲刷走的那些日子里一样浑浊。在江河中间，那些由山区养育的江河由于汇入它们的急流的威力，而比那些由平原养育的山河带有更多的掠夺来的泥土。如果他把上述谨慎与对这些江河的差别应有的注意同时结合起来，那么，他的估算就会大大地降低，以致他也许会放弃在此基础上论证关于观察到的变化的那些说明的打算。最后，如果人们在这里还考虑到，通过那种使人们断言海洋不容忍任何死物的运动，即由于把一切不具有同等运动性的物质带到海边，海洋并

① 哈特雪克尔（Nicolaus Hartsoecker），1656年生于尼德兰的豪达，1725年卒于乌特勒支，1684—1696年生活在巴黎，然后在阿姆斯特丹，在那里给沙皇彼得上了第一课，然后从1704年到1716年在杜塞尔多夫作普法尔茨选帝侯的宫廷数学家，最后在乌特勒支去世。参见《自然、艺术和科学总汇》，第1部分，270页，1753。——科学院版编者注

没有使这些泥浆在海底堆积起来，而是立即使它们沉淀在陆地边上，并由此扩大陆地，那么，对看到海洋的凹坑被由此填满的恐惧，就会转化为对通过掠夺高地而在海岸边不断造成新陆地的有根据的希望。因为事实上在所有的海湾，例如在名为红海的海湾，同样，在威尼斯海湾，海洋正在逐渐地从尖端后
〔207〕退，干地则不断地从尼普顿的王国得到新的收获，而不是——假如上述自然研究者的猜测是有根据的——水越来越漫过海岸，干燥的地面被淹没在潮湿的元素之下。

但是，就亚得里亚海岸确实下沉的原因来说，我（假如这并非总是如此，但却具有其正确性）因此而宁可援引意大利与其他许多地区相比所特有的那种陆地特性。因为我们知道，这片陆地的根基是成拱形的，地震虽然主要是在下意大利肆虐，但在上意大利也发泄着它们的威力，并通过延伸到辽阔的地区，甚至一直延伸到海洋，而使人们认识到相互连通的地下空穴。如果现在地下燃烧所造成的波动能够使这些空穴的根基动摇，并且已经常常使它动摇，那么，难道不能猜测，地壳在许多次剧烈的爆发之后有点下降，并且对海平面来说可能变得更低吗？

第三种见解把地面上干地的增多与水域的减少看做是地球衰亡的征兆，同前一见解一样从考察中得出了似是而非的根据，但却很少解释它们的可理解的原因。因为毋庸置疑，尽管海洋一方面在它逐渐地使陆地变得干燥的时候，事先就又占据了它所侵入的另一些地区，从总体上来说并没有受到损失；但仔细想来，毕竟从海洋中裸露出来的地段要比海洋漫没的地段更大。特别是海洋离开了较低的地区，冲击着高高的海岸，因为海岸任凭海洋的发作，而较低的地区则通过轻微的倾斜挫败了海洋的发作。然而，这只能为海平面根本没有日益升高提供证明。因为人们在海岸处可以最清晰地感受到差别。在有些地

方，陆地以微不足道的下降逐渐地成为海底，在那里，海水只要上涨10尺就能从陆地夺去许多东西。在另一些地方情况却完全相反，海洋如今再也达不到它过去堆砌的、毫无疑问当时 〔208〕 曾翻越过的堤岸。这证明，海洋自那时以来变低了。例如，两个普鲁士岬角、荷兰海岸和英国海岸的沙滩就无非是海洋过去堆砌的沙丘。但是现在，在海洋再也达不到过去它曾翻越过的高度之后，它们却成了防御海洋的设施。

但是，为了使这种现象保持完全的效力，我们难道应当乞灵于流体元素的真正消失及其转化为一种固体状态，或者乞灵于雨水全部渗入地球内部，或者乞灵于海底通过无休无止的运动而不断地日益加深吗？第一种理由可能极少有助于造成一种显著的变化，尽管它并不像显现的那样与一种正常的自然科学相矛盾。因为其他流体物质有时也采取一种固体状态，但并不因此而失去它的本质。例如水银在**布尔哈维**①的试验中呈现出一种红色火药的形象，**哈勒斯**②在所有的植物产品中，尤其是在酒石中，都发现了作为一种固态物体的空气。与此相同，水毫无疑问也能够如此。水的一部分在植物的生成中似乎放弃了

① 布尔哈维（Hermann Boerhaave），自1709年始任莱顿大学医学和植物学教授，自1718年始也任化学教授，1668年生于莱顿的沃尔浩特，1738年在莱顿去世。他的作品《论汞试验》于1733和1736年发表在《哲学学报》上，参见第420、443、444条。在《汉堡用于授课和娱乐的文集杂志》上译成德文，第4卷，第4期，1753。——科学院版编者注

② 哈勒斯（Stephen Hales），1677年生于肯特的贝克斯伯恩，1761年卒于泰丁顿，是神学博士和泰丁顿牧师。参见他的作品《植物静力学；或者对植物中的汁液的一些静力学试验的一种考虑……也是分析空气的尝试的一种类型》，伦敦，1727。康德是通过1735年《植物的静力学和空气分析》的布丰译本接触这部作品的。参见上书的试验73。——科学院版编者注

其流动性，以致极干燥的碎木屑在作化学分解时还始终能够释放出水。由此可见，地面上的水的一部分被用于植物的生长，永远不再回到海洋中，这并非不可能。但至少这种减少是无法察觉的。第二种理由同样不能在绝对的意义上加以否认。土地吸收入自身的雨水虽然渗入土地到一定深度，直到它遇到某种更为密实的地层为止；它无法穿透这一地层，并被迫沿着这一地层的斜坡寻找出路，从而滋生出源泉。然而，雨水中任何时候都有一些穿过所有地层，一直下降到岩层，并在岩层中穿透它们的缝隙，积聚成地下水，借地震之机有时突然冒出地面，
〔209〕淹没陆地。① 海水的这种损失也许颇为可观，值得更详细地考虑。然而，第三种理由似乎更多地、并且最无可争议地参与了海洋高度的降低。海洋越是加深自己的海底，它的高度就必然日益降低，虽然以这种方式，并不需要为导向地球衰亡的极微小步骤担忧。

究竟什么是对迄今指出的几种见解所进行的考察的结果呢？我们已对前三种见解作出了否定性的裁断。土地并不由于雨水和溪流的冲洗失去盐分。肥沃的土壤并不因为江河而蒙受无法弥补的损失，被裹挟入海洋，最终填满海洋，使海洋的水重新升高到人所居住的陆地之上。事实上，江河给海洋带来了来自较高地区的猎获物。然而，海洋利用这些猎获物，却是为了把它们沉积在陆地的岸边。植物的滋养和生长要求海洋真正支付蒸发出来的水，其中可观的一部分似乎放弃了其流体状

① 参见《巴黎王家科学院物理学论文集》，施泰因韦尔译，第 2 卷，246 页。*

与意大利天文学家马拉尔迪（1665—1729）关于 1702—1703 年间意大利地震的通报有关。——科学院版编者注

态，使土地的损失由此而得到补偿。最后，关于大洋的水的现实减少的猜测虽然具有可能性，但为了使一种可靠的假说成为一项重大的论断，却还不具备充分论证了的可信赖性。因此，就地球形貌的改变来说，只剩下惟一一个人们可以期待其确定性的原因，它就是：雨水和溪流不断地侵蚀土地，把土从较高的地区冲刷到较低的地区，从而力图逐渐地敉平高原，并尽其所能剥夺地球形貌的高低不平。这种作用是确实无疑的、可信的。只要地球在较高地区的斜坡上提供可以被雨水侵蚀和冲刷走的材料，它也就连续不断地遭受着这种变化。而在随着松软地层被冲刷走，地球的岩层基础构成惟一不再遭受变化的高度〔210〕之前，地球也不能摆脱这种变化。并不仅仅是由于最肥沃的地层被深埋在毫无生机的地层之下的那种地层升降，而毋宁说，由于取消了陆地分为高原和低谷这种有益的划分，上述变化才是地球所面临的衰亡的那种令人担忧的原因。只要人们看一看陆地目前的分布，就会惊奇地发现隆起地区与低凹地区的一种有规律的关系。大面积的土地以适度的斜坡向一河流的洼地倾斜，河流占据了低谷的最深处，随着河流的延伸，一道均匀地展开的斜坡一直通向海洋，在那里，河流把它的水全部倒空。这种使陆地不致雨水过量的良好态势正是建立在倾斜的程度之上的。它既不使一种过陡的斜坡把应该用来增强出产能力的水过快地泄走，又不使一种过缓的斜坡把水过久地滞留在土地上并积聚起来从而造成对土地的损害。然而，这种有益的规定却由于雨水的持久作用而受到不断的损害，因为雨水削低高地，并通过把冲刷下来的材料带到低地，使土地的形貌接近地表的所有差异都消失之后它们将会具有的那种形态。雨带到地面上的水无从宣泄而积聚起来，将完全浸透土地的怀抱，毁掉可居住的状态。我已经说明，地球衰老的完成虽然在很长时间内几乎是无法察觉的，但却是哲学考察的一个有根据的、值得认识的题材。在这里，微不足道的东西不再是微不足道的或者不值一提的，它通过永不停顿的积累不断接近地造成一种重大的变化，而为了完成衰亡，所需要的也只不过是时间而已。在此我们并不能说，导致这种变化的步骤是根本无法察觉的。如果高地不断地降低，那么，滋育陆地湖泊或者还有河流的那种水向低地的补给就会越来越少。湖泊和河流的大小的减退就提供了
〔211〕这样的变化的证据。事实上，对于所有的陆地湖泊来说，人们都可以找到它们过去具有更辽阔的面积的征兆。普鲁士的高地部分是一块真正充满湖泊的陆地。当人们没有觉察到与这些湖泊毗邻的大片平原的时候，很难看到这些湖泊中的任何一个。这些平原是如此地像水面般平整，以至人们简直不能怀疑，它们过去也是属于湖泊的，只是在湖泊由于水逐渐减少而大大后退之后，才逐渐地变成了干地。举例来说，根据古老的文献，**德洛伊曾湖**过去曾一直抵达普鲁士荷兰市附近，并为那里的航运提供了方便，现在已往后退了 1 里，但尽管如此，它当时的湖底仍由于一块长长的、几乎像水面一样平整的平地以及在两边可以见到的它当时隆起的湖岸而清晰可见。因此，这种逐渐的变化可以说是一种前进着的关系的一部分，它的最后一环距离开端几乎无限远，也许永远不能达到，因为我们所居住的地球的启示预告了一种突发的命运，它的发生将打断地球在良好状态中的持存，不给它留下时间来通过不可察觉的变化阶段而逐渐衰老，或者说是接受一种自然的死亡。

在这里，对于人们就地球的衰老所能提出的种种不同见解来说，我还欠缺对第四种见解的评断，即那在某种程度上造成了自然界的生命，尽管肉眼不可见但却在大自然所有三界的繁育和运行中都起着作用的、始终有效的力量，是否会逐渐地消耗殆尽，并由此造成地球的衰老。那些在这种意义上设想一种普遍的世界精神的人，并不把它理解为一种非物质的力量，理

解为世界的灵魂或者可塑的物类、大胆的想象力的创造，而是理解为一种精细的，但到处都起作用的物质，它在自然界的生成中构成了积极的原则，并且作为一个真正的普洛透斯，准备采取一切形象和形式。这样一种观念并不像人们想象的那样，与一种正常的自然科学和观察相悖。如果人们考虑到，大自然在植物界中把最强有力的、精神性的部分置于某种油中，油的黏性把自己的挥发性稳定下来，无论是借助蒸馏还是借助化学手段来榨油，都不会在重量方面造成明显的损耗，虽然在这种情况下，留下来的无非是一堆毫无生机的东西；如果人们考虑到这种化学家所说的精神统帅，这种构成每一种植物的特殊区别标志的第五本质，看它是如何在所有地方都同样容易地由同样的养料，即由纯粹的水和空气产生；如果人们考虑到在空气中到处扩散的如此能力巨大的挥发性酸，它构成了大多数盐类的积极原则、硫的本质性部分和火的可燃物中的最主要部分，它的引力和斥力在电中如此清晰地表现出来，它是如此地适宜于抑制空气的弹力和促进生成；如果考虑到自然界的这个普洛透斯；那么，人们就会被打动，大致地猜测一种到处起作用的精细的物质，一种所谓的世界精神，但还会担忧无休无止的生育对这种东西的消耗，也许总是要比自然生成物的毁灭所归还给大自然的更多，也许由于这种物质的消费，自然界在不断地失去自己的一些力量。 〔212〕

当我把古代各民族从事伟大事业的动力，即以崇高的概念激励他们，使他们超越自己本身的那种荣誉感、美德和自由之爱的狂热，与我们时代的中庸、冷淡的特性进行比较时，我虽然找到了理由来祝福我们的世纪发生了这样一种无论是对于道德学说来说还是对于各门自然科学来说都同样有益的变化，但却情不自禁地猜测，这也许是赋予人性以生机，其激烈性无论是在放荡不羁方面还是在美好的结果方面都富有成效的那种激

情有了某种消退的征兆。相比之下，我在考虑政府类型、传授和榜样对心灵状态和道德有多么重大的影响的时候，却怀疑诸
〔213〕如此类模棱两可的征兆是否能够提供大自然确实发生了变化的证据。

据此，我并不是像一个大胆的自然研究者有事业心的精神所要求的那样以作出判定的方式，而是像题材自身的特性所造成的那样以审视的方式，来探讨地球衰老的问题的。我力图对人们关于这种变化所形成的概念作出更为正确的规定。可能还有其他一些原因，能够通过突然的变化来造成地球的毁灭。因为且不说人们自一些时间以来很方便地用以解释所有异常命运的彗星，在地球内部，似乎也隐藏着火神的王国，蕴藏着大量燃烧着的、火一般的物质。这种物质在地壳最上层的下面也许越聚越多，蓄积起火的存量，侵蚀着最上面的拱顶的基础，而这拱顶也许灾难性的塌陷将可能把燃烧着的元素带到地面，在一片大火中造成它的毁灭。不过，诸如此类的偶发事件不属于地球衰老的问题，就像在思考一座建筑物如何衰老时不考虑地震和火灾一样。

伊曼努尔·康德

1755 年

一般自然史与天体理论

论火

形而上学认识各首要原则的新说明

1755 年

一般自然史与天体理论

或根据牛顿定理试论整个世界大厦的状态和力学起源

李秋零　译

献词

敬献给

最尊贵、最强大的国王和君主

普鲁士国王

勃兰登堡侯爵

神圣罗马帝国大臣和选帝侯

西里西亚君王和大公爵

等等、等等、等等

我最仁慈的国王和君主

弗里德里希陛下

最尊贵、最强大的国王
最仁慈的国王和君主!

自身微贱的感觉和王位的辉煌并不足以使我自惭形秽,畏缩不前,因为最仁慈的君王一视同仁普降给他所有臣民的恩宠给我以希望:我所冒昧采取的大胆行为将不会被不屑一顾。我满怀恭顺的敬畏将一种勤奋精神的最渺小尝试之一献给国王陛下;陛下的科学院正是以这种勤奋精神凭借其贤明君王的鼓舞和庇护来与其他国家在科学上争雄的。倘若目前这些尝试能够使最卑微、最敬畏的臣民持之以恒地作出的努力对自己的祖国略效绵薄,并博得其君王的最大欢悦的话,我将会感到多么幸福啊!不胜恭顺之至

国王陛下

您的最忠诚的仆人作者
1755年3月14日
于哥尼斯贝格

科学院版编者导言

约翰内斯·拉茨

这部作品匿名于1755年3月出版（参见《在1755年法兰克福和莱比锡复活节博览会全新刊印或者修订再版的书的总目录或者一览表》，584页）。它由康德根据其朋友们的建议献给普鲁士国王弗里德里希二世，仅仅是为了“藉国王的权威在柏林和其他地方的学者那里引起对他的体系的更切近的研究”（鲍洛夫斯基：《伊曼努尔·康德的生平和性格描绘》，50页，哥尼斯贝格，1804），但据说从未到达国王手中。

匿名似乎没有保持多久，因为在1756年5月1日的《哥尼斯贝格咨询和广告消息周报》上，在“哥尼斯贝格可卖物品”中就有如下说明：“在印刷商约翰·弗里德里希·德里斯特那里，可以得到康德硕士的《一般自然史与天体理论》。”

这部作品在同时代人中差不多不为人知，尽管它的一篇书评发表在汉堡1755年的《自由判断和信息报》上（429～432页）。该书评向所有“喜爱并且能够评判这类思想”的读者宣扬这本书。这一引人注目的事实的根据应当在这本书于其出版时的独特命运中去寻找：出版商在印刷期间破产了，他的整个商品库被依法封存。这样，就使得6年后约翰·弗里德里希·兰贝特在其《宇宙论通信》中阐释关于宇宙大厦的系统状态的类似观点（参见康德在《证明上帝存在惟一可能的根据》这部作品的前言中对此的说明和《康德全集》，第Ⅹ卷，50［53］页），以及41年后皮埃尔·西蒙·拉普拉斯侯爵在《宇宙体系论》一书中把自己的星云假说建立在与康德相同的基础之上

（参见下文261页），却对这部作品未置一词。只是在像Fr. 阿拉戈（《年内经度局年鉴》，第2版，249页，1842）、A. V. 洪堡（《宇宙》，第Ⅰ卷，90页；第Ⅲ卷，551页，1845）、W. 斯特鲁夫（《恒星天文学研究》，8页，1847）、叔本华（《附录与补遗》，第Ⅱ卷，143页，1850）、赫尔姆霍茨（《报告和演讲》，第3版，第Ⅱ卷，55～93页，1884）和措尔讷（《光度学研究》，215～216页和219页以下，1865；以及《彗星的本性》，426页以下，1872）这样的人物指点参考这部作品并强调它的价值时，它才广为人知。

由康德自己操办的这部作品的第二版并未出版，而是仅仅出了它的一个摘要。康德委托约翰·弗里德里希·根济欣硕士制作这个摘要，后者在康德通读之后经康德允准在1791年4月提交了这个摘要。

根济欣作品的一部手稿（H）还保存了下来，并且由持有者枢密顾问恩斯特·哈根教授、博士先生极为热心地提供给这一版使用，它所包含的大多是第一部分和第二部分前五章的逐字逐句的摘要。根济欣把手稿给康德看，康德记入了一些改动，这些改动依其位置在注释中标明（参见下文250页注、265页注、266页注、270页注、271页注、274页注、277页注）。除此之外，摘要的最终刊印还在一些根本点上背离了手稿，例如第五章的开篇明显复述不同，因为如根济欣在相关段落所注明，康德后来改变了他关于土星环的产生的观点；就连这些偏离也都在注释中提到了。相比之下，大多关涉一个具体表述的选择的那些小的改动，鉴于作者身份不可靠就不能兼顾了，它们也许基于根据康德致根济欣的一封信（参见《康德全集》，第Ⅺ卷，240～241［252～253］页）来看肯定发生过的亲口商讨，遗憾的是这封信仅仅在英译本中给我们保存下来。

在摘要的结尾，根济欣根据康德如从上面提到的信中可以看出的那样明确的愿望，作出了4个说明康德的观点与后来研究者的观点之关系的注释，就连这4个注释也在适当的地方予以援引（参见下文253页注、255页注、294页注、302页注）。根济欣手稿所包含的关于行星轨道的偏心率的一章（第二部分，第三章）在这部摘要的刊印中阙如。关于这种阙如的可能原因，参见下文257页注。

根据康德自己的说法（参见下文231页），他给出了撰写《一般自然史与天体理论》的第一诱因，即于1750年在伦敦出版的达勒姆的托马斯·赖特《宇宙的一种原创理论和新假说》这本书，康德是从1751年汉堡的《为接受一般科学和历史的自由判断和信息报》第Ⅰ、Ⅱ、Ⅲ期上的一篇深入的报告了解它的内容的。

刊印：1.《一般自然史与天体理论：或根据牛顿定理试论整个世界大厦的状态和力学起源》，哥尼斯贝格和莱比锡，约翰·弗里德里希·彼得森印，1755。

2.《约翰·弗里德里希·根济欣的康德自然史和天体理论摘要》，作为G.M.佐默尔编的威廉·赫歇尔关于天体结构的作品之翻译的附录，哥尼斯贝格，1791，弗里德里希·尼克罗维印。

3.《伊·康德短文全集》，按照时间顺序排列，1797～1798，第Ⅰ卷，1～130页，哥尼斯贝格和莱比锡（实际上是由福格特在耶拿编，因而是所谓的福格特集）。

4.《一般自然史与天体理论》，伊曼努尔·康德著，M.弗雷格撰前言，新版，有作者的一些新改正，法兰克福和莱比锡。

5.《伊曼努尔·康德早期尚未结集的短篇作品集》，第Ⅱ部分，1～130页，法兰克福和莱比锡，1797。

6.《一般自然史与天体理论》，蔡茨，威廉·韦伯尔印，1798。

7.《伊·康德杂文集》，蒂夫特隆克编，第8完全版，第Ⅰ卷，283～520页，哈勒，伦格书店，1799。

前言 〔221〕

我选择的这样一个课题，不仅内容艰深，而且涉及宗教，所以可能会在开始就以一种不利的成见吸引住大部分读者。要在整个无穷无尽的范围内揭示把造化的各个巨大环节联结起来的系统性，要运用力学规律从大自然的初始状态推演出天体自身的形成及其运动的起源，这样的认识似乎远远超出了人类理性的能力。而另一方面，也有宗教对这种大胆行为提出郑重斥责的危险，因为居然有人敢于把这样的结果归于自行发展的大自然，而实际上人们理应在这些结果中发现至高无上存在者的直接干预；宗教的斥责是由于担心在这些考察的好奇心中会发现无神论者的辩护词。我清楚地看到了所有这些困难，但我并不胆怯。我感觉到所面临的这些障碍的强大，但我并不气馁。凭借一种微不足道的猜测，我斗胆作了一次危险的旅行，而且已经看到了新大陆的海岸。有志于继续探索的人们将登上这些大陆，并用自己的名字命名它们而后快。

我是在看到自己的宗教义务得到保障之后，才决定开始这种探索的。在我看到每当自己前进一步就迷雾四散时，我就热情倍增。在那朦胧的迷雾后面，好像隐藏着一个巨大古怪的东西。而在这迷雾散去之后，至高无上的存在者的庄严就以夺目 〔222〕
的光辉显现了出来。由于我知道这些努力不会受到任何惩处，所以我愿意忠实地阐述一番善意的人们或者哪怕是懦弱的人们在我的计划中可能认为有失体统的东西。我也准备坦然地服从正统宗教法庭的严厉制裁，这种坦然是心地正直的标志。因此，信仰的监护人们也该先听听它的理由。

如果秩序井然且美好的世界结构只是服从其普遍运动规律的物质的一种结果，如果各种自然力的盲目机械性能从混沌中如此美妙地发展出来，并自动地达到如此的完善性，那么，人们在观察世界大厦之美时所得出的神性创造者的证明就完全失效了。大自然本身就够了，神的统治是不必要的。伊壁鸠鲁就又在基督教里面复活了，一种非神圣的世俗智慧就会把信仰踩在脚下，而信仰本来奉献给世俗智慧一片灿烂的明光，照耀着世俗智慧。

即便我认为这一课题是持之有故的，我对神圣真理的无误性所持有的信念，也能够使我把一切与它们相矛盾的东西都视为已被它们充分驳倒而予以拒斥。不过，正是我在自己的体系和宗教之间所发现的这种协调一致，把我对付一切困难的信心提高成为一种无所畏惧的镇定自若。

人们为确证一个最为睿智的创造者而从世界结构的美和完
〔223〕善安排得出种种证明，我承认这些证明的全部价值。人们只要不是蓄意地反对一切信念，就必须承认各种如此无可辩驳的理由已经取得了胜利。但是我要说：宗教的捍卫者们由于笨拙地使用这些理由而与自然主义者们争吵不休，他们毫无必要地把弱点暴露给自然主义者们。

人们已经习惯于发现和强调大自然中的和谐、美、目的以及手段与目的的完善关系。然而，人们在这一方面抬高大自然，却又在另一方面试图贬低大自然。人们说，大自然没有和谐，它如果听任自己普遍的规律支配，就只会造成紊乱。和谐显示着外来的干预，它能够把不具有任何合规则性的物质强行纳入一个睿智的计划之内。不过我要回答说：如果物质的普遍作用规律同样是出自最高设计的一个结果，那么，这些规律除了力求自动完成至高无上的智慧所规定的计划之外，大概不可能有别的使命。或者，如果不是这样，人们岂不就会陷入诱惑，认为至少物质及其普遍的规律是独立的，而且如此可赞地利用它们的那种至高无上的智慧的力量，固然是大的，但却并非无限；固然是强的，但却并非无以复加的？

宗教的捍卫者担心：从物质的自然倾向得到说明的这种和谐，会证明大自然与神明天意无关。他毫不含糊地承认：如果人们能够为世界结构的所有秩序都发现自然的根据，这些自然根据能够从物质最一般的、根本的性质出发造成世界结构的所有秩序，那么，就没有必要诉诸最高的统治了。自然主义者在此有自己的算盘，并不反驳这一假设。他举出一些例子，证明普遍的自然规律能够产生出尽善尽美的结果，并借助在正统信仰者手中能够成为战无不胜的武器的根据，来使正统信仰者陷入困境。我想列举一下这些例子。人们曾经多次提到一个例子，把它当做对监护人们的一种善意安排所作出的最清晰的检验：在最热的地带，正当受热的地面最需要变凉的时候，海风就仿佛是被召唤来似的吹过陆地，使陆地凉爽。例如在牙买加岛，每当太阳高高升起，将灼人的热投向地面的时候，恰在上午9点之后，就开始从大海起风，向陆地上四面八方吹来；而且太阳越高，风力也就越大。大约下午1点，天气自然也就最热，风力也就最大，而且又随着太阳的下落而逐渐减弱，到傍晚时就和太阳升起时一样平静了。如果没有这种理想的安排，〔224〕
这个岛将会无法居住。热带陆地的所有海岸都享受到这种幸福。它们也最需要这种幸福，因为它们是干旱陆地的最低地区，承受着最严重的热。陆地上地势较高、因而海风吹不到的地区，肯定也需要海风较少，因为它们较高的地势使得它们处于一个较凉爽的气区中。这不是都很好吗？不都是凭借机智运用的手段所达到的明显目的吗？然而作为对立面，自然主义者必然要在空气的最一般特性中寻找它的自然原因，因而不打算猜测特殊的安排。他正确地发现，即使没有人居住在这样的岛上，这些海风必定还是要作这样的周期性运动；并且这不是凭借别的特性，即便不是为了上述目的，空气的特性仅仅对于植物的生长来说也是必不可少的；而是凭借空气的弹性和重力。太阳的热破坏了空气的平衡，使陆地上的空气变得稀薄，由此使凉爽的海洋空气离开自己的位置乘虚而入。

总之，风对地球的好处是多么有用啊！人的聪明又是多么可以利用风啊！然而，要造成风，却不需要别的安排，只需要空气和热的一般特性，而空气和热必然存在于地球上，与这些目的无关。

无神论者在这里会说：如果你们承认，人们能够从最一般的、最简单的自然规律引申出有益的、旨在某些目的的状态，不需要至高无上的智慧的特别主宰，那么，这里就出现了根据你们自己的承认将困住你们的证明。整个大自然，特别是无机自然，到处都有这样的证明。它们使人认识到，凭借其力量的
〔225〕机械性规定自己的物质，就其结果而言具有某种正确性，并且能自然而然地满足合理性的规则。如果一个善意的人为了挽救宗教的美好事业，要否认一般自然规律的这种能力，那么，他将会自陷窘境，以一种拙劣的辩护给无神论者制造取胜的契机。

不过让我们看一看，人们所担心的敌对者手中的这些有害的根据，却如何成为反驳敌对者的有力武器。根据其最一般的规律来规定自己的物质，凭借其自然而然的活动，或者说——如果人们愿意这样说的话——凭借一种盲目的机械性，造成了合理的结果，这结果看起来是一个至高无上的智慧的设计。空气、水和热产生了——如果把它们看做是自行发展的话——风和云、湿润着陆地的雨水和河流以及其他一切有益的结果，如果没有它们，大自然必定依然是凄凄惨惨、荒无人烟、寸草不生的。不过，它们造成这些结果，却不是由于单纯的偶然或者

同样能够很容易造成有害结果的巧合；相反人们看到，它们被自己的自然规律所限制，只能以这种方式而不能以别的方式起作用。人们该如何看待这种和谐呢？不同性质的事物相互结合，如此致力于造成杰出的和谐与完美，甚至是为了在某种程度上处于死物质范围之外的事物的目的，即有益于人和动物，如果它们没有一个共同的起源，即没有一个有联系地设计所有事物的本质特性的无限理智，这又怎么可能呢？倘若它们的本性是各自独立、互不相干地必然的，那么，它们以自己的自然活动如此相互契合，仿佛有一种深思熟虑的睿智选择把它们协调起来，这该是一种多么惊人的偶然啊！或者更正确地说，这该是多么不可能啊！

现在我放心大胆地转向我目前的冒险行为了。我假定所有世界的物质都处于一种普遍的分散状态，并用这些物质构成一种完全的混沌。我看到材料按照已揭示的引力规律形成，又看到斥力改变着它们的运动。看到不需要借助任意的虚构，按照 〔226〕
已揭示的运动规律的安排就可以产生出一个井然有序的整体，这整体与我们眼前所看到的世界体系如此相似，以至我情不自禁地把它们视为同一个东西，此时，我感到愉快满足。大自然的秩序在总体上的这种出乎意料的发展，起初也使我感到怀疑，因为它竟然建立在如此简单质朴的根据之上。最终，我从上述的考察中获得了教益，知道大自然的这样一种发展在它来说并不是什么稀罕的事情，而是它的根本努力必然造成这样的发展，而这正是它依赖于一个原始存在者的绝好证明；那个原始存在者甚至在自身中就已经包含着各种存在者的源泉及其最初的各种作用规律。这一认识使我对自己所作的设想信心倍增。每向前迈进一步，我的信心都有所增加，而怯懦也就完全消失了。

但人们会说，你为自己的体系辩护，同时也就是在为伊壁鸠鲁的意见辩护，后者与你的体系极为相似。我不想一概否认与伊壁鸠鲁的一致。许多人就是由于这些理由的表面现象而成了无神论者，但如果更仔细地考虑，这些理由仍然能够最强有力地说服他们来确信至高无上的存在者。即便是从无可非议的原理出发，一种颠倒的理解所得出的结论也常常是值得怀疑的。伊壁鸠鲁的结论就是这样，虽然他的设想与一个大思想家的聪颖是相称的。

因此，我并不否认卢克莱修或他的先驱伊壁鸠鲁、留基波和德谟克利特的理论与我的理论有许多相似之处。与那些世俗智者一样，我也认为大自然的初始状态是所有天体原初材料——或者如他们所说的那样是原子——的普遍分散状态。伊壁鸠鲁认为有一种重力驱使这些基本微粒下沉，而这种下沉显得与我所接受的牛顿所讲的吸引区别不大；他也认为那些基本微粒与下降的直线运动有某种偏离，尽管他在这种偏离的原因及其结果
〔227〕方面有些荒唐的想法：这种偏离在一定程度上与我们从微粒的斥力中推论出来的直线下降的变化是一致的；最后，从原子的混乱运动中产生的旋涡是留基波和德谟克利特学说中的核心部分，而在我们的学说中人们也将看到这种旋涡。然而，虽然与古代真正的无神论学说有如此之多的相似之处，这却没有使我的学说犯与他们同样的错误。即便在那些可能博得人们喝彩的最荒唐的意见中，也可以随时发现某种真实的东西。一个错误的原理或者一些不假思索的推论使人离开真理的道路，通过不易察觉的邪径把人一直引向深渊。然而，虽然有上述的相似性，在古代的宇宙生成论和当前的宇宙生成论之间还是有着根本的区别，从后者可以得出迥然不同的结论。

上述主张世界结构以力学方式产生的学者们，从偶然的巧合推演出可以从世界结构感知到的一切秩序，这种偶然的巧合使原子如此幸运地汇合在一起，以至构成了一个井然有序的整

体。伊壁鸠鲁甚至如此厚颜无耻，竟然要求原子无须任何原因就偏离其直线运动，以便能够碰撞到一起。他们都把这种荒唐发展到如此地步，以至把一切有生命的造物的起源都归于这种盲目的汇合，真要从无理性中派生出理性。我的学说则相反，我认为物质是受某些必然规律制约的。我发现，从物质彻底的分离和分散中能够完全自然而然地发展出一个美好的、井然有序的整体。这种情况之所以发生，并不是由于一种巧合和偶然，相反可以看到，大自然的特性必然造成这种状况。难道人们不会为此所打动而追问：物质究竟为什么必然具有这样一些旨在秩序与合理性的规律呢？性质各不隶属的众多事物，居然如此自行相互规定，以至从中产生出一个井然有序的整体，这难道是可能的吗？而且如果是这样，难道不是无可辩驳地证明了它们有一个共同的原初起源，这起源必然是一个充足的至高无上的理智，按照统一的目的来设计万物的本性吗？〔228〕

因此，万物的初始材料，即物质，是受某些规律制约的，物质听凭这些规律支配，必然产生出美好的结合。物质没有偏离这种完美设计的自由。由于物质服从一个至高无上智慧的目的，所以它必然被一个支配它的初始原因置于这样协调的关系之中；而且**正因为大自然即使在混沌中也只能按照规则井然有序地行事，所以有一个上帝存在。**

我从一些人的正直信念中获得了许多很好的意见，他们赏光审核了这一设想，这使我觉得可以保证，我所列举的理由虽然不能消除关于我的体系会产生有害结果的所有顾虑，却至少使我的目的的纯洁性不容置疑。即便还有一些恶意的狂热分子，不顾这一切仍把对最无辜的意见加以有害的解释视为自己神圣职责的崇高义务，我也坚信，他们的判定在有理性的人们那里，恰恰会造成与他们的目的截然相反的结果。此外，人们也不会从我这里剥夺当笛卡尔敢于从纯粹力学的规律出发解释天体的形成时，在公正的法官那里所享有的那种权利。所以，我要引用《宇宙通史》[①]作者们的话说："然而我们只能相信，这位世俗智者力图仅仅以一度引起的运动的延续来解释世界由混乱的物质形成，并把这归结成为少数几条简易的、普遍的运动规律，他的尝试和其他**自此之后试图从物质原始的、天赋的特性出发来作出解释，并获得众多掌声的人们一样，**都不是应予惩处的或者藐视上帝的，正如某些人所想象的那样，这是因为**由此毋宁说得出了上帝的无限智慧的更高概念。**"[②]

〔229〕 我曾经力图消除似乎从宗教方面威胁着我的命题的那些困难。就事情自身而言的确有一些不小的困难。人们会说，虽然上帝确实将一种从混沌中自行形成完善的世界状态的隐秘艺术置入了自然的力量，但在最通常的对象上尚且如此愚钝的人类理智，难道就有能力在如此重大的课题中研究隐秘的特性吗？这样一种大胆的行为恰像有人说：**只要给我物质，我就要给你们造出一个世界来。**你的洞察力在天天近在咫尺发生在你面前的事情上尚且如此蒙羞，其孱弱难道不能教导你，要揭示深不可测的东西以及还没有一个世界之前在大自然中发生的事情，是徒劳无益的吗？我消除了这一困难。我清晰地指出，在自然学说里面所能进行的种种研究中，正是这种研究能够使人们最容易、最有把握地一直追溯到起源，就像在自然研究的所有课题中，再也没有一个课题比大范围内的世界结构的真实状态、所有行星的运动规律及其公转的内在动力机制更能得到正确、可靠的解决了。在这方面，牛顿的世俗智慧具有这样的洞察力，类似的东西在世俗智慧的其他部分中是见不到的。正因为

① 第1部，88页。

② 参见《在英国一个学者协会完成的一般世界史的翻译》，第Ⅰ部，80页，1744。着重号出自康德。——科学院版编者注

此，我认为，在人们探索其初始原因的所有自然事物中，世界体系的起源和天体的产生以及它们运动的原因是人们可望首先彻底、可靠地认识的事物。这方面的原因是很容易看出来的。天体是球形的团块，因而其形态最为简单，这是人们在探讨一个物体的起源时所常见的一种形态。天体的运动同样不是混杂的。它们的运动无非是一次引起的推动的自由延续。这种推动与中心天体的引力相结合，就成为圆周运动。此外，天体运动的空间是空的，把诸天体相互隔离开来的间距大得惊人，因而这一切最清晰地说明了不仅它们可以有条不紊地运动，而且人们可以清晰地发现它们的运动。我觉得，在这里可以在某种意义上毫不夸张地说：**给我物质，我就要用它造出一个世界来**！〔230〕
这就是说，给我物质，我就要向你们指出，世界是怎样由物质形成的。因为如果有了具有一种根本性引力的物质，那么就不难规定在大范围内看能够有助于建立世界体系的那些原因。人们知道，要有什么才能使一个物体获得球形；人们懂得，要有什么才能使自由悬浮的圆球围绕吸引它们的中心作圆周运动。圆周相互之间的位置、方向的协调一致、向心率，这一切都可以归结为最简单的力学原因；人们也自信可望发现这些原因，因为可以从最简易、最清晰的理由出发来确定它们。但是，人们能够自夸，在极微小的植物或者昆虫身上也有这样的有利条件吗？难道人们能够说：**给我物质，我将向你们指出，一个幼虫怎样能够产生吗？**难道人们在这里不是由于不知道客体的真正内在性质和客体中存在的复杂多样性，而一开始就寸步难行吗？因此，如果我敢于说，在清楚完备地用力学理由说明一棵草、一个幼虫的生成之前，却能够认识一切天体的形成、它们运动的原因，简言之，能够认识世界结构的整个当前状况，人们大可不必对此感到惊诧。

这就是我相信世界学的物理学部分将来可望臻于完善所根

据的原因。**牛顿**已经提出了世界学的数学部分。除了世界结构得以保持现状所遵循的规律之外，也许在整个大自然研究中没有比世界结构的产生所遵循的规律更适宜于进行这样的数学规定了。毫无疑问，一个勇于探索的测量师在这里是不会一无所获的。

在我致力于介绍我所考察的课题以使它能够受到欢迎之
〔231〕后，请允许我就自己探讨这个课题的方式作一番说明。第 1 部分涉及世界大厦在大范围内的一个新体系。我在 1751 年的《汉堡自由判断》上看到了**达勒姆的赖特**① 先生的论文，是他首先启发我不把诸恒星看做一个杂乱无章的集合，而是看做一个系统，它与一个行星系统非常相似，以至正如在行星系中诸行星十分接近地分布在一个共同的平面上一样，诸恒星也分布在某个被设想必然通过整个天宇的平面上，尽可能接近地彼此相关，并且由于它们密集在这平面上而表现为一条光带，这条光带被称为银河。我深信，由于这个被无数颗太阳照耀的区域非常精确地拥有一个圆的方向，我们的太阳必然与这个巨大的联系平面同样非常接近。在我探索了这种规定性的原因之后，我认为，很可能这些所谓恒星或者固定不动的星本来是属于一个更高级秩序的缓慢移动的行星。为了证实人们在自己的位置上将发现的东西，我在这里只想引证**布拉德莱**② 先生作品中关

① 达勒姆的赖特（Wright von Durham），关于他的生平，我们缺乏更精确的信息。他的写作活动可以确定在 1740—1760 年的时间里。——科学院版编者注

② 布拉德莱（James Bradley，1693—1762），著名英国天文学家，康德所引用的这段话是出自《詹姆斯·布拉德莱关于在一些恒星那里观测到的一种视运动致乔治·麦克斯菲尔德侯爵阁下的信》的一种逐字逐句的翻译，该信注明日期为 1747 年 12 月 31 日，并发表在《哲学学报》上，39～41 页，1748。也请参见《汉堡文汇杂志》，第Ⅲ卷，第 6 期，616～617 页，1752。——科学院版编者注

于恒星运动的一段话："如果要把我们目前最好的观察与在此之前具有相对程度正确性的观察加以比较，并根据比较的结果作出判断，那么就可以明白，一些恒星确实改变了相互之间的位置，而且可以看到，这与我们行星系里的运动毫不相干，而只能归于这些星体自身的运动。关于这一点，大角星提供了强有力的证明。因为如果把这颗星现在的赤纬同**第谷和弗拉姆斯蒂德**所测定的位置加以比较，就可以发现，其差别比可想从他们二人观察的不确切性中得出的差别要更大。人们有理由推测，在大量可见的星体当中，必然还有其他具有相同性质的例子，因为它们相互之间的位置可能由于某些原因发生了变化。如果设想，我们自己的太阳系改变了它在世界空间中的位置，那么，经过一段时间之后，这将引起诸恒星角距离的一种显现上的变化。而由于在这样的事例中，上述情况对距离最近的星体的位置比对距离远的星体的位置有更大的影响，即便这些星体自身确实保持不动，它们的位置也显得发生了变化。而如果情况相反，我们自己的行星系保持不动，一些星体实际上在运动，那么，这也同样会改变它们显现上的位置；而且它们离我们越近，变化也就越大；或者运动的方向越是能够为我们所感知，变化也就越大。因此，在观察极其遥远的距离——肯定有一些星体处于这样的距离中——的时候，由于星体的位置可能因种种原因而改变，所以哪怕是确定一个星体显现上的变化的规律，也将需要许多世代的观察。因而要确定所有最值得注意的星体的规律，必然要更困难得多。" 〔232〕

我不能精确地规定在**赖特**先生的体系和我自己的体系之间所能发现的界限，也不能确定在哪些地方我只是因袭了他的设想，在哪些地方我作了进一步的发展。然而，我掌握了一些值得接受的根据，在一个方面把它大大扩展了。我考察了一些云

状星体的性状，**德·马保梯**先生在《论星体的形状》①一文中

① 由于手边没有所引用的论文，所以我想在此摘引1745年《教育者年鉴》上引用德·马保梯先生论文的有关部分*。第一个现象是天宇的那些**光亮方位**，这些方位被称为云状星体，并且被认为是一群小恒星。但天文学家们用高质量望远镜发现，它们只是一些大的椭圆形光点，比天宇的其他部分更亮一些。**惠更斯**首先在猎户座遇到了这种现象。**哈雷**在《英国科学报告汇编》中提到有6个这样的光点：1. 在猎户座的剑上；2. 在人马座上；3. 在半人马座上；4. 在安提诺斯的右脚前；5. 在武仙座上；6. 在仙女座的带上。如果用一个8尺长的反射望远镜观察这些光点，就会看到，这些光点中只有1/4可以被认为是一群星体；其余的除了一个更圆、另一个更椭圆之外，都只不过表现为没有显著差别的白亮光点。此外就第一种情况来说，用望远镜可见的小星体也似乎不能发出白亮的微光。**哈雷**认为，这些现象可以说明摩西《创世记》开头所说的：光在太阳之前已被创造出来。**德勒姆**把它们比做洞孔，另一个不可测度的天域也许是净火天就是通过它们显现出来的。他认为自己已经能够说明，与这些光点一起被看到的星体要比光亮方位离我们近得多。作者还为它们附上了一个从**赫维留**那里得来的云状星体表。他把这些现象看做是巨大的光亮团块，它们由于猛烈的旋转而变得扁平。如果它们与其他的星体具有同样的发光能力，那么，构成它们的物质的量必须非常巨大，以使它们从比其他星体距离更远的地方在望远镜中仍表现出显著的形状和大小。但是，如果它们在大小上与其他恒星差不多相等，那么，它们就必然不仅离我们更近得多，而且发出的光也更弱得多，因为它们以如此近的距离和显现上的大小仍然发出如此淡白的光。因此，如果它们有视差，就值得花费力气把这视差揭示出来。因为否认它们有视差的人也许会以偏赅全。人们在这些光点中间，例如在猎户座（或者举一个更好的例子，在安提诺斯右脚前的那个光点中，这个光点看起来无非是一个有一团云雾环绕的恒星），所遇到的那些小星体，如果它们离我们更近，那么，或者可用投影到这一光点的方式来看到它们，或者它们透过那些团块，就像透过彗星的尾部那样映现

曾提到它们，它们呈现出或多或少具有椭圆形空漏的形状。我 〔233〕
很容易就可以确定，它们只能是一群许许多多的恒星。这些形状任何时候都是匀称的圆形告诉我，这是一个数目多得不可思议的星群，而且必然是围绕着一个共同的中心排列的，因为若不然，它们彼此之间的自由定位将会呈现出无规则的形状，而不是匀称的形状。我还看出，它们统一处在一个系统之中，必定主要限制在一个平面上，因为它们并不构成一个圆形，而是构成一个椭圆形；由于它们发出的那种淡白的光，它们离我们远得不可思议。我从这些类比中得出的结论，将在正文中提供给没有成见的读者研究。 〔234〕

第二部分包含了这篇论文最根本的内容。在这部分中，我试图只用力学规律从大自然的最简单状态出发阐明世界结构的状态。如果我可以冒昧地建议那些对这种大胆作为感到愤怒的人们，在赏光审核我的思想时遵循某种顺序的话，我想请他们先通读第八章；我希望，这一章能够为使他们的判断成为正确的洞识做好准备。然而，当我邀请有兴致的读者审核我的意见时，我却有理由担心：由于这一类假设通常不会比哲学梦想得到更高得多的声望，决定仔细地研究本身就是设想出来的自然史，耐心地跟随作者为了避开所遇到的困难而千折百转，这对一位读者来说是一种酸涩的盛情，也许到头来他会像伦敦市场上叫卖商人的观众①那样，嘲笑自己的轻信。不过我敢于作出允诺：如果读者——但愿如此——被我建议的准备性一章所说

出来。

* 引文在康德所说的这一卷的616～617页，见马保梯的论文第Ⅵ节，参见下文254页注。——科学院版编者注

① 参见格勒特的寓言《汉斯·诺德》。

服，敢于对如此可能的猜测作出这样一种物理学的探险，那么，他在前进的道路上将不会遇到像开始时所担心的那样多的弯路和不可逾越的障碍。

事实上，我十分谨慎地放弃了一切任意的虚构。我在把世界置于最简单的混沌中之后，除了引力和斥力之外，不再运用别的任何力量来说明大自然的伟大秩序；这两种力量是同样确定、同样简单，而且也是同样原始、同样普遍的。二者都是借用自牛顿的世俗智慧。第一种力是一条如今已无可置疑的自然规律。至于第二种力，牛顿的自然科学也许不能像对第一种力那样予以清晰的说明，我在这里只是在这样的意义上接受了它，即没有人能够否认它，哪怕是在物质分解得最细微时，例
〔235〕如云雾。从这些最简单的理由出发，我自然而然地得出了以下的体系，除了读者完全自动地注意的那些结论之外，没有杜撰别的结论。

最后，请允许我对下述理论中的命题的有效性和所谓价值作出简短的说明。我希望，这一理论将根据这些命题在公正的法官面前得到审核。人们是根据作者在自己的商品上加盖的印章来公正地对作者作出判断的，因此我希望，人们在这篇论文的各个部分中不要要求对我的意见作出比按照我自己赋予它们的价值更严格的辩解。总之，决不能要求这样一篇论文具有极大的几何学的精密性和数学的准确性。既然体系是按照可信性和一种正确的思维方式的规则建立在类比和协调一致基础之上的，那么，它就已经满足了自己对象的一切要求。我认为，在这篇论文的一些章节中，例如在恒星系的理论中，在云状星体的性质的假设中，在世界结构按照力学方式产生的一般设想中，在土星环以及其他一些东西的理论中，已经达到了这种干练程度。阐述中的一些特殊部分尚欠信心，例如对偏心率各种关系的确定、行星质量的比较、彗星各种各样的偏离以及其他

一些东西。

因此，当我在第七章中被体系的成就以及人们能够设想的最伟大、最值得惊赞的对象的胜景所吸引，虽然始终遵循类比和一种合理的可信性的导线，但却有点大胆地尽可能发挥这一学说的结论时；当我向想象力阐明整个造化的无限性、新世界的形成和旧世界的没落、混沌的无限空间时；我希望，人们会因对象的引人入胜和看到其理论在最大范围内保持协调一致所〔236〕获得的愉悦而赐予宽容，不按照极大的几何学严格性对它作出判断。这种方式的考察本来就不具备这种严格性的。在第三部分中，我也期望得到这样的公正对待。不过，人们在这里遇到的东西虽不全是纯粹的臆造，但也并非在任何时候都无可置疑。

〔237〕

全书内容提要

第一部分

综述从银河的各种现象推论出的恒星中普遍的系统状态。这种恒星系和行星系的相似之处。在天宇远处发现许多这样的星系以椭圆形状呈现出来。整个造化系统状态的新概念。

结束语。从星系偏心率随距离而递增的规律出发对土星外可能还有许多行星的推测。

第二部分

第一章

关于世界具有一种力学起源的学说的根据。反面的根据。在各种可能概念中惟一满足这两方面的概念。大自然的初始状态。所有物质元素在整个世界空间中的散布。由吸引所造成的最初骚动。天体在引力最强的地方开始形成。元素普遍地向这个中心天体降落。物质分解而成的最微细部分的斥力。由这种力与前一种力结合所造成的降落运动的方向变化。所有这些运动的方向都千篇一律地朝向同一天域。所有的微粒都涌向一个共同的平面，并这样集聚起来。它们运动的速度减缓下来，与它们所在位置的距离上的重力达到平衡。所有的微粒沿着圆形
〔238〕
轨道围绕中心天体自由公转。由这些被推动的元素形成行星。由这些元素聚合而成的行星在共同的平面上以同样的方向作自由运动，接近中心点的差不多是作圆周运动，离中心点远的偏

心率随之递增。

第二章

探讨各行星的不同密度以及它们的质量情况。近距离行星比远距离行星更密的原因。牛顿解释的不足之处。中心天体比邻近围绕它运行的星球质量轻的原因。各行星质量的情况依其距离比例而定。从产生的方式得知中心天体质量最大的原因。对世界物质元素分布稀疏程度的计算。这种稀疏的可能性和必要性。从**德·布丰**先生的一个值得注意的类比得出的天体产生方式的重要证明。

第三章

论行星轨道的偏心率和彗星的起源。偏心率随着与太阳的距离逐渐递增。从宇宙生成论得出这一规律的原因。彗星轨道自由地偏离黄道的原因。彗星由质量最轻的一类材料构成的证明。关于北极光的附带说明。

第四章

论卫星的起源和行星的绕轴运动。产生卫星的材料都已包含在该行星把各部分集聚起来时自身形成的天域里。这些具有一切规定性的卫星运动的原因。大行星拥有卫星的原因。论行星的绕轴自转。月球以前是否曾有过更快的绕轴自转？地球的旋转速度是否在减缓？论行星的轴对其轨道平面的位置。其轴的移动。

第五章

论土星环的起源和从土星环的情况计算土星的每日自转。土星初始状态与彗星情状的比较。土星大气层的微粒借助由其 〔239〕

自转而引起的运动形成一个环。根据这一假说对其绕轴自转的时间的确定。对土星形状的考察。论天体以回转椭圆体的方式变扁。对土星环情状的进一步确定。洪水期之前地球是否也曾有过一个环？

第六章

论黄道光。

第七章

论无限时空整个范围内的造化。一个大恒星系的起源。位于星系中央的中心天体。造化的无限性。其总体内部普遍的系统关系。整个大自然的中心天体。造化通过新世界的不断形成而在无限时空中的逐渐延续。对未成形自然的混沌的考察。世界结构的逐渐没落和衰亡。这样一个概念的合理性。没落了的大自然的复兴。

第七章的补充

太阳的一般理论与历史。一个世界结构的中心天体是一个火质天体的原因。对太阳本性的进一步考察。关于环绕太阳的空气各种变化的想法。太阳的熄灭。对太阳形状的详细观察。**赖特**先生关于整个大自然的中心的意见。对这意见的改进。

第八章

关于世界结构布局之力学学说的正确性、尤其是关于当前力学学说的可靠性的一般证明。事物本性自行升华为秩序和完善的根本能力是上帝存在的最好证明。针对自然主义的责难所作的辩护。

世界结构的状态是简单的，没有超出大自然的力量。能确凿证明世界的力学起源的一些类比。这一点也可以从偏离得到证明。诉诸神的直接安排不能令人满意地回答这些问题。促使牛顿放弃力学学说的一些困难。对这些困难的解决。这里提出的体系是所有可能的体系中惟一能够满足双方根据的体系。此外，从星系的密度、质量和间隙的情况也可以证明这一点以及它们的规定性的层次联系。上帝进行选择的动因不能直接决定这些情况。神直接安排的学说中出现的一些困难。 〔240〕

第三部分　各星体上的居民的比较

是否所有的行星都有居民？怀疑的原因。不同行星的居民之间自然关系的根据。对人的考察。人的本性不完善的原因。有生命的造物依其与太阳的距离不同其身体特性上的自然比例关系。这种比例关系在其精神能力方面的后果。不同天体上能思维的物种的比较。从他们的住所的某些情况得出的验证。从神意赐福这些物种的安排得出的进一步证明。简短的离题。

结束语

人未来生活的情状。

第一部分

恒星中一般性系统状态的综述 兼论这样的恒星系的众多

看那伟大的神奇链条，
把这个世界的所有部分连在一起，
并保持着巨大的整体。

——蒲柏①

〔243〕 为理解后面的内容所必需的牛顿宇宙学基本概念简述②。

6个行星中的3个有卫星，这6个行星就是：水星、金星、地球及其卫星、火星、木星及其4个卫星、土星及其5个卫星。他们都以太阳为中心，围绕太阳作圆周运动，并与来自四面八方、沿着很长的轨道运动的彗星一起构成一个星系；这个星系人们称之为太阳系，或者也称之为行星世界。所有这些天体的运动由于都是圆形的、周而复始的，都以两种力为前提条件，这两种力无论对于哪一种学说都是同样必要的；这就是

① 参见蒲柏：《试论人》，B. H. 布罗克斯译自英文，5页，1740。——科学院版编者注

② 这一简短的引论对于大部分读者来说也许是多余的，我想把它事先介绍给那些对牛顿的原理不够通晓的读者，为认识以下的理论作准备。

一种发射力，由于这种力，如果不是**另一种力**——无论它是什么样的——不断地迫使它们离开笔直的方向并沿着以太阳为中心的曲线轨道运行的话，它们在其曲线运动的任何一个点上都会继续其笔直的方向，并远离至无限。这第二种力，如几何学自身无可置疑地揭示的那样，到处都以太阳为目标，因而被称为降落力、向心力，或者也被称为重力。

如果天体的轨道是个精确的圆，那么，对这种曲线运动的合成作出最简单的分析就可以表明，必须有一种朝向中心的持续推动；不过，虽然无论是所有的行星还是彗星，它们的轨道都是椭圆，太阳位于它们的共同焦点上，但是，高等几何学同样能够借助**开普勒**的类比（按照这一类比，矢径或者由行星向太阳划出的直线总是从椭圆轨道上切下这样一块空间，其大小与时间成正比）确凿无疑地说明，必然有一种力量在整个圆周运动中不断地把行星拉向太阳这个中心。因此，这种支配着整个行星系空间、以太阳为目标的降落力是一个明显的自然现象，并且也令人信服地证明了这种力量从中心出发延伸到遥远的地方所遵循的规律。这种力量总是随着与中心距离的平方的增加而成反比地减小。从各行星以不同的距离进行其公转所需要的时间中，可以同样确实可靠地得出这一规则。这些时间总是与行星离太阳的平均距离的三次方的平方根成正比的；由此可以得出：把这些天体拉向它们旋转的中心的力，一定与距离的平方成反比地减小。 〔244〕

当行星绕太阳运行时支配着它们的那个规律，也同样适用于小的星系，即适用于围绕其主行星运动的卫星所构成的星系。它们的公转时间同样与距离成比例，并且规定对行星的降落力的比例关系与该行星对太阳所服从的比例关系是同样的比例关系。所有这些都从最确实可靠的几何学出发借助无可争议的观察一再地得到证明。此外还有一种观念，认为这种降落力也正是在行星表面上被称为重力的那种推动力，它随着与行星的距离的增加而按照前面引述的规律逐渐地减小。从地球表面上的重力的平方与把月球引向它的轨道的中心的那种力量的比
〔245〕 较中可以看出这一点。它们相互之间的这种力完全与整个世界大厦中间的引力一样，与距离的平方成反比。这就是人们把经常提到的向心力也称为重力的原因。

由于除此之外也极为可能的是，如果一种作用只是当某个物体在场的时候并且按照与该物体接近的比例发生，作用的方向又极为精确地与这个物体相关，那么就可以相信，无论这个物体是哪一种物体，它都是这种运动的原因；因此之故，有充分的理由可以认为，行星向太阳的这种普遍的降落应当归于太阳的一种吸引力，并且这种吸引的能力应当普遍地归于所有的天体。

因此，如果让一个天体自由地听凭这种使它向太阳或者任何一个行星降落的推动力支配，那么，该天体就总是要以加速度向后者掉落，并在短时间内与后者的团块合为一体。但如果该天体受到向旁边的撞击，那么，倘若这撞击尚未足以与降落的力达到平衡，它就会以曲线的运动向中心天体降落；而如果它受到的推动如此强有力，至少使它在与中心天体的表面接触之前就偏离垂直线的距离超过中心天体的半径，那么，它就不会接触中心天体的表面，而是在它从靠近中心天体的地方掠过之后，再以下降所要求的速度重新升高到降落时的高度，以围绕它不断地作圆周运动来继续自己的运行。

因此，彗星运行轨道与行星运行轨道之间的差别就在于侧向运动与促使它们降落的力的平衡。这两种力越是接近于相等，轨道就越像圆圈；它们越是不相等，发射力越是比向心力弱，轨道就越是被拖长，或者如人们所说的，就越是偏心，因为天体在它轨道的一个部分上要比另一部分更为接近太阳。

由于整个大自然中没有任何东西如此精确地平衡，所以也没有一个行星拥有完全圆形的运动。但彗星偏离圆形运动最多，因为迫使它偏向一边的推动与它的初始距离的向心力之比最小。〔246〕

我在论文中将经常用到**世界结构的系统状态**这一表述。为使人们不难清晰地想象它指谓的是什么，我想对此稍加说明。本来，所有属于我们这个世界结构的行星和彗星由于都围绕一个共同的中心天体运转，已经构成了一个**系统**。但我是在更狭的意义上使用这一称谓的，我指的是更为精确，使它们的相互结合，合乎规则、形式相同的关系。行星的轨道尽可能接近地与一个共同的平面相关，即与太阳的延长了的赤道面相关；对这一规则的偏离只能在星系的最外边缘才能发现，那里的所有运动都将逐渐停止。因此，如果有一定数量的天体被安排在一个共同的中心周围，并围绕这个中心运动，同时又被限制在某个平面上，以致它们尽可能少地拥有从该平面向两边偏离的自由；如果偏离只是在距中心最远，因而比其他天体更少分有这些关系的天体那里才逐步出现；那么我就说，这些天体相互结合地处在一个**系统的状态**中。

第一部分　关于恒星中的系统状态 〔247〕

关于世界结构普遍状态的学说从惠更斯①时代以来就没有

① 惠更斯（Christian Huygens），著名天文学家，生活于1629—1695年。在伽利略于1610年看到木星的4个卫星之后，惠更斯于1655年发现第一颗土星卫星，并在2年后认识到土星环的真实形状。此后，卡西尼在1671年、1672年和1684年，因而是还在惠更斯的生年发现了另外4颗土星卫星。对我们的行星系的认识就停留在这种状态，直到1781年天王星被威廉·赫歇尔发现。——科学院版编者注

显著进展。目前人们所知道的，并不多于那时已经知道的，即6个行星连同10个卫星，差不多都在一个平面上作圆周运动，并与永恒的、向四面八方横冲直撞的彗星构成了一个星系，其中心就是太阳；它们都降落，围绕太阳运动，并被太阳照亮、变热和给予生机；最后，各恒星作为同样多的太阳，是类似的星系的中心，在这些星系中，一切都可能安排得与我们的星系一样宏伟，一样井然有序；无限的世界空间充满了各种世界大厦，它们的数目和杰出是与其创造者的无可比拟性相关的。

在环绕其太阳运行的行星的结合中出现的系统性东西，在恒星群中完全消失了。看起来，在小范围内发现的那种合规律的关系，在大范围内的宇宙各成员中并不占支配地位；诸恒星并没有得到任何限定其相互位置的规律，人们看到它们毫无秩
〔248〕序、毫无目的地充满所有的天宇和众天之天。自从人的求知欲给自己设定了这些界限以来，人们就无所事事，只是由此接受和惊赞在如此不可思议的伟大作品中启示自己的那一位的伟大。

成功的一步是留待**达勒姆的赖特**先生这位英国人迈出的。他提出了一种说明，不过他自己似乎并没有利用它来达到什么特异的目的，他并没有充分地看到这一说明的有益用处。他不是把诸恒星看做一种杂乱无章的、毫无目的地散乱的汇集，而是发现了整体上的一种系统状态，发现了这些星体与它们所在空间的主平面有一种普遍的关系。

我们打算对他提出的思想加以改进，赋予它一种变化，使它能够在重要的结论方面获得成果，而全面的验证则有待于将来。

任何人在晴朗的夜晚观看繁星密布的天宇，都会看到一条明亮的光带。那里比别的地方汇聚了更多的星体，由于遥远而

无法认清，从而呈现出一种单调的光，人们称之为**银河**。奇怪的是，天宇的观察者从未被天宇这一显著不同的区域所打动，从中得出恒星位置的特殊规定性。因为人们看到这条光带有一个最大圆周的方向，并且绵延不断地环绕整个天宇。这两个条件说明它具有一种精确的规定性，具有与偶然的不确定性显著不同的特征。留意的天文学家自然而然应当由此受到启发，留心探索对这样一种现象的解释。

由于星体并不是位于显现上的天球凹面上，而是离我们的视点一个比一个更远，消失在天宇的深处，所以从这一现象可以得出，在它们一个比一个更远地离开我们的距离中，它们并不是随便地向四面八方分散的，而是必然主要地与某个平面相〔249〕关，这个平面通过我们的视点，而且星体都必定尽可能地与它接近。

这种关系是一个无可置疑的现象，甚至不包括在银河这个白色光带之内的其他星体，其位置越接近银河圈，就越是密集、紧凑，从而天宇中仅用眼睛就能发现的2 000个星体，绝大部分都是在以银河为中心的一个不甚宽阔的区域里发现的。

如果我们在想象中画一个贯穿星空延伸到无限远处的平面，并且假定所有的恒星和星系的位置都与这个平面有一种普遍的关系，与其他天域相比离它更近，那么，处在这个关系平面之上的眼睛，在瞭望天穹凹球面上的星域时，就会看到星体最密集的汇聚沿着这个画出的平面的方向，表现为一个由许多发光体照亮的天域。这个光带沿着一个大圆的方向延伸出去，因为观察者的位置就在这个平面本身上面。在这个天域中繁星密布，由于这些亮点小得看不到，无法分辨，而且看起来又很密集，所以表现出一片白茫茫的微光，一言以蔽之，这就是银河。其他星群虽然就其汇聚而言也与画出的平面相关，但与这个平面的关系却逐渐减小，或者尽管它们离观察者的位置更近，但看起来却更分散。最后可以由此得出，由于我们是从太阳系出发沿着一个极大的圆的方向观看这个恒星系的，所以太阳系也一起处在这同一个大平面上，并与其他太阳系一起构成一个系统。

为了更好地了解支配着世界结构的普遍联系的情况，我们想力图揭示使恒星的位置与一个共同的平面发生关系的原因。

〔250〕太阳并不将自己的引力范围限定在一个行星系的狭小范围。从各种迹象来看，引力是无限延伸的。远远超出土星轨道的彗星，由于太阳的引力又被迫返回，沿着环形轨道运行。因此，尽管认为力是不受限制的，要更为符合似乎被赋予物质本质的力的本性，接受了牛顿定理的人们也确实认为是这样的，但我们却只打算承认，太阳的吸引大约延伸到最近的恒星，各恒星作为如此众多的太阳在同样的范围内对周围发生作用，因而整个恒星群都力求通过吸引而彼此接近；这样，所有的世界系统都处在这样一种状态中，即通过不断的、不为任何东西所阻挡的相互接近而迟早落到一起，成为一团，除非像在我们这个行星系的各个星球那样，由于离心力而避免了这场灾难。离心力使天体偏离了直线的下落，与吸引力相结合造成了永恒的圆周运动，从而保证了造化的大厦不致毁灭，能够永远地存在下去。

因此，天穹的所有太阳都有公转运动，要么是围绕一个共同的中心，要么是围绕许多中心。人们在这里可以与在我们的太阳系里所发现的情况加以类比。也就是说，同样的原因赋予行星离心力，确立了它们的公转，也同样确立了它们的运行轨道，使它们与一个平面发生关系，因而也是这个原因，无论它是一种什么样的原因，给予世间作为更高世界秩序的诸多行星的各个太阳以运转的力量①，尽可能多地使它们的轨道处在一个平面上，并竭力不让它们从这平面上偏离出去。

根据这种想象，如果把行星系无限地扩大，就可以在某种程度上用行星系来描摹恒星系。因为如果我们假定不是有6个行星及其10个卫星，而是有数千个行星和卫星，不是有已观察到的28个或者30个彗星，而是把它们增多到100倍或者 〔251〕 1 000倍；如果我们设想这些星体都是自己发光的；那么，对于从地球上观察它们的观察者的眼睛来说，就会产生与银河的恒星一样的外貌。因为这些假想的行星由于靠近它们关联的同一平面，我们的地球又处在同一个平面上，在我们看来它们就是一个由无数的星体密集地照亮的区域，它的方向是朝向那个最大的圆的；虽然根据假说这些星体都是行星，因而并不固定在一个位置上，但这条光带却是到处都繁星密布。这是因为，由于星体的位移，虽然其他的星体改变了这个位置，但任何时候都有足够的星体朝向某一边的。

这个被照亮的区域仿佛是一条黄道带，其宽度取决于上述游离的星体从它们关联的平面偏离出去的不同程度，取决于它们的轨道与这个平面形成的倾角。由于大多数星体靠近这一平面，所以它们越是远离这个平面，就越是显得分散。但是不加区别地占据所有天域的彗星会从两边来遮满天空。

所以，恒星天的形状没有任何别的原因，它像小范围的行星世界的系统状态一样是由大范围的系统状态造成的；所有的太阳都构成了一个系统，银河系就是普遍的关系平面；在边上可以看到那些与这个平面最少关联的星体，它们也正是因此而

① 公转的推动力（《约翰·弗里德里希·根济欣的康德自然史和天体理论摘要》，166页）。据康德在根济欣手稿中的改动。——科学院版编者注

不够密集，更分散得多，为数也少得多。可以说，它们就是各个太阳中间的彗星。

但是，这个新学说给各个太阳附加了一种向前的运动，而每个人都把太阳看做是不动的，一开始就固定在它的位置上的。恒星也就是由此获得这一称谓的，这似乎已为历来的观察所证实，成为无可置疑的事情。如果这一称谓是有道理的，那么这种困难就将摧毁上述学说。然而全面地来看，这种运动的阙失只是某种表面的东西。这或者是由于它们与自己公转的共同中心距离越远就越是运动缓慢，或者是由于同观察地点距离
〔252〕太远而根本无法察觉。让我们来计算一下靠近我们太阳的一个恒星的运动，以衡量上述概念是否可能。假定我们的太阳是这个恒星的环形轨道的中心。如果按照惠更斯的看法，假定它的距离比太阳与地球的距离大 21 000 倍，那么，根据已经阐明的公转时间的规律，时间与同中心距离的立方的平方根成正比，则它绕太阳运行一周所必需的时间将是 150 多万年，而这将使它在 4 000 年① 期间仅仅把自己的位置移动一度。也许极少有恒星像惠更斯推算的天狼星那样离太阳如此之近，其余的星群的距离也许要远远超过天狼星，因而周期性运转就需要更长得多的时间了。此外，星空中各个太阳的运动很可能是在围绕一个共同中心进行的，它们的距离又是无比之大，因此星体的位移可能极为缓慢。由此可以得出，很可能自从人们开始观察天宇以来的全部时间，也许还不足以察觉它们在位置上所发

① 150 多万年和 4 000 年这两个数字应当翻倍，因为一个离太阳远 21 000 倍于地球并凭借太阳的引力绕太阳运动的星体，会为它的公转需要 $\sqrt{Y21000Y^3}$ 亦即 300 多万年，并且在 8 000 年期间移动一度。两个数字在根济欣的摘要中（167 页）已改正。——科学院版编者注

生的变化。然而，不要放弃将来总有一天会发现这种变化的希望。这需要敏锐细致的有心人，此外还需要在相距很远的观察之间进行比较。必须把这些观察尤其对准银河中的星体①，银河是一切运动的主要平面。**布拉德莱**先生差不多已经观察到星体难以察觉的位移了。古人在天宇的某些位置上看到了一些星体，我们则在别的位置上看到了新的星体。谁能知道，这只不过是过去的星体变化了位置呢？出色的仪器和完善的天文学使我们有理由希望发现特别值得注意的事情。②这事情出于大自 〔253〕
然和类比的理由而具有的可信性支持着这一希望，能够使它引起自然研究者们的注意而去实现它。

可以说，银河也是一些新星体的黄道带，这些新星体几乎是在这个天宇里交替地显现和消失。如果它们的时隐时现是由于它们周期性地远离和接近我们，那么，从这些星体以上所述的系统状态看来，这样一种现象必定大多是仅仅在银河区看到的。因为这里是些以扁长的轨道像卫星围绕其主行星一样围绕其他恒星运行的星体，所以就要求与我们的行星世界进行类比；在我们的行星世界中，只有靠近运动的共同平面的天体才

① 同样要对准这样的星群，它们中间有许多都是共同处在一个狭小的空间之中的，如昴星团就是这样。它们也许在一个较大的系统中构成了一个小系统。

② 德·拉·伊尔*在1693年的《巴黎科学院备忘录》中写道，从他自己的观察和他的观察与里乔卢斯**的观察的比较中，他发现昴星团中各个星体的位置有了显著的变化。

* Philippe de la Hire，1640—1718，初为画家和建筑学家，后为法兰西王家学院数学教授。参见《王家科学院的历史》，第Ⅱ卷，119～120页，1733。——科学院版编者注

** 参见《康德全集》，第Ⅰ卷，176页注。——科学院版编者注

有围绕自己运行的卫星，也只有处在银河之中的星体才有围绕它们运行的太阳。①

现在，我要讲到上述学说的那个由于表述了关于创世计划的崇高观念而使该学说极为引人入胜的部分。把我引导到这一学说的思想系列很简单，也很自然。这种思路如下：如果一些恒星就其位置而言与一个共同的平面相关，如我们关于银河所设想的那样，其构成的星系离我们如此遥远，以至构成它的那些个别星体即便用望远镜也不再能辨别清楚；如果它的距离与银河各星体的距离之比，恰正是它的距离同太阳与我们的距离之比；简而言之，如果这样一个恒星世界以如此无法测度的距离被处在这个世界之外的观察者的眼睛看到，那么，这个世界
〔254〕从一个小的视角来看就表现为一个被微弱的光照亮的小空间；如果它的平面垂直呈现给眼睛，它的形状就是滚圆的；如果从一边来看它，它就是椭圆的。如果存在这样一种现象，那么，光的微弱、形状和直径可见的大小就会把这样一种现象与所有分别看到的星体清晰地区分开来。

在天文学家们的各种观察中间，人们不必花很长时间来寻觅这种现象。不同的观察者都清晰地看到过它。人们对它的奇

① 关于在前文阐释的银河系的观念，根济欣在201～202页根据康德的愿望作出如下注释：

当**兰贝特**在他于1761年才出版的**关于宇宙结构之布局**的《宇宙论通信》中公布一种类似的理念时，**康德**教授先生自6年前就已经提交了他的银河是一个与我们的行星系类似的诸运动着的太阳的系统的观念。因此，后者应享有一件尚不属于任何人的事情的第一拥有者的权利。除此之外，就连兰贝特的观念也似乎[与康德的观念]有很大区别，而且如我觉得，是对后者有利的区别，因为兰贝特把银河划分为无数的小部分，并且假定我们的行星系就处在这样一个部分之中，就连银河之外的所有星体也都应当属于这个部分。——科学院版编者注

异性感到诧异，作出过猜测，有时提出奇怪的想象，有时提出与前者同样没有根据的肤浅的概念。云状星体就是我们所指的东西，或者毋宁说是**德·马保梯**先生描述过的那一类星体①：它们是**微小的、比空洞的天宇空间的黑暗更多受到照亮的点，它们的一致之处在于，它们都呈现出或多或少空漏的椭圆，但它们的光却比人们在天宇看到的任何一种光都微弱。**《天文神学》的作者②设想它们是天穹的洞孔，相信可以通过它们看到净火天。一位思想开明的哲学家，即上面已经提到的**德·马保梯**先生，在考察它们的形状和可认识的直径时，把它们看做大得惊人的天体，由于它们被旋转力造成的严重的扁平，它们从一边看来呈现出椭圆形状。

很容易就可以证明，这后一种解释同样站不住脚。由于这种云状星体毫无疑问必须至少与其他恒星离我们同样遥远，所以它们不仅要大得惊人，必须比最大的恒星还要大上几千倍，而且最奇特的是，它们虽然具有这种非同寻常的大小，但即便作为自己发光的天体和太阳，它们发出的光也是非常黯淡、微弱的。

更为自然、更易于理解得多的是，它们并不是单个的巨大星体，而是由许多星体构成的系统，它们的距离使它们呈现在一个如此狭小的空间之中，以至由于它们数目多得无法计量， 〔255〕
每颗星单独发出的难以觉察的光就转化成为白茫茫一片微光了。与我们所在的星系的类比、它们那在我们的学说看来必定恰恰如此的形状、假定无限遥远的距离所要求的光线的微弱，这一切都完全协调一致，使人把这些椭圆形状视为同样的世界

① 关于星体的形状的论文。
② 指威廉·德勒姆（William Derham，1657—1735）。这本书的书名为《天文神学或从天体观测对上帝存在和属性的一种演证》，1715。一个德文译本于1732年出版。参见上文233页注。——科学院版编者注

秩序，可以说是视为我们刚才已经讨论过其状态的银河。如果在各种推测中类比和观察完全一致，相互印证，从而各种推测具有与严格的证明一样的价值，那么，就必须认为已经揭示了这些体系的确实存在。①

如今，天宇观察者们已经有了充分的根据把自己的注意力集中在这个课题的研究上。我们知道，各个恒星都与一个共同的平面发生关系，并由此构成一个协调的整体，它是许多世界中间的一个世界。人们看到，在无法测度的距离上还有着更多这样的星系；在其宏大到无限的整个范围内，造化处处都是系统的，彼此相关的。

人们还可以猜测，这些更高级的世界秩序也不是彼此没有关联的，它们通过这种彼此的关系又构成了一个更加无法测度的系统。事实上人们看到，**德·马保梯**先生所列举的这些云状星体的椭圆形状与银河的平面有着非常密切的关系。在这里，有一个广大的领域尚待发现，观察必然为此提供钥匙。② 那些

① 在这个地方，根济欣的摘要中有第二个根据康德的动议作出的注释：

兰贝特似乎不确定他应当把星云视为什么。因为尽管人们从他的通信的一些段落可以推论，他把星云视为遥远的银河；但毕竟又能够从别的段落猜测，他把星云、至少是把猎户星座的微光视为它被邻近的太阳照亮的昏暗中心体反射到我们这里的光。似乎没有疑问的是，**兰贝特**猜测有更多的银河存在，但显然不是他把星云视为这类遥远的银河。因此，人们不能像艾尔雷本在其 1772 年的自然学说 540 页说的那样，而且像在由枢密顾问利希滕贝格先生扩写的新版本中依然保留的那样，真正把这种表象称为**一种由兰贝特大胆提出的思想**；而且由于这种思想由**康德**已经在 1755 年完全确定地阐述过了，所以这种表象方式的领先性在哪一方，就不能再质疑了。——科学院版编者注

② 康德关于星云分布的猜测被对天体的新近摄影研究所证实。——科学院版编者注

本来已经这样称谓的云状星体和人们对如此称谓它们尚有争议的星体，都必须在这个学说的指导下得到研究和检验。如果人们有目的地按照一种已经揭示的设想来考察大自然的各个部分，某些特性就会显示出来；否则，如果没有指导地在所有的对象上分心，这些特性就会被忽视，依然是隐秘的。

我们所阐述的学说使我们看到了造化的无限领域，提供了关于上帝作品的一种表象，这种表象与伟大造物主的无限性是相称的。〔256〕地球在一个行星世界中只是沧海一粟，难以察觉，如果这个行星世界的宏大已经使知性感到惊异，那么，当人们看到无限多的世界和星系充满整个银河时，人们该会多么惊诧啊！然而，如果人们意识到，所有这些无法测度的星体秩序又构成了统一体，它们的数目有多大我们不知道，也许和前者一样大得不可思议，并且又构成了一个新的数目组合的统一体时，这种惊诧又该如何增加啊！我们看到了各个世界和星系的递进关系的第一批成员，而这无限递进的第一个部分就已经使我们认识到，对整体应当作出什么样的推测。这里没有终结，而是一个真正无法测度的深渊，人的概念的所有能力尽管可以凭借数学的帮助而提高，也还是沉没在这深渊之中。已经启示出来的智慧、美善和力量是无限的，而且也是无限富有成果的、无限活跃的；因此，启示它们的计划必然与它们自身一样是无限的、没有边界的。

然而，不仅要在大范围内作出重要的发现，它们有助于扩展人们关于造化之伟大所形成的概念。在小范围内也有不少尚未被发现的东西，即便在我们的太阳系里，我们也看到这个系统的各个成员彼此相距极远，在它们之间还有一些中间部分尚未发现。土星是我们认识的行星中间最外面的一个，偏心率最小的彗星也许从10倍远或者更远的距离向我们下落，在土星和偏心率最小的彗星之间，难道就不再有行星，其运动接近于彗星的运动更甚于接近土星的运动？难道就没有其他更多的星体，由于其规定性的接近而凭借一系列中间环节，使行星逐渐地转化为彗星，从而使后一类与前一类联系起来？

行星轨道的偏心率与它同太阳的距离之间有一种比例关系，这一规律支持着上述的推测。各行星运动中的偏心率随着与太阳的距离而递增，从而那些远距离的行星也就接近于彗星
〔257〕的规定性。因此可以推测，在土星之外还有其他行星，它们的偏心率更大，从而也就更接近于彗星，并凭借一个不间断的阶梯使行星最终变成彗星。金星的偏心率是其椭圆形轨道半轴的 1/126，地球是 1/58，木星是 1/20，而土星是 1/17；所以偏心率显然是随距离而递增的。当然，水星和火星是这一规律的例外，它们的偏心率要比与太阳的距离所允许的大得多；但我们下面将会看到，正是使一些行星在形成时分得的质量较小的原因，也造成它们缺乏作圆周运动所需要的推动，从而造成偏心现象，使它们在这两方面都不完备。

根据这种情况，难道不可能在土星之外最靠近它的天体，其偏心率的减小① 大致与下面的行星程度相同，行星通过不怎么突然的蜕变而同彗星的品性接近吗？因为肯定正是这种偏心率造成了彗星和行星之间的根本区别，而彗星的尾巴和气状球体则不过是偏心率的结果；此外，正是这个使天体作圆周运动的原因，无论它究竟是什么样的，在距离较大时不仅变弱，使旋转运动与降落力平衡，并由此使运动偏心，而且也正是因此而很少能够使这些星球与土星以内的星球在同一个平面上运动，从而使彗星向所有的天域横冲直撞。

① 大概应当是偏心率的增大，因为按照康德的阐述，土星的轨道朝着彗星变得越来越偏心。——科学院版编者注

根据这一推测，人们也许还可以期望在土星之外发现新的行星，它们的偏心率比土星大，因而更接近于彗星的特性①；但也正是因此之故，人们只能在较短的时间里，即在它们处于近日点时看到它们。这种情况，再加上它们离得远，发光弱，〔258〕至今仍妨碍着发现它们，即便到将来也必定难以发现。最后一个行星和第一个彗星（如果人们愿意，也可以这样叫它）的偏心率会如此之大，以至它在自己的近日点将横贯最接近它的行星的轨道，因而也许就是土星的轨道。

① 康德的猜测，即人们在土星之外还将发现新的行星，通过天王星和海王星的发现得到了证实；不过，这两颗星并未像康德认为的那样，就其轨道像迄今已知的行星那样具有更强的偏心率而与彗星更相似。无论是天王星还是海王星，都在差不多圆形的轨道上运动。康德在1755年就已经像从前言的一段话中（上文235页）可以看出的那样，很少重视偏心率随行星与太阳的距离明显增长的理论。康德在以后的时间里似乎更少重视偏心率的这种比例，因为在根济欣的摘要中，理论的相关部分完全阙如，尽管在根济欣的手稿中有命名为“论行星轨道的偏心率和彗星的起源”的详细一章。可能由康德所导致的对这一章的删除也许部分地受到10年前实现的遥远行星天王星的发现的影响，天王星的轨道只是表现出很小的偏心率。——科学院版编者注

第二部分
论大自然的初始状态、天体的形成、天体运动的原因以及它们的系统关系，既特别就行星系而言，也涉及整个造化

请看，那**形成着的**大自然向它的伟大目标挺进，
每一个太阳**微粒**都向另一个**微粒**移近，
每一个被**吸引**的，又把另一个向**自身吸引**，
致力于重新包容邻近的，并且**塑造**它们，
请看，物质千方百计，
涌向普遍的中心。

——蒲柏①

〔261〕

第一章
论行星系的起源及其运动的原因

对世界结构的考察，就它的各部分彼此之间所拥有以及它们表现自己由以产生的原因所借助的相互关系而言，显现出两个方面，这两个方面都同样可能、同样可取。从一方面来说，如果人们考虑到：6 个行星及其 10 个卫星都以太阳为中心，围绕它作圆周运动，都向一边运动，而且是向太阳自己的旋转作

① 参见蒲柏：《试论人》，B. H. 布罗克斯译自英文，59 页，1740。——科学院版编者注

为方向的那一边运动，它们的所有公转都受到吸引力量的支配；它们的轨道都偏离一个共同的平面，即偏离延伸开来的太阳赤道平面不远；就太阳系最遥远的天体而言，它们共同的运动原因据推测不如在中心附近那样强，因而出现了与上述几种规定的精确性的偏差，这些偏差与欠缺所引起的运动有着充分的关系；我要说，如果考虑到所有这种联系，那么，人们就会被打动，从而相信有一种原因，无论它是什么样的，都曾经在这个系统的整个空间中产生过普遍的影响，而行星轨道的方向和位置方面的协调一致则是所有行星由于这种使它们运动起来 〔262〕
的物质原因而必定有过的协调一致的结果。①

① 从诸行星在同样的方向上并且几乎在同一平面上进行的运动中猜测出一个共同原因的第一人是布丰。在其《自然史：一般的与特殊的》（第Ⅰ卷，133页，1749）中，他说道："所有的行星都按照同样的方向围绕太阳旋转。差不多在同一个平面上，只在行星轨道的最远处有7度半的倾斜角：行星运行中地点和方向的一致性必然意味着在他们运动动力中的某种共同性，也必然引起猜测它们通过唯一而相通的原因而相互沟通。"布丰的进一步阐述并不适用于建立一种宇宙起源论（参见下文344～345页）。由于就连拉普拉斯也是受布丰激励而提出其理论的，所以康德理论和拉普拉斯理论的基础彼此相似。进一步的建构在两个理论中很有区别，因此大概是由措尔讷传播开来的称谓"康德—拉普拉斯假说"并不怎么合适。拉普拉斯的《宇宙体系》与上述康德的这段话相似的导论（第Ⅵ版，第Ⅶ款，475～476页）说的是："即使行星体系的要素是武断的，但是这些都是建立在能够在其起源方面启发我们的报告之上。若谨慎对其考虑，人们就会惊奇地看到所有的行星都围绕着太阳从西向东运动，差不多在同一个方向上，也几乎是在行星的同一个平面上；最终太阳、行星和卫星……在其方向上和几乎在它们规划的运动平面上自行运转。如此特别的现象不会源于偶然性起因……我们必须因此相信……一个源始的原因在指挥着行星的运动。"——科学院版编者注

另一方面，当我们考虑我们这个系统的行星在其中运转的这个空间时，就会发现它完全是空的①，没有任何能够对这些天体产生共同影响并造成其运动的协调一致的物质。这种情况已被无可置疑地揭示出来，并且也许超过了前一种可能性。牛顿被这一理由所打动，不可能允许有这种弥漫在行星系空间维持共同运动的物质原因存在。他断言：上帝的手直接做好了这种安排，不需要利用大自然的力量。

只要作出公正的考虑，人们就会看到，这两方面的理由应被视为同样强有力的、同样完全可靠的。然而同样显而易见的是，必须有一个概念能够而且应当把这两种表面上相互冲突的理由统一起来；应当在这个概念中寻找真正的体系。我们想简明扼要地阐述这一概念。在整个行星世界的各星球运行于其中的空间的现在状态里面，并不存在一种能够引起或者确立它们的运动的物质原因。这个空间完全是空的，或者至少也和空的一样；因此它以前必然是另一个样子，必然充满了有足够能力的物质，将运动传到处在这空间的所有天体，使天体的运动与它们的运动相同，从而使一切运动彼此之间协调一致；在引力清扫了上述空间，使所有散布的物质聚集成为特殊的团块之后，行星从此就必然以一度被引起的运动在一个没有障碍的空
〔263〕间中自由地、不断地继续自己的运行。上述第一种可能性的理由绝对需要这一概念，并且由于在两种情况之间不可能有第三种情况，所以这个概念能够受到重视，获得崇高的赞扬，使它胜过一种假说的表面性。如果愿意详尽一些的话，人们可以通

① 在此我不讨论这个空间是否可以在真正的意义上叫做空的。因为只要提到以下事实就够了：在这个空间中可能遇到的所有物质，能力都太微弱了，以致与问题所涉及的运动着的团块相比，不可能产生什么作用。

过一系列相互印证的推论，按照数学方法的方式以它所具有的全部奢华，甚至以它在自然物质中的运行方式通常所具有的更伟大的外观，最终达到我关于世界大厦的起源所要阐述的那种设想；不过，我宁愿以一种假说的方式讲述我的意见，把检验它的价值留给读者的洞察力，而不愿借助一种骗人的论证来造成假象，使人怀疑它的有效性，由于赢得无知者而失去专家们的赞许。

我假定：构成属于我们太阳系的各星球——所有行星和彗星——的所有物质，在万物之初都分解成基本的物质微粒，充满着世界大厦的整个空间，如今这些已形成的天体就在这个空间中运行。即便人们根本无意把大自然的这种状态视为一个自在自为的系统，它也显得只是可能继虚无之后的最简单的状态。当时，它们还没有形成任何东西。相互有间距的天体的形成、它们相互之间由吸引所规定的距离、它们由聚集起来的物质的平衡产生的形状，都是后来的状态。直接与造化衔接的大自然极为粗糙，根本不成形。然而，即便是在构成混沌的元素的根本特性中，已经可以觉察到一种完善性的迹象；这种完善性是它们从其起源获得的，因为它们的本质是出自神圣理智的永恒理念的一种结果。这些似乎是盲目地设计出来的最简单、最普遍的特性，这种似乎纯粹是被动的、需要形式和部署的物质，在其最简单的状态中已经有一种通过大自然的发展而形成一种完善的状态的追求。然而，**元素种类的不同**为整理大自然和形成混沌贡献了最重要的东西，由于一种普遍的相同而 〔264〕
支配着分散元素的静止被由此取消，混沌在吸引力较强的微粒所在的地方开始形成。根据大自然在所有方面表现出来的无法测度性，这些基本材料的种类毫无疑问是无限多样的。密度和引力最大的那些种类，自然而然占据的空间也较小，也比较罕见，因此同样在世界空间中分布时，就比较轻的种类更为分散。与轻的元素相比，比重大1 000倍的元素，其分散程度也要大1 000倍，甚至大100万倍。由于必须设想这些分离是尽可能无限的，所以可能有一类天体成分在密度上超过另一类的程度，就像一个用行星系的半径画出的圆球超过在直径上只有一条线的1/1 000的圆球一样；因此，前一种分散的元素也就比后一种元素彼此之间的距离更大得多。

在以这种方式被充满的空间里，普遍的静止只能持续一个瞬间。[①]这些元素具有彼此之间运动起来的根本力量，自身就是一个生命的源泉。物质立即就致力于形成自己。密度较大的分散元素凭借吸引而从自己周围的天域里把所有比重较轻的物质聚集起来；它们自身连同它们与自己结合在一起的物质又聚集在密度更大的微粒所在的地方，而这些微粒又同样地聚集到密度还要更大的微粒那里，如此一直继续下去。因此，当人们

① 这个句子常受攻击。当然，根据力学的普遍平面定律，我们的行星系中在同样的意义上发生的运动不能是出自一种静止状态的，但一度有疑问的是，是康德在这个地方指的是我们的行星系，还是他毋宁说想的是一个广袤得多的世界系统，我们的行星系仅仅是其一个部分；在这样一个世界系统中，很可能一度有完全的静止。支持这一点的是紧接着的下文265页的一段话，其中康德说道："为了清晰地把握世界结构的形成，我们想把自己的考察从大自然的无限总和限制为一个特殊的星系，即这个属于我们的太阳的星系"；据此，他前面的考察可以被视为一个普遍的系统。另一方面，就连我们太阳系的物质，作为这类物质，还被分解成其基础性的基本材料，充填着不可测度的广袤的混沌，其运动也必须被设想为如此缓慢，以至于它与一种绝对的静止只是有极小的区别。无论如何，这可以被视为缺陷，即康德未曾特别地使人注意，我们太阳系中千篇一律的运动的总和必须在混沌中就已经存在。——科学院版编者注

在思想中通过整个混沌的空间探索这个形成着的大自然时，就会很容易觉察到：这种作用的所有结果最终就在于不同团块的产生，它们在形成完成之后就由于引力的相等而静止下来，并且永远静止不动。

不过，大自然还储备有别的力量，尤其是当物质分解为细微的微粒，它们相互排斥，并且通过它们与引力的斗争而造成了①仿佛是大自然的永恒生命的那种运动时，这些力量就表现出来了。在云雾的弹性、有强烈气味的物体的挥发、所有含酒 〔265〕
精物质的扩散中，显示出这种斥力，它是大自然的一个无可争议的现象。由于这种斥力，向引力中心下降的元素就会被杂乱地从直线运动引向一边②，使垂直下降③转变成围绕降落中心的圆周运动。为了清晰地把握世界结构的形成，我们想把自己的考察从大自然的无限总和限制为一个特殊的星系，即这个属于我们的太阳的星系。在我们考察了这个星系的产生之后，就可以用类似的方式继续考察更高的世界秩序的起源，并在一个学说中概括整个造化的无限性。

因此，如果在一个非常大的空间中有一个点，在那里，同

① 能够造成，见根济欣的手稿（《约翰·弗里德里希·根济欣的康德自然史和天体理论摘要》，172页），这个表述更为准确，是康德的改动。——科学院版编者注

② 如果它们在下降时彼此向侧边施加的抗阻不精确地从所有方面都相等，这就不那么能够假定了（《约翰·弗里德里希·根济欣的康德自然史和天体理论摘要》，172页）。这个补充大概出自康德，因为在根济欣的手稿中，“元素”（Elemente）和“杂乱地”（durcheinander）之间有一个出自他手的符号（φ）。——科学院版编者注

③ 根济欣的手稿此处有“最终”（《约翰·弗里德里希·根济欣的康德自然史和天体理论摘要》，172页）。康德的改动。——科学院版编者注

样在此存在的元素的引力比周围所有地方都更强，那么，分布在这整个范围内的元素微粒的基本材料就会向这个点降落。这种普遍降落的第一个作用就是在这个引力的中心形成一个物体，它可以说是从一个无限小的胚芽迅速①成长壮大，这种质量越增加，它也就成长得越快，也就以更大的力量推动周围的部分与它结为一体。如果这个中心物体的质量增加到如此程度，以至它吸引远距离微粒的速度由于这些微粒相互阻碍的微弱斥力而偏向一边，转化为能够凭借离心力沿着一个环形轨道围绕中心物体的侧向运动，那么，就产生了这些微粒的一个巨大旋涡，这些微粒中每一个都由于引力和侧向偏离的旋转力的叠加而作曲线运动；这是什么样的环形轨道啊！它们相互交错，在这个空间中非常分散，因而它们有足够的位置。不过，这些以各种各样的方式相互冲突的运动自然而然地趋向于达到平衡，
〔266〕即达到一个运动尽可能地不干扰另一个运动的状态。这种情况之所以发生，首先，是由于这些微粒中一个制约另一个的运动，直到所有的微粒都朝一个方向运动；其次，这些微粒制约自己接近引力中心的垂直运动，直到它们都沿水平方向②运动，即平行地以太阳为中心围绕它作圆周运动，彼此不再交错，并通过离心力与下降力的平衡而在它们悬浮的高度上永远保持自由的圆周运动。最后，只有那些通过其下降获得一种速度并通过其他微粒的抵抗而获得一个能够继续作**自由圆周运动**

① 在根济欣的摘要中（173页）是：起初缓慢地（通过化学的吸引），但此后就迅速地（通过所谓牛顿式的吸引）。此补充不见于根济欣的手稿。——科学院版编者注

② 根济欣的手稿中在“沿水平方向”之前有“仿佛”（《约翰·弗里德里希·根济欣的康德自然史和天体理论摘要》，174页）。康德的改动。——科学院版编者注

的微粒，才能够在这空间的范围内保持悬浮。在这种状态里，由于所有的微粒都朝向一个方向，并以相互平行的轨道，即以自由的圆周运动，通过已达到的离心力围绕中心天体运转，元素的冲突和聚集就消失了，一切都处在相互影响最小的状态中。这就是一种被卷入相互冲突之中的物质到处都必然被置入的自然结果。因此显而易见，在分散的微粒群中，有一大群会由于力图相互达成这种状态的阻力而必然达到这样精确的规定性，但还有更大的群尚未达到，只会下降到中心物体，使其团块增大，因为它们不能自由地保持在它们悬浮的高度，而是穿过下面的群的轨道，最终由于后者的阻力而失去一切运动。处于中心的物体就是太阳，它据此通过大量聚集的物质而成为行星系的主要部分。此时，它还没有在完全形成之后它的表面上突然出现的火焰。

还要说明的是：由于如以上所证明，形成着的大自然的所有元素都朝着一个方向围绕太阳这个中心运动，就这些朝向一个惟一的天域所作的，仿佛是朝着一个共同的轴发生的公转而言，它的物质的旋转不可能在于这种方式，因为根据向心运动的规律，所有公转都必然以其环形轨道的平面穿过引力的中心；但在所有这些围绕一个共同的轴朝着一个方向运转的圆 〔267〕
中，只有一个圆穿过太阳的中心，因而这个在思想中画出的轴两侧的所有物质都涌向这个恰好在共同降落的中心通过旋转的轴的圆上来。这个圆就是所有飘游元素的关系平面，这些元素要尽可能在这个圆周围聚集起来，而远离这个平面的天域就会成为空的；因为那些不能如此接近它们所涌向的这个平面的元素，也将不能永远保持在它们悬浮的地方，而是通过和四周飘游的元素碰撞，最终落在太阳上。

因此，如果在世界物质的这种四周飘游的基本材料由于吸引和阻力的普遍规则的力学结果而被置入的这样一种状态中考察它们，那么，我们就看到在两个相距不远的平面之间有一个空间，共同的关系平面就处在它的中央；这个空间从太阳的中心开始向未知的远处扩展开去，在它里面，所有被包括在内的微粒都分别按照自己的高度和支配着那里的引力的大小，在自由的公转中作适当的圆周运动。因此，由于在这样的状态里它们都尽量不相互阻碍，假如这些基本材料的微粒彼此之间的吸引不开始发生作用并由此形成新的东西，即形成要产生的行星的胚芽，那么它们将永远停留在这种状态之中。因为围绕太阳以平行的圆周运动的元素，在它们与太阳的距离差别不太大的时候，由于其平行运动相同，彼此之间几乎处于相对的静止之中，所以那里引力特别大的元素就会马上产生一种可观的作
〔268〕用①，开始聚集起最近的微粒，形成一个天体，这个天体又随着其团块增长的程度将自己的引力扩展得更远，把更广大范围内的元素都吸引来与它合一。

对于任何一种可能的学说来说，这个系统中行星的形成都以下面这一点为前提条件：团块的起源同时也表示着运动的起源和轨道在同一时刻的位置；甚至无论是对这些规定性中的极大精确性的偏离还是一致，都能一眼就看出来。行星是由在其悬浮的高度精确地作圆周运动的微粒形成的；**因此，由这些微粒汇聚而成的团块也朝着同样的方向，在同样的程度上继续作同样的运动**。这就足以使人们看到，为什么行星的运动大致上是圆形的，它们的轨道是在一个平面上的。如果聚集起来形成

① 形成着的行星的开端不应当仅仅在牛顿的引力中去寻找。对于一个特别微细的质点来说，这种引力也许太缓慢、太微弱了。倒不如说，在这个空间里最初的形成是因一些由一般的联系规律合为一体的元素的汇聚而发生的，直到形成由此产生的团块，并逐渐地增大，以致牛顿的引力也变得能对它发生作用，并通过其作用扩展到远处而越来越使它增大。

行星的元素来自很小的范围，因而它们运动的差别不大，那么，这些轨道就会是非常精确的圆周。① 但由于要从在天空中如此非常分散的微细基本成分形成一个行星的密度大的团块，就需要有一个较大的空间范围，所以这些元素与太阳的距离的差别，此外还有它们的速度的差别，就都不可等闲视之了。因此，要在有这种运动差别的情况下保持行星各种向心力和圆周运动速度的平衡，从不同的高度以不同的运动聚集在它上面的微粒就必须用一种力量来补偿另一种力量的不足，实 〔269〕
际上，这也是相当精确地发生的。② 但尽管如此，由于达不到这种完满的补偿，就造成了这种圆周运动上的偏离和偏心率。同样容易说明的是：尽管所有行星的轨道都应当合理地处在一个平面上，但在这方面还可以遇到微小的偏离，因为如上所述，基本微粒虽然都尽可能地趋向它们共同的运动存在平面，但在平面两侧还是包括了一些空间；如果所有的行星都能十分准确地在这两侧的中间的关系平面上开始形成，那就真是非常幸运的巧合了。尽管微粒都致力于尽可能从两侧来限制这种偏离，只给它狭窄的范围，但这已经造成了行星轨道相互之间的一些倾斜。因此，这里和大自然的所有事物一样，很少能遇到极其精确的规定性，也就不足为奇了，

① 这种准确的圆周运动实际上仅仅涉及离太阳近的行星：因为对于最遥远的行星或者彗星在那里形成的远距离来说，很容易推测出，由于基本材料在那里的下降运动要弱得多，它们散布的空间也更大，所以元素在那里本来就已经偏离了圆周运动，从而也必然是由此形成的天体的原因。

② 因为微粒在靠近太阳的地方所具有的公转速度比它们聚集在行星上的地方为作圆周运动所需要的公转速度更大，所以它们补偿了距离太阳较远，并入同样星体的微粒在速度上的不足，以便在行星的距离上作圆周运动。

因为关系到每一种事物本性的情况极为繁多，不容许精确的合规则性。

第二章

论行星的不同密度以及它们质量的关系

我们已经指出，基本材料的微粒由于本来是均匀地分布在世界空间之中的，所以通过向太阳的降落而在降落时所获得的
〔270〕速度恰恰与引力达到平衡的地方停留下来，悬浮在那里，而方向也像它们作圆周运动时应当的那样，变成与圆周的矢径相垂直。但是，如果我们设想在与太阳距离相等的地方有不同类型密度的微粒，那么，比重较大的微粒就会突破其他微粒的阻力更深入到太阳附近，不像较轻微粒那样立刻从其轨道上偏离出去，因而只有在更为接近太阳的地方才使其运动成为圆周运动。与此相反，较轻的元素在深入到中心之前就从直线下降偏离出去，转化成圆周运动，从而在离太阳较远的地方停留下来，悬浮在那里。它们也不能如此深地穿透充满元素的空间，使其运动不被这些元素的阻力所减弱，而且它们也不可能达到要在接近中心的地方运转所需要的那样大的速度。因此，在运动达到平衡之后①，比重较轻

① 从“它们也不能如此深地……”到此，在根济欣的手稿中被康德修改为：“因为它们不可以如此深地穿透充满元素的空间，使其运动不被这些元素的阻力转向侧面，达到自由公转所需要的速度。因此，在达到足以自由运动的运转之后……”（《约翰·弗里德里希·根济欣的康德自然史和天体理论摘要》，179页）。——科学院版编者注

的微粒就在离太阳较远的地方运转，而在离太阳较近的地方则只能发现较重的微粒；因此，由这些微粒构成的行星，离太阳较近的要比离太阳较远由这些原子的汇聚形成的行星密度更大。

所以，这是一条静力学的规律，它规定世界空间的物质的高度与其密度成反比。尽管如此，同样易于理解的是：并不是每一个高度都一定只接纳密度相同的微粒。就某些特殊种类的微粒而言，那些从较远的距离向太阳降落的微粒才在离太阳较远的地方悬浮，并达到它们为不断作圆周运动所要求的降落在长距离中的减缓。与此相反，那些在物质的普遍分布尚处于混沌之中的时候其原初位置就已经接近太阳的微粒，尽管它们的密度并不是较大，却在接近太阳的地方达到其圆周运动。因此，由于物质相对于其降落中心的位置不仅仅取决于它的比重，而且也取决于它在大自然最初静止状态中的原初位置，所以很容易看到，在离太阳的任何距离上，都有不同种类的物质集合在一起，悬浮① 在那里，但在中心附 〔271〕
近比在离它远的地方更经常遇到密度较大的物质；因此，尽管行星是极不相同的物质的混合，但一般说来，它们离太阳越近，其团块就必然越是密度大，而在它们的距离增大之后，其密度就较小了。

就这条支配着各行星的密度的规律而言，我们的体系是人们关于密度的原因所得出或者可能得出的所有概念中具有特别完善性的一个。**牛顿**曾经计算过一些行星的密度，他认为，行星密度随距离而变的原因可以在上帝的合理选择和他

① 飘浮（《约翰·弗里德里希·根济欣的康德自然史和天体理论摘要》，180页）。康德的改动。——科学院版编者注

的终极目的的动因中找到；因为离太阳近的行星必然经受更多来自太阳的热量，而较远的行星要不多少热就应当能够对付过去；离太阳近的行星不是密度较大，离太阳远的行星不是由较轻的物质汇聚而成的，这似乎是不可能的。然而，要看出这样一种说明的不足，并不需要作出多少思索。一个行星，例如我们的地球，是由种类极不相同的物质汇聚而成的；在这些物质中，那些较轻的物质更多地被太阳的同样作用所穿透、所激动，它们的组合与太阳的光线起作用的热量有关，所以它们必然散布在表面上；但由此却根本不能说明，在团块的整体中其他物质的混合也必然具有这种关系；因为太阳对行星的内部根本不起任何作用。牛顿担心如果地球直达水星附近落到太阳的光线之中，它就会像一个彗星那样燃烧起来，它的物质没有足够的耐火能力，以致被这种热量所驱散。然而，太阳自己的物质要比构成地球的物质轻4倍，岂不更必然地要被这种炽热所摧毁吗？或者说，月球与地球在与太阳相同的距离上悬浮，为什么它的密度却是地球
〔272〕的2倍呢？因此，人们不能把密度的比例归于与太阳热的关系，使自己陷入极大的矛盾之中。人们倒是看到，一种按照其团块的密度分配行星位置的原因，必定与它的物质的内部相关，而与它的表面无关。尽管它造成了这种结果，但它必然还是允许在同一个天体中有不同的物质，而只是在它们汇聚的整体中才规定了这种密度关系。至于是否有另一条不同于我们的学说所讲述的静力学规律能够满足这一切，我把它留待读者的洞察力去作判断。

各行星密度之间的这种关系还带来了一种情况。由于这情况与前面所设想的解释完全协调一致，所以它也证明了我们的学说的正确性。一般来说，处在其他围绕自己运行的星球中心的天体，比离它最近围绕它运行的天体要更轻。地球

与月球相比、太阳与地球相比，都呈现出它们密度的这样一种比例关系。根据我们已经阐述的设想，这样一种性质是必然的。因为下面的行星主要是由筛选出来的基本物质构成的，它们由于其密度的优势能够以必要的速度一直深入到中心附近。与此相反，处于中心自身的天体则不加区别地是由所有现存种类的物质汇聚而成的，它们未能获得自己合规律的运动；在它们中间，由于绝大部分是较轻的物质，所以就很容易看出：由于最接近中心运行的那个或者那些天体仿佛是密度较大品种的筛选，而中心天体则是所有物质不加区别的混合，前者的物质将比后者的物质密度更大。事实上也的确如此，月球的密度是地球的2倍，地球的密度是太阳的4倍，而根据各种推测，更在下面的星球，即金星和水星，其密度将比太阳更大得多。

现在，我们的目光要移向根据我们的学说各天体的质量与它们的距离相比的关系，以便根据牛顿的正确计算来检验我 〔273〕
们体系的结果。无须多说就可以理解，中心天体在任何时候都是它那个星系的主要部分，因此太阳的质量必定比所有的行星加在一起还要大。这一点，也同样适用于木星与它的卫星、土星与它的卫星的关系。中心天体是由它整个引力范围内的所有微粒下落而形成的，这些微粒不能获得最精确的圆周运动的规定性，也不能获得与共同平面的接近关系，它们在数量上毫无疑问必定比其他微粒多得多。让我们把这种考察主要运用于太阳：如果要估量作为行星基本材料的、作圆周运动的微粒偏离共同平面最远空间的宽度，可以假定它大约比行星轨道相互之间偏离最大的宽度更大一些。现在，当它们向两侧偏离共同的平面时，它们相互之间的最大倾斜几乎不到7.5度。因此，可以想象构成行星的所有物质都是散布在这个夹在从太阳中心出发、彼此构成7.5度角的两个平面①之间的空间之中的。但是，一个沿最大圆方向运转的、宽为7.5度的区域，约略多于球面积的1/17，因此以上述角的宽度切割球体空间的这两个平面之间的天体空间，也约略多于整个球体体积的1/17。所以，根据这一假说，所有被用来形成行星的物质就大约等于太阳为汇聚成它自己而从两侧最外面一颗行星所处的宽度搜集来的物质的1/17。不过，这中心天体的团块超过了所有行星的总体积。它与后者的比例不是17∶1，而是如牛顿所测度的那样是650∶1。当然也很容易
〔274〕看出，在土星之外的空间里，行星的形成要么已经停止，要么已经非常稀少，那里只是形成了少数几个彗星天体②，而且那里基本材料的运动由于不像在中心附近区域那样能够达到与向心力的合规律的平衡，只是转化为向中心的普遍降落③，使太

① 这里所说的平面是一个平双锥的外平面，这个平双锥的敞角偏离一个平角约7.5度或者按照后面一处（下文275页）的说法约7度。这样一个平双锥从它的锥尖在其圆心的一个球形切下一块，其与球形的整个体积的比例为 sin 3¾°（或者是 sin 3½°）比1，亦即0.06比1或者1比17。在所提到的地方，从1797年刊印的版本（参见刊印：第四项）开始，《自然史和天体理论》的大多数版本都给出了一个歪曲原意的改动，因为它们都用“zwischen 2 und 7 Grade weit”（在2和7度远之间）取代了“zwischen zwei um 7 Grade weit”（在约7度远的两个之间）。原文中数字两个和7的不同写法，一个是用字母，另一个是用数码，就已经必然导致两个数字关涉不同的大小概念。——科学院版编者注

② “那里只是……彗星天体”为“与诸空间之大相比”（《约翰·弗里德里希·根济欣的康德自然史和天体理论摘要》，181页）。康德在根济欣的手稿中的改动。——科学院版编者注

③ 增加“或者像在彗星那里一样转化为一种临近于它们的运动”（《约翰·弗里德里希·根济欣的康德自然史和天体理论摘要》，182页）。康德的补充。——科学院版编者注

阳从如此辽阔的空间中得到所有的物质而增长，所以我说，太阳的团块必定是由于这些原因才获得如此巨大的质量的。

但要对行星就其质量进行相互对比，我们就首先要注意到，按照已经说明的形成方式，组成一个行星的物质的量，主要取决于它与太阳距离的远近，这是因为：(1) 太阳以自己的引力限制了行星的引力范围，但在同样的情况下，它对较远的行星的限制不及对近处的行星；(2) 聚合起来形成一个较远行星的所有微粒来自半径较大的圆，这些圆比较小的圆包含着更多的基本材料；(3) 正是由于这后一种理由，最大偏离的两个平面之间的宽度在角度不变的情况下，在高的地方比在低的地方更大。与此相反，较远的行星相对于较低的行星所具有的这种优势，固然由于离太阳较近的微粒比距离较远的微粒密度更大、无论怎么看都更少分散而受到限制，但人们很容易就可以估计出，前面那些为形成大的质量而具有的优势远远超过了后面的限制，因而在离太阳较远地方形成的行星必然获得比近处的行星更大的质量。如果人们设想一个行星在只有太阳在场的情况下形成，就会发生这种情况。但是，如果人们设想好几个行星在不同距离上形成，那么，一个行星就会以自己的引力范围限制另一个的引力范围，而这种限制就会使上述规律出现例外。因为如果一个行星离另一个质量特别大的行星很近，它的形成范围就会受到很大损失，从而变得比它与太阳距离的关系单独要求的更小。因此，虽然在整体上，行星离太阳越远，其 〔275〕
质量也就越大，例如我们星系的两颗主要的行星，即土星和木星，就是因为它们离太阳最远，所以其质量也就最大。尽管如此，还是存在着与这种类比相偏离的情况。但在这些偏离中，毕竟任何时候都显现出我们关于天体所断言的一般形成的特征：也就是说，一个特别大的行星夺去了它两侧最邻近的行星按其与太阳的距离应当享有的质量，把后者在形成时应当拥有的一部分物质据为己有。事实上，根据其位置应当大于地球的火星，就由于邻近它的巨大的木星的引力而在自己的质量上受到了损失。就连土星自己，虽然由于它的高度而对火星拥有优势，但仍然不能完全免除由于木星的吸引而蒙受相当大的损失。我觉得，水星的质量之所以特别小，并不仅仅是因为邻近它的巨大的太阳的引力，而且还是因为它与金星为邻。如果人们把通过推测得知的金星的密度与它的大小相比较，就会知道它必定是一个质量相当大的行星。

由于在世界结构和天体的起源方面，一切都像人们能够期望的那样美好地协调一致，证实了一种力学学说的充分性，所以我们要通过对行星的基本材料在行星形成前散布于其中的空间作一估测，来衡量当时充满这一中心空间的物质的稀薄程度，以及飘游微粒能够以什么样的自由或者在怎样小的阻力下在这空间中作合规律的运动。如果囊括了各行星的所有物质的空间被包含在以土星为界限的这样一个部分中，这个部分从太阳中心出发，被包括在两个大约 7 度宽、在所有的高度上彼此分开的平面之间，从而是以土星的高度为半径所能画出的整个球体的 1/17，那么，为了计算出行星的基本材料在其充满这
〔276〕个空间时的稀薄程度，我们想将土星的高度假定为地球直径的 10 万倍；这样，土星轨道的整个球体将超过地球体积的 1 000 万亿倍。① 如果我们不是假定为 1/17，而是仅仅假定为 1/20，则这原始基本材料悬浮于其中的空间也仍然必将超过地球体积的 50 万亿倍。如果我们根据牛顿假定所有行星及其卫星的所有质量为太阳团块的 1/650，那么，只有太阳质量的 1/169 282 的

① 这里有半径与直径的一种混淆；正确的必须是：这样，土星轨道的整个球体将超过地球体积的 8000 万亿倍。——科学院版编者注

地球，与所有行星物质的总质量之比将是1∶276.5。[①] 所以如果把所有这些物质的密度视为与地球相同，那么，将由此产生一个占有相当于地球277.5倍空间的天体。因此，如果我们假定地球在其整个团块中的密度并不大于在地球表层下面发现的固体物质的密度，就像地球形状的特性不得不如此要求的那样，而且这种上面的物质密度大约相当于水的4倍或5倍，而水又比空气重1 000倍，那么，所有行星的物质如果扩张到空气的稀薄度，就会占据一个差不多比地球大140万倍的空间。这个空间与按照我们的假定行星的所有物质散布于其中的空间相比，要小3 000万倍。因此，行星物质在这个空间中的分散要比我们大气层中的微粒稀薄好多倍。事实上，这样大的分散程度无论显得多么难以置信，却既不是不必要的，也不是不自然的。这种分散程度必须尽可能地大，才能允许悬浮的微粒几乎就像是在真空中一样享有一切行动的自由，并无限地减小它们相互之间所能造成的阻力。但这些微粒是能够自行采取这样一种稀薄状态的。只要人们稍稍知道物质在转化为气体时就会扩散，或者只要人们——还是谈天空吧——考虑到彗星尾部物质的稀薄程度，就不应对上述情况有丝毫怀疑。虽然彗星尾部的截面其厚无比，竟超过地球直径百倍，但它仍然如此透明， 〔277〕
以至能够透过它看到小的星体。这是我们的空气在小上千倍的高度上被太阳照射时所不能允许的。

我用附加一个类比来结束这一章。这一类比能把当前关于天体以力学方式形成的理论从假说的可能性提升为严格的确定

① 从牛顿借用的行星质量与太阳质量之比1/650和地球与太阳之比1/169 282得出的地球与诸行星总质量之比不是正文中的1∶276.5，而是1∶260.5。但是，这个过失对进一步从中得出的数字没有明显的影响。——科学院版编者注

性。如果太阳是由形成行星的同样基本材料的微粒汇聚而成的；如果差别仅仅在于所有种类的物质在前者中是不加区别地堆积在一起的，在后者中则是在不同的距离上按照其各品种的密度性状①分布的，那么，在把所有行星的物质结合在一起考察时，就必将在其全部的混合中发现一种密度，它与太阳的密度是几乎相等的。如今，我们的理论的必然结论在**德·布丰**②先生的比较中得到了成功的证实。这位遐迩闻名的哲学家在全部行星物质的密度和太阳的密度之间进行了比较。他发现，这两种密度非常接近，大约在 640 和 650 之间。如果从一种学说得出的自然的、必然的结论在大自然的现实状况中得到如此成功的证明，那么，人们难道还会相信，纯粹是一种巧合造成了理论与观察之间的这种协调一致吗？

第三章
论行星轨道的偏心率和彗星的起源

人们不能把彗星看做是一类与行星性质完全不同的特殊天体。在这里和在别处一样，大自然是通过一些不显著的变化起
〔278〕作用的。当它经历变化的所有阶段时，它借助一根有诸多中间环节的链条把较远的特性与较近的特性联系了起来。在行星那里，偏心率是大自然力图使行星运动完全成为圆形方面有欠缺的结果。由于中间出现了各种各样的情况，它不能完全达到这

① 通过其自己的吸引力（《约翰·弗里德里希·根济欣的康德自然史和天体理论摘要》，184 页）。康德的补充。——科学院版编者注
② 参见《自然史：一般的与特殊的》第Ⅰ卷，138 页，1749。

一点，但在较远的地方要比在近处偏离这一点更多。

这种规定通过一架连续的阶梯，借助偏心率所有可能的阶段，从行星最终一直通向彗星。虽然这种联系在土星那里似乎被一道巨大的鸿沟切断了，它把彗星的品类与行星完全分离开来了，但我们在第一部分已经说明，很可能在土星之外还有其他行星，由于更多地偏离圆形的轨道而接近于彗星的运转；只是由于观察的缺陷或者观察的困难，这种接近关系才不像早已呈现给知性的那样对眼睛也清晰可见。

在这一部分的第一章中，当我们假定飘游着的基本材料在其所有位置上都恰巧具有作圆周运动所需要的各种力量时，我们已经阐述了一种使这些基本材料所形成的天体的轨道产生偏心现象的原因。由于行星是从相距很远的不同高度上把这些基本材料聚集起来的，在那里，圆周运动的速度各不相同，所以它们是以不同的固有运动程度聚集在行星上的，这些运动与行星的距离所应有的速度有偏差，而且由于微粒的不同压力不能完全补偿别的偏离的压力，而使行星产生了偏心率。

如果偏心率没有别的原因，那么它在任何地方都将是适度的。因为如果假定基本材料的微粒以前确实有过精确的圆周运动，那么，小并且离太阳远的行星的偏心率就比近而大的行星更大。如今，由于这些规定与观察并不一致，如前面已经说明，偏心率随 〔279〕
与太阳的距离而递增，而质量小则如同我们在火星那里看到的那样，毋宁说是构成了偏心率增长的一个例外，所以，我们不得不对关于基本材料的微粒作精确的圆周运动的假说作出这样的限制：它们在接近太阳的区域里虽然非常接近这种规定的精确性，但这些基本的微粒悬浮得离太阳越远，就越是偏离这种精确性。对基本材料作自由的圆周运动这一原理作出这样一种修正，要更为符合大自然。因为尽管空间的稀薄似乎使它们有相互限定在向心力完全达到平衡的地点的自由，但阻碍大自然完全实现这一目的的各种原因却也不可轻视。原初材料分散的部分离太阳越远，使它们下降的力量也就越弱。下面部分的阻力使它们的下降偏向一旁，迫使它们下降的方向与圆周矢径保持垂直；它们越是往下落，这种阻力就越是减弱，最后要么是与太阳合为一体，要么是在附近的天域运转。这种较高的物质特别轻，因而不允许它们以必要的力量作自己的下降运动——这是一切的根据——，迫使挡路的微粒让开；而且，这些距离远的微粒也许还互相限制，在一个长的周期之后最终达到协调一致；这样，在它们中间已经形成了一些小的团块，作为众多天体的开端。这些天体因为是由运动较弱的材料聚集而成的，所以只能作偏心运动；它们以这种运动向太阳下降，在途中又并入了运动较快的成分，越来越偏离了垂直的下降；最后，如果它们的形成所在的那些空间由于向太阳的下降或者由于汇聚成特别的团块而被清扫一空的话，那么剩下来的就是彗星了。这就是行星和那些所谓彗星的偏心率随与太阳的距离而递增的
〔280〕原因。这些天体之所以被称为彗星，就是因为它们在这种性质上远远超过了行星。虽然还有两个例外破坏了偏心率随与太阳的距离而递增的规律，即在我们星系两颗最小的行星即火星和水星上所察觉到的情况，但就火星而言，可能是因为与如此巨大的木星相邻的缘故。木星凭借引力在自己这一边夺取了形成火星的微粒，只给火星留下了主要向太阳一边发展的余地，由此导致了向心力和偏心率的增加。至于行星中最下面的，但也是偏心率最大的水星，很容易就能够看出，由于太阳在其绕轴自转方面远远比不上水星的速度，所以太阳给予其周围空间中的物质的阻力不仅夺去了邻近微粒的向心运动，而且也能够轻而易举地把这种阻碍一直扩展到水星，从而大大地减小了它的运转速度。

偏心率是辨别彗星的主要标志。彗星在最接近太阳时由于受热而扩张的大气层和尾部，虽然在蒙昧的时代被用作非同寻常的

可怕景象来向愚民宣扬臆想的命运，但却只不过是偏心率的结果。天文学家们注意运动的规律要更甚于注意其他的形状，它们说明了彗星区别于行星的第二个特性，即彗星不像行星那样只在黄道带区域，而是自由地在所有天域运行。这个特点与偏心率原因相同。如果行星之所以把自己的轨道锁定在黄道带的狭小区域里，乃是因为基本物质在太阳周围的近处获得了圆周运动，这种运动在每一次绕行时都力图穿过关系平面，不让已形成的天体偏离这个所有物质都涌向的平面，那么，离中心很远的空间中的基本材料由于受引力推动较弱，不能作自由的圆周运动，就必定由于 〔281〕造成偏心率的同样的原因，不能在这个高度上汇聚到所有行星运动的关系平面上，使那里形成的天体主要保持在这条轨道上。毋宁说，分散的基本材料由于不像在下面的恒星上那样被限制在一个特殊的区域，所以既可以在关系平面的这一边，也可以同样轻而易举地在另一边，既可以在远离关系平面的地方，也可以同样经常地在关系平面附近形成天体。因此，彗星将会无拘无束地从所有天域向我们降落过来；不过，那些其最初形成的地方在行星轨道之外不远的彗星，既不会偏离其轨道范围太远，也不会表现出太多的偏心率。随着与星系中心距离的增加，彗星在其偏离方面的无规律的自由也会增加，并一去不复返地迷失在天穹的深处，而使最外面形成着的天体自由地听凭自己向太阳的下降，为系统状态设定一个最后的界限。

在设想彗星的运动时，我假定：就其运动方向而言，它们绝大多数都与行星的运动方向相同。对于距离近的彗星来说，我觉得这一点是无可置疑的。而且这种一致性只会消失在天穹的深处。在那里，基本材料在极度衰竭的运动中作着由于下降而产生的向各个不同天域的转动，因为要通过下面的共同运动使它们在方向上一致起来所需要的时间，由于距离遥远而过长，以致它们不能在下面区域中形成大自然的时间里达到这一点。因此，也许有一些彗星是朝着相反的一面，即自东向西的方向运转的，尽管出自种种原因——要把这些原因都列举出来我尚有顾虑——我几乎相信，在人们已经发现这种特征的19颗彗星中，也许有几颗是由视觉的假象引起这种特征的。

〔282〕我必须再谈一谈彗星的质量和它的材料的密度。照理来说，出自上一章已经列举的理由，在形成这种天体的上层区域里，应当总是距离越增加，形成的质量也就越大。而且还可以相信，一些彗星比土星和木星还大。但不可相信的却是，质量的大小总是这样增加。基本材料之分散、其微粒之特别轻，使世界空间最遥远区域里的形成变慢；基本材料在整个不可测度的遥远范围里不确定的分布，又没有使它汇聚在某个平面上的规定性，就使它不是形成了惟一一个巨大的天体，而是形成了诸多较小的天体；向心力的不足使绝大部分微粒向太阳降落，不能汇聚成为团块。

形成彗星的材料的特殊密度，与彗星质量的大小相比更值得注意。由于彗星是在世界大厦的最高区域里形成的，所以组成彗星的微粒也许是最轻的一类。毋庸置疑，这是显著不同于其他天体的彗星气态球和尾部的最主要的原因。人们不能把彗星物质分散成雾气这种情况归因于太阳热的作用；一些彗星在接近太阳时还几乎达不到地球轨道的深度。许多彗星停留在地球轨道和金星轨道之间，并马上转了回去。如果这样温和的热带就能使这些天体表面上的物质分解和蒸发起来，那么，它们必定是由最轻的材料构成的，这种材料比整个大自然中任何一种物质都更容易被热所蒸发。

人们也不能把这种常常从彗星上升起的雾气，归于其星体从当时与太阳接近时所获得而剩下来的热；因为固然可以猜测，彗星在形成时曾经以较大的偏心率作过一些公转，这种偏心率只是逐渐地变小了，但我们也可以对其他行星作出这样的猜测，而它们却没有表现出这种现象。不过，如果在这些行星的组合中所包含的最轻物质的品类和在彗星中一样可以经常看到，那么它们也会表现出这种现象的。 〔283〕

地球自身也有某种东西可与彗星云雾及其尾部的扩张相比的东西。① 当太阳在地球的一个半球上作半圆周运动时，太阳的作用从地球表面上吸引起来的最精细的微粒，就汇聚在地球的两个极中与该半球相背的那一个周围。在地球炽热地带升起来的最精细、最活跃的微粒，当它们达到大气层的某个高度之后，就会被太阳光线的作用所迫，退却到此时已经背对太阳、陷入到漫长黑夜之中的区域里并汇聚起来，给冰带居民缺少伟大的光作出补偿，即便距离如此遥远也给他们带来光热的作用。正是造成北极光的太阳光线的这种力量，如果在地球上也像在彗星上那样可以如此经常地发现最精细、最容易挥发的微粒的话，也将会造成一个拖着一条尾巴的云雾圈。

第四章

论卫星的起源和行星的绕轴运动

一个行星从基本物质的范围中形成的努力，同时也是它绕轴自转的原因，并且还产生了环绕它运行的卫星。在大范围内太阳与它的行星发生的关系，在小范围内一个具有广阔的引力范围的行星，也就是说作为一个星系的主要部分，也表现出来了；这个星系的各部分都由于中心天体的引力而被运动起来。正在形成着的行星，当它推动整个范围的基本材料微粒以形成

① 这就是北极光。

自己时，也将从所有这些下降运动中，凭借它们的相互作用造
〔284〕成圆周运动，并且最终使这些运动转化为一个共同的方向，它们中间的一部分得到了相应的控制而作圆周运动，并在这些限制中处在一个共同的平面附近。在这个空间里，就像主行星在太阳周围形成一样，如果主行星的引力为卫星的产生提供了有利的条件，就也有卫星在这些天体周围形成。此外，就太阳系的起源所说过的东西，也不折不扣地适用于木星和土星的系统。卫星都朝着一边运转，而且它们的轨道几乎都处在一个平面上。虽然这些都出自在大范围内决定着这种类比的同样原因，但是，为什么这些卫星就其共同方向而言都是朝着行星运行所朝着的这一边转，而不是朝着任何别的一边转呢？事实上，它们的公转并不是由圆周运动产生的：它们只以主行星的引力为原因，而就这种原因而言，所有的方向都是无所谓的；材料的下降运动在转化为圆周时，究竟在所有可能的方向中选择哪一个，纯粹是出自偶然。事实上，主行星的圆周运动，对于推动在它周围形成卫星的材料绕它旋转，并不起什么作用；行星周围的所有微粒都与它一道以相同的运动环绕太阳运动，从而与行星处于相对的静止之中。这一切都只是行星的引力造成的。不过①，由引力所产生的这种圆周运动，由于它对所有

① 康德试图以寥寥数语为月球运动的方向和行星围绕其轴的自转给出一种解释的这段话，屡屡被称为不清晰和不正确（参见措尔讷：《光度学研究》，225页，1865；费伊：《论世界的起源》，138页，1884；C. 沃尔夫：《宇宙起源论假说》，12页，巴黎，1886；埃贝哈德：《康德的宇宙起源论》，Ⅻ页，1833）。无论是措尔讷还是费伊，都从康德的理论中推论出月球的一种逆行的因而与观察相悖的运动，但他们对月球运动的推导与康德的推导有本质的不同。他们假定，尾随行星的微粒的运动仅仅受太阳的吸引力所规定，而康德则一起加上了形成着的行星的吸引力。

方向来说都是无所谓的，所以只需要一种微小的外部决定，就

只要太阳作用于尾随行星的粒子，更接近于中心天体的粒子就会以更迅速的转动掠过行星，并且受这个行星所吸引，实际上获得一种逆行的公转运动。但由于在康德看来，行星已经在一些距离上作用于掠过的粒子，所以它们的速度就被加快，它们的轨道就被改变；粒子将因为其速度的加快而离开太阳，并这样跟在行星后面。这就是康德的观念。这种观念也可以转用到原初以更大一些的圆周先行于行星并被行星追上的粒子。由于行星的吸引力，它们的速度被减缓，它们不再能够保持在以过去的迅捷为条件的高度，而是下降到太阳，并如此到达行星之下。由于形成着的行星的参与作用，关系在某种意义上被颠倒：那些尾随行星并且没有行星的吸引力就会在行星下面掠过的粒子被行星抬高，而先行于行星的粒子则被行星拖下来，在它下面掠去。这样一来，逆行的运动就转化为康德所断言的直线运动。

行星对尾随它和先行于它的微粒的这种作用虽然是直观的，但在数学上却不易追究，而行星对直下亦即朝着太阳或者直上亦即离开太阳的粒子的作用却是也可以在数学上描述的。对一个处于太阳和行星之间的天体，后者的作用是抵制太阳的，据此，中心天体的吸引被减弱，天体的运动比仅仅太阳作用于它时更慢。可以标出这样一个点，在它那里行星的干扰影响如此之大，以至于处在那里的天体恰恰具有与行星相同的角速度。这里就是据称一个离太阳更近的天体圆周运动更快的开普勒第三定律由于行星的干扰影响失去其有效性的界限。同样，在行星之上有一个点，它由于太阳和行星的共同作用而具有与行星相同的角速度。这又是据称离太阳更远的天体圆周运动更慢的开普勒定律失去其效力的界限。实存有一个环绕行星并与它一起围绕太阳运动的区域，在它里面属于行星的形成进程的例子违背开普勒第三定律，如果离太阳更远就运动更快，如果离太阳更近就运动更慢。在这个对于所有行星来说都远远超出月球圆周范围的区域内部，月球公转的意义以及同样行星的自转运动的意义按照康德的观念都将是直接的意义。构成这个区域的边界的平面一般不易规定，然而在朝着太阳和离开太阳的方向上，边界已经由拉格朗日予以标明。如果 m 表示

足以使它转向这一边而不是另一边；而它是从一些基本微粒的超前运动得来这种微小程度的导引的，这些微粒同样也围绕太

行星质量与太阳质量的比例，a表示行星与太阳的距离，则无论是在朝着太阳的方向上还是在离开太阳的方向上，区域边界离行星的间距都是 $x=\sqrt[3]{\frac{1}{3}}m$。对于地球来说，将是 $x=\sqrt[3]{\frac{1}{3\cdot355499}}\cdot2000$ 万里，亦即大约等于20万里，而月球只是5万里远。对于木星来说，将是 $x=\sqrt[3]{\frac{1}{3\cdot1048}}\cdot1$ 亿里等于600万里，而最远的卫星离木星仅有2.4万里。参见希尔：《月球理论》，载《美国数学杂志》，卷I。

另一个问题是，这样一些被拉向行星的粒子的运动是否能够转化为圆周运动？而且这个问题就像由斯基亚帕雷利、庞加莱和埃贝哈德证明的那样，鉴于现在的空间状态，亦即鉴于没有任何充填它的物质而能够被否定。在一个行星的形成环中运动并接近之的例子，将像埃贝哈德（《康德的宇宙起源论》，1833）证明的那样，画出双曲线的轨道，并由此很快又从行星附近消失。如果现在作为卫星围绕行星运行的微粒从前是以一个圆周围绕太阳运行的，那么，人们就必须像庞加莱（参见《论火星的卫星：1888年12月3日科学院会议简记》）所说明的那样，能够通过逆计算月球干扰直到最遥远的过去时代来又达到其原初的轨道，但这由于月球轨道表现出的仅仅周期性的变化而极为不可能，尽管在数学上一直追究到这些轨道的稳定性尚未确立的时间是不可能的。对于之前围绕太阳运动的粒子不可能成为一个行星的卫星，特别是对于火星和木星之间运行的小行星的某一个不可能成为火星卫星，庞加莱给出的另一个证明（同上）是无效的，因为他所给出的方程式包含着一个符号错误。

对圆形的卫星轨道不能实现的所有证明都预设微粒在其中运动的空间是空的和没有阻抗的。但是，我们必须在月球形成期间既在康德的理论中也在拉普拉斯的理论中设想行星的周围由抗阻的材料所填充，这两个理论在这里如费伊在上面引用的书中165页所提到的，都必须克服同样的困难。但是，庞加莱和埃贝哈德的证明不适用于这样一些由物质填满的空间。——科学院版编者注

阳运动，但运动的速度更快，进入了行星的引力范围。因为这种吸引从很远的地方就迫使较靠近太阳的，以更快的速度运转的微粒离开其轨道的方向，以扁长的曲线轨道升到行星之上。这些微粒由于具有比行星自身更快的速度，当它们被行星吸引而下降时，就给它们的直线下降和其他微粒的下降造成了一种自西向东的偏转，而这只需要微小的导引，就足以使引力所造 〔285〕
成的下降转化而成的圆周运动选取这个方向而不是别的任何方向。出自这一理由，所有的卫星就其方向而言都与主体行星的运转方向相同。而且它们轨道的平面也不能偏离行星轨道的平面很远，因为形成它们的物质，出自我们在谈到方向时所列举的同样理由，也将被引导到对这个平面的最精确的轨道上来，即引导到与主轨道的平面的协调一致上来。

从所有这一切出发，人们就可以清晰地看到，在什么样的情况下一颗行星就能够得到卫星。行星的引力必须大，从而将自己的作用范围远远地扩展开去，以便不仅通过一种下降而向行星运动的微粒，且不说阻力的影响，仍能为其自由的旋转获得足够的速度，而且在这个区域里也要为形成卫星有充足的材料，而这在引力小的情况下是不可能发生的。因此，只有质量大、距离远的行星才拥有卫星。木星和土星这两颗所有行星中最大的、最远的行星其卫星都最多。比它们小得多的地球只有一颗卫星。而本来以其距离也应当有份的火星，却由于其质量如此之小，也就完全落空了。

人们满意地察觉到，行星的这种引力为卫星的形成搜集了材料，同时也规定了卫星的运动，这种引力也一直延伸到它自己的星体，而且正是通过使它自己形成的同样做法，使它自己获得了按照自西向东的普遍方向进行的绕轴自转。如前所述，下降的基本材料的微粒得到了普遍的自西向东的旋转运动，它们由于没有合适程度的运动使自己在圆周运动中保持自由的悬

〔286〕浮，从而绝大部分降落在行星的表面上，与行星的团块混合在一起。由于它们现在加入了行星的组合，所以它们作为行星的部分，就必须按照自己在与行星合为一体之前所拥有的同一方向继续这种旋转。而且从上述情况可以看出，由于缺乏必要的运动而下降到中心天体的这部分微粒，必然远远超过能够达到相应速度的那部分微粒，所以也就容易理解，为什么这个中心天体在其绕轴自转中虽然远远达不到使其表面上的重力与离心力相互平衡的速度，但是对于质量大、距离远的行星来说，却要比距离近、质量小的行星快得多。事实上，木星的绕轴自转是我们所知道的最快的绕轴自转。如果不把它的运动自身看做是这个天体按照其团块的大小所发出的那种吸引的作用，那我就不知道按照什么体系能够使这一点与一个其团块独领风骚的星体协调起来了。如果绕轴自转是一种外部原因的作用，那么，火星的绕轴自转就必定比木星更快，因为这同一种推动力推动一个较小的天体要比推动一个较大的天体更多。就这一点来说，人们有理由感到惊奇：由于所有的运动都是离中心越远就越慢，自转的速度怎么可能随距离而增加，而且在木星那里甚至比其公转自身大两倍半？

所以，当人们不得不在行星的自转中认识作为大自然普遍运动源泉的那个原因即引力时，这种解释方式就由于其基本概念的天然优越性、由于从这个基本概念所得出的不言而喻的结果，而证实了它的合理性。

然而，如果一个天体的形成自身产生了绕轴自转，那么，必定是世界结构中所有的星球都具有这样的现象。但是，为什么月球没有这种现象呢？月球虽然给人以假象，总是以同一面
〔287〕对着地球作这种运转，这似乎是由于它的一个半球的超重，而不是由于真正的公转运动。难道月球过去曾经更快地绕自己的轴旋转，后来不知由于什么原因使这种运动逐渐减缓下来，一

直慢到这种微小的、适当的残余程度？只要这个问题在一个行星上得到解决，由此得出的结论就可以运用到所有的行星上去。我要留待另一个机会来解答这个问题①，因为它与柏林王家科学院1754年度有奖征文提出的课题有着必然的联系。

应当说明绕轴自转的起源的理论，必须也能够从同样的原因中推演出它们的轴相对于它们的轨道的平面的位置。人们有理由感到惊奇：为什么每日旋转的赤道不是与围绕同一行星运转的卫星轨道的平面处在同一个平面上；因为使一个卫星作出公转的同一种运动，也因延伸到行星的星体而使它绕轴自转，而且还应给它的轴在方向和位置上作出同样的规定。某些天体虽然没有卫星围绕自己运行，但尽管如此却由于充当其材料的微粒的这同一种运动，由于将那些微粒限制在其周期性运行轨道的平面之上的那条规律，仍然作绕轴自转，而且这种自转出自同样的理由必定与其公转平面在方向上保持一致。根据这些原因，一切天体的轴必定与行星系的一般关系平面相垂直，而这个关系平面则离黄道带不远。但是只有在这个世界结构的两个最重的星体那里，即在木星和太阳那里，轴才是垂直的；其他我们知道其自转的星体，它们的轴都与其轨道的平面有所倾斜，土星更甚于其他星体，地球更甚于火星，后者的轴几乎与黄道带相垂直。② 土星的赤道（假如可以用土星环的方向来表示它的赤道的话）相对于它的轨道平面有31度角的倾斜，地

① 参见康德的作品《地球绕轴自转问题研究》。“我要留待另一个机会来解答这个问题……”这句话使人得知，至少《天体自然史》手稿的这个部分是在作品《地球绕轴自转问题研究》发表之前因而在1754年6月15日之前就已经写下的。——科学院版编者注

② 根据新的规定，火星的轴与黄道带构成一个61度的角。——科学院版编者注

球则只有23.5度。人们也许可以把这些偏离的原因归于组合
〔288〕形成行星的材料运动方面的不同。在其运行轨道平面的方向上，微粒的主要运动是围绕轨道的中心进行的，那里就是关系平面，基本的微粒汇聚在它周围，以便在那里尽可能地作圆周运动，并为形成卫星聚集物质。因此，这些卫星决不会偏离运行轨道很远。如果行星绝大部分只是由这些微粒形成的，那么，它的绕轴自转就会像围绕它运行的卫星那样，很少在最初形成时就偏离这些微粒的运行轨道。但是，如同这一理论已经阐明的那样，它更多地是由降落到两侧的微粒形成的，这些微粒的数量或者速度似乎也不是完全均衡，以致一个半球的运动将会超过另一个半球不少，从而使轴发生一些偏离。

尽管有这些理由，我还是把这种解释仅仅当做一种我不敢确定的猜测予以表述的。我的真正见解是这样的：行星的绕轴自转在最初形成的原初状态中与其公转轨道的平面差不多完全一致，有某些原因使这个轴从其原初的位置偏移了出去。一个从其最初的液体状态过渡到固体状态的天体，在其以这种方式完全形成时，它表面上的合规则性将发生很大的变化。它的表面变得固定而且坚硬，但深处的物质还没有按照其比重的规定充分下沉；而在其团块中混杂在一起的较轻的品类，在与其他品类分别出来之后，最终将聚集在最上面已经变硬的地壳下面，产生巨大的洞穴；出自种种要在此加以列举就未免过于详尽的原因，这些洞穴中最大最宽的都在赤道下面或者在赤道附近；上面的地壳最后陷了下去，产生了各种各样的凹凸不平，产生了山峰和洼地。如果以这样的方式，就像地球、月球、金
〔289〕星看起来都必然如此形成的那样，表面变得凹凸不平，那么，它在其绕轴自转中就不再能够在所有方面都保持运动的平衡。一些具有巨大质量的高耸的部分，在相反的一面没有另外的部分能够为它们的运动提供平衡，必定马上移动旋转的轴，力图

使它处于物质在其周围保持平衡的位置上。因此，在一个天体完全形成时使它的表面由平坦变得高低不平的这一原因，也正是在望远镜能够十分清晰地发现的天体上所觉察到的普遍原因，它使这些天体不得不多少改变其轴的原初位置。然而，这种变化也有其界限，以免偏离出去太远。如上所述，这种高低不平，在一个自转的星球赤道附近要比远离赤道的地方更多，到了两极就几乎完全没有了。关于这方面的原因，我留待别的机会再谈。因此，最为高出同一平面的质量，可以在赤道附近遇到，而当这些质量由于运动的优势力图接近赤道时，它们顶多也只能使天体的轴从其垂直于其规定平面的位置移开几度。由于这一缘故，一个还没有完全形成的天体仍将保持轴与其运行轨道的垂直位置，也许只有在千百年后才会改变这一位置。木星好像还处在这种状态中。它的质量和大小上的优势、它的材料轻，都迫使它比其他天体晚几个世纪才达到其物质的凝固静止状态。也许，它的团块内部还在运动，它的组合的各部分在按照其重量的情况向中心下沉，并通过较稀薄的种类与重的种类的分离而达到固体状态。在这种情况下，它的表面还不能显得平静。那里还是一片翻腾和废墟。甚至望远镜也向我们证实了这一点。这颗行星的形状在不断地变化，而月球、金星、地球的形状则始终保持不变。人们也完全有理由设想，对于一个比我们地球大 2 万倍①，而密度却小 4 倍的天体来说，其完 〔290〕
全形成的周期最终完成要迟上几个世纪。在它的表面达到平静状态之后，毫无疑问，远比地球表面上大得多的高低不平将与其迅速的运转相结合，在不太长的时间里给予它的自转一个固定的位置，这个位置是它上面各种力的平衡所要求的。

① 木星在大小上比地球不是大 2 万倍，而是大 1 200 多倍。——科学院版编者注

比木星小3倍的土星，也许由于其较远的距离而与木星相比获得了形成较快的优势；至少土星快得多的绕轴自转、其表面上向心力与重力的巨大比例（这一点将在下一章再谈），使得猜测中其表面上由此造成的高低不平，将通过轴的移动而立刻偏移到超重的一边。我坦白地承认，我的体系中涉及行星轴的位置这一部分还不完善，离能进行几何学的计算还差得远。我宁愿诚恳地揭露出这一点，而不愿用各种各样东拼西凑的假理由来损害其余出色的学说，使它具有薄弱的一面。下一章将证明整个假说的可信性，并借此来说明世界结构的各种运动。

第五章

论土星环，并根据土星环的情况计算土星每日的自转

①根据世界大厦的系统状态，它的各个部分通过其特性的阶梯状变化而联系了起来。人们可以猜测，一个处在世界最远
〔291〕区域的行星大约具有这样的规定性，与彗星在由于偏心率减小

① 第五章的开篇在根济欣的摘要189页原文如下：“如果我们假定，土星在形成完成之后有围绕自己的轴的一种转动，而且它的表面的最轻材料由于热的作用被抬高到它上面，那么，围绕土星的环的起源就能够得到比许多别的自然现象更可理解的解释。”对此，根济欣还作出评注如下：“在天体理论自身中，作者先生假定，土星过去以一种与彗星运动类似的运动经历了一些具有更大偏心率的公转，而且由于它在接近太阳时所获得的炽热，轻的材料从它的表面升起，或者它在自己周围散播一个彗星的大气层。——但后来，他得出了更为适当的观念，即通过在行星形成时发生的物质混合，在其内部产生出一种热，而且这种热在土星那里造成了所说的作用。”——科学院版编者注

而升高到行星品类时所能获得的规定性相同。据此，我们想这样来看待土星，好像它以类似于彗星运动的方式已经以较大的偏心率作过多次公转，并且逐渐地达到一种类似于圆的轨道。① 土星在近日点所受到的热，使轻的材料从它的表面升起，我们从前几章已经知道，这种材料在最高的天体上是非常稀薄的，只要微弱的热量就足以驱散它。而在这颗行星经多次公转达到它如今悬浮的地方之后，它在一种如此温和的气候下逐渐地失去了所吸收的热量，而从它表面上还一直向其周围散发的云雾也逐渐地不再升起成一个尾巴。这时已不再经常有新的云雾升起来使旧的云雾增加。简而言之，已经环绕着它的云雾，由于我们马上就要阐述的原因，依然悬浮在它周围，形成一个固定的环，使它保持着过去类似于彗星的本性的特征，而它的星体则吐出热量，最后成为一个平静清洁的行星。现在我们要揭示这个天体那升起来的云雾能够保持自由悬浮、使这些云雾由散布在它周围的大气层变化为一个到处都与它有距离的环的秘密。我假定：土星早就有绕轴自转；不用别的什么东西，只要有这个假定，就可以揭开全部秘密。不是别的，而是只有这个推动机制，通过一种直接的力学结果给这颗行星造成了上述现象。而且我敢断言，在整个大自然中，只有少数事物如同从 〔292〕
最初形成的源始状态出发阐释天穹的这一奇特现象一样，能够追溯到一个如此易于理解的起源。

从土星升起的云雾有其自己的运动，并在它们升到的高度上自由地继续这种运动，它们作为土星的部分在土星绕轴自转时就有了这种运动。在这颗行星赤道附近升起的微粒必定有过

① 或者更为可能的是，它由于与彗星类似的、而且从其偏心率来看至今仍保持着的本性，在它将自己表面上的最轻材料完全驱散之前，就已经散发过彗星式的大气层。

最快的运动，而从赤道到两极，云雾升起的地方纬度越高，运动也就越弱。比重的不同将微粒安排在它们所升到的不同高度。但只有其置身的距离需要一种以其从绕轴自转中获得的速度能够提供的向心力的微粒，才能以一种不间断的自由圆周运动维持其所达到的位置。而其余的微粒，如果由于别的微粒的相互作用不能达到这种精确性，就必然要么由于运动过度而脱离了这颗行星的范围，要么由于运动不足而被迫降回到它上面。散布在整个云雾球范围的微粒，正是由于在其公转运动中起作用的那条向心规律，将力图从两侧穿越行星延伸了的赤道平面，而当它们在两个半球之间的这个平面上相遇而互相阻挡时，它们又将聚集在那里。而且由于我认为，上述云雾是行星变冷时最后才散发出来的，因此所有分散的云雾物质都聚集在这平面附近一个不太大的空间中，而把两侧的空间空了出来。但在这一新的、变化了的方向上，它们仍将继续使它们在自由的同心圆周运行中保持悬浮的那种运动。就是以这样的方式，云雾圈将自己原来是一个充实的球体的形状改变为一个铺开的平面，正好与土星的赤道相吻合。但即便是这个平面，也必须出自同样的力学理由，最终获得了一个环的形式，环的外缘取决于太阳光线的作用。太阳光线的力就像在彗星上所做的那样，把离开行星的中心已有一定距离的微粒驱散开来并赶出去，由此给
〔293〕云雾圈划定外面的界限。这个新产生的环的内缘取决于行星在其赤道下的速度情况。因为在与其中心的某种距离上，如果这种速度与当地的引力达到平衡，那么，这就是从自己的星球上升起的微粒凭借从绕轴自转获得的运动能够作圆周运动的最近距离。较近的微粒由于为作这种运转需要更大的速度，而它们又不可能具有这种速度，且因为即便在行星的赤道上运动也并不更快，所以它们将获得偏心运动，这些偏心运动相互交错，一个减缓另一个的运动，最终一起掉回到它们由以升起的行星上去。

在这里，我们看到了一个极为罕见的现象，自从它被发现以来，天文学家们任何时候看到它都会感到惊奇，但要发现它的原因，人们却从来也没有能够哪怕是寄予一种可能的希望，以一种简易的、没有任何假说的力学方式让它产生。由此很容易就能够看出，在土星上发生的事情，也将同样合规则地发生在每一个彗星上，只要彗星在置身于一个能使它的星体逐渐冷却的固定高度上时拥有足够的绕轴自转。就各种力在自然而然的状态中的杰出发展而言，大自然即便在混沌状态也是富有成果的。随之而形成的东西为造化的共同利益带来了如此美好的关系与和谐，以至它们甚至以其根本特性的永恒不变规律，使人们一致肯定地认识到一个伟大的存在者，在它里面，它们借助自己共同的依存关系而统一成为一个和谐的整体。土星从它的环那里得到了巨大的好处；环延长了白昼，照亮了如此众多的卫星下面的黑夜，乃至使人们在这里很容易忘记太阳不在场。然而，难道人们由此就必然否认，凭借力学规律，除了物质的普遍规定性之外不需要别的东西，物质的普遍发展就能够产生为理性的造物带来好处的种种关系吗？所有的存在物都由于一个原因而相互联系，这个原因就是上帝的〔294〕
理智。除了这个神的理念之中所包含的完善性的观念之外，它们不可能产生其他任何结论。

我们现在要根据上述关于这个天体产生的假说，从它的环的情况出发来计算它的绕轴自转的时间。由于这个环的微粒都曾处在土星的表面上，它们的所有运动都是从土星的绕轴自转获取的运动，所以在这些微粒所拥有的运动中，最快的运动与在土星的表面所发现的最快的绕行是一致的。也就是说，环的微粒在其内缘绕行的速度与行星在其赤道上所拥有的速度相等。不过，环的微粒在其内缘绕行的速度很容易求得，只要从土星的一个卫星的速度中寻找它，方法就是在与行星中心的距离的平方根关系中得出它。从得出的速度中，直接可以得出土

星绕轴自转的时间，**这就是6小时23分53秒。**①对一个天体

① 在这个地方，有第三个根据康德的动议由根济欣所作的注释：

由于康德在30多年前所计算的土星绕轴自转的时间借助布格［参见《柏林天文学年鉴》，95～101页，1793］从观察到的土星的扁率在这种绕轴自转方面得出的推论，以及它的环的内沿的各部分公转的时间借助赫舍尔的观察，现在都似乎可以如此完美地证实，所以**康德**仅仅按照向心力的法则关于环的产生及其保持的理论就由此获得了很大程度的可信性。

根济欣在上书193页说：他未能查明康德在计算土星的自转时所依据的数据。他的计算为自转得出了有些不同的值。就连鲁道夫·沃尔夫也在他的著作《天文学手册》（第Ⅱ卷，476页，1890—1893）按照康德的方式计算土星的自转，但得出了小得多的值。很可能康德是以他很容易得到的惠更斯的数据为根据的。惠更斯在他的《被观测到的宇宙》［《克里斯蒂安·惠更斯各种著作集》，702页，1751］中说道："在环与这个星球的直径之间，比例是9比4。居于二者之间的空的空间具有环所具有的同样宽度。"因此，如果人们设定土星的半径等于4，则最外的环的半径就等于9，而内环的半径就等于6 $\frac{1}{2}$，或者用整数，三个半径 $\rho : r : r^1$ 的比例就是8∶13∶18。惠更斯用来测量卫星距离的外环的直径（$2r^1$）就是以这些单位表达的，因而等于36。在同一本书的699页，惠更斯声称第4颗卫星与土星中心的距离等于4个环直径。因此，以上述单位来表达，第4颗卫星（惠更斯卫星）与土星的距离R等于144。作为公转时间，惠更斯在这个地方声称是15天22小时41分，而在551页则声称是15天22小时39分。因此，取其中值，得出也为牛顿在其《原理》中声称的时间15天22小时40分，亦即T＝1 377 600秒。所寻求的土星自转时间得自如下方程式：

$$X = \frac{\rho\sqrt{r}}{R\sqrt{R}} \cdot T$$

$$= \frac{8 \cdot \sqrt{13}}{144 \cdot \sqrt{144}} \cdot 1\,377\,600 \text{ 秒}$$

$$= \frac{\sqrt{13}}{216} \cdot 1\,377\,600$$

的未知运动进行的这种数学计算，也许在真正的自然学说中是惟一一种独特的预言，尚有待未来的观察予以证实。目前已知的望远镜还不能把土星放得很大，足以使人们能够看到据猜测在其表面上有的斑点，以便通过这些斑点的移动来看出土星的绕轴自转。不过，望远镜虽然也许都还没有达到人们能够期望的那样完善，但通过能工巧匠的努力，在我们看来是能够达到这种完善的。如果将来有一天能够通过外观证实我们的许多猜测，那么，出自同样的理由，还有什么可靠性土星的理论不能达到，还有什么崇高的可信性整个体系不能达到。土星日自转的时间也说明了其赤道的离心力与其表面上重力之间的关系，前者与后者的比是20∶32。因此，重力 〔295〕
只比离心力大3/5。如此之大的比例必然要在这颗行星的直径之间造成很大的差别，人们可能会担心，这种差别必定如此之大，以至虽然望远镜把这颗行星放大不多，对它的观察还是肯定能够清晰地看到这种差别的，但这实际上并没有发生，理论可能由此而受到不利的攻击。全面的审核完全排除了这一困

X的计算由康德大概以如下方式进行的：$\sqrt{13}=3.61$，$\frac{3.61}{216}=0.01\,672$，而 $0.01\,672\times1\,377\,600=23\,033$＝6小时23分53秒。这样，就自然而然一直精确到分钟地得出了康德的值。

后来由赫舍尔等人进行的对土星自转速度的经验性规定并未证实康德的值，观察得出了更大的自转时间，约10小时。与此相反，紧接着的298页由康德所声称的内环自转时间与赫舍尔的观察完全一致。值得注意的是，拉普拉斯于1825年还在他的《天体力学》第5卷中有些骄傲地提到，他从自己的理论出发规定了土星内环的速度，比赫舍尔通过观察发现它早两年，却不知道，康德按照同样的原理已经在35年前就计算并公布了它。——科学院版编者注

难。惠更斯的假说① 假定，一个行星内部的重力是完全相等的。按照这一假说，直径相互之间的差别与赤道的直径的比例，比离心力与两极的重力的比例小两倍。例如，由于地球赤道的离心力是两极重力的 1/289，所以，在惠更斯的假说中赤道平面的直径必定比地球的轴大 1/578。原因就在于：由于根据假定，地球团块内部的重力无论与中心距离远近，都与在表面上一样大，但离心力却随着与中心的接近而减弱，所以离心力并非到处都是重力的 1/289，而毋宁说出自这一理由，赤道平面上液柱重量总的减小就不是该重量的 1/289，而是它的一半，即 1/578。与此相反，在牛顿的假说中，从整个赤道平面直到中心，绕轴自转所引起的离心力与该处的重力之比都是相等的，因为在行星内部（如果假定该行星的密度完全相同）重力与离心力以相同的比例随着与中心的距离而减小，因而离心力在任何时候都是重力的 1/289。这就使赤道平面上的液柱减轻并升高 1/289。在这一学说中，直径的这种差别还将由于下述情况而增加，即轴的缩短使各部分接近中心，因而重力增加，而赤道直径的伸长则使各部分远离
〔296〕这个中心，从而重力减小，而且出自这一理由还将如此增加牛顿扁圆球的扁率，把直径的差别从 1/289 提高到 1/250。

根据这些理由，土星直径相互之间的比例必定比 20∶32 更大，必定差不多等于 1∶2：这个差别如此之大，尽管通过望远镜显现出来的土星如此之小，但只要稍加注意，就不会错过这种差别。单是由此就可以看出，密度相同的假定对于地球

① 参见《克里斯蒂安·惠更斯先生论重力的原因》，156 页，1690。那里说的是：这意味着，地球直径与其轴之比是约 289 比 288½，或者约 578 比 577。——科学院版编者注

来说可能显得相当正确，但对于土星来说则与真理相去甚远；实际上，这种情况对于这样一个行星来说是可能的，这个行星的团块就其绝大部分内容而言是由最轻的物质构成的，并且允许其组合中较重的物质品类，根据其重力情况，在该行星达到凝固状态之前比在另一些天体中远为自由得多地向中心下沉，而后者密度大得多的材料阻碍了物质的下沉，并且在这种下沉能够发生之前就使它们成为固体了。因此，当我们假定在土星内部其物质的密度随着接近中心而增长时，重力就不再以这一比例减小了；相反，密度的增加补偿了被设定在行星内部某个点的高度之外、其引力对该点的重力没有任何增益的那些部分的短缺。① 如果最下面的物质的这种特别密度很大，那么，它就会根据引力定律，把内部向中心越来越小的重力变成到处都相同的重力，使直径的比例接近惠更斯的那种比例，后者一直是离心力和重力之间比例的一半；因此，由于这二者相互之间的比例是 2：3，所以这个行星直径的差别就不是赤道直径的 〔297〕
1/3，而是它的 1/6。最后，这个差别之所以尚未察觉，还是因为土星的轴在任何时候都与其轨道的平面构成一个 31 度的角，土星轴的位置从来不像木星那样与其赤道垂直；这看起来就把上述差别缩小了 1/3。在这种情况下，特别是由于这颗行星的距离如此遥远，人们就很容易认为，土星星体的扁平形状并不像想象的那样容易看到；但尽管如此，天文学的工作主要取决于工具的完善，天文学也许将能够借助工具揭示这一如此

① 因为根据牛顿的引力定律，一个处于圆球内部的物体，只会受到圆球这样一个部分的吸引，这部分就是以该物体与中心的距离为半径画出的球体。至于这距离之外的各个同心球部分，则由于对该物体的各种引力相等而互相抵消，既不把该物体拉向中心，也不把它从中心推开。

值得注意的特性，在此我并不是大吹法螺。我关于土星形状所说的，在某种程度上也可供天文学作一般的说明使用。根据精确的计算，木星的重力与离心力之间的比例在其赤道上至少是9.25∶1。如果木星的团块完全是同样的密度，那么，根据牛顿的原理，木星的轴和赤道直径的差别实际上就要大于1/9。然而，**卡西尼**①认为它只有1/16，**彭德**②认为它是1/12，有时是1/14。所有这些通过其差别证实了测定之困难的不同观察，至少在这一点上是一致的，即它们都认为这个比例比根据牛顿的体系，或者毋宁说根据他关于密度均匀的假说所应有的小得多。因此，关于密度均匀的假定造成了理论与观察之间如此之大的偏差，如果人们把它改变为更为可能得多的假定，即认为行星团块的密度随着与中心的接近而增加，那么，人们就不仅能够说明对木星的观察，而且也能够就土星这个测定起来更加困难得多的行星而言，清楚地看到它的扁圆体扁率较小的原因。

〔298〕 我们从土星环的产生获得了敢于迈出大胆的一步的理由，即通过计算来规定望远镜所不能发现的土星环绕轴自转的时间。让我们给这一物理学预言的尝试再增添另一个关于这同一个行星的预言尝试，后者还要期待未来时代更完善的工具来证明它的正确性。

按照假定，土星环是一个微粒的汇聚，这些微粒在从这个

① 卡西尼（Giovanni Domenico Cassini，1625—1712），尼斯附近的佩里纳尔多人，博洛尼亚天文学教授，后任1669—1672年建立的巴黎天文台首任台长。参见牛顿的《自然哲学的数学原理》，第Ⅲ卷，命题19，问题3。——科学院版编者注

② 彭德（James Pound，1669—1724），参见牛顿的《自然哲学的数学原理》，第Ⅲ卷，命题19，问题3。——科学院版编者注

天体的表面上升起成为云雾之后，就凭借从这个天体的绕轴自转而获得并继续下去的运动而在其距离的高度上自由地保持作圆周运动，但这些微粒并不是在其与中心的所有距离上都有相同的周期性运转时间；相反，如果它们根据向心力的规律应当保持悬浮，那么，它们的周期性运转时间就应当与它们距离的立方的平方根成正比。根据这一假说，内缘的微粒进行其绕行的时间大约是10个小时，外缘的微粒圆周运动的时间根据相应的计算是15个小时；因此，如果环的最低部分绕行3圈，那么最远的部分只绕行2圈。然而很有可能的是，人们随意地把微粒虽然在环平面上极为分散但仍相互提供的阻碍估计得如此之小，较远的微粒的滞后在其每一次的绕行中都逐渐地减缓和阻碍运动较快的下面的部分；与此相反，后者也必定把自己的一部分运动分给了上面的部分，使它们以较快的速度运转。如果这种相互作用不最终被打断，那么，上述情况就会一直继续下去，直到这个环的微粒，无论是下面的还是远处的，都达到这样一点，即在同样的时间里进行绕转，就像它们彼此之间处于相对静止状态，并且通过让路而彼此之间不发生任何作用。如果环的运动真达到这一点，那么，这样一种状态将会完全摧毁这个环，因为如果人们选取环的平面的中间，并假定那里的运动处在它以前曾处在且必须处在的状态中，以便进行一种自由的圆周运动，那么，下面的微粒由于受到很大的阻碍就 〔299〕
不能在其高度上保持悬浮，而是在偏斜的、偏心的运动中相互交错，较远的微粒则必定在比它们的距离的向心力所应有的还要更大的运动的推动下，越过太阳的作用所规定的环的外部界限，远离土星，穿过那界限消散在这颗行星的外面。

不过，人们用不着对所有这些紊乱感到担心。环的运动产生的机制具有一种规定性，它凭借正是要摧毁环的那些原因，使环处于一种安全的状态中，其方法就是把它分成几个同心圆带；由于把这几个同心圆带隔离开来的间隙，它们相互之间已不再有共同的东西。因为在环的内缘运行的微粒，由于运动较快而带动了上面的微粒，加快了它们的绕行，所以后者速度的增加就导致了过大的离心力，并离开了曾经悬浮过的地方。但如果人们假定，当这些微粒力图与下面的微粒分开时，它们就必须克服某种联系，而尽管它们是散布的云雾，这种联系在它们这里还似乎不是全然无足轻重的，那么，这种增加了的运动程度就会力图克服上述联系，而只要它在同样的运转时间里与低处的微粒一起运用的离心力超过了它们位置上的向心力，而这种超过又不大于这种关联，它也克服不了上述联系。出自这一理由，在这个环的一个圆带的某种宽度内，虽然由于圆带的各个部分都在同样的时间内进行运转，上面的部分在力图与下面的部分相脱离，但还是必然存在着联系。不过，圆带的宽度不能太大，因为当这些在同样的时间里作绕行运动的微粒的速度随着距离而增加，并且比向心规律所要求的还要大时，如果这种速度超越了云雾微粒的联系所能够提供的程度，它们就必定会与低处的微粒脱离，获得一个与运转力超出所在位置的离心力的程度相适应的距离。以这种方式，就规
〔300〕定了把环的第一条圆带与其他圆带隔开的间隙；以同样的方式，上面的微粒因下面的微粒的快速运动而获得的加速运动以及它们那力图阻止分离的联系，就造成了第二个同心的环；第三个环与它隔有一个不大的距离。如果知道了把微粒相互联结起来的那种联系的程度，人们就能够计算出这些圆带的数目以及它们的间隙的宽度；不过，我们可以满足的是已经以充分可能的理由猜到了土星环那防止它摧毁，并通过自由的运动使它保持悬浮的组合。

这种猜测由于可望将来有一天借助实际的观察得到证实，从而使我感到由衷的高兴。几年前，来自伦敦的传闻说，有人

用一种新的、经**布拉德莱**①先生改进了的牛顿式望远镜观察了土星，发现土星的环实际上是由许多被间隙隔开的同心环组合而成的。自此以后，就没有再听到这个消息了。②观测工具使知性认识到世界大厦最遥远的区域。如果在这里迈出新的步子主要在于观察工具，那么，就本世纪对一切可以扩大认识的东西的注意而言，也许可以希望，它将主要转向能使它极有希望作出重大发现的那个方面。 〔301〕

但是，既然土星如此幸运地给自己创造了一个环，那么，为什么再也没有别的行星分享这种好处呢？原因是清晰易见的。由于环是由一个行星在它的原始状态吐出的云雾构成的，而绕轴自转又必然给这些云雾以一种运动，它们在达到一定高

① 参见上文231页注。——科学院版编者注

② 在我写下这些话之后，我在1705年的《巴黎王家科学院备忘录》中，在冯·施泰因韦尔的译本的第2部分571页**卡西尼***先生**《论土星的卫星和环》**的文章中，发现了对上述猜测的证实，这猜想的正确性几乎无可置疑了。卡西尼先生提出了一种想法，虽然这种想法本身不大可能，但在某种程度上可能与我提出的真实情况有点接近。他认为，也许这个环是一群小卫星，它们从土星上看，与银河从地球上看显得是一样的（如果把以同样的运动围绕土星运行的云雾微粒视为小卫星的话，这种想法还是能够站得住脚的）。在提出这种想法之后，他又接着说道：**“人们在土星环显得较宽、缺口较大的年代里所作的观察，证实了上述想法。因为人们看到一条幽暗的椭圆形的线，它离球体较近的部分要比离球体较远的部分更亮。球的宽度被这条线分成两部分。这条线似乎说明在两个部分之间有一个小的间隙，就像球体与环之间的距离由二者之间最幽暗的部分来标明一样”。**

* 参见上文297页注。论文的题目在施泰因韦尔的译本中是《关于土星的卫星和环的观测的沉思：卡西尼先生著》。下面的着重号出自康德。——科学院版编者注

度上之后可以继续这种运动；在这高度上，它们以这种植入的运动恰巧能与向着行星的引力达到平衡；所以，如果人们知道球体较远的部分更亮。环的宽度被这条线分成两部分。这条线行星的直径、它自转的时间和它表面上的重力，那么，就可以很容易地通过计算来确定，要使云雾通过它们在行星的赤道那里得来的运动保持作自由的圆周运动，它们就必须从行星升高到什么样的高度。按照向心运动的规律，一个能够围绕行星以与行星绕轴自转相同的速度自由地作圆周运动的物体，其距离与行星半径之比等于行星赤道上的离心力与重力之比。① 出自这些理由，如果假定土星的半径为 5，则土星环的内缘的距离

① 在这句话中，必须像康德也在下一句话中的数字例子那里做的一样，把力的比例颠倒过来。它必须说的是："按照向心运动的规律，一个能够围绕行星以与行星绕轴自转相同的速度自由地作圆周运动的物体，其距离与行星半径之比等于重力与行星赤道上的离心力之比。"也许，对这些词的这种无关紧要的、因为在使用时被纠正的错置导致冯·厄廷根在其《自然史与天体理论》1898 年的版本 156 页注 28 作出了没有根据的断言，即这里由康德所阐述的思想基于错误的预设。如果人们把 X 称为所寻求的环的距离，把 R 称为行星的半径，把 C 称为赤道上的离心力，把 G 称为表面上的重力，则康德正确地设定为 $\frac{X}{R}=\frac{G}{C}$，并且由此例如为地环的距离得出 X=289R。在 X 处的重力是 $\frac{G \cdot R^2}{X_2}$，而该处的离心力是 $\frac{CR}{X}$，二者被设定相等，得出康德的方程式。冯·厄廷根所阐述的两个算式应予摈弃；因为说从行星上升的粒子把它们在行星表面上具有的角速度携带到空间，单是由于康德一再强调，在赤道上上升的粒子携带着比在极地上升的粒子更大的速度，就已经与康德的观念相悖了。但是，冯·厄廷根的第二个算式既不符合角速度的保持，也不符合线性速度。——科学院版编者注

就是8，这两个数字的比也就是32∶20。如上所述，它们表现为赤道上重力与离心力之间的比例。出自同样的理由，如果假定木星有一个按照同样方式产生的环，那么，它的最小半径将超过木星一半厚度10倍，这恰恰到了木星最外面的卫星绕它 〔302〕 运行的地方。因此，无论是出自这些理由，还是因为一个行星吐出的云雾不可能达到离它那么远的地方，这上述假定都是不可能的。如果要知道地球为什么没有得到一个环，人们可以从这环的半径——哪怕是环的内缘也必须具有的半径——特别巨大这种情况中得到答案。这个环的半径必须是地球半径的289倍大。至于运动较为缓慢的行星，就更不可能产生一个环了。因此，除了实际上有一个环的行星之外，根本不存在一个行星以我们已经说明过的那种方式得到一个环的情况。这也是对我们的解释方式的可信性的一个不小的证实。

但是我几乎可以肯定的是，环绕土星的那个环不是以整个行星中流行的，也为土星创造了卫星的那种普遍方式形成的，也不是通过普遍的形成规律产生的。我要说，并不是这种外部的物质为此提供了材料，相反，材料是这颗行星自己的创造物。它借助热量使自己容易挥发的部分升了起来，通过自己的绕轴自转给予它们绕行的推动，这也就是说，环不像土星的其他卫星，也根本不像所有伴随主体行星的绕行天体那样，处在行星运动的一般关系平面之中，而是偏离它很远；这恰恰是一个证明，说明它不是由一般的基本材料所形成，并从这种材料的下降获得自己的运动，而是在这颗行星完全形成之后很久才从它上面升起，并且从它所获得的旋转力，作为它的分出部分，获得了与绕轴自转相关的运动和方向。

对天穹这些奇特现象在其本质和产生的整个范围内予以理

解的乐趣，使我们卷入了一种如此详尽的探讨。借助于我们随和的读者的好意，让我们随意地，乃至有所离题地进行这种探讨，以便在我们无拘无束地让各种可能的意见都随意地发表出
〔303〕来之后，再更为小心谨慎地回到真理上来。①

难道人们就不能设想，地球与土星一样，早先也曾有过一个环？环可能与土星环一样，是从地球表面上升起的，并且维持了很长一段时间。那时地球的转动比现在要快得多，不知道是什么原因使它减慢到现在这种程度。或者有人相信往下降落的一般基本材料就是按照我们上面所解释的规则形成环的材料。假如人们是要借此满足自己的猎奇心，那就大可不必认真对待它。然而这样一种想法，为我们提供了多么丰富多彩的美好解释和结论啊！居然有一个围绕地球的环！这景观对于那些被创造出来要把地球当做天堂来居住的人们来说，该是多么美好啊！对于那些大自然从所有方面都笑脸相迎的

① 这里是第4个根据康德的动议由根济欣作出的注释（同上书，203～204页）：这个环从按照向心律运动的雾状材料中产生的理论极有可能的正确性，同时很有利于大的天体自身产生的理论，它们根据的是同一些规律，只不过它们的抛掷力是由普遍的重力所引起的零散基本材料的**降落**，而不是由中心天体的绕轴自转产生的；特别是如果人们（我在这里使用一些康德教授先生自己的话）把因枢密顾问**利希滕贝格**先生的重要赞同而被重视的后来的、作为补遗附加给天体理论的意见与此相结合的话，也就是说，那种雾状地分布在宇宙空间的原始材料，把所有种类极其不同的物质以**弹性状态**包含在自身，在它形成天体时，只是通过这些具有化学亲和性的物质在其按照重力法则降落时彼此相遇，相互抵消对方的弹性才能做到，但这样一来，就产生出密的质量，并且在这些密的质量里面产生出那种炽热，它在最大的天体（太阳）中外部与发光的属性、但在较小的天体（行星）中与内部的热相结合。——科学院版编者注

人们来说，这又是多么惬意啊！但是，这一点也不违背这样一种假说能够从《创世记》文献中借来的证实；这样一种假说对有些人来说是值得赞赏的，它们相信，如果自己利用这种假说来离开题目，开个玩笑，由此引起重视，这绝不是亵渎了启示，而是证实了启示。摩西所说的天降洪水已经给诠释者们带来了不少麻烦。难道人们就不能利用这个环来帮助自己摆脱这种困难吗？这个环毫无疑问是由水质云雾构成的，除了它能为地球上最早的居民们创造的好处之外，还可以这样利用它，即在必要时把它毁掉，以便用洪水泛滥来惩戒使自己不再配享这种美好的世人。或者是彗星的引力使它各部分有规则的运动陷入紊乱，或者是它所在区域的冷却把它分散的云雾部分合为一体，在一场极为猛烈的暴雨中将它们倾泻到地面。人们很容易就可以知道这会产生什么后果。整个世界都沉没在洪水中，而且由此还在这场非自然的暴雨那外来的、易于挥发的云雾中，吸收了使所有的造物都濒临死亡和毁灭的慢性毒物。从此时开始，一道苍白的虹的形象 〔304〕
从地平线上消失了，而一个永远也不会再回忆起这一景观的新世界，也感觉不到对上帝的报复工具的恐惧，也许会在第一次雨中惊恐万状地看到一道七彩缤纷的虹，这道虹就其形状而言似乎是对前一道虹的摹写。但由于上天已经和解的保证，它却应当是永远维持如今已经改变了的地表的一种恩宠标志和纪念物。这一纪念的标志与所标识的事件的相似性，可能会把这样一种假说推荐给献身于把启示的奇迹与井然有序的自然规律结合为一个体系的流行倾向的人们。我认为，把这样的协调一致可能唤起的轻率的掌声奉献给真正的欢乐，是值得推荐的。真正的欢乐是在自然的类比为了表示自然的真理而互相支持时从对合规则的联系的认识中产生的。

第六章
论黄道光

太阳被一种稀薄的、云雾状的东西所环绕，这种东西在太阳的赤道平面上向两边略有扩展，直到很高的地方仍环绕着太阳。对于这种东西，我们尚不能确定，是否像**德·马兰**[①]**先生**所描绘的那样，它在一个磨得很光的玻璃镜的图像（扁豆体图像）中与太阳的表面接触在一起，还是像土星环那样，处处与土星保持距离。不管是哪一种情况，总是还有相似形存在，足以把这种现象与土星环相比较，并把它从一致的起源中推导出来。如果像最为可能设想的那样，这种散开的物质是出自太阳的一种流出物，那么，就不能忽视把它带到与太阳赤道相同的
〔305〕平面上去的那个原因。太阳的火焰使最轻、最易于挥发的材料从其表面上升起，并且已升起很久，这种材料在太阳火的作用下继续被驱赶到太阳上方很远，并根据其轻的程度在某个距离上悬浮，在那里，光线的驱逐作用与这些云雾微粒的重力达到了平衡，或者它们由于不断向它们涌去的新的微粒的汇入而得到支撑。现在，由于太阳在绕轴自转时将自己的运动均匀地赋予这些从它逃离出去的微粒，所以这些微粒得到了进行绕行的某种推动，由此而力图按照向心规律以其运动的圆周从两边穿越延伸了的太阳赤道平面；而且之所以如此，乃是因为它们是以相同的量从两个半球涌向那个平面的，它们以相同的力汇聚在那里，在这个与太阳赤道相关的平面上形成了一个展开的平面。

然而，尽管黄道光与土星环之间有这种相似性，但还有一

① 参见上文45页注。——科学院版编者注

个根本的区别，使黄道光现象与土星环现象迥然不同。土星环的微粒凭借获得的自转运动保持在自由悬浮的圆周运动中，而黄道光的微粒则是凭借太阳光的力量保持在其高度上的。没有这种力量，它们从太阳的自转获得的运动就远远不能阻止它们在自由运动中掉落下来。由于在太阳表面上的离心力还不到引力的 1/40 000，所以这些上升的云雾必须远离太阳达到太阳半径 40 000 倍的地方，才能以这样的距离刚好遇到能够与它们分有的运动达到平衡的重力。因此可以肯定，不能以与土星环一样的方式把太阳的这种现象归于重力。

尽管如此，还是有很大的可能性说太阳的这个项圈或许与整个大自然有共同的起源，也就是说，由一般的基本材料形成。由于这种基本材料的各个部分只是在太阳系的最高区域悬浮，所以它们只是在太阳系完全形成之后，才在一种迟到的降落中以减弱的、但自西向东弯曲的运动向太阳下降，并借助这 〔306〕
种圆周运动的方式穿越延伸了的太阳赤道平面。由于它们相互阻碍，它们就从两边在那里汇聚起来，形成了一个在此位置上展开了的平面。在这平面上，它们部分地由于太阳光的阻止，部分地由于自己真正达到的圆周运动，如今就保持在恒久相同的高度上。目前的解释除了属于猜测的价值之外，不具有别的什么价值，也没有什么要求，哪怕是仅仅要求随意的赞同。读者的判断尽可以偏向他觉得最值得接受的那一边。

第七章

在无限时间和空间的整个范围内论造化

世界大厦以其无比的巨大、无限的多样以及从它向四面八方辐射出的美，使人惊叹得说不出话来。如果说所有这些完善性的表象激发了想象力，那么另一方面，当知性看到如此的宏伟、如此的巨大竟然是以一种永恒的、正确的秩序出自惟一一个普遍的规则时，它会情不自禁地感到心醉神迷。在行星世界中，太阳从所有轨道的中心出发，以其巨大的引力使其星系各个住有居民的星球都以永恒的轨道运转。如我们已经看到的那样，这个行星世界完全是由世界物质原来分散的基本材料形成的。眼睛在天穹深处所发现的所有恒星，看来多得简直是一种挥霍。它们也都是一些太阳和类似星系的中心。因此，类比在这里不允许怀疑这些星系与我们所在的星系一样，都是以同样的方式，由充满虚空的基本物质微粒形成和产生的，而这个虚空就是上帝临在的无限范围。

〔307〕 如果所有的世界和世界秩序都有同一种起源，如果引力是不受限制的、普遍的，而各种元素的斥力也同样到处都在起作用，如果在无限面前大和小都同样是小，那么，难道所有的世界相互之间就不应当获得一种有关系的状态和系统的结合，就像在小范围内我们的太阳系的各个天体，如土星、木星和地球，都自成系统，尽管如此却都作为一个更大的系统的成员相互联系吗？在一个无法测度的空间中，形成了银河系的所有太阳。如果人们在这个空间中假定一个点，在它周围不知由于什么原因从混沌中开始了大自然的最初形成，那么，在这个点上就生成了最大的质量和一个具有非凡引力的星体，因而能够在它四周的一个广大的范围内迫使所有正在形成中的星系以它为中心，向它降落，围绕它在大范围内形成一个同样的星系，就像同样的基本材料形成了行星，在小范围内围绕太阳形成了一个星系那样。观察使这种猜测成为几乎无可置疑的。星群由于其朝向一个共同平面的相关位置而构成一个星系，就像我们太阳系的各个行星围绕太阳构成一个星系一样。银河是这个更高

的世界秩序的黄道带，这个世界秩序极少偏离它的区域，它的光一直照亮着这条带，就像行星虽然只是处于几个点上，它们的微光却也不时照亮它们的黄道带一样。每一个太阳都与其绕行的行星一起，构成一个特定的星系。然而，这并不妨碍它们成为一个更大的星系的部分，就像木星或者土星尽管有自己的卫星，却依然被限制在一个更大的**世界结构**的系统状态中一样。难道人们就不能从这种状态如此精确的协调一致中认识到它们产生的同样原因和方式吗？

如果恒星都构成一个星系，其范围取决于位于中心的那个星体的引力范围，那么，难道就不会有更多的太阳系和——可以这样说——更多的银河在世界空间无边无际的领域中产生吗？我们惊异地在天穹看到的星象，不过是这样一些限制在一个共同的平面上的恒星系，如果我可以这样说的话，不过是这样一些银河。它们在相对于我们的眼睛不同的位置上，以因为距离无限遥远而变得微弱的光线显现出各种椭圆形状。这些星系的直径可以说都比我们太阳系的直径大得无穷，但毫无疑问与太阳系一样，是以同样的方式产生的，出自同样的原因得到秩序和安排，并由于同样的推动机制而保持在其状态中。 〔308〕

如果再把这些星系看做是整个自然界大链条上的各个环节，那么，人们就有和前面一样多的理由可以认为，它们是彼此相关、相互结合的，它们借助支配着整个大自然的那种最初形成的规律，构成了一个新的、更大的星系，这个星系被一个其引力比前面提到的所有星体都更大得多的星体从它们合规则的位置的中心发出的吸引所支配。这种吸引是银河各恒星中间的系统状态的原因，它也对这些世界秩序的远处起作用。如果不是合规则地分布的离心力与引力达到平衡，在双方的结合中造成作为系统状态的根据的那种关系，那么，这种吸引就会使这些世界秩序离开自己的位置，把世界埋葬在一种不可避免地将要来临的混沌之中。毫无疑问，与通过利用相互依存关系把物质结合在一起而形成空间的共存一样，吸引也是物质的一种延伸到很远地方的特性。或者可以更正确地说，吸引正是这种把大自然的各个部分结合在一个空间之中的普遍关系。因此，它伸展到整个广袤的空间，直到其所有无限遥远的地方。如果光从这些遥远的星系达到我们这里，而光只不过是一种被推动的运动，那么，难道不必然是吸引作为运动的初始源泉，先于一切运动，不需要外
〔309〕来的原因，也不能被任何障碍所阻止，因为它即便在大自然的普遍静止状态下，也能够没有任何碰撞地作用到物质的最内部吗？难道——我要说——吸引不必然在大自然骚动之初，当这些恒星系的材料还处在未成形的分散状态时，尽管它们远不可测也仍然使它们运动起来，而这种运动也正如我们在小范围内看到的那样，就是使它们的各部分具有系统联系和持久存在、保证它们免于崩溃的源泉吗？

但是，这种系统性安排的结局最终将是什么呢？造化自身将在何处终止呢？人们可以说，要联系到无限存在者的力量来思考它，它必定就根本没有界限。如果把上帝创造力的启示的空间限定在一个用银河的半径画出的球体内，就像要把这个空间限定在一个直径为一英寸的球体中那样，那就无法理解上帝创造力的无限性。凡是有限的东西，凡是有界限、与单位有某种比例关系的东西，都与无限者距离同等遥远。此时，让神明仅仅以其创造力的一个无限小的部分发挥作用，设想神明的无限力量——这个自然和世界的真正无穷宝藏——无所事事，永远不起作用，那是荒唐无稽的。毋宁说，按照造化必然的全貌来描述它，以便确证神明那不能用任何尺度来衡量的力量，岂不是更为得体，或者更准确地说，岂不是更为必要吗？出自这

一理由，神圣特性的启示范围与神圣特性自身一样是无限的。① 永恒如果不与空间的无限相结合，就不足以证明至高无 〔310〕上的存在者。的确，形成、形式、美和完善是构成世界结构的材料的基本元素和物质之间的各种关系；这一点，人们可以从上帝的智慧在任何时候都会作出的安排看得出来；而且对于上帝的智慧来说，认为这些安排是从它们所获得的普遍规律中通过一个自然而然的序列发展出来的，也最为合适。所以，人们有充分的理由可以认定，世界大厦的秩序和安排是从被创造的自然材料的储备出发在时间的序列中逐渐地完成的；其特性和力量为一切变化奠定基础的基本物质自身，却是神性存在的一个直接结果；因此，基本物质必须一下子就如此丰富、如此完

① 在形而上学家们中间，有人反对世界无限扩展这一概念。最近的 M. **魏滕坎普夫*** 先生就是一个。如果这些先生们由于所谓一个没有数目和界限的集合不可能就对这一观念感到不舒服，那么，我只想暂且问一下：永恒的未来序列难道不是包含着真正无限的多样性和变化吗？这个无限的序列难道不是一下子就在现在已呈现给神的理智了吗？如果上帝能够在一个前后相继的序列中让一下子就呈现给他的理智的无限性概念变成现实，那么，为什么上帝就不应当也能够在一个就空间而言**结合而成的联系**中展现出另一种无限性的概念，并由此使世界的范围没有界限呢？在人们力图回答这个问题的时候，假如人们经过仔细考虑仍然认为这是一个需要加以讨论的问题，那么，我就要利用这个提供给我的机会，借助一个从数的本性得出的说明来消除这一臆想的困难：一种伴随有最高智慧的力量为了启示自己而已**创造**的东西，与它**能够创造**的东西相比，难道不是一个微分量吗？

* Joh. Friedr. Weitenkampf，哲学硕士、赫尔姆施泰特大学私人讲师，此后任不伦瑞克副主祭，卒于1758年；参见其作品《关于地球衰亡的体系》，1754——科学院版编者注

备，以至其各种组合的发展在永恒的流溢中按照一个计划展开，而这个计划自身包含着一切可能的东西，它没有任何限制，简而言之，它是无限的。

所以，如果造化在空间上是无限的，或者至少就物质而言的确一开始就是无限的，就形式或者就形成而言也要成为无限的，那么，世界空间就会由于拥有无数、无穷的世界而活跃起来。这样，我们前面在各个部分中特别考虑过的那种系统的结合，也将延伸到整体，并借助引力与离心力的结合而把整个**宇宙**这个自然界的大全包括在一个统一的系统之中吗？我说是
〔311〕的。即便只有一些孤立的世界大厦，彼此之间没有统一联系为一个整体，只要假定这根有诸多环节的链条真正是无限的，那么就可以想象，它的各个部分从所有方面所发出的引力的精确相等，将能够保证这些系统免于因内部相互吸引而崩溃。但为此需要对按照引力来衡量的距离作出精确测算的规定，即便是极微小的位移，也会招致**宇宙**的崩溃，使它们经过虽然很长但终归要结束的周期之后瓦解。一种没有奇迹就不能维持的世界状态，并不具有持久性的特征，这种持久性是上帝选择的标志。因此，如果使整个造化成为一个系统，让它把充满整个无限空间的所有世界和世界秩序与一个惟一的中心联系起来，就会更合乎上帝的选择。一群分散的世界大厦，也可能因彼此之间距离如此遥远而隔离，如果不是针对一个普遍的中心，即**宇宙**的引力中心和整个大自然的支点，借助系统的运动作出某种有关联的安排，将会不可阻挡地趋向于衰败和毁灭。

整个大自然，无论是已经形成的还是尚未完全形成的，都在向着一个普遍的中心降落；毫无疑问，引力最为强大的团块就处在这个中心。这个团块把当时已经产生和永恒的未来将要产生的一切世界和秩序都包括在它的引力范围之内。人们可以假定，很可能大自然就是围绕这个中心开始其形成的，在这里

星系汇聚得也最密集，而在离这一中心远的地方，它们则以越来越大的分散程度消失在无限的空间中。从我们太阳系的类比中就可以得出这一条规则。而且这种状态还可以起到这样一种作用，即在距离远的地方，不仅一般的中心天体，而且所有靠近它围绕它运行的星系都把它们的引力结合在一起，仿佛是从一个团块出发对更远距离的星系施加这种吸引的。这就有助于 〔312〕
把伸展到整个无限的全部大自然都包括在一个惟一的体系中。

为了从力争形成的物质的力学规律出发追溯这个一般的自然系统的确立，在散布开来的基本材料的无限空间中，这种基本材料必定在某个地方曾有过最密集的汇聚，以便通过在这里所发生的美妙的形成为整个**宇宙**创造一个团块，作为整个宇宙的支点。虽然在无限的空间中，没有一个点可以优先地被称为中心，但原始材料在被创造出来的同时就在某个地点聚集得特别密集，而离这个地方越远就越分散。借助建立在原始材料密度的根本程度之上的这种关系，这样一个点就可以优先地被称为中心。而且它也将真正成为这样一个中心，因为在这里形成了引力最强的中心团块，所有其他处于局部形成之中的基本物质都向它降落，并由此——无论大自然如何发展——将在造化的无限范围内把整个宇宙变成一个惟一的系统。

然而，重要的、如果得到赞同就值得引起最大注意的是：根据大自然在我们这个系统中的秩序，造化或者毋宁说大自然的完全形成，是在这个中心首先开始，并不断前进，逐渐扩展到所有较远的地方，以便在永恒的进展中用各种世界和秩序来充满无限的空间。让我们带着暗喜再花一点时间来谈一谈这个观念吧！我找不到任何东西，能够像我的理论中关于造化逐渐完成的这一部分那样，通过使人类精神眺望全能者的无限领域而使它感到高贵的惊愕。据我看来，作为形成一切世界的材料，物质在神圣临在的整个无限空间中并不是千篇一律地、而

〔313〕是按照某种也许同微粒的密度相关的规律散布的；按照这种规律，从某个汇聚最密集的地方起，随着与这个中心的距离的增加，原初物质的分散也随之增加。如果人们允许我这样说，那么，在大自然的最初骚动中，形成就是从这个中心最先开始的，然后随着时间的推移，更广大的空间也形成了具有与这个中心相关的系统状态的各个世界和世界秩序。每一个有限的周期，其长短都与要完成的作品的大小相关，总是从这个中心开始形成一个有限的范围；其余的无限部分在这期间还在与混乱和混沌做斗争，而且离已经形成的大自然的范围越远，离完全形成的状态也就越远。因此之故，尽管我们从自己在**宇宙**中居住的地点眺望到看起来完全形成了的世界，可以说是眺望到有系统地结合在一起的无限众多的世界秩序，但实际上，我们只不过处在整个大自然的中心附近，这里大自然已经摆脱了混沌状态，达到了其应有的完美。如果我们能够超越某个范围，我们就能够在那里看到元素的混沌和分散状态，它们按照与这个中心的接近程度，部分地远离了原始的状态，并更为接近完全形成的完美，但随着距离的增加，却逐渐地消失在完全的分散之中。我们将会看到，在神圣临在的无限空间中，可以为一切可能的自然形成发现储备的材料，这个无限的空间被埋没在寂静的黑夜中，它充满了作为未来要产生的各个世界的材料的物质，充满了使它们运动起来的各种动力，这些动力以微弱的骚动开始这些运动，从而使这个无法测度的荒芜空间总有一天充满生机。也许，在我们置身于其中的已形成的大自然的范围达到其目前拥有的完美状态之前，数百万年、数百万个世纪已经
〔314〕逝去了；也许，在大自然于混沌中再迈出如此远的一步之前，已经逝去了一个同样长的周期。不过，已经完全形成了的大自然的范围是在不断地致力于扩大自己。造化并不是一瞬间的作品。在它以创造出无限多的实体和物质为开端之后，它就会以

日益增长的衍生能力在整个永恒的序列中起作用。千秋万代已经逝去，在这期间，日益更新的世界和世界秩序相继地在远离大自然中心的地方形成，并达到完美。且不说它们各部分之间的系统状态，它们将达到与中心的一种普遍的关系，这个中心由于其占优势的质量的吸引能力，成了造化的第一个形成点和中心。未来时间序列的无限性使永恒成为无穷无尽的，它将使上帝临在的所有空间都生机勃勃，并逐渐地处在与上帝之设计的卓越性相符合的合规则性之中；如果能够以一种大胆的设想将整个永恒可以说总括在一个概念之中，那么，人们也就可以把整个无限的空间看做是充满了各种世界秩序，把造化看做是已经完成了的。但在事实上，由于永恒的时间序列留下的部分总是无限的，而已经流逝的部分却是有限的，所以已经完全形成的大自然的范围就总是那个总体的一个无限小的部分，后者包含着各种未来世界的种子，力图在或长或短的时间内摆脱混沌的原始状态。造化永远不可能完成。它虽然于某个时候开始，却永远也不会终结。它总是忙于产生大自然的新景观，产生新的事物和新的世界。它所完成的作品，与为此所运用的时间有关。它非要利用永恒不可，以便用各种没有数目、没有终结的世界使整个无边无际的无限空间充满活力。关于它，人们可以用德国诗人中最杰出的那一位描绘永恒的话来谈论它：

无限啊！谁知道你呢？ 〔315〕
在你面前，诸多世界犹如一日，诸多人众犹如瞬间；
也许，第一千个太阳如今正在转动，
已经把一千个甩在了后边；
就像一座钟因摆锤而赋有灵性，
某个太阳也被上帝的力量所推动转个不停；
它的动力衰竭，而另一个则照耀天空。

可是你啊，却超越群伦，无始无终。

——冯·哈勒①

如果能够以自己的想象力越过已完成的造化的界限，看一看已完全形成的世界领域附近那半形成的大自然，是如何通过不完美的所有阶段和差异而逐渐地消失在整个未形成的空间之中的，该是一个不小的享受。但是人们会说，提出一种假说，并把它誉为一个愉悦知性的主题，这难道不是一种应受责备的大胆行为吗？如果有人断言，大自然只有一个无限小的部分已经完全形成，而无限的空间尚在与混沌做斗争，以便在未来的时间绵延中以所有相应的秩序和美表现出成群结队的世界和世界秩序，这种假说也许只不过是任意的。我不会如此沉醉于我的理论所得出的结论，以致不能认识到，造化在含有为此所需的材料的无限空间中逐渐地展开的猜测，并不能完全逃避无法证明这种指责。然而，我却指望那些能够评估其可能性程度的人们，对于无限的这样一幅图景，虽然它包含着似乎肯定永远不能为人类知性理解的题材，也不要因此就立刻把它视为一种幻觉，尤其是在还可以求助于类比的时候。每当知性缺乏可靠证明的思路时，类比在这样的场合必定总是引导着我们。

但是，人们还可以凭借一些值得接受的理由来支持类比；如果我可以自夸能得到这样的赞同的话，读者的洞察力也许还可以给它补充更为重要的理由。因为如果考虑到，倘若造化没有对作用于其所有部分的引力的普遍努力作出同样普遍的规定
〔316〕与之对抗，足以遏止在造化没有分配与向心力相结合而造成一种普遍系统状态的离心力的情况下引力将造成毁灭和紊乱的那

① 参见阿尔布莱希特·冯·哈勒的《未完成的永恒颂》，最初刊印于1743年。——科学院版编者注

种倾向，造化就不会具有持久的特性，那么，人们就不能不假定整个宇宙有一个共同的中心，它把宇宙的所有部分都约束在相互结合的关系中，使大自然的全部总和只构成一个系统。如果除此之外再补充上天体由分散的基本物质形成的概念，就像我们在前面提出它，但并不把它限制在一个特殊的系统上，而是把它扩展到整个大自然那样，那么，人们就不能不设想基本材料在原初混沌的空间中有这样一种分配，它以自然的方式造成了整个造化的中心，以便能够把其作用范围包括整个大自然的质量都凝聚在这个中心，造成普遍的关系，使所有的世界都只构成一个惟一的系统。但在无限的空间中，几乎无法设想一种原初基本材料的分布方式能够提供整个大自然的一个真正中心和降落点，除非按照从一个中心开始愈益分散到所有遥远的地方这一规律来确立这种分布的方式。不过，这条规律同时也在无限空间的不同区域里一个系统要达到完全形成的成熟阶段所需要的时间方面规定了一种差别；一个世界结构形成的地点离造化的中心越近，这个周期就越短，因为材料的元素在那里聚集得更为密集；与此相反，距离越远所需要的时间就越长，因为微粒在那里更为分散，要更晚一些才聚合成形。

如果对我所提出的整个假说，根据我说过的和我本来还要说的东西进行全面的衡量，那么，人们至少会认为这一假说的各种要求之鲁莽并不是不能予以谅解的。每一个已臻完善的世界大厦都具有逐渐趋向瓦解的倾向。人们也可以把这种不可避免的倾向算做能够保证**宇宙**在其他地方产生一些世界、以便补 〔317〕
偿在一个地方所蒙受的损失的理由。大自然已为我们所认识的整个部分，虽然与隐藏在我们视野之外的部分相比只不过是沧海一粟，但毕竟证明了大自然这种永无止境的生产能力，因为它不是别的，而是神的全能的实施。无数的动物和植物天天都在死灭，沦为短暂性的牺牲品；但是，大自然凭借一种用之不竭的生产能力，一点也不少地在其他地方又创造出别的动物和植物，来填补所出现的空当。我们所居住的地表是在一个有利的时期从海洋产生的，它仍将重新沉没在海洋里；但是，在别的地方，大自然将补偿这一缺陷，使隐藏在海洋深处的其他一些地方升起来，以便在这些地方上面散布其生产能力的新财富。以同样的方式，一些世界和世界秩序也将毁灭，被永恒的深渊所吞没；与此相反，造化一直忙于在别的天域促成新的形成，有力地补偿已经消逝的东西。

即使在上帝作品之伟大中出现了短暂性，人们也大可不必感到惊诧。凡是有限的东西，凡是有开端和起源的东西，自身就包含着其受限制本性的特征，都必然要毁灭，要有一个终结。一个世界结构由于其确立方面的优势，其存在期限包含着一种持久性，这种持久性对我们的概念来说接近于无限的持存。也许数千个、也许数百万个世纪也不能毁灭它。然而，由于有限品类固有的虚幻性在不断地致力于摧毁它，所以永恒自身包含着一切可能的周期，以便通过逐渐的衰落使其崩溃的时刻最终到来。牛顿这位从上帝作品的完美出发景仰上帝品性的伟大人物，把对大自然的卓越性的极深刻洞见与对神圣全能的启示的无比敬畏结合起来，却也发现自己不得不预言，大自然
〔318〕将由于运动的机械性所拥有的自然倾向而衰亡。既然一种系统状态由于长时期衰落的本质性后果，也会使哪怕是人们能够想象的最微小部分接近混乱状态，那么，在永恒的无限进程中，就必将出现这种逐渐的减弱耗尽一切运动的时刻。

但是，我们大可不必把一个世界结构的崩溃当做大自然的真正损失而感到惋惜。大自然以一种挥霍来证明自己的财富，这种挥霍通过一些部分向短暂性纳贡，而凭借其完美性的整个范围中无数新的产生来确保自己不受损害。仅仅一个冷天就毁灭了多少数不清的花草昆虫啊！但尽管它们是大自然辉煌的艺

术作品和神圣全能的证明，人们也极少对它们感到若有所失。在另一处地方，这一损失将得到超额的补偿。人显得是造化的杰作，但人自己也逃脱不了这一规律。大自然证明，它在创造造物中最杰出的东西方面，和在创造最微不足道的东西方面是同样丰饶，同样用之不竭的，即便是它们的毁灭，也是其太阳多种多样方面的一种必然的表现，因为生产这些东西对它来说不费吹灰之力。空气燃烧的有害作用、地震、洪水把整个整个的民族从地球上灭绝掉，然而，这并不显得大自然由此蒙受了一些损失。以同样的方式，整个整个的世界和系统在扮完了自己的角色之后，就退出了舞台。造化的无限之大，足以使一个世界或者一个有众多世界的银河系与它相比，就像一朵花或者一只昆虫与地球相比看起来那样。在大自然以千变万化的场面装点永恒时，上帝依然在其不断的创造中忙于为形成更大的世界准备材料。

> 由于他是万物的创造者，他对
> 一个英雄的失败和一只小麻雀的丧命，
> 一个水泡的破裂和一个世界的毁灭，
> 都一视同仁。
>
> ——蒲柏（布罗克斯译）①

因此，让我们使自己的眼睛习惯于这些可怕的变革，把它们当做天意的常道，甚至以某种愉悦的心情看待它们。事实上，再也没有比这种态度更匹配大自然的财富了。因为如果一个世界系统在其长期的续存中耗尽了它的结构所可能包含的所有多样性，如果它在存在物的链条中成为多余的一环，那么， 〔319〕

① 参见蒲柏：《试论人》，B. H. 布罗克斯译自英文，11页，1740。——科学院版编者注

就再也没有比它在宇宙不断变化的戏剧中扮演最后的角色更合适的了。每一有限事物都应扮演这个角色，即向短暂性纳贡。如以上所设想的那样，大自然即使在其总体的最小部分中也表现出其行事方式的这一规则，它在整体上为大自然规定了永恒的命运。我还要再说一遍：要毁灭的东西无论多大，在这方面也丝毫不会成为障碍，因为一切大的东西，如果与造化在无边无际的空间中通过永恒的序列表现出来的无限者相比，都会变成小的，甚至仿佛是变成了一个点。

看来，各个世界以及所有自然物这种注定的终结服从着某种规律，而对这一规律的思考将为理论提供一种新的合理性特征。按照这一规律，终结是从位置最接近宇宙中心的天体开始的，就像产生和形成也是最先在这个中心附近开始一样。从这里出发，败坏和毁灭逐渐地扩展到越来越远的距离，把所有经历了其周期的世界都通过运动的逐渐衰竭而最终埋葬在惟一的混沌之中。另一方面，在已经完全形成的世界的相反一边，大自然则不停地忙于用分散元素的原始材料形成各个世界，当它在中心附近一边逐渐衰老的同时，它在另一边却是风华正茂，能生产出许多新的世界。据此，已经完全形成的世界处在已经毁灭的世界的废墟和尚未形成的大自然的混沌之间，而且如果像很可能发生的那样，设想一个已经臻于完善的世界能够持续的时间比它形成所需要的时间更长，那么，无论短暂性不断地
〔320〕造成什么样的毁灭，宇宙的范围在根本上都将继续扩大。

但是，如果人们最后还要给一种可能与神圣作品的状态同样合理的想法留下一席之地，那么，对大自然的变化作出这样一种描述所激起的满意，就会一直上升为极度的愉悦。难道人们就不能相信，能够从混沌中发展出一种合规则的秩序、构成一个合理的系统的大自然，同样能够从由于其运动的衰减而陷入的新混沌中轻而易举地重建自己，更新最初的结合吗？曾把

分散的物质材料带入运动和秩序的各个机关，在因停机而静止下来之后，难道就不能凭借增补的力量重新发挥作用，按照同样的普遍规则互相制约，达到原初的形成得以实现所凭借的那种和谐一致吗？如果考虑到，在世界大厦中的公转运动最终消耗殆尽，各行星和彗星一起落到太阳上之后，由于如此之多、如此之大的团块混合在一起，尤其是由于按照我们前面证明过的理论，太阳系远处的星球含有整个大自然最轻、最容易着火的材料，所以太阳的火焰剧增，那么，毋须多少踌躇就可以承认这一点。毫无疑问，由于新的燃料和极易挥发的物质而变得极其猛烈的大火，不仅将把一切都重新分解成极小的元素，而且将以这种方式借助与炽热相符合的膨胀力、借助不为中间区域的任何阻力所减缓的速度，把这些元素重新散布到大自然第一次形成之前它们所占据的那些广阔的空间中去，以便在中心火焰由于其质量几乎完全散失而猛烈程度减弱之后，通过引力和斥力的结合以不亚于以前的合规则性重复过去的生成和有系统联系的运动，并形成一个新的世界结构。如果某一特定的行星系就是以这种方式毁灭了，并且凭借根本性的力又重建起来，如果这出戏剧不止一次地重演，那么，这样一个时期最终 〔321〕
总要来临，那时一个以各恒星为成员的大系统将以同样的方式由于其运动的衰竭而聚合在一个混沌之中。在这里更没有什么可怀疑的是，这些燃烧着的太阳，连同它们的大批行星，如此无边无际的火团联合在一起，将使它们的团块的材料被无以名状的火焰所分解，散布到它们过去的形成范围的空间中去，在那里为通过同样的力学规律形成新的世界提供原材料，由此以各个世界和星系使荒凉的空间重新充满生机。这个大自然的长生鸟之所以自焚，乃是为了从自己的灰烬中恢复青春，获得重生。如果我们要穿越所有无限的时间和空间去追踪它，如果人们看到，它是如何甚至在衰败、衰老的区域里也不断地获得新生，在造化的另一边尚未成形的原始物质的空间里为扩展神明天意的计划而以坚定的步伐向前迈进，以便用它的奇迹填满永恒和一切空间，那么，对这一切都经过周密思虑的心灵，将要陷入极度的惊讶；但尽管如此，他对这个如此庞大的对象并不感到满意，这对象的短暂性不能使灵魂感到足够的满意，它期望就近地认识这样一个存在者，这个存在者的理智、伟大就是那仿佛从一个中心出发普照整个大自然的光的源泉。当灵魂看到自己经历了所有这些变迁之后还可以生存下去时，它甚至会以何等的敬畏来看待自己的本质啊！它可以用哲理诗人关于永恒的话来对自己说：

当第二次虚无埋葬了这个世界，
当万物寂灭，只剩下空缺，
当某些天穹即便还为别的星体照耀，
却毕竟总是还要终结的时候，
你却永葆青春，长生不老，
直到永恒，犹如今朝。

——冯·哈勒①

〔322〕 啊！如果它在元素的喧闹和大自然的废墟中任何时候都置身于某个高度，从那里能够观看造成世间万物衰亡的灾难仿佛在脚下滚滚而过，那该是多么的幸福啊！理性从不敢奢望这种幸福，它是启示教导我们充满信心地期望的。一旦把我们束缚在造物的虚无之上的锁链在为我们本质转变所规定的那一刻被解除，那时，不死的精神将得到解放，摆脱有限事物的依赖

① 参见上文315页注。——科学院版编者注

性，将与无限的存在者共享真正的幸福。整个大自然与神明的愉悦有一种普遍的和谐关系，对于自认为与这个一切完善性的本源合为一体的理性造物来说，大自然不会不让他们永远感到满意。从这个中心出发来看，大自然在所有方面都将呈现出完全的可靠、完全的合理。精神一旦达到这样的高度，大自然变化万千的场景就再也不能破坏它的幸福的宁静。当神事先已经以一种甜美的希望品尝到这种状态的滋味时，它就会放喉歌唱那些将响彻终古的颂歌：

当世界大厦一朝回归虚无，
你亲手创造的作品不再被日和夜分开，
那时，我那激动的心灵由于你而变得坚强，
将满怀对你全能的崇敬，总是努力移到你宝座之前；
我那充满感恩的歌喉将永生永世
为你、为你的崇高献上颂歌；
主啊！这里没有十全十美。你是如此之伟大，
即便是歌唱到永恒，也不足以赞美你的崇高。
——艾迪生（戈特谢德译）①

第七章的补充 〔323〕

太阳的一般理论和历史

在天体的自然学说中，在一门完备的宇宙生成论中，还有

① 参见《仰望者》，L. A. v. 戈特谢德译为德文，第2版，第6卷，277页。——科学院版编者注

一个主要的问题必须予以解答。也就是说，为什么每一个星系的中心总是被一个燃烧着的天体所占据？我们的行星世界以太阳为中心，而我们所看到的恒星，从各方面来看，也都是类似的行星的中心。

在一个世界结构形成的时候，为什么作为引力中心的天体必将成为一个燃烧的天体，而它的引力范围的其他星球依然是阴冷的天体？为了理解这一点，只要回忆一下我们前面已经详细地勾勒过的一个世界结构产生的方式就可以了。在辽阔的空间中，散布着为天体形成和系统运动所准备的基本材料，这些基本材料都向引力中心降落，但只有一部分形成了行星和彗星，这个部分被降落和全部微粒的相互作用所规定，恰巧具有绕转所要求的方向和速度。如以上所说，这个部分是全部下降的物质中最小的部分，而且只是精选出来的密度较大的品类，由于受到其他品类的阻力，它们能够达到这种精确的程度。在这种混杂物中，有一些飘浮过来的特别轻的品类，它们由于受到空间的阻挠，不能凭借其下降达到应有的周期性公转的速度，因而在其运动的衰竭中一起落到中心天体上。由于这些较轻的、易挥发的部分也正是最能够使火保持不灭的部分，所以我们看到，由于它们的加盟，这个天体和星系的中心就获得了优势，能够变成一个燃烧的星球，一言以蔽之，变成一个太阳。与此相反，较重的、没有活力的材料以及易燃烧微粒的缺
〔324〕乏，则使行星成为阴冷的、死寂的团块，被剥夺了燃烧的特性。

如此之轻的物质的加盟，也是太阳获得较小密度的原因，它使太阳甚至比我们的地球这个就与太阳的距离而言的第三颗行星在密度上还要小4倍；虽然人们会很自然地相信，在世界结构的这个中心，作为这个世界结构的最低点，应当是最重、密度最大的物质种类，如果没有如此大量的最轻材料的加盟，

它的密度应当超过所有行星的密度。

密度较大、较重的元素品类与这些最轻、最易挥发的品类的混合，也同样有助于使中心天体能够在其表面上燃烧并保持最为剧烈的火焰。因为我们知道，如果在着火的材料中有密度大的物质与易挥发的物质混杂在一起时，火就会比仅仅用轻的种类维持的火着得更旺得多。但是，一些重的品类与较轻的品类的这种混杂，是我们关于天体形成的学说的一个必然结论，它还有这样一种作用，即火焰的力量不致把表面的可燃物质突然驱散，而且通过可燃物质从内部向外流出，可以逐渐并持久地保持火焰。

在一个大星系的中心天体为什么是一个燃烧的星球，亦即是一个太阳，这个问题得到解决之后，再花一点时间讨论这个主题，并对这样一个天体的状态作详细的考察和研究，似乎并不是多余的，这尤其是因为，在这里与通常在对遥远天体的性状进行研究时相比，各种猜测可以从更为有力的理由推导出来。

首先我要确定，太阳确实是一个燃烧的天体，而不是像一些人出自他们自认为在前一种意见中能够发现的某些困难而推论的那样，是一个由熔化的、炽热的物质构成的极度炽热的团块；对于这一点，人们不会有怀疑。因为如果考虑到，一团燃烧的火比其他任何一种炽热都更具有这种根本性的优势，可以 〔325〕
说它是从自身出发起作用的，不会因为分割而减弱或者燃尽，反而会因此变得更旺更烈，从而只需要保持燃烧的燃料，就能永远燃烧下去；与此相反，一个极度炽热的团块的火焰是一种纯粹受动的状态，它将由于与接触到的物质同在而不断地减弱，自己没有力量从一个小的地方开始蔓延开去，或者在减弱时重新活跃起来；我要说，如果考虑到这一点，且不说其他理由，单从这一点人们就可以充分地看出，作为每一个世界结构的光和热之源泉的太阳，很可能必定具有上述特性。

如果太阳或者众多的太阳都是燃烧的星球，那么，由此可以得出的其表面的第一个性状就是：在它们上面必定有空气，因为如果没有空气，火就不能燃烧。这种情况使人有理由得出一些值得注意的结论。因为如果首先把太阳的大气层及其重量与太阳的团块进行比较，就会发现：这种空气处在何等的压缩状态，由此它又具有何等的能力，足以用自己的弹力维持火极其猛烈的程度。根据所有的猜测，在这个大气层中也有被火焰分解的物质烟云在升起。毋庸置疑，这些烟云包含着粗糙的、较轻的微粒的混合，这些微粒在上升到一定高度之后，由于那里的空气对它们来说较冷，它们就成为沥青雨和硫磺雨降落下来，为火焰增添新的燃料。出自同样的原因，这个大气层也和在我们地球上一样，少不了风的运动，但这种运动看起来在猛烈上必定远远超过想象力所能够想象的一切。如果太阳表面上某个区域或者由于爆发出来的蒸气的窒息作用，或者由于可燃物质供应的减少而使火焰燃烧减弱，那么，其上空的空气就会有所变冷，而当这些空气收缩时，就会给邻近的空气让出位
〔326〕置，使后者随着过度膨胀而获得的力量涌入前者的空间，让熄灭的火焰重新燃烧起来。

尽管如此，所有的火焰都一直在吞噬着许多空气。毫无疑问，环绕太阳的流质空气元素的弹力必定因此而在一段时间内蒙受不小的损失。如果把**哈勒斯**①先生就我们大气层中火焰的作用而言经过细心的尝试所证实的东西应用到这个大范围内，就可以把来自于火焰的烟雾微粒不断地致力于毁掉太阳大气层的弹性这件事看做是症结所在，而要解开这个症结是有许多困

① 参见《康德全集》，第Ⅰ卷，208页注。——科学院版编者注

难的。这是因为：由于在太阳的整个表面上燃烧的火焰自己夺走了为了燃烧就不可缺少的空气，所以当太阳的绝大部分大气都被吞噬掉之后，太阳就有完全熄灭的危险。的确，火也会通过分解某些物质而生产空气。然而试验证明，任何时候被吞掉的都多于被生产的。虽然当太阳的火有一部分在起窒息作用的蒸气下被剥夺了使它们维持燃烧的空气时，像我们已经说明了的那样，就会有风暴尽力把蒸气驱散和带走。但总的说来，如果考虑到，由于对燃烧着的火来说，热几乎只是朝它上面，很少朝它下面发挥作用，倘若它由于上述的原因被窒息，它的猛烈就会转过来对准太阳的内部，迫使它的深渊让关闭在其洞穴中的空气冲出来，并重新点燃火，那么，这种必要的元素的补充就可以用这种方式得到解释。如果人们凭借对于这样一种未知的对象来说并不禁用的自由，来假定太阳内部主要是像硝石那样含有取之不尽的富有弹性的空气的物质，那么，太阳的火在非常长的时期里不大容易会缺乏新空气的供应。

尽管如此，就大自然当做世界的火炬而点燃的这种无比珍贵的火而言，人们还可以看到短暂性的明显征兆。总有一天它将会熄灭。最易挥发的、最微细的物质被剧烈的热所驱散，永不复返，并使黄道光的物质增多。〔327〕它们的逃逸，例如灰烬那样的不能燃烧和燃烧过的物质堆积在表面上，最后还有空气的缺乏，将为太阳规定一个终点，因为它的火焰总有一天要熄灭，永恒的黑暗将取代对整个世界来说是光和生命的中心的位置。太阳的火由于开启新的坑穴而重新燃烧，由此它在衰亡之前也许要几经反复。太阳火这种交替进行的努力，也许为一些恒星的时隐时现提供了解释。可能有一些太阳已经临近熄灭，但仍几次致力于从其废墟中复活。无论这种解释是否能得到赞同，人们都肯定能够使这种观察有助于发现：由于所有世界秩序的完善性都以这样或者那样的方式面临着不可避免的衰亡，所以人们在以上所说的这些世界秩序由于力学结构的倾向而崩溃的规律中发现不了任何困难；这种力学结构又是特别值得接受的，因为它在与混沌的结合中自身就带有再生的种子。

最后，让我们再凭借想象力，仿佛是就近地设想一番一个燃烧着的太阳这样奇妙的对象。人们一眼就看到了一片烈焰冲天的辽阔火海和肆虐的风暴，后者的狂怒又使前者的剧烈程度倍增。风暴忽而使这片火海的火焰冲出其海岸，遮盖了这个天体的凸出区域，忽而又使它们退回到自己的界限之内。烧焦了的岩石从燃烧着的深渊探出可怕的尖峰，它们或者被翻腾的火焰所掩盖，或者被它吐露出来，从而引起了太阳黑子的时隐时现；浓厚的蒸气窒息了火，又被暴风吹起形成乌云，再化为火雨如注般重新降落下来，成为燃烧的急流从太阳陆地①的高处
〔328〕灌入燃烧着的深谷，元素轰然爆裂，物质烧成灰烬，大自然在与毁灭进行斗争，它自己以它解体的最可怕状态造成了世界的美丽和造物的利益。

如果所有大的世界系统的中心都是燃烧的天体，那么就可以猜测，那个由众多恒星构成的大不可测的星系的中心天体就

① 我并不是毫无缘故地认为太阳上的陆地高低不平，像我们在我们自己的地球和其他天体上看到的那样，也有山脉和深谷。一个从液体状态变为固体状态的星球，其形成必然在其表面上造成这种高低不平。当表面变硬的时候，在这样的团块内部的液态部分里面，物质还在按照重量的大小向中心下沉，混杂在这些物质中有弹力的气元素或者火元素的微粒就被逐出，汇聚在当时已经凝固的外壳下面，在这外壳下面它们造成了许多巨大的，就太阳团块的比例而言庞大的洞穴，最后所说的上面的外壳以各种各样的褶皱下陷到这些洞穴中，从而既造成了高原和山脉，也造成了深谷和辽阔火海的海底。

最是这种情况了。这个天体的质量必定与其星系的大小成比例。但如果它是一个自己发光的天体或者是一个太阳，那么，是不是因为它特别明亮、特别庞大，才为人们所看到？尽管如此，在繁星密布的天穹，我们却看不到有这样一个特别不同的恒星出现。事实上，即使情况不是这样，人们也大可不必感到惊奇。即便它的大小比我们的太阳大1万倍，如果假定它的距离比天狼星远100倍，它还是不能比天狼星显得更大、更亮。

然而，也许未来的时代将结束这种情况，至少是总有一天发现我们的太阳所属的恒星系的中心①所处的区域，或者甚至能够确定必须使**宇宙**的所有部分都步调一致地向之降落的**宇宙** 〔329〕

① 我有一个猜测，我觉得很可能天狼星在构成银河的众星的星系中就是中心天体，而且它占据着所有天体都与之相关的中心。如果根据本文第一部分的设想把这个星系看做众多聚集在一个共同平面上的太阳的集群，这个集群从这个平面的中心向四面八方散开，但却形成一个可以说是圆形的空间，这个空间由于该平面与关系平面略有偏离而在宽度上有点向两边扩展，那么，同样也处在关系平面附近的太阳，将在它最为接近这个星系的最外边缘的那一面，看到这个发出白光的圆形区域表现得最宽，因为很容易推测，它并不是恰巧处在中心。银河带在天鹅座和人马座之间的那一部分最宽，因此这就是我们的太阳最接近这个圆形星系的最外围的那一面。而且在这个部分中，我们尤其认为天鹰座、狐狸座与天鹅座所处的位置最为接近，因为在这里从使银河分开的间隙中看到各星体看起来分散得最开。因此，如果大致从天鹰座尾部附近的地方出发经过银河面正中央直到对面的那个点画一条线，这条线就必定经过这个星系的中心，而且事实上也恰巧经过天狼星这颗整个天穹中最亮的星体。由于这个幸运的、与它的优美形状如此协调一致的重合，似乎值得把它看做中心天体自身。根据这一概念，如果不是我们的太阳在天鹰座尾部与银河的平面有点偏离的位置引起中心对这个区域的另一边的光学差异，那么也许正好在银河带中看到这个中心天体。

中心在哪里。至于整个造化的这一基本部分具有什么样的性状，以及它上面有什么东西，我们想留给**达勒姆的赖特**先生去确定。赖特先生以一种狂热的振奋精神，把一个神灵般的具有精神引力和斥力的强大存在者抬高到这个幸运的地方，仿佛是抬高到整个大自然的王座上。这个存在者在自己周围的无限范围内起作用，把一切美德都吸引到自己身边，把一些邪恶都排斥出去。我们不想让自己也许过于冒昧地作出的大胆猜测放任自流，乃至到了任意虚构的地步。在整个无限的**世界**空间中，神明是到处都同样临在的；无论哪里，凡是能够超越造物的依赖性而达到与至高无上的存在者同在的品类所在的地方，它都
〔330〕同样地近在咫尺。整个造化都被它的力量所贯穿，但只有懂得使自己超越造物，同时又如此高贵，以至于能够看出惟有在对完善性的这一本源的享受中才能找到最高等级的幸福的存在者，才有能力比大自然中任何其他东西都更为接近所有杰出性的这一真正关联点。不过，如果我不想参与这位英国人的狂想，而是从各级精神世界的驻地与造化中心的自然关系出发来对它们作出一些猜测，那么，我要认为在离这个中心较远的地方比离它近的地方有更大的可能找到理性存在物的最完美等级。赋有理性的造物的完善性，就其依赖于物质的性状、被限制在与物质的结合之中而言，完全取决于材料的精细程度，后者的影响决定着理性存在物对世界的想象和对世界的反作用。物质的迟钝和阻力极大地限制了精神性存在物起作用的自由和对外部事物感知的清晰性，它使自己的能力变得迟钝，因为它并不以相应的轻便性服从自己的运动。所以，就像极为可能的那样，如果按照在我们的世界结构中占支配地位的类比，假定在大自然的中心附近物质品类的密度最大、最重，相反，距离越远则物质的精细和轻巧程度就越大，那么，这种结论就是可以理解的。其出生地和居留处离造化的中心更近的理性存在

物，陷身于一种僵硬的、不能活动的物质里面，这种物质把自己的力量封闭在一种不可克服的迟钝之中，而且也同样不能以必要的清晰和灵敏转送和传递宇宙万物的印象。因此，可以把这种能思维的存在物列为低等的；与此相反，随着与共同中心距离的增加，精神世界建立在其对物质的不同依赖性之上的完善性将像一架连续的阶梯那样一起增长。据此，可以说能思维的物种中最差劲、最不完善的类就处在向这个降落点下降最深的地方，在那里，存在物的这种杰出性将经过所有减弱的程度而最终因完全缺乏思索和思维而失去。事实上，如果考虑到，〔331〕
大自然的中心同时也构成了它从原始材料形成的开端和它与混沌的界限；如果为此假定，精神性存在物的完善性其开端有一个最外的界限，在那里它们的能力与无理性相衔接，但其延续却没有一个不能逾越的界限，而是向这边面临着一个完全的无限；那么，假如有一条规律，按照这条规律理性造物的居住地是根据它们与共同中心的关系的秩序分布的，人们就可以认为仿佛是构成了精神世界之始祖的最低级、最不完善的类，就处在被称为整个宇宙的开端的那个地点，以便与宇宙一起在同样的进步中以思维能力无限发展的种种完善程度来充填所有无限的时间和空间，仿佛是逐渐地接近最高杰出性的目标，即接近神明，但却永远也不能达到这一境界。

第八章

关于世界结构布局的力学学说的正确性，尤其是关于当前力学学说的可靠性的一般证明

倘若不在世界大厦的布局中看出最卓越的安排，不在世界

大厦各种关系的完善性中看出上帝之手的可靠征兆，人们就不能认识世界大厦。理性在思考和惊赞如此众多的卓越性、如此众多的美之后，有理由对擅自把这一切都归于偶然和一种幸运
〔332〕巧合的大胆愚蠢感到愤怒。必定是至高无上的智慧作出了设计，又由一种无限的力量将这种设计付诸实施，若不然，就不可能在世界大厦的状态中发现如此众多的意图汇合在一个目的之中。问题仅仅在于作出裁定，宇宙布局的设计是否已经由至高无上的理智置入永恒的物种的本质规定里面，并植入普遍的运动规律之中，以便从它们出发，以一种与最完善的秩序相符合的方式无拘无束地发展出来；或者，世界各组成部分的普遍性质是否完全没有能力达到和谐一致，丝毫没有相互结合的关系，绝对需要一只外来的手，以便达到让完善性和美显示出来的那种制约和联系。大多数世俗智者对大自然凭借其普遍的规律造就出某种有序的东西的能力抱有一种几乎是普遍的成见，这正好像人们在自然力里面探索原初的形成时否认上帝对世界的统治一样，认为这些自然力是不依赖神明的本原，是一种永恒的盲目命运。

但是如果考虑到，大自然和那些规定物质达到相互作用的永恒规律，并不是独立的、与上帝无关而必然的本原；正是因为大自然在它凭借普遍的规律所产生的东西中呈现出如此众多的协调一致和秩序，所以可以看出，所有事物的本质都必定共同起源于一个基本的本质；这些事物所显示出来的之所以全然是相互的关系、全然是和谐，乃是因为它们的特性都起源于一个惟一的、至高无上的理智，这个理智的聪颖理念把这些特性设计在普遍的关系之中，赋予它们一种能力，使它们在自行发展地起作用的状态中创造出全然的美、全然的秩序；我要说，如果考虑到这些，那么对于我们来说，大自然将比通常看起来更为可贵，从它的发展中所能期待的无非是协调一致、秩序井

然。与此相反，如果抱有一种毫无根据的成见，认为普遍的自然规律所造成的无非是紊乱，而在大自然的状态中所呈现出来的一切有益的协调一致，都表现出上帝的直接干预，那么，人 〔333〕 们就不得不把整个大自然归于奇迹。雨滴分解阳光的颜色而呈现出的绚丽彩虹因其美丽，雨因其有用，风因其满足人类无数需要的种种不可缺少的好处，简而言之，凡是带来合理和秩序的一切世界变化，都不应当从物质被植入的力量中推导出来。从事这样一种世俗智慧探索的自然研究者，一开始就必须在宗教裁判席前恭恭敬敬地赔罪。事实上也不再有一个大自然，只有一个上帝在机器中造成世界的各种变化。然而，从大自然根本上的无能出发来证明至高无上的存在者的确定性这种奇特的方法，对于证实伊壁鸠鲁主义者的错误来说能起什么作用呢？如果事物的本性凭借其本质的永恒规律只能造成无序和不合理，那么，恰巧由此也就证明了它们自己不依赖于上帝的性质。如果普遍的自然规律只是由于一种强制才服从神明的，而实际上是抵制其最睿智的设计的，那又该如何理解这个神明呢？难道天意的敌人不是已经多少次战胜了上述错误的基本原理，能够证明大自然普遍的作用规律在没有任何特别限制的情况下产生出的协调一致吗？难道他还会缺少这样的例证吗？与此相反，让我们更合理、更正确地这样推论：听凭其普遍特性支配的大自然，能够结出全然美丽和完善的果实，这些果实不仅自身就表现出协调一致和卓越性，而且还与大自然的全部存在物、与人们的礼仪、与对神明属性的颂扬非常和谐。由此可以得出，它们的根本特性不可能没有独立的必然性，相反，它们必定是起源于一个作为一切本质的基础的惟一理智，在这个理智中，它们是按照共同的关系来设计的。凡是彼此之间的关 〔334〕 系达到相互和谐的东西，都必定在一个惟一的本质中彼此结合在一起，它们都依赖于这个本质。因此，存在着一个一切本质的本质，一个无限的理智和独立的智慧，大自然甚至就其在规定性的整个总和之中的可能性而言，也就是从它里面得到其起源的。切不可否认大自然有这种不利于一个至高无上的本质存在的能力；但这种能力发展得越完善，它的普遍的规律越是更好地导向协调一致和秩序，它就越是神明的一个可靠的证据，它就是从神明那里得到这些关系的。它的产生不再是巧合的作用和偶然的结果；一切都必然按照不变的规律从神明那里流溢而出，这些规律必定表现着全然合适的东西，因为它们全都是出自最睿智的设计的特征，紊乱已经被从这一设计排除。并不是**卢克莱修**的原子的偶然集合形成了世界；以最聪颖的理智为源泉的、被植入的力量和规律是秩序的不变起源，这种秩序不是由于偶然，而是必然地从它们流溢而出的。

因此，如果人们能够抛弃陈旧的、毫无根据的成见和力图用虔诚的面孔遮掩懒惰无知的腐朽世俗智慧的话，我就希望能够在不自相矛盾的理由上建立一种可靠的信念，即**世界乃是以一种从普遍的自然规律出发的力学发展来作为自己的状态的起源**，其次，**我们已经介绍过的力学的产生方式是真实的产生方式**。如果要判断大自然是否有足够的能力凭借其运动规律的机械发展来促成世界结构的安排，就必须事先考虑到，天体所遵循的运动是何等地简单，与自然力的普遍规则所造成的相比，它自身没有任何需要作出更精确规定的东西。公转运动是由降落力和发射运动的结合构成的，前者是出自物质特性的某种结果，后者可以被看做前者的作用，看做借助降落所达到的速
〔335〕度。以这个速度，只需要某种原因，就可以使垂直的降落偏向一边。一旦达到这些运动的规定性之后，就不再需要任何东西来永远地维持它们了。它们在虚无的空间中，凭借一次性置入的发射力与从根本性的自然力中产生的引力的结合而维持下去，从此不再经受任何变化。单是这些运动的协调一致方面的

类比，就已经如此清晰地表明了一种力学起源的真实性，以致人们根本不可能对此提出质疑。这是因为：

1. 这些运动具有普遍一致的方向，以致在6个主行星、10个卫星中，无论是就其向前运动还是就其绕轴自转而言，都没有一个不是自西向东的。此外，这些方向都是精确地彼此符合，以致它们只是稍稍偏离一个共同的平面，而一切都与之相关的这个平面就是在整个星系中心朝着同一区域绕轴自转的天体的赤道面，这个天体凭借占优势的引力成为所有运动的关联点，从而也必定尽可能精确地参与这些运动。这就证明了，全部运动都是以一种符合普遍的自然规律的力学方式产生和被规定的，造成或者引起侧向运动的原因支配着整个行星世界的空间，并在那里服从处在一个共同运动空间中的物质所遵循的规律，以致最后所有不同的运动都取得一个惟一的方向，并都尽可能精确地与一个惟一的平面相关。

2. 这些速度本来就必定处在一个空间中，因为运动的力量就在中心，也就是说，它们随着与中心距离的增加而在程度上不断减弱，在极远地方消失在运动的完全衰竭之中，这种衰竭使垂直的降落仅仅稍稍向一旁偏离。水星具有最大的离心力。从水星开始，可以看到离心力在逐渐减弱，而在最外面的彗星那里已经如此之小，只能使它不致掉到太阳里面。毋庸置 〔336〕
疑，就圆形轨道而言，向心运动的规则要求离共同降落的中心越近，绕转的速度也就必须越大。这是因为：为什么正是接近这个中心的天体具有圆形的轨道呢？为什么不是最邻近的天体非常偏心、更远的天体按照圆形轨道运行呢？或者毋宁说，由于它们都偏离了这种均匀的几何学精确性，那么这种偏离为什么要随着距离的增加而递增呢？难道这些情况不是表明了一个点，所有的运动在其他规定把它们的方向改变到目前的方向上之前都向它涌去，而且离它越近涌去的程度也就越大吗？

然而，如果现在想使世界结构状态和运动起源成为普遍自然规律的例外，以便把它们归于上帝的直接干预，那么，人们马上就可以觉察到，上述类比显然是与这样一个概念相矛盾的。因为首先就方向上的普遍一致而言，显而易见，这里没有理由来说明各天体为什么恰巧都朝着惟一的一个区域进行绕转运动，即便其产生的机制并未规定它们这样做。因为它们在其中运动的空间极少有阻挠，也极少把它们的运动限制在这一边而不是另一边；因此，如果上帝的选择没有丝毫动因，那么就不会限于一个惟一的规定，而是以更多的自由呈现在各种各样的变化和差异之中。此外，为什么所有行星的轨道都精确地与一个共同的平面相关，即与那个在所有运动中心的那个庞大天体的赤道面相关呢？这一类比并没有体现合理性的动因，它毋宁说是被行星轨道的自由偏离所取消的某种混乱的原因；因为行星的引力如今在某种程度上破坏了它们运动的齐一性，而且它们不是在某种程度上精确地处在一个共同的平面上，如果它们不是精确地与一个共同的平面相关，它们就根本不会相互阻挠。

〔337〕大自然之手的最清晰的标志，比所有这些类比都表现得更为明显的，莫过于在它力图达到的关系中缺乏最精确的规定了。如果把行星的轨道置于一个共同平面附近是最好的，那么，它们为什么不是完全精确地在一个共同平面上呢？为什么它们中的一部分要留下这种本来应当予以避免的偏离呢？如果为此靠近太阳轨道①的行星就获得了其大小足以维持与引力平衡的离心力，那么，为什么还有点缺憾，达不到这种完全的相等呢？而且如果最睿智的意图在最大的能力支持下力图造就出

① 这里康德大概想的是形成太阳并完全在附近绕太阳公转的粒子的轨道。——科学院版编者注

这一规定性，那么，行星的公转为什么不是完美的圆形呢？难道还不能清晰地看出，那个确定天体的运行轨道、力图把它们置于一个共同的平面之上的原因，并不能完全做到这一点，而同时，那个支配着天宇的力量，在如今已形成星球的所有物质都获得了其自转速度之后，虽然在中心附近力图使它们与降落的力保持平衡，但却不能达到精确的平衡吗？是不是在这里就可以认识到大自然那由于穿插进来的各种作用而永远与完全精确的规定性有所偏离的通常做法了呢？人们只能在直接颁布命令的最高意志的终极目的中找到这种性状的理由吗？只要不是冥顽不灵，人们就不能否认，对于自然特性来说，凭借列举其用途来给出理由的这种受到赞颂的解释方式是经不起严格的检验的。毫无疑问，就世界的用途而言，行星的轨道是完全圆形的还是稍有偏心，它们与其共同的关系平面是完全吻合还是有所偏离，是完全无所谓的。毋宁说，如果有必要被限制在这种方式的协调一致之中，那么，最好就是让它们完全实现。如果确实像哲学家所说的那样，上帝不断地在运用几何学，如果在普遍的自然规律的道路上也显示出这一点，那么毫无疑问，在 〔338〕
全能意志的直接作品中完全能够觉察到这一规则，而这些作品也都将呈现出几何学精确性的完美。彗星就是大自然的这些缺陷之一。人们无法否认，就彗星的运行和它们由此所经历的变化而言，应当把它们看做造化的不完美的成员，它们既不适于为理性存在物提供舒适的居住地，也不能对整个星系有所裨益，如同人们所猜测的那样，它们总有一天要充当太阳的燃料；因为毫无疑问，它们中间的大多数不会在整个行星世界崩溃之前达到这一目的。在认为世界不是自然而然地从普遍的自然规律发展出来，而是一种直接的最高安排的学说中，这样一种说明虽然是确定无疑的，但却是有所抵触的。然而在一种力学的解释方式中，对世界之美和全能之启示的颂扬并没有由此被削弱。大自然自身包含着多样性的所有可能的等级，包含着所有从完美到虚无的种类，缺陷本身是过剩的一个标志，由于过剩，大自然的总体是取之不尽用之不竭的。

可以相信，如果不是还有某些从事物本性自身得出的理由似乎与这种学说完全抵触的话，上述类比将能够如此之多地超越成见，使世界大厦的力学起源成为值得接受的东西。如同已经多次提到的那样，天宇是空的，或者至少可以说充满它的物质是无限稀薄的，因此，这种物质不能提供推动各天体共同运动起来的手段。这一困难是如此之严重和有效，以至于有理由像任何一位世人那样相信自己的世俗智慧洞察力的**牛顿**，也发现自己不得不在这里不顾指示着一种力学起源的所有协调一致，放弃凭借大自然的规律和物质的各种力量来解决行星固有的离心力的推动问题的希望。尽管对于一位哲学家来说，对一种复杂并且远离简单的基本规律的性状放弃研究的努力而满足
〔339〕于诉诸上帝的直接意志，是一个令人苦恼的决断，但牛顿在这里毕竟还是认识到了把大自然与上帝的手指、把前者被引入的规律的进程和后者的示意彼此区分开来的界限。在一位如此伟大的世俗智者尚且感到绝望之后，再希望在一件如此困难的事情中顺利前进，就未免显得是一种大胆妄为了。

分配给各天体离心力的方向和规定性造成了世界结构的系统性。然而，正是使牛顿放弃从大自然的各种力量出发理解这种离心力的希望的那种困难，也是我们在前几章中所阐述的学说的源泉。它论证了一种力学的概念，但是这样一个概念却与牛顿认为不充分的那个概念相去甚远。牛顿为此抛弃了所有的次要原因，因为他（如果我可以斗胆这样说的话）错误地认为那个概念是该类所有可能的概念之中的惟一一个。甚至利用牛顿的困难，凭借一种简短而又缜密的推论，来达到我们在本文中所提出的那种力学解释方式的确定性，这也是轻而易举的、

自然而然的。如果假定（人们不能不如此认为），上述类比都极为可靠地说明了和谐一致、彼此有秩序地相关的运动和天体的轨道表明一个自然的原因是它们的起源，那么，这个原因就不可能是如今充满天宇的那种物质。因此，以前曾经充满这些空间的那些物质及其运动，才是在它们汇聚成这些星球并由此打扫干净这些如今被视为空洞无物的空间之后，诸天体目前的公转的原因。或者，这一点可以直接由下述情况得出：构成行星、彗星乃至太阳的物质自身，必定一开始是散布在行星系的空间里面的，并且以这种状态运动起来，在它们聚合成特殊的团块、形成把当时分散的世界物质的材料囊括在自身的诸天体之后，它们还保持着这些运动。在这里，人们并没有为发现一〔340〕种能够使自己形成的大自然的这种材料运动起来的推动机制而长期感到窘迫。造成各种质量结合起来的动力自身，即物质在根本上固有的、从而在大自然的第一次骚动时就如此适于成为运动的初始原因的引力，就是这些运动的源泉。这种力量总是恰好指向中心的方向，在任何时候都是不容置疑的；因为毫无疑问，分散元素的精细材料在垂直运动中既由于引力点的众多，又由于它们相互交错的方向线而彼此造成的阻碍，必将转变为不同的侧向运动。在这些侧向运动中，某种自然规律使所有因相互作用而彼此限制的物质都最终达到这样一种状态，其中一种物质尽可能地不再引起另一种物质的变化，既造成方向的协调一致，又造成在任何距离上都与向心力保持协调一致的相应速度，并借助它们的结合，致力于使元素既不高也不低地悬浮，因为所有的元素都不仅朝着一个方面，而且几乎都在稀薄的天宇中围绕着共同的降落中心以平行的、自由的圆形轨道作公转。各部分的这些运动在由此形成行星之后仍将继续下去，而且如今由于过去植入的离心力与向心力的结合，仍将在未来的时代里无限期地继续下去。行星轨道方向的一致性，与一个共同平面的精确关系，离心力随所在位置的引力而递减，这些类比随距离而递减的精确性，最外面的天体向两边、向相反方向的自由偏离，所有这些都是建立在这个不难理解的理由之上的。如果相互依赖性的这些征兆在产生的各种规定性中以显而易见的确定性指示着一种弥漫在整个空间、原初运动着的物质，那么，在如今空洞无物的天宇中，除了汇聚成行星、太阳和彗星等天体的物质之外，不存在任何其他物质，这一事实
〔341〕也就证明了，这些物质自身一开始必定是处在这种散布的状态之中的。在前面几章中，曾经轻而易举地、正确地从这一假定的基本原理出发推导出了世界结构的各种现象。这是对这样一种猜测的完善，赋予它一种价值，使它不再是任意的。

如果考虑到各天体的形成自身，考虑到它们的团块的重量和大小与它们同引力中心的距离成比例，那么，一种关于世界大厦的起源、尤其是关于我们这个世界大厦起源的力学学说的确定性，就达到了令人信服的顶峰。因为首先，如果考虑到它们的团块的总体，就可以看出它们的材料的密度是不断地随着与太阳的距离而递减的。这一规定如此清晰地说明了最初形成的力学规定，以至人们再也不能要求更多的东西。它们是由这样的物质聚合而成的，在这样的物质中，较重的品类获得了离共同降落点较近的位置，较轻的品类则距离较远；在种种自然而然的产生方式中，这是一个必然的条件。但是，就一种直接出自神明意志的安排来说，却找不到丝毫的理由来说明上述关系。因为虽然较远的星球似乎必定是由较轻的材料构成的，以便能够从较弱的阳光力量中获得必要的作用，但这只不过是一个旨在处于表面的物质的性状，而不是旨在其团块内部较深的品类的目的。太阳的热对这些品类从未产生过什么作用，哪怕是仅仅有助于造成行星的引力，使环绕行星的物体向它降落的作用。因此，它们与太阳光线的强弱没有丝毫关系。所以如果

要问，为什么从牛顿的正确计算中得出的**地球、木星、土星**的密度是 400、94.5 和 64 之比，那么，把原因归于上帝的意图，认为上帝在按照太阳热的程度调整密度，毕竟是没有道理的；因为在这里，我们的地球就可以充当一个反证。对我们的地球来说，太阳凭借其光线只能作用到表面下的如此之小的深度，以至地球团块必然与此有所关联的部分，远远不及整体的百万分之一。〔342〕至于其余的部分，就这个意图而言是完全无所谓的。因此，如果构成天体的材料相互之间有一种有序的、与距离相和谐的关系，各行星如今由于在空洞无物的空间中相距甚远而不能相互限制，那么，它们的物质过去必定曾处于这样一种状态，那时它们能够相互发生共同的作用，以便把自己限制在与其比重相适应的位置上。这种情况要想发生，除非是它们的各个部分在形成前就散布在星系的整个空间中，并按照运动的普遍规律获得与其密度相适应的位置。

行星团块大小之间随距离而递增的比例关系，是清楚地证明天体以力学方式形成、尤其是证明我们关于天体形成的理论的第二个理由。天体的质量为什么要大致地随距离而递增呢？如果追随一种把一切都归于上帝的选择的学说，那么，就不可能设想还有别的意图，来解释为什么较远的行星必定有较大的质量，除非是它们凭借特别强大的引力能够在其作用范围内捕获一个或者几个卫星，以使它们注定的居民能够住得舒适。然而，这一目的同样可以凭借其团块内部特别大的密度来达到，又何必非要保留出自特殊的理由的、与这种关系相悖的轻的材料，并让它被体积的优势如此远远地超过，以至上面星体的质量比下面星体的更重呢？如果不去考虑天体自然产生的方式，人们就很难提出理由来解释这种状况；但是如果考虑到这种方式，就再也没有比理解这种规定更容易的事情了。在所有天体的材料还弥漫在行星系的空间之中的时候，引力用这些微粒形

〔343〕成了各个星球；毫无疑问，这些星球的形成范围的位置离那个共同的中心天体越远，球体也就必定越大，而中心天体则从整个空间的中心出发凭借其特别强大的引力而尽力限制和阻止这种结合。

人们将满意地发现，把天体的轨道彼此分开的间隙宽度就是天体由最初分散的基本材料形成的标志。按照这一概念，这些间隙必须被看做空洞无物的区域，行星曾经为形成而从这些区域获取过物质。人们看到，轨道之间的这些间隙与由此形成的团块大小是成比例的。**木星**与**火星**的轨道之间的宽度是如此之大，以至于其包含的空间远远超过下面的行星轨道面积的总和。惟有这个空间才配得上所有行星中最大的行星，它的质量超过了其余所有行星质量的总和。不能把木星与火星的这种距离归于要尽可能少地妨碍它们的引力这样一种意图。因为根据这样的理由，两个轨道之间的行星总是最接近其中一颗行星，后者的引力与它的引力相结合将能够使双方围绕太阳的公转受干扰最小，因而也就是最接近质量最小的一颗。由于按照牛顿的正确计算，木星能够对火星的运动施加的力，与它凭借联合起来的吸引对土星施加的力之比，为1/12 512与1/200之比，所以，如果它们的距离不是取决于它们产生的力学机制，而是取决于它们的外部关系的意图，那就能够很容易计算出，木星靠近火星的轨道必定比火星靠近它的轨道近多少。但实际情况却不是如此。由于位于上下两条轨道之间的行星轨道，往往离一颗较小的行星运行的轨道比离质量较大的行星的轨道更远，但每一颗行星的轨道周围空间的宽度却总是与其质量有一种正
〔344〕确的比例关系，所以很清楚，产生的方式必然规定着这些比例关系，而且由于这些规定性像原因与其结果那样似乎是联结在一起的，所以如果把包括在两条轨道之间的空间视为形成行星的材料的容器，是极为恰当的。由此可以直接得出，它们的大

小必定与行星的质量成正比，但对于较远的行星来说，这种比例关系就会由于在这一区域的基本物质在初始状态中更为分散而增大。因此，就两个在质量上差不多相等的行星而言，较远的一颗必定有一个更大的形成空间，即与两个最相邻的轨道的距离最大。这既是因为那里的材料比重最轻，也是因为那里的材料比在离太阳较近地方形成的行星更为分散。所以，虽然地球连同其卫星一起在体积上似乎还不及金星，但是它仍然要求在自己周围有一个较大的形成空间，因为它是由比下面的那颗行星更为分散的材料形成的。出自这些理由，可以猜想土星的形成空间其远的一边比对着中心的一边伸展得更为遥远（这在所有的行星那里都适用）。因此，土星轨道和它上面与它相邻的天体（人们可以这样猜想）的轨道之间的间隙，要比土星和木星之间的间隙宽得多。①

因此，在行星世界中，一切都以与原初的生产力量的正确关系逐步地向无限远的地方推进，而原初的生产力量在中心附近要比在远处更能起作用。被推动的发射力的减弱，对轨道的方向和位置方面最精确的协调一致的偏离，各天体的密度，大自然在其形成空间方面的节约，这一切都是从中心到远处逐渐地递减的；所有这些都表明，初始原因为运动的力学规则所制约，而不是凭借一种自由的选择而行动。

然而，比其他任何东西都更清晰地表明天体是由原初弥漫在如今空洞无物的天宇里的基本材料所自然形成的，是我从 〔345〕
德·布丰先生那里借用来的协调一致。但这种协调一致在他的理论中却远远不如在我们的理论中那样有用。因为按照他的说明，如果把通过计算能够规定其质量的行星，即土星、木星、

① 实际上，1781年由赫舍尔发现的天王星与土星的距离2倍于土星与木星的距离。——科学院版编者注

地球和月球，加在一起，那么，它们就形成一个团块，这个团块的密度与太阳体的密度之比为640比650；由于它们是行星系中的主要成员，与它们相比，火星、金星和水星等其他行星就几乎不值得计算了。这样，如果把整个行星系合起来视为一个团块，那么，人们就有理由对它的物质和太阳的质量明显相等感到惊奇了。物质多种多样、千差万别，单是在我们的地球上，就可以找到一些密度彼此相差1.5万倍的物质。[①]但尽管如此，上述类比仍接近于1比1的比例。把这一类似归于偶然，未免是一种不负责任的轻率。必须承认，如果把太阳看做一个由在行星系中彼此分开的所有物质品类组成的混合体，那么，所有的天体似乎都是在这个空间中形成的。这个空间最初充满了均匀分布的材料，它们不加区别地集中在中心天体上，但为了形成行星却是按照高度分布的。就让那些不能承认天体按照力学方式产生的人们尽其所能地从上帝选择的动机出发去解释这一如此奇特的协调一致吧！关于世界大厦是从大自然的力量发展出来这一具有如此确凿的清晰性的事实，我不想再用更多的论据来论证了。如果有人在如此众多的证明面前仍然能够无动于衷，那么，他必然要么是过深地陷入成见的束缚，要么是完全没有能力超越乱七八糟的意见跃升到对最纯粹的真理的考察。不过，如果世界结构在其所有有利于理性造物的结合
〔346〕中所具有的协调一致，似乎不外是以普遍的自然规律为基础，那么就可以相信，除了人们并不指望其赞同的白痴之外，没有人会否认这一理论的正确性。人们还有理由相信，那些为了一个崇高的目的所作出的适当安排，必定是以一个聪颖的理智为创造者的；如果考虑到，由于事物的本性只有这一个本源，它

① 这是铂与大气层空气的密度比；铂与氢气的比例甚至是240 000比1。——科学院版编者注

们根本的、普遍的性状必然有一种自然的倾向，力图达到合理的、彼此之间协调一致的结果，人们也就会感到完全满意了。因此，如果看到有利于造物相互利益的世界状态的安排，并把这种安排归于从大自然的普遍规律得出的一个自然结果，人们也大可不必感到惊奇，因为从这些规律所产生的，既不是盲目偶然的作用，也不是非理性的必然的作用；它归根结底是以至高无上的智慧为根据的，普遍的性状从至高无上的智慧那里获得了其协调一致。这样一个结论是完全正确的：如果在世界的状态中显露出秩序和美，就存在着一个上帝。然而，另一个结论在理由上也不亚于前一个结论：如果可以从普遍的自然规律得出这种秩序，那么，整个大自然必定是至高无上的智慧的一种作用。

但是，如果有人完全随心所欲地在大自然那自身包含着和谐和有用目的的所有安排上认识神明智慧的直接运用，不相信从普遍的规律出发的发展能产生协调一致的结果，那么我就要建议，在观察世界结构时，不要把自己的目光只对着诸多天体中的惟一一个，而要对着整体，以便从这种幻想中一下子就摆脱出来。如果地轴相对于年公转平面的倾斜位置由于四季可爱的变换而是上帝直接干预的一个证明，那么，人们可以在其他天体那里把这种性状作一下对比。人们将会发现，每个天体的转轴位置都是不同的。而且在这种不同之中也有一些转轴并不倾斜；例如，木星的转轴就与它的轨道平面相垂直，火星的则 〔347〕
几乎与其轨道平面相垂直，这二者都没有季节的变换，但却和其他行星一样都是至高无上的智慧的作品。土星、木星和地球都有卫星陪伴，如果对贯穿整个世界系统的这一目的的自由偏离，并不表明大自然在其自由行动中没有受到非常的强制的干扰而造成了这些规定性，那么，有卫星陪伴就似乎是至高无上的存在者的一种特别安排了。木星有4个卫星，土星有5个卫星，地球有1个卫星，虽然其余的行星由于其更为漫长的黑夜而显得比它们更需要卫星，但却连一个卫星也没有。如果把赋予行星的离心力与它们各自距离上的向心倾向成比例的相等，视为它们几乎是以圆形轨道围绕太阳运转并且由于从太阳获得的热量均匀而适于做理性造物的居住地的原因，对此表示惊赞，并把它看做上帝的直接干预，那么，只要考虑到，行星的这种性状是在逐步地递减，直到消失在天穹的深处，而且正是这个对行星的适度运动感到满意的至高无上智慧，也并不排除使星系因完全的无规则和无序而就此告终的种种缺陷，人们就一下子被带回到大自然的普遍规律了。大自然虽然有达到完善和秩序的本质规定性，但在其多样性的范围内也包含着所有可能的变化，直至缺陷和偏差。正是大自然的这种无限的丰富，它所造就的，既有有人居住的天球也有彗星，既有有益的山岭也有有害的礁岩，既有可供居住的田野也有荒无人烟的不毛之地，既有德性也有邪恶。

第三部分
以大自然的类比为基础在不同行星居民之间进行比较的尝试

谁知道所有世界中一个部分与另一个部分的关系，
谁认识所有的太阳和每一个行星的轨道，
谁了解每一个星体的不同居民，
谁才能理解和说明
万物为什么是如今的样子。

——蒲柏①

附录 〔351〕

论各星体的居民

如果有人利用世俗智慧，以某种轻率的态度讲一些似是而非的话，随便开开玩笑，那么，即便他马上解释说，这只不过是为了取笑，我也认为这是对世俗智慧品格的侮辱。因此，在目前的尝试中，我将只列举那些确实能够有助于扩展我们知识

① 参见蒲柏：《试论人》，B. H. 布罗克斯译自英文，5页，1740。——科学院版编者注

的命题。同时，这些命题的可能性都是如此持之有据，使人们几乎不能不承认它们是成立的。

虽然在这类主题里，作出虚构的自由似乎没有真正的限制，在判断遥远世界居民的性状时，比一个画家在描画未被发现的土地上的植物和动物时，似乎可以更加无拘无束地纵情幻想，随心所欲，这样的想法似乎既不能被证实，也不能被驳斥，然而，人们必须承认，各天体与太阳的距离有着某些比例关系，它们对居住在这些天体上的能思维的物种产生了根本性
〔352〕的影响，这些物种活动和受动的方式为他们与之结合的物质性状所制约，取决于世界根据他们的居住地与引力和热量中心的关系的特性而对他们施加的影响的程度。

我认为，虽然否认所有的行星或者大多数行星都有居民是不合理的，但也没有必要断定所有的行星都有居民。鉴于大自然的丰富性，由于各个世界和星系相对于造化的整体来说只不过是沧海一粟，所以也可能有一些荒凉而没有居民的地方，它们不能被极精确地用于大自然的目的，即用于为理性造物来考虑。在对上帝的智慧的根据产生怀疑的时候，似乎必须承认，沙漠和荒无人烟的不毛之地占了地球的一大片地方，而在大海中也有一些没有居民的荒凉的岛屿。然而，一个行星与造化的整体相比，要比一片荒漠或者一个岛屿与地球相比更小得多。

也许，并不是所有的天体都已经完全形成，一个大的天体要达到其物质的固体状态，需要几百年或许几千年的时间。木星似乎还处在这种斗争之中。其形状在不同时间里的显著变化早已使天文学家们猜测过，它必定经历着巨大的变化，它的表面也远远不像可以居住的行星必有的那样平静。如果它如今没有居民，而且也不曾有过居民，那么，与整个造化的大不可测相比，这是大自然怎样一种无限小的浪费呢？如果造化在空间的每一个点上都如此精细地展示它的所有财富，那么，难道不

是与其说这是富裕的标志，倒不如说是贫乏的标志吗？

然而，人们还是可以更为满意地猜测：即便木星现在没有居民，但总有一天，在它的形成周期结束之后，它就会有居民。也许，我们的地球在处于能够供养人、动物、植物的状态之前，就已存在了千年或者千年以上。至于行星要数千年之后才能达到这种完善，这无损于它存在的目的。因此之故，一旦 〔353〕
它达到了这种完善状态，它也将在未来的岁月里更长久地停留在这种状态中；因为有这样一个自然规律：凡是有开端的东西，都将不断地接近其衰亡，而且它离开其开端的那个点越远，就离衰亡越近。

那个诙谐的海牙人，在引述了来自科学王国的一般消息之后，以滑稽的口吻提出了所有的天体都必定有居民的幻想。这种讽刺性的观念不能不被承认。他说道："那些居住在一个乞丐头上的森林中的造物，很久以来都把自己的居处看做一个大不可测的球，把自己看做造化的杰作。后来，它们中间天生聪颖的一位，即这个族类的**小封德耐尔**，意外地发现了一个贵族的头。它立即把自己住处所有的滑稽家伙叫到一起，狂喜地告诉它们：我们并不是整个大自然惟一有生命的存在物。你们看，这里有一个新大陆，**这里住着更多**的虱子。"即便这一推论的结局引起了一阵哄堂大笑，那也不是因为它与人的判断方式相去甚远，而是因为正是这种在人那里以同样的原因为根据的错误，在虱子那里就更值得原谅了。

让我们不带成见地作出判断吧！这种昆虫，无论是就其生存方式还是就其微贱来说都很能表现大多数人的性状，所以能够很好地用来进行这样一种比较。由于按照它的想象，大自然很把它的生存放在心上，所以它把并不精确地以自己族类这个造化目的的中心为目的的所有其余造化都看做多余没用的。与存在物的最高等级距离同样无限遥远的人，也是如此大胆放肆地

〔354〕以同样的自负吹嘘自己存在的必然性。无限的造化以同样的必然性包含着它那无穷无尽的财富所创造的一切物种。从能思维的存在物中最高贵的品级直到最受轻蔑的昆虫，没有一个环节是无关紧要的，没有一个环节可以缺少，否则就会由此损害在联系中呈现出来的整体美。不过，一切都取决于大自然凭借其原初植入的各种力量造成的普遍规律。由于大自然在其行事中总是产生出合理和秩序，所以没有任何意图能够干扰和打断它的序列。在它最初形成的时候，一个行星的产生只不过是它生产能力的一个无限小的结果；要它那有充分根据的规律去服从这个沧海一粟的特殊目的，岂不是某种荒唐无稽的事情。如果一个天体的性状给居住设置了自然的障碍，那么，虽然它拥有居民实际上会更好，但也是没有居民的。造化的卓越性由此没有受到丝毫损失；因为在所有的量中，无限者是那个不会由于减去一个有限的部分就有所减少的量。人们似乎要抱怨说，木星和火星之间的空间没有必要如此空空如也，此外还存在着没有居民的彗星。事实上，即便那个昆虫在我们看来如此微不足道，但它还是希望，大自然关心维持它的整个品类要甚于关心少数优等的造物；即便是一个地区或者地点没有这种优等造物，它们也还是无限众多。由于大自然就创造这两种造物而言都是无穷无尽的，所以人们立刻就能无忧无虑地看到，二者在维持和毁灭方面都是听凭普遍规律的。难道乞丐头上那些森林的拥有者在这片殖民地的族类中造成的破坏，不是比菲利普的儿子被恶鬼钻进头脑，认为世界只是为他而造，从而在他的同胞这个族类中造成的破坏还要更大吗？

然而，行星中绝大多数肯定是有居民的，即使现在没有，将来也总会有的。在这些不同种类的居民中，它们在世界大厦
〔355〕中的位置与发出赋予万物生机的热量之中心的关系将会造成什么样的情况呢？因为毫无疑问，这种热量在这些天体的物质中

将会按照其距离比例在其规定性方面造成某些比例关系。在所有的理性存在物中间，虽然人的内部性状对我们来说还是一个尚未研究的问题，但人仍是我们认识得最清楚的存在物，人必须在这一比较中充当基础和关联点。在这里，我们并不打算考察人的道德属性，也不打算考察人的构造的生理组织；我们只想研究，理性思维的能力和服从这种能力的身体运动，由于人所依赖的物质与同太阳的距离成比例的性状，而受到什么样的限制。且不说在思维力量与物质运动之间、在理性精神与身体之间可以发现的那种无限的距离，有一点毕竟是确定无疑的，那就是人所拥有的所有概念和表象都是来自于宇宙万物借助身体在他的灵魂中激起的印象，无论是就印象的清晰性而言，还是就被称为思维能力的那种把它们联结起来并加以比较的技能而言，人都完全依赖于造物主把他与之结合起来的物质的性状。

人注定要凭借身体去接受世界在他里面激起的印象和情感。身体是他的存在的可见部分，其物质不仅有助于居住在它里面的不可见的精神形成外部对象的最初概念，而且对于重复这些概念、把这些概念联结起来、简而言之也就是思维这些概念的内部活动来说，也是必不可少的。① 根据人身体发育的程度，其思维本性的能力也达到相应的完善程度，并在他的器官 〔356〕
的纤维获得其发育成熟的强度和耐力之后，才达到成熟的、成人的能力。人能够用来满足对外部事物的依赖性使他产生的需要的那些能力，在他身上早就发展得很充分了。一些人就停留

① 从心理学的理由出发已经澄清，根据造化使灵魂与肉体彼此相依的目前状况，灵魂不仅必须借助肉体的配合和影响才能接受宇宙万物的所有概念，而且其思维能力的发挥自身也取决于肉体的状况，并从肉体的襄助获得为此所必须的能力。

在这种发育程度上。而把得来的概念联结起来、借助自由地运用洞察力来控制情欲之偏好的能力，则出现得较晚。在一些人那里毕生都没有出现。但在所有人身上，这种能力都很弱，它为低等的力量服务，而它本来是应当驾驭它们的，它的本性的优越性就在于支配这些力量。如果观察一下大多数人的生活，就会发现，这种造物之所以被创造出来，似乎是为了像一株植物那样汲取汁液和生长，延续族类，最后衰老和死亡。在所有的造物中间，人最少实现自己存在的目的，因为人把自己优越的能力都浪费在其他造物用更少得多，但却更可靠又合理得多的能力就可以实现的意图上面。如果对未来事物的期望不能使人得到提高，封闭在他里面的各种力量不能指望充分的发挥，那么至少在真正的智慧的眼中，人就会是所有造物中间最值得鄙视的一种了。

如果研究一下把人类保持在如此深重羞辱之中的那种障碍的原因，就会发现，这是由于人的精神部分所沉入的物质之粗糙，由于应当服从精神刺激的纤维之无韧性和体液之迟钝。人的大脑的神经和脑汁只能为人提供粗糙模糊的概念，并且由于他不能在其思维能力的内部用足够有力的表象与感性感觉的刺激对抗以达到平衡，所以他为自己的情欲所吸引，为维持他的器官的元素之混乱所抑制、所干扰。理性努力要摆脱这种状
〔357〕况，用判断力的光芒来驱散这种混乱，就像阳光在乌云不断地干扰和遮盖它的明媚时所做的那样。

人类的结构中材料和组织的这种粗糙，是使灵魂的能力总是处于衰竭无力状态的那种迟钝的原因。反思和由理性澄清的表象的活动是一种灵魂不能不受到阻挡的吃力状态。由于肉体器官的自然倾向，它从这种状态出来又立即返回到一种受动的状态，这是因为感性的刺激规定和支配着它的所有活动。

人的思维能力的迟钝，是依赖于一种粗糙的、不灵活的物

质的结果，它不仅是罪恶的根源，而且也是错误的渊薮。要拨开混乱概念的迷雾，要把借助观念的比较产生的一般认识与感性印象区分开来，是有困难的。由于被这种困难所阻碍，它宁可让位于一种匆忙的赞同，满足于占有一种使它难以从旁看清自己天性的迟钝和物质的阻力的认识。

在这种依赖性中，精神的能力与肉体的活力一起消失了：当年事已高，由于体液的循环减弱，体内只有浓稠的体液流动的时候，当纤维的韧性和一切运动的灵活性都减弱的时候，精神的各种力量也同样衰退了。思想的敏捷、表象的清晰、机智的活力以及记忆能力都变得僵硬无力。借助长期的经验获得的概念还在某种程度上补偿着这些能力的衰退，如果需要知性驾驭的强烈情欲不是与知性一起甚至更早衰退的话，知性也将更为清楚地暴露出自己的无能。

据此，从这里可以清楚地看出，人的灵活的各种力量由于与它密切相关的物质的障碍而受到了限制和阻碍；但是，更为值得注意的是，材料的这种特殊性状，与太阳根据其距离远近 〔358〕
使它活跃起来并有能力管理动物性肌体所借助的那种影响的程度有一种根本性的关系。从世界系统的中心发出的火使物质保持着必要的活动，与火的这种必然关系，是同样由此出发在各行星的不同居民之间进行比较的根据，而每一种居民都根据这种关系由于其必然的本性而被限制在宇宙中给它指定的地方。

地球和金星的居民如果交换其居处，就不可能不造成双方的死亡。地球居民的形成材料是与其距离上的受热程度相适应的，因此如果受热程度更大，这种材料就会太轻、太易于挥发。在一个更为炎热的区域里，地球居民将会经受剧烈的运动而伤身，这种情况是由于体液的挥发和干涸以及其弹性纤维极度绷紧而造成的。金星居民粗笨的体格和形成其身体的元素的迟钝，需要太阳更大的影响。在一个更冷的天域里，金星居民就会冻僵并由此丧命。同样，构成木星居民身体的物质必定更为轻巧、更易挥发得多，以便太阳在这个距离上能够用来起作用的微弱激动，就能够使这些器官像太阳在下面的区域里所造成的那样强有力地运动起来。对于这一切，我用一个一般的概念来加以概括：**一般来说，不同的行星离太阳越远，形成其居民乃至动物和植物的材料就必定越是轻巧、越是精细，纤维的弹性连同其肌体的优越配置就越是完善。**

这种比例关系是如此自然，如此持之有据，以至于不仅在自然学说中通常被视为薄弱根据的终极目的的种种动因将导向它，而且构成各行星物质的特殊性状的那种不仅为**牛顿**的计
〔359〕算、而且也为天体生成论的理由所阐明的比例也将证实它。按照这种比例关系，形成各天体的材料在距离较远的天体上总是要比距离近的更轻，这必然要对在这些天体上繁衍和生存的造物造成一种相同的比例关系。

我们已经阐明了在构成各行星上理性造物的物质的性状之间进行的比较。根据这一考察的引论，可以轻而易举地看出，这些比例关系即便是在其精神能力方面也要造成某种后果。据此，如果这些精神能力必然依赖于它们所寄居的器官的材料，那么，我们就能够以一种不仅仅可能的猜想作出推论：**能思维的物种之优越、它们的表象之敏捷、它们通过外部印象所获得的概念之清晰和生动，连同它们综合这些概念的能力，最后还有在实际应用方面的灵活，简而言之，它们的全部完善性，都服从于某个规则，根据这一规则，他们的居处离太阳越远，他们就越优秀、越完善。**

由于这种比例关系具有一定程度的可信性，与一种已阐明的可靠性相距不远，所以我们发现了一个适合从不同居民特性的比较出发作出适当猜想的广阔领域。在各种存在物的阶梯上，人这个物种仿佛处在中间一段，它发现自己处在完善性的

两个极限中间，与完善性的两端同样远。如果关于居住在木星或者土星上的最杰出的理性造物的想象激起了人的嫉妒心，使人由于认识到自己的微贱而自惭形秽，那么，看到金星和水星这些行星上的低等物种远远低于人这个物种的完善性，人就又会感到满意和欣慰了。这是一种多么值得赞叹的景象啊！我们一方面看到这样的能思维的造物，在他们那里一个格陵兰人就 〔360〕
好像是牛顿，另一方面又看到别的能思维的造物，他们把牛顿当做一只猴子而感到惊奇。

> 最近，上面的生物都在看，
> 我们这里的一位凡人
> 所做的事情实在离奇。
> 他们感到惊异，这个人居然发现了自然规律。
> 这种事情居然有可能让一个地球上的造物作出。
> **他们看待我们的牛顿，就如同我们看待一只猴子。**
> ——蒲柏①

对于最高天域上的那些幸运的存在物的洞察力来说，认识方面的哪一种进步他们不能做到！洞察力的这种光照又怎会不在他们的道德品质上造成美妙的结果。知性的洞察力如果拥有完备和清晰的应有程度，就会比感性诱惑具有更强有力得多的魅力，能够战无不胜地控制这些诱惑，把它们踩在脚下。映现在所有的造物之中的神明，又怎能不极美好地映现在这些能思维的物种之中！这些能思维的物种作为一片不为情欲的风暴所动的海洋，平静地接受了它的形象并反映出去。我们不想让这

① 参见蒲柏：《试论人》，B. H. 布罗克斯译自英文，35页，1740。——科学院版编者注

些猜测超越为一篇物理学论文所规定的界限，我们只不过要再次说明一下上面已经阐明过的类比：**从水星到土星，或者也许还到土星上面（如果还有别的行星的话），行星上无论是精神世界还是物质世界，其完善性都将按照它们与太阳的距离成正比地递增和发展。**

既然这种状况都是出自其居处与世界中心的物理学关系，部分是自然而然产生的，部分是适当地引起的，所以另一方面，最杰出的、适合于上面的区域里这些物种的特别完善性的配置的真实景象也如此清晰地证实了这一规则，以至它差不多可以使人深信不疑。与一个高级物种的优点相联系的这种行动
〔361〕敏捷，比迟钝的、不完善的造物的缓慢更适合那些天域里变换迅速的时间周期。

望远镜教导我们，木星上昼夜的转换只有10小时。如果地球上的居民搬迁到这个行星上，面临这样的划分他将怎么办呢？10个小时几乎还不够粗糙的器官为了通过睡眠恢复体力所需要的休息。为了醒时工作所做的准备、穿衣、用于吃饭的时间，什么不需要占用下面的时间呢？一个行动如此缓慢的造物，他的5个小时的工作突然被插进来的5个小时黑夜所打断，他怎么能够不精神涣散，难以做出什么像样的事情呢？与此相反，如果木星是由更完善的造物居住的，他们拥有更精细的体质，各种力量更富有弹性，行动更为敏捷，那么就可以相信，这5个小时对于他们来说相当于，甚至超过了对于低级的人类来说白昼的12个小时。我们知道，时间的需求是某种相对的东西，只要从要做的事情的大小出发与行动的速度加以比较就可以认识和理解这种相对性。因此，同样的时间，对一种造物来说仿佛只是一刹那，对另一种造物来说就可能是一个很长的周期，其中由于起作用迅速，能够发生一大串变化。根据上面所描述的对土星自转的大致计算，

土星的昼夜划分要更短得多，因此可以猜测它的居民这个物种具有更为优秀的能力。

最后，所有这一切都协调一致地证实了上述规律。看起来，大自然的宝藏在世界遥远的一面分布得最为丰富。这里分布着大量的卫星，它们为这些区域里的勤劳的存在物提供了充分的替代品，补偿他们缺少的日光。大自然似乎非常细心地为他们的活动提供了种种帮助，以便没有任何时间妨碍他们利用 〔362〕
这种替代品。就卫星而言，木星与所有下面的行星相比占有明显的优势，而土星又对木星占有优势，土星的配置由于环绕它的那个美丽同时有用的环而有可能在其性状上有更大的优势。与此相反，对于下面的行星来说，这种宝藏也许未加利用就被浪费掉。它们的居民品类与无理性更接近得多，这些行星要么根本不、要么是很少具备这种优点。

但是，不能（我要抢在一种有可能推翻上述所有这种协调一致的异议之前）把与太阳这个光与生命之源的距离较远看做一件坏事，把较远的行星显示出这样一些详尽的配置，看做只是为了补救这种坏事；也不要提出异议说，事实上，上面的行星在世界大厦中处于一个不怎么有利的位置，由于它们从太阳获得的影响较弱，这种地位会妨害它们的配置的完善性。因为我们知道，光和热的作用不是取决于它们自己的强度，而是取决于物质接受它们以及或多或少抵制它们的能力；因此，同样的距离对于一种粗糙的物质来说可称为气候适宜，但却会驱散更为精细的流质，对它来说强烈得有害；因此，只有一种更为精细的、由更为易动的元素构成的材料，才能使木星或者土星与太阳的距离对于二者来说成为一个幸运的位置。

最后，上面这些天域里的各种物种的优越性似乎还由于一种自然而然的联系而与他们配享的持久性相关。衰变和死亡不会像对我们这些低等的物种那样，造成那么多的损害。物种的迟钝和材料的粗糙是下面这些等级低贱的特殊本源，也是他们趋向衰亡的原因。体液渗透到纤维之间，附着在纤维的质量
〔363〕上，从而使动物或者人得到营养，能够生长。如果体液在生长已经完成的时候不再能同时使其管脉扩张，那么，这些附着的营养体液就必然正是由于被用来使动物得到营养的那种机械作用，使其管脉变得狭窄，并堵塞它们，通过日益加剧的僵化摧毁整个器官的结构。可以相信，尽管最完善的物种也要受到短暂性的煎熬，构成那些居住在遥远行星上面的较完善的存在物的材料之精细、管脉之弹性、体液之轻巧与效力等方面的优势，却能更长久地阻止作为一种粗糙物质的迟钝带来的后果的衰竭，给予这些造物一种其长度与其完善性相匹配的寿命，就像人的生命的衰竭与其低贱成正比一样。

在我抢先提到一种怀疑之前，我还不能结束这一考察。如果把上述意见与我们前面的定理加以比较，这种怀疑就会自然而然地产生出来。我们在世界结构的配置上，根据照耀最远轨道上的行星的那些卫星的数量，根据绕轴自转的速度，根据它们的组合与太阳的作用相匹配的材料，认出了上帝的智慧，它把一切都安排得如此有利于居住在这些行星上的理性存在物。但是，如今要怎样把关于目的的学说与一种力学学说协调起来，以使至高无上智慧所设计的东西能被委托给原始物质、天意的统治能被委托给自行发展的大自然去实施呢？难道前者不是承认，世界结构的安排并不是借助后者的普遍规律发展出来的吗？

只要回想一下前面出自同样的目的阐述的东西，就可以马上驱散这种怀疑。难道不是所有自然运动的力学都必然具有一种根本性的倾向，要得出与至高无上的理性的设计在全部联结的范围里完全协调一致的这些结论吗？由于得出这些结论的所

有力学特性都已从神的理智的永恒理念中获得了自己的规定性，万事万物都必定在神的理智中相互联系、相互配合，力学 〔364〕
又怎么能够一开始就有步入歧途的倾向和放荡不羁的散漫呢？这种判断方式把大自然看做一种讨人嫌的东西，只有凭借一种为它的自由行为设置界限的强制才能把它维持在秩序和相互协调的轨道上，而不是认为大自然是一个自身充足的本源，其特性没有任何原因可言，而上帝则尽其所能地把它强行纳入自己意图的计划。如果好好地想一想，又能怎样为这种判断方式作出辩解呢？人们越是切近地认识大自然，就越是认识到，各种事物普遍的性状并不是互不相干、彼此分离的。人们将得到充分的证明：各种事物都有本质上的亲缘关系，它们凭借这种亲缘关系相互适应，在建立完善的状态方面相互支持，这是各种元素为了物质世界的美，但同时也是为了精神世界的利益而发生的相互作用；一般来说，在永恒真理的领域内，事物各自的本性可以说已经彼此间构成了一个事物与另一个事物相关联的体系；人们还将马上就明白，事物都是从起源的共同性中获得这种亲缘关系的，它们都从这一起源获得了自己的本质规定性。

因此，我们要把这一反复进行的考察运用于预定目的。正是这些把最上面的行星安排在远离世界系统中的引力和惯性中心的地方的普遍运动规律，把这些行星由此也同时置入最优越的状态，让它们在最远离粗糙物质的引力中心的地方、以更大的自由形成起来。但它们同时也把这些行星与按照同样的规律从那个中心散发出来的热量的影响置入了一种合规则的比例关系之中。由于正是这些规定性使天体在这些遥远的区域里的形成更加不受阻碍，使依赖于此的运动的产生更快，简而言之，使系统更为合理；由于归根结底精神存在物对它们亲身与之结合的物质有一种必然的依赖；所以，大自然在这两方面的完善 〔365〕

性是在各种原因的惟一一种联系中、出自同样的理由造成的，这也就不足为奇了。因此，如果加以仔细的考虑，那么，可以看出这种协调一致并不是什么突如其来的、出乎意料的事情，而由于精神存在物被同样的本源编织在物质大自然的普遍状态之中，所以，出自星体世界在遥远的区域更完善的同样原因，精神世界在遥远的区域里也更完善。

这样，在整个大自然的范围内，万事万物都以一个连续不断的程度序列，凭借使所有的成员彼此相关的那种永恒的和谐而联系起来。上帝的完善性清晰地启示在我们这些等级中，而且在最低的等级中一点也不亚于在较高的等级中那样辉煌。

一根怎样的链条从上帝发轫，
又是怎样的物种纷纭，
从天上到人间，从天使、人到畜生，
从六翼天使到苍蝇。
啊！一望无际的辽阔，
从无限者到你，从你到虚无！

——蒲柏①

我们迄今为止的猜想都是忠实地沿着自然关系的导线进行的，这条导线使我们的猜想保持在合理的可信性的道路上。我们难道还想允许自己离开这条轨道涉入幻想的领域吗？谁能够给我们指出持之有据的可能性终结而任意的虚构开始的界限呢？谁如此大胆地敢于回答这一问题：是否罪孽也统治着世界结构的其他星球？或者，是否惟有德性才在那

① 参见蒲柏：《试论人》，B.H. 布罗克斯译自英文，25～26页，1740。——科学院版编者注

里实施统治？

星体也许是美好精灵的住所，
这里是邪恶横行，那里却是德性当政。
——冯·哈勒①

在智慧与无理性之间，难道就没有某种中间状态属于能够犯罪的不幸能力吗？谁知道，那些遥远天体上的居民并不太高贵，也不太聪颖，以致堕落到蕴含在罪孽之中的愚蠢里面，而 〔366〕 住在下面行星上的居民，则太死死地束缚在物质上面，太缺乏精神的能力，以致不能在正义的裁判席前承担起自己行为的责任呢？以这种方式，也许惟有地球，或者还有火星（有了不幸的伙伴，我们就可以不被剥夺可怜的慰藉了）才处在危险的中间道路上。在这里，与精神的最高统治相对立的感性刺激的引诱，具有强大的诱惑力，但并不能否认这种最高统治在精神的惯性不愿意沉溺于这种引诱之中的时候，有能力使精神抵御这些诱惑。因此，在软弱和能力之间存在着这种危险的中间点的时候，正是使精神高于低等级别的那些优点，把精神置于某种高度，而精神又可能从这里出发无限深地堕落到这些低等级别之中。事实上，地球和火星这两颗行星是行星系最中间的成员，就其居民而言，也许他们不可能不猜想自己是自然性状和道德品质在两个端点之间的中间环节。不过，我宁可把这一考察留给那些对一种无法证明的认识更多地感到心安理得、更多地感到承担这种责任的倾向的人们。

① 参见阿尔布莱希特·冯·哈勒的《未完成的永恒颂》，144页，最初刊印于1743年。——科学院版编者注

结束语

人如今究竟是什么样子，虽然意识和感觉应当对我们有所教益，但我们还是不很清楚；至于人将来会成为什么样子，我们就更无法猜测了！尽管如此，人类灵魂的求知欲仍忍不住急切地研究这个离它如此遥远的对象，并力图在这样阴晦的认识中获得一线光明。

不朽的灵魂在就连死亡也不能打断，而只能有所改变的未来时间全部无限延续中仍始终附着在世界空间的这个点上，即
〔367〕附着在我们的地球上吗？人类灵魂永远不能就近分享造化的其他奇迹吗？谁知道，能不能设想人类灵魂有朝一日切近认识从远处就如此吸引着其好奇心的世界大厦那些遥远星球及其配置的卓越性呢？也许，行星系还在形成着一些星球，以便在为我们此处的居留所规定的时间结束之后，能在其他天域找到新的住所。谁知道，围绕木星运行的那些卫星，不会有一天照耀着我们呢？

用这样的表象来自娱，是允许的，也是合适的。然而，没有人把关于未来的希望建立在想象力如此不可靠的景象之上。在虚荣心不再参与人类本性之后，不死的精神将迅猛超越一切有限的东西扶摇直上，在与出自同至高无上存在者更切近的结合的整个大自然的新关系中继续其存在。此后，这个提高了的、自身包含着幸福之源的物种，将不再以外界的对象为娱，在外界的对象中寻求慰藉。造物总体与至高无上原始存在者的喜悦有一种必然的协调一致，它必定把至高无上原始存在者的喜悦当做自己的喜悦，将永远使它满意。

事实上，如果人们让自己的心灵对这样的考察和上述的东西思索一番，那么，在晴朗的夜晚遥望繁星密布的天穹，就会

是只有高贵的灵魂才能感到的一种享受。在大自然万籁俱寂、感官歇息的时候，不朽精神的隐秘认识能力就会说出一种无法名状的语言，给出一些未展开的概念，这些概念只能感受，却无法描述。如果在这些行星上能思维的存在物中间有一些低贱的存在物，他们不顾一个如此伟大的对象能够用来吸引他们的所有魅力，依然能够顽固地受虚荣心役使，那么，这颗行星居然培育出这样的可怜虫，该是多么不幸啊！但另一方面，由于 〔368〕
在一切最值得设想的条件下，为它开启了一条通达幸福和崇高的道路，这种幸福和崇高远远超过了大自然在所有天体中最有利的安排所能达到的优越性，它又是多么幸运啊！

论　　火

若干沉思的简要说明

谨呈
慨然惠允
审查鄙人论文的最卓越的哲学系
哲学教师

伊曼努尔·康德

哥尼斯贝格
1755 年 4 月 17 日

韩东晖　译
李秋零　校

科学院版编者导言

库尔德·拉斯维茨

这篇论文是康德在 1755 年 4 月 17 日作为要获得口试允许的试卷以亲笔誊清稿呈交哲学系的。口试于 5 月 13 日举行，授予学位于 6 月 12 日举行。对此，在哲学系档案第Ⅴ卷 189～190 页有如下记录："候选人伊曼努尔·康德凭已提交的物理学论文《论火》谋求哲学硕士的荣誉，他已在 5 月 13 日的口试后拥有，在 6 月 12 日获得，裁判人系主任的第七十个门生"。系主任是约翰·贝恩哈德·哈恩，他于 7 月 8 日去世，克里斯蒂安（卡尔·安德烈）成为代主任。

12 页厚的大四开本保留在哲学系的档案中，并在康德去世后转交给了哥尼斯贝格大学图书馆，但并未保存在手稿中，而是保存在杰出人士的纪念中。因此，这部作品只是在 1888 年才被舒伯特重新找到，确切地说第一次于 1839 年在罗森克兰茨和舒伯特的版本第 5 卷中（233～254 页）发表。几乎同时，这部作品由哈滕施泰因在他的康德版本（1838）的第 8 卷中（383～404 页）依据在哥尼斯贝格的尼克罗维书店出售之后落入莱比锡的书商莫德斯财产中的一个抄本第二次编纂。尼克罗维自己是（如哈滕施泰因告知）根据口头传说从康德的一个亲戚那里谋得它的。第三次刊印在哈滕施泰因的新版本的第 1 卷中（347～363 页，1867），这里也关注到了舒伯特的文本。

我们的版本遵从康德手稿的原文。

〔371〕

设计的理由

在此，我并不打算用区区几页纸就完成这件本该把最重要的主题交给大部头著作去处理的工作。这里我仿佛杂乱无章地递呈给最卓越的哲学系，供仁慈地加以审查的简要沉思，只是一个理论的草图而已；假以时日，它们将给我带来更丰满的研究的收获。我无处不在谨防自己像通常发生的那样，放任地沉迷于假定而武断的证明方式，而尽我所能极为严谨地遵循经验与几何学的导线，没有这根导线，则无由发现走出大自然迷宫的道路。由于火的力量主要体现在稀疏物体和消解它们的结合，为了行之有道，预先略谈一谈物质的凝聚和流质事物的本性，我认为并不是不相干的。

第一章
固态物体与流质物体的本性

命题一 物体的流动性，不能像绝大多数物理学家从笛卡尔① 学说出发认定的那样，通过物质分解成各个极纤细而光滑的、把极松散地粘连在一起的部分来解释。

试以三角形 ABC 表示一个由极小的球形微粒堆成的圆锥体的截面。我认为，这个聚合体并不是要把自己的表层按照上述规定的条件安排成在流质事物中必然出现的样子。确实，假定微粒 a、m、n、h 紧贴在微粒 c、e、g、d、f、i 下面，它们中间无一例外地保持静止，除非上面的微粒推动下面的微粒左移或右移，否则它们是不会离开其位置的。但是，上面的微粒因其重力而对微粒 a 施压使其右移所用的力 va，根据力的合成，是重力 co 的一半②，这样的情形适用于整个聚合体。〔372〕

① 《哲学原理》，1644，第Ⅱ部分，第 54～56 节。援引笛卡尔只是部分地适用，因为在笛卡尔那里，微粒的现实运动是流动性的根本条件之一。——科学院版编者注

② 对力量的这种拆分是不对的。康德也局限于球的重心在一个垂直面上与两个位于其下的微粒处于其中的排列，而毕竟一般来说，是要预设接触更多的球的。这里的静力学题目总的来说包含着一种不确定性，因而无限多的解答都将是可能的。——科学院版编者注

由此可以清楚地看出，只要有某种力阻挡最边上的微粒 a 和 z，那么，这个聚合体将不会铺开为水平的形体，而是犹如沙漏里的沙粒或其他任何一种被研磨为细末的物质那样，呈圆锥形，如图 1。

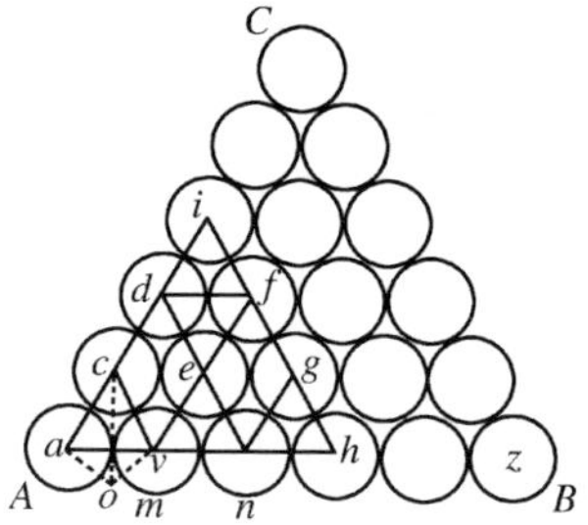

图 1

命题二　微粒无论多么精细，多么松散地粘连在一起，其聚合体都不会满足静力学的规律，把与高度成比例的压力运用到边上，因而也就没有流动性的根本特征，除非微粒相互挤压时以某种弹性物质为中介，借它的力量朝各个方向均匀地传递其重量的元素。

既然从前面的命题已经可以看出，聚合在一起、彼此直接施加压力的微粒并不对边上施加与其高度成比例的压力，所以就必然有某种别的物质处于流质的元素之间，以它为中介，重量的元素得以向各个方向均匀地传递。由于在某处受压后使劲以同样的力向别处扩展的物质，通常被称为弹性物质，所以，流质事物的坚实分子必定不是直接地、而是借助某种混合在其间的弹性物质互相贴近的；借助这种弹性物质的力量，来自上面的任何压力都会以同样的量施加到边上。

这就马上有必要证明，存在于流质物体的元素之间的这种弹性物质就是热物质。

命题三　与流质物体一样，固态物体相互结合，凭借的也不是其分子因直接接触发生的粘连，而是其分子以某种弹性物质为中介发生的粘连。

正如上面所证明的，流质物体以某种弹性物质为中介粘连在一起。然而，由于金属和其他同类物体由流质而凝固，总是随着热量减少的程度，所占据的体积越来越狭窄，按照任何量度都紧挤在一起，而它们的元素也并不缺少可以越来越紧密相依的间隙，因此，它们并不是凭借直接接触结合在一起的：显然，即使是固态物体的堆块，也包含着某种混杂在它们的各个部分中间的物质，借助于这种物质，无法相互接触的坚实分子却互相吸引，或者宁可说粘连在一起，从而以这种方式与流质事物一致。

命题四　固态物体的现象可用上述物质的力量来解释，借助这种物质，物体的元素虽然无法相互接触却相互吸引。 〔373〕

固态物体，尤其是从流体凝固而成的，如金属和玻璃等等，具有一种特殊而值得注意的性质，即如果给它下面系上一个重物，它稍被延展而不至断裂。因此，它们在各部分最密切的结合中所能够承受的重量，也就是它们在彼此分离一些的时候也还能够承受的重量，也是它们在最大的延展程度上能够承受的最大重量。由此我认为，这一现象不能用坚实微粒彼此直接粘连的观点来解释。也就是说，如果一根金属丝是由微粒组成的，这些微粒或者按照图2那样结合，或者按照图3那样排列以尽可能排除空的间隙，或者像图4那样是表面彼此接触的平行六面体，以致它们虽因*a*、*o*、*i*、*e*等位置系有重物而离开接触但其他表面仍粘连在一起，那就马上可以看出，即使这样系着重物的金属丝稍稍在长度上延展一点，图1中的各部分就会由于不再互相接触而马上断裂。而如果假定，放置在边上的部分*a*、*b*、*c*、*d*在长度受到延展时会向里面回收以防断裂，则密度就会有所降低，那么，先前它们尚对重物作出让步，此时就更不能与之对抗了。在微粒的所有表面都相互接触的图4，如果只有某些部分相互接触，则毫无疑问要被重物所分开。因此，在能够列出的每一个事例中，金属丝若非同时断裂就不能被伸长。但这与经验相悖，显然，固态物体的元素不是以直接接触、而是以某种物质为中介在一定距离上相互吸引的。

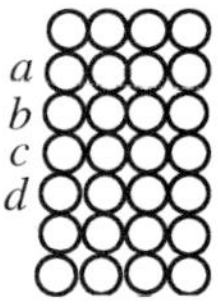

图2

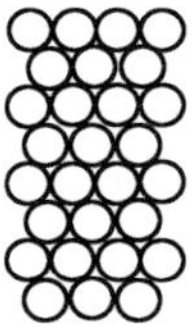

图3

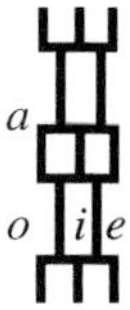

图4

接下来，我将检验一番，从我自己前面作的假设出发，依照自然规律和几何学规则解释固态物体的现象。也就是说，如果我假定一个从流质凝固的物体扩展其元素的这种排列，被处在中间的弹性物质分离开一些，彼此不发生接触，如图5所示总是构成3个等边三角形①（如果因彼此吸引而聚集在一个极狭小的空间里，它们就总是获得这种排列），那么不可避免的是，当附加的重物沿 ad 方向往这边拉动微粒系统，则微粒 a 与 c 之间的距离将如图6所示增大，而距离 ab 和 bc 则保持与先前一样大，因为当元素 b 趋近点 d 时，它将同 a 和 c 二者围住一个比以前图5更大的角。以这种方式混在中间的弹性物质的密度保持不变（因为被拉伸的物体的体积并未延展），而微粒 a 和 c 的吸引或者宁可说粘连也绝没有因这种连接而减小。在如此程度上连接 a 和 c 的微粒 b 的引力在使微粒 a 和 c 拉伸或者分离时如图6所示与线段 ad 成比例，尽管如图5所示，此前因为角 b 较小，此线段亦较小。因此，在微粒受到某种延展的时候防止它们四分五裂的力，便与线段 ad 直接成比例增长，也就是说，根据拉伸的量而增长。〔374〕

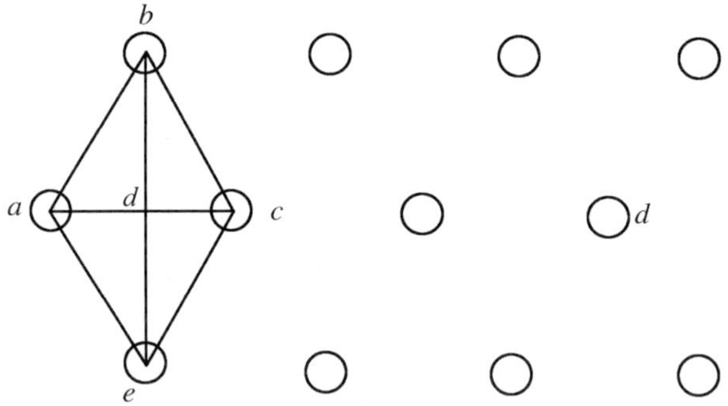

图5

① 空间中这样一种均匀的排列是不可能的。——所附的图（5）两次包含字母d。——科学院版编者注

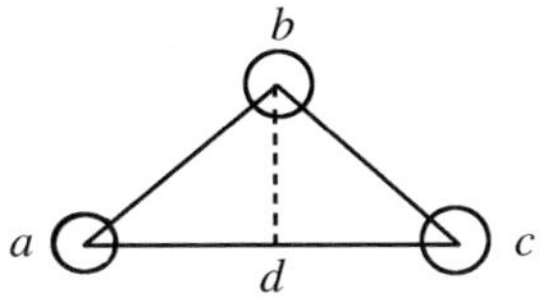

图6

命题五　所发现的弹性物质被压缩进与力成比例的空间中所依据的规律，最与我们引证的假设相符。

在固态物体中通常所谓的压迫，倒不如更确切地称之为扩张或者延展；因为固体物质比水更不能被压迫力逼入更狭小的空间，这是不言而喻的。试令一弹性物体 *fecb*（图7）完全固定在墙壁 *ab* 的 *fb* 处，并被压向墙那一侧，使其位置成为 *ixfb*，我认为，首先，弹性物体的外侧边缘 *bc* 由于这个原因而被延展一点，而且，延展得越多，需受的压力也就越大。其次，根据我们的原理，只要压力适度，把弹性物体经过某个空间移向墙壁 *ab* 的力将与这些空间成比例。

因此，如果弹性物体受某种力压迫移到位置2，通过空间 *cs* 移动得更接近墙壁，线段 *ec* 就被移动到位置 *ix*。如果线段 *is* 被引导穿过密实的物质，并与线段 *ec* 平行，那么将是 $if=so=cm$，且 *xo* 也被延展而比外侧边缘 *cm* 多出 *xs* 这个部分。然后，如果继续压迫，直到此弹性物体移到位置3，即 *gkjb*，并与 *ec* 平行地引导 *gh*，那么延展的量 *kh* 将大于量 *xs*。从以上的证明可以清楚地看出，以这种方式位置3比位置2需要更多的压力。

现在，必须探索压迫力究竟以何种方式与其空间有对比关系的。位置2中的边缘 xb 无论弯曲多少，如果压迫适度的话，都可以被看做直线；位置3中的线段 kb 亦复如是。进一步假定，延长位置1上的弹性物体的水平线段 ec，使其经过点 i 和 g，由于在压迫适度的情况下它非常接近这种状态，这样的假定可以没有什么问题。因此，在三角形 ixs 中，角 x 等于角 c，因为弹性物体的这一线段与位置1中是相同的；角 s 也等于其对角 o。因此三角形 scb 和 isx 是相似三角形。同样，位置3中的三角形 gkh 也与三角形 hcb 相似。由此可得如下论证： 〔375〕

$$ix : xs = bc : sc$$
$$\underline{kh : gk\ (ix) = hc : bc}$$
$$xs : kh = sc : hc$$

也就是说，弹性物体的外侧边缘 bc 被延长的量 sx 和 kh 与压迫空间 sc 和 hc 成比例（图8）。

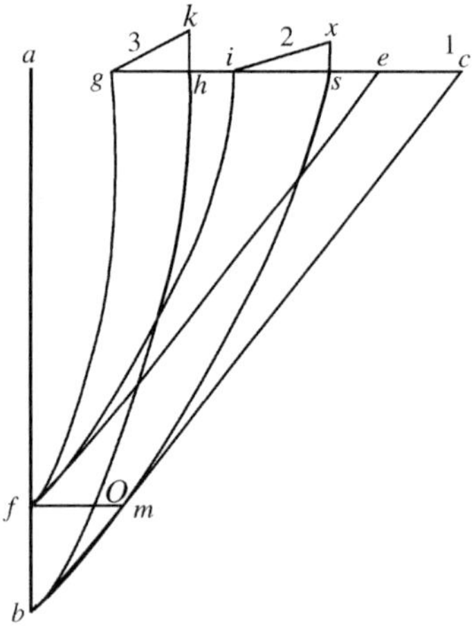

图7

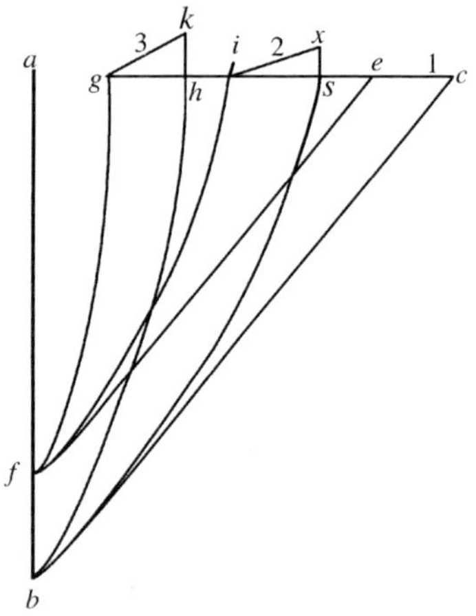

图8

既然从命题四可知，根据我们的假设延展的力必然与延展的量成比例，那么在这一事例中就很明显，压迫弹性物体的力也与压迫的空间成比例。

我们公布的这些结论，出色地巩固了德·拉伊尔①发表在1705 年出版的《巴黎王家科学院备忘录》中关于对弹性物体的压迫所宣布的东西。如果仔细地考察一番的话，它们是用其他任何假设都无法如此恰切而一致地加以解释的。

一般性的绎理

因此，如果我的论断不错的话，任何物体所包含的坚实部分，都是以某种弹性物质为中介仿佛是纽带一般统一起来的。基本的微粒与这种物质混合在一起，尽管没有了彼此的接触，但借助这种物质的力量又彼此吸引，而且结合得肯定比通过直接接触所能达到的更为紧密。因为绝大部分是球形的分子，其接触如果勉强发生在一个点上，将无限地弱于通过整个表面呈现出的粘连。出自这一理由，元素的排列在其粘连不受损害的情况下就能够发生变化，而且同时可以看出，如果从间隙中部分地除去把元素结合起来的物质，那么元素之间就能够更为接近，并收缩体积；反过来，如果这种物质的量增多，甚或其弹性增大，那么，物体的体积就会增长，其微粒会在不损害其粘连的情况下彼此脱离。上述这一切在火的理论中至关重要。

① 儿子德·拉伊尔（Gabriel Philippe de La Hire，1677—1719）关于其父亲菲利普·德·拉伊尔（Philippe de La Hire，1640 年生于巴黎，1718 年卒于同地）的试验的通报，涉及空气的压缩，《巴黎王家科学院备忘录》，110 页，1705。——科学院版编者注

第二章 〔376〕

论火的物质及其变易、热与冷

命题六 经验

火证明自己在场，首先是使物体不分流质还是固态，都在所有方向上变得稀疏，其次是松懈物体的结合而削弱其粘连，最后使其各部分消散为热气。而冷则相反，它减小物体的体积，增强粘连，使柔软韧性的成为坚硬的，使流质的成为固态的。热主要在固态坚硬的物体中或者由摩擦或者由振荡引起。在任何物体中，热都不能增长至无限。熊熊燃烧的物体决不会越过其沸腾的临界点，虽然燃烧者通过烧尽常常会获得更多的热量。

热的其他值得注意的现象我在这里就不想提了，因为下面将到处遇到它们。

命题七 火的物质无非就是（上一节所描述的）弹性物质，无论什么样的物体，它都与其元素混合在一起，使之结合起来；它们的波动或者振动就是所谓的热。

经验（见命题六）指出，物体无论是受到摩擦还是受到震动都会燃烧，而且在所有方向上都被均匀地稀疏。既然这证实了延伸进物体的团块里面，并且遇到刺激就努力延展的某种弹性物质的在场，此外既然根据第一节所证明，任何物体都拥有包含在间隙中的弹性物质，这种弹性物质追求微粒的结合，又能够受到激发而作波动，呈现出热的所有现象，那么很明显，它与火的物质没有区别。

从沸腾现象出发对这一点的证明

被热所液化的物体，在因为增加的火越来越多而导致沸腾的时候，就不能再容纳热度，并在这种状态中释放出大而有弹性的、与承载它们的大气重量相等的气泡，并一直持续到火将〔377〕它们驱散。如果这些气泡不包含任何弹性的气体，除了火的物质之外也没有别的东西进入充满热的物体，那么问题就来了：既然在沸腾之前热同样进入水中，并且在此时除了某些小气泡之外并不释放有明显弹性的东西，为什么会刚好在沸腾的那一刻释放这种东西呢？既然很容易看出，我们称为火的那种弹性物质，在之前和此刻都同样包含在变热的流态团块中，虽然体积有所增大，但却一直受到微粒的吸引力的削弱和压制，只要它的量与其波动的剧烈程度相结合还不大于分子的引力，而在它壮大起来，使它的活动已经超过了其弹性力时，再次增加的全部火物质借助自由的弹性，仿佛是进入一样穿透流体的介质，既然可以说压力已经为这种火物质进入一切热物体开放，那么，这里就没有什么我们要怀疑自己这个命题的真实性的。

命题八　热的物质无非就是被物体强大的吸引力（或者粘连力）压入物体的空隙中的以太自身(或者光的物质)。

首先，正如牛顿从折射和反射现象所说明的，密度较大的物体对光的引力极为巨大，据这位无与伦比的人物计算，临近接触时引力是重力的干扰的1亿亿倍。既然光的物质是弹性物质，那么毫无疑问，它最终会被一种极大的力迫入，也就是说压入较小的空间；既然物体的微粒到处都遇到这种易于接近的光物质，那么，对于我们已经在物体里面证实了的弹性物质与以太没有区别，究竟还有什么可犹豫的呢？

其次应当注意的是，那些特别有能力折射光的物质，也更有能力从移近的火吸收更多的热；由此可以看出，那种极力把光与自己结合起来的引力，同样也把与自己密切结合起来的火物质留住不放。根据牛顿和其他一些人的实验，油以比依据其特有的重力更大得多的力折射即吸引光线；甚至获得比依据其特有的重力更高得多的沸点，例如松节油等。油是火焰的真正燃料，在这种状态下，既然它们向四面八方发光，就说明热的物质与光的物质是尽可能高度一致的，或者更确切地说是没有区别的。

这一点可以从玻璃的透明性得到证明 〔378〕

如果采纳与自然规律最一致，最近由极为著名的欧拉①用新的辩护予以捍卫的假说，即光确实不是发光物体的流溢，而是到处分布的以太延伸的压力，而且如果考虑一下玻璃透明性的起源，人们就会坦率地承认以太与火物质的关系，更确切地说它们的同一性。玻璃是借助火的力量用碳酸钾即一种强碱性的盐和沙砾熔炼而来的。既然碳酸钾经过长时间的猛烈焙烧就

① 欧拉（Leonhard Euler），1707年生于巴塞尔，1783年卒于圣彼得堡。在《光和色的新理论》（载《各种论证作品集》，第Ⅰ卷，1746）中，他针对牛顿的发射理论重申了光的波动理论。——科学院版编者注

会造成与火物质的完全结合，那么，当它与沙砾混合起来时，它就会通过整个玻璃块散播火的这种弹性要素；而且，既然可以证明，这种由流质凝固而成的物体无论如何改变，也并不拥有开放的、直线的、总是让光通过的通道，而是说玻璃被自己的物质所充满更为合乎理性，可见，由于光依然透过玻璃块而散播开去，光物质本身是与玻璃的各部分混合在一起，是其团块的一个部分。由于我们已经看到，火的物质构成了玻璃的一个不可轻视的部分，而且大量地散布在其坚实元素之间，所以，热物质与以太或者光的元素完全是一回事，就是无可置疑的了。

命题九　测量热的程度，即用数字表述不同程度的热相互之间的关系。

巴黎王家科学院的著名成员阿蒙通[①]就是第一个阐明了这一问题的解决方案的人。既然火的力量主要表现在使物体稀疏，那么，借助与稀疏的努力相对抗的压力来测量它的量，就是适当的了。由于已经发现气体无论热量减少多少，都会对压力作出让步，体积也会减少，以至于可以正确地认为气体的全部弹性只来自热，这位著名的人士就依据这一假设建立了一套方案，借助因热而膨胀的空气的弹力，即借助以这种热量所推动的空气在体积相同时所能承载的重量来测量热的程度。

① 阿蒙通（Guillaume Amontons，1663—1705于巴黎）。康德涉及阿蒙通在1703年的《科学院备忘录》上的论文《温度计降低到一个固定的和肯定的度》（也请参见下文在布尔哈维那里引用的一段话）。——科学院版编者注

注解

根据布尔哈维①的报告，是华伦海特②第一个注意到用火加热而至沸腾的液体的特殊性质，即无疑是大气的重量越大，热的程度也越大，而空气的压力越小，沸点的热的程度也越小。根据巴黎科学院的报告，莫尼埃③在测试沸水的热以及沸点超出冰点的高度时，也发现了同样的东西。他先是用列氏温度计在波尔多、然后又在米迪山的最高峰进行测量，在那里气压计比前一个地方低 8 寸。他在两个地方观察到的冰点都一样，但沸点的热却比他在波尔多用气压计测得为 28 寸的沸点 〔379〕 热降低了沸点高出冰点之差距的 15/180，这样，波尔多沸点的热要比米迪山上沸点的热高出它的 1/12，而这一差额是由两地大气重量大约 1/3 的差额造成的。由此可以看出，如果把全部空气的重量从沸水中除掉，就会除掉冰点与沸点之间的热的 1/4。因此，既然没有空气的压力就能够给沸水造成较低程度的热，而增加空气的重量就能够给它造成较高程度的热，那么，大气的重量所做的事情，无非就是把重量反向施加于火的微粒的波动上，而水的元素自身的引力尚不足以使它们聚拢在一起。由此可以猜想，致力于在沸点从水的结合中逃逸出去的以太究竟是如何借助弹性力量成功的，以及水究竟是如何借助

① 参见《康德全集》，第Ⅰ卷，208 页注。康德所涉及的这段话，在《化学基础》中，第Ⅰ卷，65 页，1732。——科学院版编者注

② 华伦海特（Daniel Gabriel Fahrenheit），1686 年生于但泽，1736 年卒于荷兰，能够用他的温度计更精确地规定沸点对空气压力的依赖：《哲学学报》，1 页以下，1724。——科学院版编者注

③ 莫尼埃（Pierre Charles Le Monnier，1715—1799）是天文学家，其弟弟莫尼埃（Louis Guillaume Le Monnier，1717—1799）是国王御医，对研究空气磁电有贡献。——科学院版编者注

微粒的引力（或者引力不足时借助外部的压力）阻碍它的。实际上，由于根据值得赞扬的阿蒙通的说法，冰点与沸点的热相差几乎不到1/3，而且介于冰点与沸点之间的热的1/4需要有与整个大气重量相等的力，所以可以得知，对于保持沸腾时总的热量的均衡来说，12倍大气的重量是必要的。因此，水的元素的引力自身就等于11倍空气的压力。由此可以得知这些水元素在冰点的引力，得知为了压迫弹性的以太，金属的引力要更大得多。

色贡达①也做了同样的观察，他发现水的稀疏程度在所说的那座山上较大，在波尔多则较小，其比率占总体积的1/24到1/35，加以计算，这恰与大气重量成反比，即20∶28。因此在这一著名的事例中，希蒙托科学院用实验确证，已经看不到水对抗任何压力的那种极顽强的阻力了。

命题十　陈述蒸气根据我们理论的上述内容已得到解释的本性和原因。

蒸气的本性

蒸气无非是从液体表面分离出来的、悬浮在空气中的潮湿微粒，它们具有自身特殊的、近乎令人惊讶的性质，即因接触而相聚的同质液体分子在多大的程度上急切地统为一体并自动地溶为一个团块，当它们被释解为稀薄的蒸气并为必要的热度所驱迫的时候，就以多大的程度从它们
〔380〕相互的接触和结合当中逃逸出去，并且用牛顿的话说强烈

① 色贡达（Jean Bapstiste Secondat de Montesquieu，1716—1796），基耶内议会议员。——科学院版编者注

地互相排斥，以致根本找不到一种巨大的力量足以压迫它们，使它们结为一体。因此，当水蒸气受到火的相当大的作用时，就会迸破最坚固的容器，而且每一种蒸气都根据其自身的性质，常常表现出令人惊奇的弹性。

原因

这种现象的根据，就我所知，尚未被物理学家充分地考察。因此我来探究它。

从水的表面挣脱的、以即使用显微镜也很难观察到的气泡形式形成的极稀薄的表皮，就是水蒸气的要素。不过，在某个时候被热更强有力地驱赶的时候，如此众多的细微气泡在如此程度上从其接触中逃逸出来，这究竟是为了什么呢？我马上就来解释。既然根据我们的理论以上所述，水与所有其他物体一样，都是借助吸引力留阻压入自身团块内的以太弹性物质，而且从已证明过的可以得知，吸引力不仅受接触限制，而且也受一定的距离限制，因此，虽然吸引力有时确实延伸到更远的距离，但在吸引力与来自热的波动的排斥力达到均衡时，水分子就在那个紧接点上彼此紧紧粘连。在图 9 中，线段 ef 表示这种距离，我们必须把它设想得非常短，并且让结合在一起的水微粒的这一距离与微粒 eg 成比例。进而，在图 10 中，平行四边形 $abcd$ 是水的一小部分，其厚度 ba 极小，可以等于线段 ef。由于根据预设的命题，水元素相互之间的引力在距离$ba=ef$ 之外就不再起作用，如果微粒被安置在点 a，它将感受到所有透过此厚度组合起来的微粒的吸引力，因此，它将尽流体的性质所能与这些微粒极为紧密地粘连在一起，即使我们给水的这个小部分再增加一块 $bhid$，也不会使之粘连得更牢固了。实际上，如果它移开极小一段距离 am，它就不再受到水的这整个小部分的吸引，而只受到 $anoc$ 这一小部分的吸引了，从而它致力于结合的力量就会减小。且把图 10 中的平行四边形转换为另一个更薄的平行四边形，即图 11 中的 $hkrs$。任何一个接近点 h 的水微粒所受到的吸引都要弱得多，而且既然被这个表皮拘禁的以太绝大部分都把自己从这一增大了的表面释放出去，那么很清楚，在这种状态下一个被热的交替移近的微粒将被驱离点 h 的距离，就要远远大于前一种条件下所能产生的，而且这个表皮越薄，微粒从接触中逃逸出去的力量也就越
〔381〕大。进而，由于薄表皮 $hkrs$ 在这个剩下的图形中将会变成球形，通过以这种方式在各个方向上增大其厚度，获得在与过去相同的距离上把其他微粒与自己结合在一起的力量，所以，如果它要保持蒸气的特性的话，就必然把自身团成图 12 中气泡的形式，这样，直径 ab 变小了，厚度减小了，以致被安置在直径两端的点 a 和点 b 之间的距离就会小于距离 be。以这样的距离，由于以太的排斥力等于吸引力，两个点如果能够自由伸展自己，就会俨然静止下来。在这种状态下，气泡既会极力扩展，也会成为弹性蒸气的元素。不过，同质的两个气泡之间的距离 cd 总是与直径 ab 相等，这一点从业已证明过的东西来看是一目了然的。

图 9

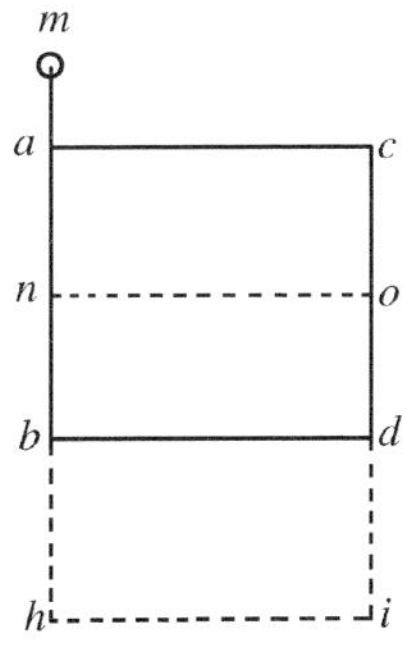

图 10

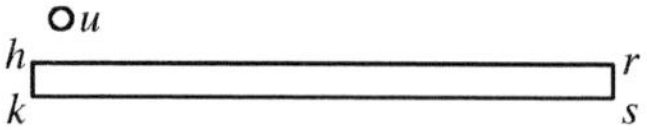

图 11

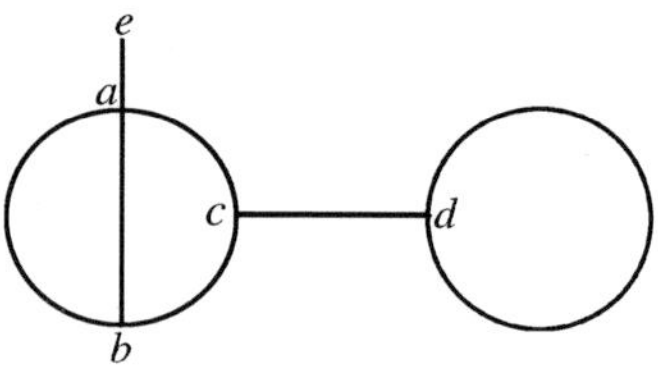

图 12

命题十一 探究空气的性质及其弹性原则的原因。

空气是一种弹性流体，几乎比水轻 1 000 倍，其扩张力与热成正比，它在相同的大气重量下从水结冰的冷上升到沸点时的扩张，大约是与先前的热度相适应的体积的 1/3。这些现象不包括任何不能同各种蒸气相适应的东西，只有一点例外，这就是各种蒸气在空气完好无损地保持自己的弹性的那种寒冷程度就会凝固，表现不出任何扩展力的征兆。但是如果考虑到，蒸气表面的稀薄性就包括在原因中，使得在热度较低时能够显示出值得注意的弹性，那么很清楚，在此不必立刻不加考虑地、草率地抛弃类比的力量，而是应当更多地检验，由于我们从同一个原则演绎出两种东西，我们是否还能够避免增加不必要的实体。引起猜测热情的现象如下。

所有借助油性元素或者盐性元素由极微小的微粒结合而合成的物体，如一切植物、酒石、动物结石，以及许多种盐类，尤其是硝石，当它们受到火的强烈影响时，会发出大量的弹性气体，而这正是哈勒斯①在《植物静力学》中以不同寻常的实

① 参见《康德全集》，第Ⅰ卷，208 页注。《试借各种各样的化学静力学试验分析空气》，载《哲学学报》，第 34 卷，264 页以下，1727。——科学院版编者注

验向我们说明的。此处发现，空气绝不是它与之结合的坚实物质的一个微不足道的部分；就全部质量而言，它在鹿角中占 1/7，在橡木中占差不多 1/3，在莱茵酒石中占 1/3，在硝石中占 1/8，在动物结石即人体结石中占 1/2 多。由于火的力量而从这些物体中蒸发出来的气体，只要还是物体的一部分，就还不具有空气的本性，也就是说，还不是一种具有与其密度成比例的弹性流体，这是自明的。因为否则的话，即便是以中等热的力，它也会扩张到比能约束它的结合更大的空间，瓦解物体
〔382〕的任何联结。因此，从物体的间隙中释放出去的物质，原来并不是弹性的，但一经释放就表现出弹性。不过，既然蒸气的本性就是，在它们从与之结合的质量中分离释放出来的时候就表现出弹性力，那么，即使不能坚决地肯定也能以大的概率认定，空气无非是从物体中释放出来的蒸气，它在被减低到最稀薄的程度之后，就很容易因热的任何程度而释放出来，并表现出强烈的弹性。

证实我的这一观点的东西，既不少也并非无足轻重。空气为什么借助燃烧仅仅从包含着不少油和酸的物体中排出呢？难道酸不是像我业已说明的那样，乃是为借助其吸引而抑制以太的最活跃、最强烈的一种元素吗？难道这种元素不是像黏合剂一样是那些合成物体的纽带（因而是把一切物体结合起来的以太物质的真正磁石）吗？而且，当这种酸借助火的强大力量艰难地从它与物质极为紧密的结合中被排出的时候，难道你不认为分离开的酸必然会分解成为极稀薄的表层吗？这样，你怀疑以这种方式构成弹性流体的是这种东西，它哪怕受到最轻微的热度也会膨胀，但无论多冷（当然永远不会赶走全部的热）也不会结冰及丧失弹性吗？因此，正是由于抑制水蒸气的那种困难，即稍一遇冷它就凝结，而且也是使哈勒斯以完全不同于蒸气任何本性的物质的名义来解释被排出的气体的那种困难，这

里完全陷入了停顿。因此，这就向物理学家们提供了一个值得他们去作更为慎重的研究的见解：空气是否无非是借助所有事物的本性散播的酸的某种最为稀薄的状态，无论热度小到什么程度，它都表现出弹性。

毫无疑问，以此为基础，就容易看出，为什么当硝石被烈火焙烧时，会发出大量的弹性空气，因为从其更密实的部分分离出来、化为最稀薄的蒸气的最精细的酸，就是空气本身。同样也容易理解，为什么最耐火烧的物质奉献最多，发出大量的气体，例如何以莱茵酒石就比硝石散发的气体多。因为当酸与那种迟钝地、包围着它又最拒绝释放它的物质分离时，采取的是最稀薄的表层的形式，以至可能构成一种像空气一样易变的弹性物体；反之，从中较容易被释放的蒸气，会显得更浓厚一些，并且在逐渐降低的温度下无法保持其弹性。

对大气压的观察与本假说一致

空气在海拔较高的地方通常被认为几乎无法解释的特性，从本假说来看就洞若观火。马里奥特规律认为空气被压缩与压迫的重量成正比，但根据《巴黎王家科学院备忘录》，马拉迪、卡西尼①和其他一些人发现，这在高海拔地区不能成立。因为 〔383〕
他们发现那里空气的密度小于根据这一规律与较低的重量相比必然得出的密度。由此可见，高层的空气并不是由处在较小压

① 马拉迪（Giacomo Filippo Maradi），1665年生于尼斯的佩里纳尔多，1729年卒于巴黎，是G. D. 卡西尼（Giovanni Domenico Cassini，1625年生于佩里纳尔多，1712年卒于巴黎）的外甥，而这里指的是后者的儿子J. 卡西尼（Jacques Cassini，1677—1756），亦即《论空气冷凝的规则》，载《巴黎科学院备忘录》，61～74页，以及该书272～274页，1705。——科学院版编者注

力下的那类微粒构成的，而是由自身独特的较轻元素构成，因为在同样的压力下要负担更大的重量，则需要它们有更大的体积。既然空气的性质实质上随着海拔高度的不同而有所差异，在世界上任何地方都不能在同一种元素中发现另外的性质，那么很清楚，空气应当拥有的就不是不同种类的元素，而是另一种元素借以表现自身的形式，我想它就是酸性湿气。这样，这种蒸气的某些微粒（由于表层的不同密度）比其他微粒重一些，而较轻的微粒会占据最高的位置，也就毫不奇怪了。

命题十二　陈述火焰根据我们理论的上述内容已得到解释的本性。

1. 本性

火焰的本性，尤其是与其他种类的火相比，其独特之处在于：

任何物体都在其表面燃烧，火焰的燃料是油，因此也就是酸，是那种最能效力于其弹性运动的要素。

火焰就是一直达到火的那种温度的蒸气，它闪烁着强烈的光，只有在燃料短缺的时候才会熄灭。使火焰完全不同于其他一切种类的火的特性为：

（1）尽管根据大自然的普遍规律，无论什么物体，通过加热而被引入给它的热由于传导将会逐渐地减退，但火焰则相反，它将从最微小的元素获得难以置信的、只要不缺乏燃料就不为任何界限限制的力量。

（2）任何易燃物质通过加热到沸腾状态而引起的火，比通过燃烧产生的火晚很多。

（3）火焰会放射光芒，而其他种类的物体，除了金属，无论加热到何种程度都不会发光。

2. 探究原因

如果我的观点正确的话，这些现象的真正原因就在于此。火焰是由燃烧的蒸气构成的，而物体的坚实物质不会完全转化为火焰，确切地说，只是其表面在燃烧。既然蒸气以尽可能大的表面在把火的物质包含在自身之内时遇到的阻力最小，那么就可以看出，它不仅极容易把自己从极微小的元素接受来的波动蔓延开来，而且能够逐渐地以同样的强度把它传递给那些易燃物质，无论它们的数量有多大。尽管乍一看来这种现象与力学的基本规律相左，因为后者认为结果总是等于它的原因，但 〔384〕
只要加以斟酌就会明白，为借助星星之火点燃火焰而采取的第一次诱发，无非就是易燃蒸气极小的微粒触发了它的火元素的波动而已。只要稍受约束，这种火元素就尽全力挣脱，造成振动，并通过同时激起周围的物质而使剧烈的运动在整个质量中蔓延开来。一个微小的原因在此竟会引起如此巨大的结果，并没有什么可奇怪的，因为受到限制的以太摆脱引力约束的迸发是会以这种方式超过本来并不承认造成刺激的火焰为其原因的那些结果的；因为这些结果有赖于油的吸引，而油被封闭起来的物质最稀薄的部分造成了剧烈释放的能力。此外，蒸气安排流体，由于不这样受约束的弹性以太更自由的震动而更为激烈地波动，并由于以这种方式喷出的火物质而比其他物体更适宜于加热物体，发出光芒。

结语

然而，这项小小的研究才刚刚开始，我就要画上句号了。我不想再耽误那些身负更重职责的人们的时间了，我把拙文和我自己托付给我们最卓越的哲学系那宽宏仁慈的胸怀。

1755 年

形而上学认识各首要原则的新说明

哥尼斯贝格的伊曼努尔·康德硕士蒙最著名的哲学系首肯为被接纳入该系将于 9 月 27 日 8—12 时在哲学教室举行的公开讨论中为本文答辩

辩护人：普鲁士海里根贝尔的克里斯托夫·亚伯拉罕·博尔查德，神学教师

提问人：哥尼斯贝格的约翰·戈特弗里德·默勒，神学系大学生

哥尼斯贝格的弗利德利希·海因里希·萨穆埃尔·吕秀斯，法律候补生

哥尼斯贝格的约翰·赖因霍尔德·格鲁贝，法律候补生

李秋零 译

科学院版编者导言

库尔德·拉斯维茨

眼下这篇论文是为1755年9月27日的公开讨论奠定基础，康德通过这次公开讨论谋求在哲学系举办讲演的权利。它（于1755年）在哥尼斯贝格的J. H. 哈同那里以四开本出版，除了扉页之外包括38页。扉页的背面有并非出自康德而是出自辩护人博尔查德的献词：

尊敬的、至为高贵和至为杰出的先生，约翰·德·勒瓦尔德先生，至尊的普鲁士国王的最高军事统帅，皮拉威亚和梅梅尔要塞的至为权威的治理者，等级显赫的黑马驹的至为相配的骑手，步兵军团至为警觉的司令官，无可比拟的英雄，自己至为仁慈的主人和保护人，谨以完全忠诚的和谦恭的心情使这几页纸成为对以诸多榜样展现出的仁慈的感恩和负有义务的心灵之信物。至为恭顺的仆人克里斯托夫·亚伯拉罕·博尔查德。

哲学系的档案包含着如下几条与这部作品相关的登记：第Ⅴ卷，193页，“下面所写已经呈交主任和副主任裁断”，作为第20条是：“康德硕士为被接纳的论认识各首要原则的形而上学答辩论文”；194页，“本学期所做的答辩论文”，第3条：“伊曼努尔·康德硕士为被接纳入哲学系而辩论形而上学认识各首要原则的新说明。辩护人克里斯托夫·亚伯拉罕·博尔查德，9月27日”。

关于博尔查德和标题上所列举的提问人，除此一无所知。

我们的版本以原版的文本为基础。康德自己在结尾纠正了其中所包含的一部分印刷错误，其余的印刷错误部分地在尼克罗维的版本（1807）中被清除，绝大部分由哈滕施泰因注明。

再版在康德生年未出版。

设计的理由

〔387〕

我打算对我们的认识的各首要原则像我期望的那样作出澄清；由于我想用尽可能少的几页纸来说明我关于这个对象的意见，我将尽力避免那些冗长的拐弯抹角，仅仅直陈各种论据的关键和核心，就像脱掉衣服那样放弃表述的幽默和优雅。即便在这件事情上，我把在有些地方背离一些著名人物的意见、有时甚至提名道姓地列举他们，视为我自己的职责，我对他们正直的判断理由却是深信不疑，以致我相信在此决不会败坏他们的功绩应享的声誉，决不可能对他们造成伤害。由于在这些意见中，每一位都是随自己的意行事的，而只要没有尖刻和争吵的欲望，经过审慎的核实来责难另一些人的意见也并不是被禁止的，所以我发现，在任何地方这都不会被判定为有悖谦恭和尊重的义务。

据此，我首先试图在更为谨慎的研究的天平上，对通常关于矛盾律至高的、无可争议的首要地位自信多于真实地所说的东西进行一番衡量，并在此之后简明扼要地说明在这篇文章中将更为正确地确立的东西。然后就充足理由律而言，我和你们将引证与更好地理解和证明它有关的一切，并说明似乎能够动摇它的种种困难，尽我平庸的天资用强有力的论据迎击这些困难。最后，我将迈出重要得多的一步，确立两条对于形而上学认识来说至少在我看来具有不容轻视的意义的新原则，它们虽然既不是初始性的，也不是最单纯的，但却因此而比其他任何原则都更便于运用，具有同样大的适用范围。何况，对于怀着这样的意图走上一条绝对没人走过的小道的人来说，犯错误跌上一跤是极容易的，我相信，善意的读者将以厚道的判断方法把这一切接纳入较好的类别。

〔388〕

第一章
论矛盾律

预　示

由于在本文中我将主要致力于简明扼要，我认为，这里不再次抄录根据广为传播的知识在我们看来稳定且与健康理智一致的那些定义和公理，不力图效仿那些奴隶般地受制于连我也不知道的某种方法规定的人的习俗，要更好一些；这些人如果不从头到尾历数在哲学家们的书匣中找到的一切，就自己觉得没有按照方法和理性行事。由于在我看来决定这样做并不是过错，我认为事先提示读者是正当的。

命题一　不存在一个所有真值的惟一的、绝对第一的、普遍的原理。

一个第一的、真正惟一的原理必须是一个简单命题；暗中包含着诸多其他命题的命题，只不过是伪装出惟一原理的假象。因此，如果一个命题确实是简单的，那么，它就必须要么是肯定的，要么是否定的。但是我的辩驳是：如果它是这二者之一，它就不能是普遍的，并且把所有的真值统统都包容在自身之下；实际上，如果它是**肯定的**，那它就不能是否定性真值的绝对第一的原理；如果它是**否定的**，那它就不能在肯定性的真值中居支配地位。

这是因为，我假定它是否定性的命题；由于所有真值从其原理得出的结论都要么是直接的要么是间接的，那么，首先，按照直接的推论方式从否定性的原理只能引出否定性的结论，谁会看不出这一点呢？其次，如果要求以间接的方式从中得出肯定性的命题，那就得承认，这必须借助一个中间命题才能发生，即**任一事物，其对立面为假，则其为真**。这一命题由于是肯定性的，所以不能以直接的论证方式从否定性的原理中得出，但更不能以间接的方式得出，因为在这种情况下它又需要自身的支持；因此，它绝对不以任何方式依赖于一个否定表述的原理。由于这样一来，对于肯定性的命题来说从一个惟一的、纯粹否定性的原理产生是不正当的，所以后者就不能被称为**普遍的**。同样，如果把一个肯定性命题规定为基本原理，那么否定性的命题肯定不是直接地依赖于它的。这里以间接的方式需要一个命题：**如果某物的对立面为真，则其自身为假**。这就是说，如果某物的对立面受到肯定，则其自身就受到否定；由于这个命题是否定性的，它又不能以任何方式从一个肯定性命题引申出来，既不能直接地如同自明的，也不能间接地，除非凭借它自身的要求。因此，无论人们自己如何规定，都不能否认我在本命题前面要 〔389〕
求的那个命题：绝对不可能存在一个所有真值的惟一的、终极的、普遍的原理。

命题二　有两个所有真值的绝对第一的原理：一个是肯定性真值的原理，即这样一个命题：任一事物都是其所是；另一个是否定性真值的原理，即这样一个命题：任一事物都不是其所不是。二者同时被一致称为同一律。

我又诉诸两个证明真值的方式，即直接的方式和间接的方式。前一种推论方式从主词概念和谓词概念的一致获得真值，并且始终以这一规则为基础：无论什么时候，不管是在自身中还是在联系中来看，主词确定了谓词概念所包含的东西，或者排除了通过谓词概念被排除的东西，都必须确定前者与后者是相符的；同样的意思再稍稍清晰一点来表达：无论什么时候在主词的概念和谓词的概念之间发现了一致性，命题就是真的；用与一个第一原理相符的最普遍的规定来表述，那就是：**任一事物都是其所是；任一事物都不是其所不是**。因此，同一律支配着所有直接的证明；这是第一点。

如果问到间接的推论方式，则将最终发现它以一个双重的原理为基础。也就是说，总是要诉诸这两个命题：1. 任一事物，其对立面为假，则其为真；也就是说，任一事物，其对立面被否定，则其被肯定；2. 任一事物，其对立面为真，则其为假。两个命题中的第一个以肯定性命题为结论，另一个则以否定性命题为结论。如果用最简单的规定来表达第一个命题，那就是：**任一事物都是其所不不是**（因为对立面是借助副词**“不”**来表述的，对它的否定同样是借助副词**“不”**）。人们以如下的方式表述第二个命题：**任一事物都不是其所不是**（因为这里又是借助副词“不”来表示对立面的表述，并借助同一个副词来表示假值或者否定的表述）。现在，如果按照符号规律所要求，探求第一个命题所包含的表述的意义，那么，由于一个副词**“不”**表示另一个副词**“不”**被否定，把二者都去掉后出现的就是：**任一事物都是其所是**。由于另一个命题是：**任一事物都不是其所不是**，由此可知，即便在间接的证明中，双重的同一律也占据首位，因而绝对是所有认识的终极的基础。

附注：这在符号组合术中是一个虽然微不足道、但却不可完全忽视的样品；因为我们在解释这些原理时所使用的最简单的规定，与符号差不多没有任何区别。为了利用这个机会公布我对莱布尼茨①此后夸耀是自己的发明、所有有教养的人都抱怨随着这位如此伟大的人物一起被埋葬了的这种组合术的看法，我承认，在这位伟大哲学家的这一格言中我看到了伊索所说的那位父亲的遗嘱；那位父亲在马上就要咽气的时候向自己 〔390〕 的孩子们公布，他把一批珍宝埋藏在农田里的某个地方了；但在他说出位置之前，他就突然死去了；他由此给儿子们提供了一个机会，使他们十分努力地深翻农田，直到希望破灭，然而却凭借土地的肥沃毫无疑问地致富了为止。我认为，如果有人愿意承担辛苦，孜孜不倦地研究这一备受赞扬的艺术的话，这肯定也是可以期待的惟一收益。但是，如果可以像事情自身那样坦率地承认，则我担心极为敏锐的布尔哈维②在化学中的某个地方关于炼金术士最杰出的技艺所猜想的那些东西，即他们在揭示了诸多独特的秘密之后，最终认为只要他们插手，就没有任何东西不在他们的控制之内，由于预见的迅捷而宣称一旦他们把心灵转向那些该做的事情，他们推论可能发生，甚至必然发生的事情就已经发生了；即便是无可比拟的人物，也难免遇上这样的事情。当然，如果达到了绝对的第一原理，我也不否认可以用一用符号术，因为这是运用概念乃至最简单的规定例如符号的机会；然而，在应当表述复合的符号认识的地方，智力的所有敏锐都突

① 暗指莱布尼茨为一切思维领域扩展数学的符号语言的“普遍符号”的计划。——科学院版编者注

② 布尔哈维（Hermann Boerhaave），自1709年始任莱顿大学医学和植物学教授，自1718年始也任化学教授，1668年生于莱顿的菲尔霍特，1738年卒于莱顿。其著作《关于汞的试验》于1733年和1736年在“哲学交流丛书”出版。——译者据科学院版编者注

然好像是附挂在一个礁石上，被无法解决的困难所阻碍。我发现，甚至声名显赫的哲学家如达里斯①也试图借助符号来翻译明晰的矛盾律；他用符号＋A表示肯定性概念，用符号－A表示否定性概念，由此产生了等式＋A－A＝0，即肯定并且否定同一个东西是不可能的，或者是无。在这一尝试中，凭借如此伟大的人物的仁慈我冒昧地说，我毫无疑问地发现了预期理由。因为如果将那种否定与它毗连的肯定性概念的力量赋予否定性概念的符号，那么显而易见预设了矛盾律，其中规定相互对立的概念相互否定。不过，我们对**“任一事物，其对立面为假，则其为真”**这一命题的解释没有这一缺点。因为借助最简单的规定表述出来的命题是：**任一事物都是其所不不是**，如果我们取消两个副词**“不”**，我们所做的也无非就是遵循它们的简单意义，这样就必然产生了同一律：**任一事物都是其所是。**

命题三　进一步论证在矛盾律之前占据真值序列首位的同一律的优势。

一个拥有所有真值的绝对最高、最普遍原理名义的命题，首先是用最简单的规定，其次是用最普遍的规定陈述的；我认为，在双重的同一律中，毫无疑问地看到了这一点。因为所有肯定性规定中最简单的是短语**“是”**，所有否定性规定中最简单的是短语**“不是”**。在这种情况下，不可能设想比最简单的概念更为普遍的东西。因为更为复合的概念是从简单的概念借得说明的，由于它们比简单的概念更为确定，所以不可能更为

① 达里斯（Joachim Georg Daries，1714—1791），耶拿道德和法学教授，后到奥得河畔的法兰克福。著有《形而上学基础》。——科学院版编者注

普遍。

矛盾律是以下述命题得以表述的：**同一事物不可能同时是且不是**。就事情本身而言，它无非是不可能者的定义。因为任何自相矛盾的事物，或者被设想为同时是且不是的事物，都被称做不可能的。但是，能够以什么样的方式来规定，所有真值都必须诉诸这一定义，就像是诉诸一块试金石呢？因为既没有必要根据其对立面的不可能性来确认所有的真理，而为了承认为真，这样做自身也是不够的。也就是说，从对立面的不可能性过渡到真值的确认，只能借助如下命题：**任一事物，其对立面为假，则其为真**。根据以上所说，这一命题与矛盾律分疆而治。 〔391〕

最后，在真值的领域里首先将一个否定性命题置于首位，尊称它为所有真值之首和支柱，谁不觉得这有点粗暴，有时甚至比悖论还更糟糕呢？因为看不出来为什么否定性的真值应当被置于肯定性的真值之前享受这一权利。倒不如，由于存在着两种真值类型，我们为这两种类型也确定两个第一原理，一边是肯定性的，一边是否定性的。

附注：也许，这一研究无论如何显得既细腻费力，又多余没有一点用处。如果考虑到结论的效益，我赞成这种看法。因为心灵虽然没有被教授过这种原理，它也不能不到处都自愿地以某种自然的必然性运用这一原理。但是，将真值的链条一直追索到最后一环，这难道不是值得研究的课题吗？而且，以这种方式更深入地考察我们心灵的论证规律，这也肯定是不容轻视的。这里只引证一点，由于我们的一切推理都像从真值的终极规则出发所显示的那样，被解释为谓词与就自身而言或者在联系中得到揭示的主词的同一性，所以就可以看出，上帝并不需要推理；这是因为，由于所有一致的或者不一致的东西都极为清晰地显现在他眼前，所以同一个再现的活动就可以将它们展现给他的理智；他也不像遮蔽我们理智的黑夜必然要求的那样需要分析。

第二章

论规定的、普遍充足的理由律

定义

命题四　规定就是以排除对立面来设定一个谓词。就其谓词而言来规定主词的东西，被称做理由。理由被分为在先规定的理由和在后规定的理由。在先规定的理由，其概念先行于被
〔392〕**规定者，也就是说，不假定它，被规定者就不可理解。①在后规定的理由，如果被它规定的概念不是事先已经从某处得到设定，就不会设定它。前一种理由也可以称做为什么的理由或者存在或者产生的理由，后一种理由也可以称做是什么的理由或者认识的理由。**

定义之现实性的附论

按照普遍的见解，理由的概念在主词和谓词之间造成某种

① 还可以把**同一**理由也归于此类，在此，主词的概念通过与宾词的完全同一而对此作出规定；例如，三角形有三条边；在此，被规定者的概念既不跟随也不先行于规定者的概念。

联系和结合。因此，它总是要求一个主词和一个与它一致的谓词。如果寻求圆的理由，我根本不理解要寻求的是什么，除非加上一个谓词，例如它是所有等距图形中面积最大者。举例来说，我们要在世界上寻找恶的理由。据此我们有一个命题：世界包含着众多的恶。这并不是寻找**是什么**的理由或者认识的理由，因为经验支撑着它的地位，而是应当指明**为什么**的理由或者发生的理由，也就是说，必须设定这个理由才能理解，世界事先就此谓词而言并不是未被规定的，而是借助它通过排除对立面而规定了恶的理由。因此，理由使未被规定者成为已被规定者。由于所有的真值都是借助在主词中规定谓词产生的，所以规定的理由就不仅仅是真值的标准，而且也是它的源泉；如果远离这一源泉，则虽然可以发现许多可能的东西，却发现不了任何真的东西。因此，就水星这颗行星是否绕其轴运转而言，如果我们缺少通过排除对立面而确定二者中的一个的理由，它对我们来说就仍然是未被规定的；二者都仍然是可能的，就我们的认识而言，没有一个被证明为真的。

我以木星卫星的变暗为例来说明**在先**规定的理由与**在后**规定的理由的区别。我认为，它提供了光逐渐地以可标明的速度传播的**认识理由**。不过，这一理由只是在事后规定着这一真值；因为即使根本不存在木星的卫星，没有它们周期性发生的隐匿，光也同样在时间中运动，虽然我们未必认识到；或者，更多地依据已经给出的定义，木星卫星那些证明了光的逐渐运动的现象，恰恰是以光的这种本性为前提的，没有光的这种本性，那些现象就不可能发生，因此它们只是在事后规定着这一真值。但是，发生的理由，或者光的运动为什么与可标明的周期性亏蚀结合在一起的理由，被设定（如果愿 〔393〕

意接受笛卡尔[①]的见解的话）为有弹性的以太分子的弹性；按照弹性规律以太分子对撞击稍稍作出让步，由于在每一个分子那里都耗费了一点时间，把这前后相继的无尽系列加在一起，就成为清晰可见的了。这也许就是在先规定的理由，或者说，不设定它被规定者就根本不会发生。因为如果以太分子是完全坚硬的，那么，即便是通过如此无尽的距离，也不能在光的放射和抵达之间发现时间差。

这里我认为，著名的沃尔夫[②]的定义由于受到明显的指责，还需要作一些改善。也就是说，他用来定义理由的是这样一种东西，从它出发就能够理解，某物为什么不存在不如存在。在这里，他毫无疑问是把被定义者混同于定义了。因为尽管**"为什么"**这个词显得足以适合通常理智了，以致人们能够承认它可以用于定义，它也在暗中又包含了理由的概念。因为只要作出相应的考察，就会发现，它的意谓就是**出自什么理由**。因此，适当地加以代换，沃尔夫的定义就是：理由就是这样一种东西，从它出发就能够理解，某物**出自什么理由**不存在不如存在。

同样，我认为用**规定的理由**这个词来取代**充足理由**的说法

① 参见《康德全集》，第Ⅰ卷，11 页注。笛卡尔的光理论位于《哲学原理》第Ⅲ卷第 63、64 节和第Ⅳ卷第 28 节，但完全不符合这里由康德所给出的光理论，因为在笛卡尔看来，以太（第二元素）分子不是弹性的，而光的传播是瞬间发生的。——科学院版编者注

② 克里斯蒂安·沃尔夫的《第一哲学或本体论》，新版，法兰克福和莱比锡，1736，第 56 节解释说："通过充足理由我们理解这种东西，由此出发就可以理解某物为什么存在"。沃尔夫抨击了莱布尼茨那里"充足理由"是"规定者"的称谓，同上，第 117 节。——科学院版编者注

要更为合适；在这方面，我得到了著名的克鲁修斯① 的赞同。**“充足的”** 这个词如同克鲁修斯清楚地指出的那样，是模棱两可的，因为它在多大程度上是充足的，这一点并不显明。而规定则是如此设定，以致任何对立面都被排除；它表示肯定足以如此而不是以别的方式设想某事物。

命题五　没有规定的理由，就没有任何东西是真的。

每一个真命题都表明，主词与谓词相关联被规定；也就是说，它通过排除其对立面被设定；据此，在每一个真命题中，相关谓词的对立面都必须被排除。但是，与另一个被设定的概念相互对立的谓词之被排除，借助的是矛盾律。因此，在没有一个概念与要排除的对立面相互对立的地方，排除就没有地盘。据此，在任一真值中，都有某种东西借助排除对立的谓词来规定命题的真值。由于这种东西是以规定的理由的名义出现的，所以必须确定，没有规定的理由就没有任何东西是真的。

① 克鲁修斯（Christian August Crusius，1715—1775），莱比锡哲学教授，沃尔夫的反对者，为康德特别重视，乃是因为他试图限制矛盾律的奠基性意义，并反对把他曾与规定的理由相区别的充足理由律追溯到矛盾律。这里考虑的特别是克鲁修斯的论文《论规定理由律或一般而言充足理由律的运用和界限》，莱比锡，1743（也载《哲学神学短篇集》，莱比锡，1750）。就后面反复提到克鲁修斯而言，我只是援引他的以下作品的相应章节：《通向人类认识的确定性和可靠性之路》（即《逻辑学》），莱比锡，1747；以及《被与偶然真理对立起来的必然理性真理纲要》（即《形而上学》），第2版，莱比锡，1753。——《逻辑学》第140节以下，第291节。《形而上学》第85～87节。——科学院版编者注

换句话说

从理由的概念出发可以理解，对立面中究竟哪一个应当被赋予主词，哪一个应当被排除。假定某种东西没有规定的理由就是真的，那么，就不存在任何东西作为出发点，显现出对立面中究竟哪一个应当被赋予主词，哪一个应当被排除。据此，二者中没有一个被排除，主词无论与哪一个谓词相关联都是未〔394〕被规定的；因此，真值也就没有存身之地，而由于真值是被假定为存在的，所以这表现为明显的自相对立。

附注：对真值的认识始终依靠理由的观点，这对所有凡人的普通见解来说都是确定不移的。然而，如果对我们来说事情仅仅在于确定性的话，我们经常满足于在后规定的理由；但是，从以上引证的定理和定义出发一起来看，显而易见的是，如果在先规定的理由真的不是产生，而是解释真值的话，那就始终存在着一种在先规定的理由，或者宁可说，存在着一种产生的或者至少是一致的理由。不过，我们要推进到规定**存在**的理由了。

命题六　某物在其自身拥有其存在的理由，这是没有道理的。

因为任一在自身中包含着另一事物存在理由的东西，都是该事物的原因。因此，假定存在有某物，它在其自身就拥有其存在的理由，那么，它就是它自己的原因。但由于原因的概念在本性上先于结果的概念，结果的概念迟于原因的概念，所以，同一个东西同时先于并且迟于它自身，这是悖理的。

结论：因此，任一被宣称绝对必然存在的事物，都不是由于某个理由而存在，而是由于其对立面完全不可思议。对立面的这种不可能性是存在的认识理由，而在先规定的理由则完全缺乏。**它存在**，就它而言说出并且认识到这一点就够了。

附注：当然，我发现，新近的哲学家们的观点经常重复这一认定的见解：上帝在其自身就拥有其存在的理由；然而，我并不想苟同这种见解。因为否认上帝或者各种理由和原因的终极的、最完善的本原的理由，对这些善良的人们来说显得有点冷酷；由于不允许在他之外认识任何理由，所以他们断言理由是隐蔽在他里面的；人们几乎不可能找到比这更远离健康理智的东西了。因为人们一旦在理由的链条中达到本原，不言而喻就要停住脚步，由于得出了答案而撤销问题。我当然知道诉诸上帝的概念自身，人们要求上帝的存在是由概念自身规定的，但很容易就可以发现，这是在观念中发生的，而不是在现实中发生的。人们形成某个存在者的概念，在它里面有所有的现实性；借助这一概念也必须赋予它存在，这是可以承认的。因此，证明就这样进行：如果所有的现实性都不分级次地统一在一个存在者里面，该存在者就存在；如果它们只是被想象为统一的，它的存在也就仅仅发生在观念中。因此，这一见解宁可这样表述：我们形成某个存在者的概念，并称之为上帝，我们以这样的方式规定那个概念，使它也包含着存在。因此，如果在先设想的概念是真的，那么，他存在就也是真的。这是为了 〔395〕
那些赞同笛卡尔的证明的人们而说的。

命题七　有一个存在者，它的存在先于它自己和所有事物的可能性自身，据此它被说成是绝对必然的存在。它被称为上帝。

由于可能性仅仅在被联结起来的概念不自相矛盾的时候才存在，从而可能性的概念产生于比较，但在任何比较中要比较的东西都必须已经存在，而在根本没有任何东西存在的地方比较以及与它相应的可能性概念就不成立，所以可以得出，如果没有某种在任何可能的概念中都是实在的东西存在，并且它（因为如果放弃这一点，就根本没有任何可能的东西存在，也就是说，只有不可能的东西存在）绝对必然地存在，就不能把任何东西设想为可能的。此外，这种现实性也必须被统一在一个惟一的存在者里面。

因为假定可以分散地在诸多存在的事物中发现这些仿佛是所有可能概念之材料的现实的东西，那么，这些事物中的任何一个就都有以某种方式受到限制的、即与某些阙失相结合的存在；由于绝对必然性并不像与各种现实性符合那样与这些事物符合，而现实性却属于一个事物要能存在就必需的那种规定，所以，以这种方式受到限制的现实性就只能偶然地存在。因此，为了绝对的必然性，就要求它们没有任何限制地存在，也就是说，确立一个无限的存在者。由于这种存在者的集合——如果设想这样一种集合的话——是多次作出的重复，从而是与绝对必然性对立的偶然性，所以就必须确定只有一个存在者是绝对必然存在的。因此，存在着一个上帝，并且是惟一的上帝，它是一切可能性的绝对必然的本原。

附注：这就是神性存在的证明；不管它能在多大程度上是本质性的，虽然一种发生学的证明不能成立，它却凭借最原初的证据，即事物的可能性自身，得到了证实。由此可见，如果否认上帝，那就不仅把事物的全部存在、而且也把内在的可能性自身也完全摧毁了。因为尽管本质性（它包含在内在的可能性里面）通常被称做绝对必然的，但说它们**绝对必然地属于事物**则要更为正确。因为三角形的本质在于三条边的连接，这种本质并非自身就是必然的；哪一个有健康理智的人会要求，三条边被设想为总是连接在一起，这自身就是必然的呢？但是我承认，这对于一个三角形来说是必然的，也就是说，如果设想一个三角形，就必然设想三条边，这和说如果某物存在则它存在是一回事。然而，边、围起来的空间等等的概念能够符合思维，也就是说，完全存在着某种能够被思维的东西，这究竟是怎么发生的呢？其次，通过组合、限制和规定，某个可思事物的概念又是从哪里得出来的？如果不是任一在概念中 〔396〕
现实的东西都在上帝这个所有现实性的源泉里面，这是完全无法理解的。我们当然知道，笛卡尔从其概念自身得出了神性存在的证明，但是，他如何在这件事上误入歧途，这从上一节的附注中就可看出。在所有的存在者里面，上帝是惟一一个这样的存在者，在它里面，存在是最初的，或者宁可说，是与可能性同一的。一旦离开上帝的存在，关于可能性就不剩下任何概念。

命题八 没有任何偶然的存在能够缺少在先规定其存在的理由。

假定它缺少这样一个理由。这样，就不存在任何东西在事物的存在之外规定它使它存在。由于这样一来，存在仍然是被规定的，也就是说，是被如此设定，以致它的全部规定的任何对立面都被完全排除了；除了从设定存在产生的排除之外，不存在对立面的任何其他排除。但由于这种排除是同一的（因为只有通过排除不存在，才能阻止一个事物不存在），存在的对立面是通过自身排除的，也就是说，它成为绝对可能的；即，事物成为绝对必然的，而这与前提是自相矛盾的。

结论：据此，从被证明的东西可以得出，只有偶然事物的存在才需要规定理由的支持，而惟一的绝对必然者被排除在这一规则之外；因此，不能在如此普遍的意义上承认本原，以至它把所有可能性的全体都笼罩在自己的统治之下。

附注：这就是对规定理由的原理所作的证明。最后，至少我相信，它已经确定无疑地得到了说明。众所周知的是，我们时代最有洞察力的哲学家们——在他们中间我出于尊敬提到克鲁修斯①——总是抱怨我们在坊间关于这一主题的所有著作中发现的对这一原理的证明不够可靠。这位伟大的人物对医治这一弊病甚至如此失望，以至他认真地断言，即使这一命题被承认为极真的，它也根本不能成为一个证明。然而，为什么对于我来说这一原理的证明不是如此显而易见、如此顺理成章，以至我就像人们通常试图做到的那样，只用惟一一个证据就完成了整个证明，而是必须绕弯子达到完全的确定性，对此我要加以说明。

首先，我必须努力地在真值的理由与存在的理由之间作出区分；虽然可能看起来规定理由的原理在真值领域里的普遍性也同样延展到存在。因为如果没有任何东西是真的，也就是说，如果没有一个谓词无须规定的理由就属于主词，那么也可以得出，没有规定的理由将没有一个存在的谓词。然而众所周知的是，为了确证真值并不必须有在先规定的理由，而是存在
〔397〕于主词和谓词之间的同一性就够了。但是，对于各种存在者来说，要问的是即使缺少，存在者也绝对必然存在的理由；但如果存在是偶然的，它就不能不像我不容置辩地说明的那样是先行的。因此，从这些源泉得来的真值至少按照我的判断表现得更为纯粹。

然而，声名极为卓著的克鲁修斯②相信，某种存在如此被

① 参见《康德全集》第Ⅰ卷393页注。《形而上学》第31节。——科学院版编者注

② 参见《康德全集》第Ⅰ卷393页注。《形而上学》第83节。——科学院版编者注

它自己的现实性所规定，以致他断言在此之外寻找某种东西是毫无意义的。提修斯的行动出自自由意志；我问：为什么他宁可做这件事而不是不做？他回答道：因为他愿意。但他为什么愿意呢？他断言问这些是荒唐的。如果问：为什么他不宁可做另一件事呢？他回答说：因为他已经做了这件事。因此他相信，自由意志事实上是由其存在规定的，并不是在先地早于其存在的理由规定的。他断言，仅仅通过设定现实性就可以排除一切对立的规定，因而规定的理由是不必要的。然而，允许的话我可以用另外的证据证明，如果离开在先规定的理由，一个偶然的事物就没有被充分地规定，因而就不可能拥有存在。自由意志的行动是存在的，这种存在排除了其规定的对立面；然而，由于它从前有个时候不曾存在，它的存在没有自己规定它从前有个时候究竟是存在还是不存在，所以它从前究竟存在还是不存在的问题依然没有通过这种意志的存在得到规定；然而，由于在一个完全的规定中，存在者是否开始这个问题也是所有问题中的一个，所以存在者一直是未被规定的，也不能被规定，除非在属于内在的存在的东西之外引入不依赖存在自身而可思议的概念。然而，由于规定存在着的存在者在先不存在的东西先行于存在的概念，规定存在着的存在者以前不存在的东西同时也规定着它从不存在到存在（因为，为什么现在存在的东西从前有个时候不存在，为什么从前有个时候不存在的东西现在存在，这些命题事实上是同一的命题），也就是说，是在先规定存在的理由，所以十分显明的是，没有这种理由，对那个被设想为已经产生的存在者的完全规定、从而还有存在自身也就不能成立。如果有人觉得这一证明由于对概念较深入的分析而艰深难懂，他也可以对前提性的东西心满意足。

最后，我想简短地说明，为什么我要否认自己满足于由著名的克鲁修斯及其追随者所采用的证明。这位著名人物的证明发现被极具洞察力的鲍姆嘉登①更为详细地阐发，简短得多地概述如下。如果某物不具有理由，那么就没有任何东西是它的理由；因而也没有任何东西是某种悖理的东西。然而，证明的方式宁可这样表述：如果存在者没有理由，那么它的理由就不是任何东西，也就是说，是不存在的东西。但是，我很乐意放弃这一点，因为如果没有理由，与它相适应的概念就是一个不存在者的概念；因此，如果不能指出存在者的理由，如果根本
〔398〕没有概念与它相适应，那就完全没有理由，这就回到了前提性的东西。由此产生的，并不是人们认为由此会产生的悖理的东西。我想举一个例子来证实我的意见。按照这种推理方式，我敢于证明：第一个人仍然是由一位父亲生育的。因为假定他不是被生育的，那么就没有任何东西生育他。因此，他不是由任何东西生育的。由于这是自相矛盾的，所以必须承认他是由某种东西生育的。避开证明的圈套毫不困难。如果他不是被生育的，就没有任何东西生育他。这就是说，应当被认为生育他的，不是任何东西，或者是不存在的东西；但是，这就和下面这种最确实的东西一样确实：被颠倒的命题产生一个极为扭曲的观点。

命题九　列举并排除看起来压抑规定理由或者通常所说充足理由原理的困难。

在这一原理的攻击者中间，可以相信可敬而又具有洞察力

① 鲍姆嘉登（Alexander Gottlieb Baumgarten），1714年生于柏林，1762年卒于奥得河畔的法兰克福，《形而上学》第20节以下，马格德堡，1739。——科学院版编者注

的克鲁修斯能够领袖群伦，独自承担起所有人的任务①；我承认，他在德国人——我说的不是哲学家，而是哲学的促进者们——中间几乎不落后于任何人。如果我对他的质疑的研究进展顺利（看起来能够保证对一件好事的维护），我就可以觉得战胜一切困难了。首先，他指责这一原理的表述模棱两可、意义不定。因为他正确地发现，认识理由，同样还有伦理理由和其他观念上的理由经常被用来代替现实的和在先规定的理由，以致经常很难理解指的是二者中的哪一个。这枝标枪由于不是针对我们的论断的，我们不必防避。谁检验过我们所有的论断，就会看到，我谨慎地把真值的理由与现实性的理由区分开来了。单就前者而言，所涉及的是谓词的这样一种设立，它是凭借绝对的或者在联系中被考察的主词所包含的概念与谓词的同一性作出的，而已经依附于主词的谓词则仅仅揭示出来。就后者而言，鉴于已经在其中得到设定的东西，检验的不是它的存在**是否**得到规定，而是它的存在**从何处**得到规定；如果除了对该事物的绝对设定之外，没有任何对立面所排除的东西存在，那就可以确定，它是凭借自身并且绝对必然地存在的。但是，如果认为它是偶然地存在的，那么，就必然存在着另外一些东西，对立面的存在已经在先通过这样规定而不是那样规定把它们排除掉了。关于我们的证明一般来说就是这样。

一种肯定更大的危险威胁着这一原理的维护者们，它来自

① 我在这里不想对著名的达里斯*有任何贬低；我承认，他的证明，还有其他一些人的证明，对于责难规定理由的原理具有重大的意义。但是，由于它们看起来与从杰出的D.克鲁修斯那里引证的证明非常接近，我认为，可以把对质疑的回应主要针对后者，不会招致这些毕竟是伟大人物的不乐意。

* 参见《康德全集》第Ⅰ卷390页注。——科学院版编者注

〔399〕这位伟大人物的这样一种责难，它以雄辩的语言和强硬度不容轻视的证明硬说我们犯了过错，复活了所有事物不变的必然性和斯多亚学派的命运的旧有权利，甚至削弱了所有的自由和道德性。他的证明虽然并不是全新的，但却是由他更为清晰、更为强硬地讲述了的，我想尽可能简明扼要、但并不损伤其强硬的方式加以引证。

如果凡发生的东西都仅仅在具有事先规定了的理由的情况下才能发生，那么就可以得出，**凡不发生的东西，也就不能发生**，因为明显地不存在无之就根本不能发生的理由。由于从所有理由的理由出发以后退的秩序必须承认这一点，所以可以得出，万物在大自然的结合中如此连贯地、有联系地发生，以致期望某事乃至一个自由行动的对立面的人，在其愿望中是在设想着不可能的东西，因为产生该对立面所需要的理由并不存在。而在如此重新经历各种事件如克吕西波[①]所说一次性的、编入各种结果的永恒秩序的不可变更的链环时，最终在直接显示上帝为创造者的世界最初状态中，完全达到各种事件最终的、结果如此丰富的理由。由于这一理由是设定的，所以按照始终不变的规律通过前后相继的事件一个从另一个派生出来。这位著名的人物反对绝对的必然性和假定的必然性之间那种常见的区分，因为敌对者们相信可以通过这种区分像通过一道裂缝那样逃逸；不过，它显然对于削弱必然性的力量和效用来说毫不重要。因为究竟是什么与一个就自身来看由先行的理由明确规定的事件的对立面是否可以设想有关呢？这个对立面仍然由于使其存在的理由不存在，相反的理由却存在而在现实中不能产生。有人会说，单独地列举出的事件的对立面是可以设想

① 斯多亚派克吕西波（Chrysippus，前 282—前 209），基利家的索利或者大数人。——科学院版编者注

的，从而也是可能的。但这又能怎样呢？它仍然不能产生，因为它任何时候都不能现实地产生，这是由已经存在的理由充分保证了的。举例来说：卡尤斯说了谎。通过卡尤斯原初的规定性，即他在多大的程度上是一个人，正直并不与他矛盾；这一点我承认。但是，就像他如今被规定的那样，正直毕竟与他是矛盾的，因为在他里面，存在着设定对立面的理由；人们也不可以说他正直，却不致破坏直到世界最初状态的错综复杂的理由的整个秩序。如今，我们想听一听，这位著名的人物从中继续推论出什么。规定的理由不仅仅导致这一行动首先发生，而且还使得别的行动不能取代它。因此，凡是在我们里面发生的，就其后果而言都如此被上帝所预见，以致根本不可能有别的东西随之发生。因此，我们行为的功过并不涉及我们，相反，万物的原因都是上帝，他使我们受制于这样的规律，以致我们无论如何都必须履践已规定好的命运。这样的结果难道不是让上帝对任何罪都不能不满吗？因为在罪发生的地方，同时也证明，由上帝确立的各种错综复杂事件的秩序不允许别的事情发生。因此，究竟上帝由于从世界之初就被保证要发生的行 〔400〕
动而责备罪人什么呢？

对怀疑的反驳

当我们把假设的，尤其是道德的必然性与绝对的必然性区别开来的时候，这里并不涉及必然性的力量和效用，也就是说，不涉及一件事物在一种场合比在另一种场合多一些或者少一些必然性，而是追问造成必然性的理由，也就是说，追问事物因何是必然的。当然，我很乐意承认，一些沃尔夫哲学的追随者在某种程度上偏离了真正的意义，以致他们相信，通过以假定的方式进行规定的理由的链条所设定的东西，与完全的必然性仍有些许距离，因为它缺乏绝对的必然性。但是，我赞同这位著名的敌对者的是，陈旧的、众口一词的区分并没有充分削弱必然性的力量和规定的确定性。因为就像不可能设想任何对象比真更真、比确定更确定一样，也不可能设想任何对象比被规定更被规定。世界上的事情如此确定地被规定，以致不可能出错的神圣预知以同样的确定性与理由的联结相一致地既认识它们的未来存在，也在对立面被它们的绝对概念所排斥的时候认识对立面的不可能性。但是，问题的关键在这里并不是偶然事物的未来存在**如何**必然，而是其**因何**必然。谁会怀疑，创世的活动在上帝里面不是动摇不定的，而是如此确定地被规定的，以致上帝的对立面是不应有的，也就是说，是完全不能发生的？尽管如此，活动仍然是自由的，因为它是由那些其无限理智的动因由于以极大的确定性引导意志而包含的理由所决定的，却不是从大自然的盲目效果出发的。即便在人的自由活动中，就人们把它们视为被规定的而言，虽然排除了对立面，但却不是通过在主体的欲求和自愿倾向中所设定的理由排除的，就好像人违背自己的意志受一种无法摆脱的必然性所迫而采取行动似的；相反，在意愿和欲求的这种倾向自身中，就它们甘愿服从表象的诱惑而言，行动是在一个虽然具有确定性，但却是任意的关联中按照稳定的规律被规定的。在自然的行动和享受道德自由的行动之间造成区别的东西，并不被解释为关联和确定性的差异，就好像惟有后者才在未来的存在中是可疑的，被排除在理由的联系之外，具有一个变化无常的、不可靠的产生理由似的；因为以这样的方式，它们就很少值得作为理性存在物的优点而受到赞扬。但是，对于认识自由的征兆来说，问题完全在于行动的确定性凭借其理由被规定的方式；实际上，只有借助意志的理性动因，它们才能被诱导出来，而与此相反，在迟钝的或者物理—机械的行动中，一切都根据外部的诱惑和推动被必然化，没有意志的任何自愿倾向。况且，采取行

动的能力与两个方面的关系都没有区别，惟有通过对呈现给表 〔401〕
象的诱惑的满意倾向才被规定，这是无可争议的。人的本性越肯定地受制于这一规律，人所享有的自由就越大，运用自己的自由绝不意味着以变幻无常的努力被从各个方向带入客体。你说，除了由于如此极度地**乐意**之外，人的行动不是出自任何其他原因。我认为你已经被你自己的承认束缚住了。因为除了根据对象的诱惑追求一边比追求另一边有更多的意志倾向之外，什么是乐意呢？所以，你的乐意或者愉悦就标志着有内部理由规定的行动。因为在你看来就是乐意规定着行动；而这无非是意志在客体中根据它唤起意志的诱惑的方式所获得的满足。所以，规定是有所考虑的，在规定中，即使假定意志受到同等的诱惑，其中一方面也更受欢迎，这与应当同时同等地并且不同等地满意是一回事，而后者是自相矛盾的。但是，有可能出现这样一种情况，其中使意志倾向于两方面中的一方的各种理由完全没有被意识到，但尽管如此意识仍然是受制于两个方面的。不过在这种情况下，事情是从较高的精神能力回归到较低的精神能力，而精神则通过模糊的表象转向两个方面中的某一个的优势（我们在下文将进行更为详尽的讨论）而被引导到某个方向。

既然如此合适，我想简短地解释一番在平衡状态下无区别性的辩护人卡尤斯和规定性理由的辩护人提修斯之间发生的一场众所周知的争论。

卡尤斯：迄今为止的生涯虽然激起我的内疚，但如果可以相信你的观点的话，在我这里就还可以剩下一点慰藉，即已做过的事情的过失并不归咎于我，因为我受制于从世界的起源就开始相互规定的各种理由的联结，我不能不做我所做的事情，而每一个如今指责我的过错并徒劳地敦促我过一种新型生活的人，其行为之不合时宜，犹如要求我让时间之河停下来。

提修斯：听着！你抱怨制约你的那一系列理由是什么理由呢？难道你所做的一切不都是你乐意做的吗？难道在你想犯罪的时候，良知的默默劝阻和在内心提醒你不义的对上帝的敬畏不是干扰着你吗？难道你不是尽管如此还更喜欢饮宴、游戏、向维纳斯献祭以及诸如此类的事情吗？难道你任何时候都是不情愿地被迫犯罪的吗？

卡尤斯：我根本不想否认这一点。我在相当大的程度上感到，我并不是抵抗着、与诱惑顽强抗争着、就像被扭着脖子一样被劫持到歧途上的。我是自知自愿地沉溺于罪过的。然而，我是从哪里得到这种做坏事的意志倾向呢？难道不是在此发生之前，尽管上帝的律法和人的律法把犹豫不决者引向自己一方，理由的积累已经决定，我倾向于宁可做坏事也不愿做好事吗？假定事情在所有的方面都已经完成，阻止有理由的东西，岂不和让已发生的事情不发生是一回事吗？然而在你看来，我
〔402〕的意志的每一个倾向都是完全由先行的理由规定的，而这个理由又是由一个更早的理由规定的，依此类推，直至万物的开端。

提修斯：即使如此，我仍然要解除你的疑虑。错综复杂的理由系列在要采取的行动的每一个环节上都提供了向各方面诱惑的动因，其中之一你自愿地顺从之，因为这比采取另一种行动更使你愉悦。不过你说，理由的积累已经决定，我倾向于某一个方面。然而我希望你想一想，为了积累行动的理由是否还要求你的意志自愿地倾向于客体的诱惑。

卡尤斯：注意别说它是自愿的；它不能不倾向于这方面。

提修斯：相差甚远，乃至这消除了自愿，毋宁说，只要它的意义被正确地理解，就会使它成为完全确定无疑的。确实，**自愿**是一个出自**内在本原**的行动。既然这种行动被规定为与最佳事物的观念相符合，它就被称为**自由**。越能够确定地说某人

遵从这一规律，此人越是被设定的所有动因规定得有所意欲，人就越是自由。从你的证明并不能得出，自由被先行的规定理由的力量所阻止。因为你承认自己不是不得已地、而是心甘情愿地行动的，这种承认充分地驳斥了你自己。因此，你的行动并不像你似乎认为的那样是**不可避免的**，因为你并没有努力避免它，相反，它**明白无误地**符合你的欲望对如此形成的周围环境的倾向。而这使你承担了更大的责任。因为你强烈地期望自己不要被与计划分开。但是，我要收缴你的武器。告诉我，在你看来，你认为应当以什么方式来形成自由的概念更为合适呢？

卡尤斯：我认为，如果去除以固定的结果相互规定的各种理由的联结所特有的东西，如果承认人们在任何自由的行动中与两个方面的关系都无所谓，而且即便假定所有你以任何方式设想的理由向任一方面规定也都能够选择任何东西，那么，我最终就可以承认自由得到了很好的说明。

提修斯：愿上帝保佑！如果神意允许你实现这一愿望，你在任何时候都将是一个多么不幸的人。你还是在自己内心作出决定走德性的道路吧。让你的心灵既通过宗教的诫命，也通过其他有助于坚定决心的东西已经得到有效的加强。如今，行动的时机出现了。你马上就会滑向恶的东西，因为吸引你的理由并没有决定你。我想听一听，你究竟还要发出多少抱怨。啊，多么不祥的命运突然使我离开了有益的决定！致力于遵循德性的诫命又有什么用；行动是命定发生的，而不是由理由决定的！你说，我并不抱怨争夺我的那种命运不可抗拒的强迫，但我却不知道怎样去厌恶使我滑向恶的东西。噢，耻辱啊！那种应当诅咒的欲望为什么恰恰朝向恶的方面呢？它同样可以轻而易举地倾向于相反的方面啊！

卡尤斯：所以，任何自由都没有了。

〔403〕 **提修斯**：看一看，我是如何把你的军队带入峡谷的。不要虚构各种观念的幽灵；因为你感觉到自己是自由的，但你不要为自由虚构一个与健康理智难以一致的概念。自由行动就是与自己的欲望一致，从而也就是自觉地行动。而规定理由律并不排斥这一点。

卡尤斯：尽管我不知道用什么来反驳你，但我觉得我的内知觉是与你的观点矛盾的。因为举一个不太重要的例子，当我注意自己的时候，我发觉自己自由地倾向于两个方面，以致我充分相信，我的行动的方向并不是由一系列在先规定的理由决定的。

提修斯：我想向你揭示你的心灵的隐秘错误，它给你造成在平衡时无所谓的错觉。人的心灵固有的自然欲望能力并不仅仅指向客体，而且还指向可以显示给理智的不同观念。因此，如果我们感到我们自己就是那些在给定的场合包含着动因的观念的创造者，以致我们有足够的能力注意它们、抑制它们或者把它们转向其他方面，从而意识到不仅与我们的欲望一致地追求客体，而且还能够随心所欲地一再更换客观的理由，那么，我们就禁不住要去认定自己意志的倾向摆脱了任何律法，摆脱了任何固定的规定。不过，如果我们致力于正确地感知，在给定的场合注意力指向观念联结的这一方向而不是另一方向，因而由于各种理由从一个方面出发诱惑，一下子就为了至少检验自由而将注意力转向相反的方面，并使它获得优势，使欲望**这样而不是那样受到引导**，那么，我们很容易就会确信，规定的理由确实是必然存在的。

卡尤斯：我承认，你使我陷入了许多困难，但是我确信你遇到的障碍也绝不小。在你看来，恶——上帝毕竟是恶的终极规定理由——的被规定的未来存在以什么方式可以与上帝的仁慈和神圣一致起来呢？

提修斯：不要用毫无意义的争辩来徒劳无益地浪费时间了。我想用少许几句话来解释使你犹豫不决的那些疑虑，解开疑虑之结。由于无论是自然行动还是自由行动，其一切事件的确定性都是被规定的，后来者在先行者里面、先行者在更先行者里面，并由此以链状的联结在越来越接近的理由中得到规定，直到直接显示上帝为其创造者的世界初始状态仿佛是喷涌的泉水，所有的一切都以从不失误的必然性沿着倾斜的河床从它流出，所以，你就相信，可以明白无误地将上帝称为恶的制造者，他也显然不可能恨自己开始纺织并与其最初的样本一致在未来的岁月里继续纺织的织物，不可能以他的神圣性所理应具有的那样大的义愤来对待编织进他的作品中的罪，即便罪最终追溯到他这个所有恶的制造者自身。这就是对你施加压力的那些疑虑；如今我想驱散它们的迷雾。上帝在创造万物之大全 〔404〕
的开端时，奠定了在连贯紧密地相互结合在一起的各种理由的稳定联结中甚至也包括了道德上的恶以及与它相适应的大自然的恶的系列。然而，由此并不能得出，人们可以责备上帝是道德上恶的行动的制造者。如果像在机械领域里所发生的那样，理智存在者只是以被动的方式与造成某些规定和变化的东西发生关系，那么我就不否认万物的终极罪孽可以追溯到这部机器的制造者上帝那里了。然而，通过赋有理智和自我决定能力的存在者的意志所发生的事情，肯定是出自一个内在的本原，出自自觉的欲望，出自按照意志自由的二者择一。因此，无论在自由的行动之前事物的状态如何被某些理由所规定，那种理智存在者如何被裹胁在周围环境之网中，以致毫无疑问可以预见从它将产生道德上的恶，这种未来却也是由这样一些理由规定的，在它们里面，自己趋向恶的方面的意志方向是决定性的东西；因此之故，对罪人来说最乐意做的事情，人们必须称它们为这些事情的原因，至于罪人们必须为不容许的愉悦受到惩罚，则是完全公正的。但是，就上帝毫无疑问理应以其神圣性厌恶罪人、但却显得不能终止包含着恶的未来的创世决定这种对立而言，围绕这一问题的困难在此仍然是无法解决的。因为人们必须这样认定。

上帝的无限美善追求被创造事物尽可能最大的完美和精神世界的幸福。但在这一启示自己的无限努力中，他不仅致力于此后应当按照各种理由的秩序继续发展的各种事件更完美的系列，而且为了使任何东西都不缺少哪怕是较小程度的善，为了万物的大全以其无限性包括从有限领域所存在的最高程度的完美直到较低程度的完美，可以说直到无的一切，他甚至还容忍在其蓝图中出现虽然混有许多恶，但毕竟显示出上帝的智慧所要达到的善的东西，借助无限的多样性来丰富其神圣荣耀的启示。在这一范围里并不缺少人类的历史，无论它多么充满了灾难，但仍然即便是在其恶的糟粕中也还为颂扬神圣的美善提供了无限多的见证，而这是很适合他的智慧、能力和美善的。但是，人们不可以因此就不相信，是他在追求并有意造成被编织进最初作品中的恶。因为他眼前就有善，他知道在清点时它仍然会保留下来的，而把它与不结果实的野草一起连根拔掉，是与最高的智慧不相配的。此外，有死的人是从心灵自愿的、内在的倾向出发犯罪的，他并不是不情愿地被先行理由的秩序所逼迫和劫持，而是被引诱。尽管预先知道肯定是屈从了它们的
〔405〕诱惑，但显而易见的是，由于恶的起源在于自我规定的内在原则，这还要归咎于罪人自身。因此，不要因为神意以允许的方式在某种程度上同意了罪人，就认为神意很少厌恶罪人。因为恶虽然得到允许，却应以顽强的努力使之回归善，恰恰以警示、威吓、诱导、提供手段的方式力争救平恶，才真正是神圣的艺师眼前的目标。由于他这样剪断了恶的果枝，并且在能够使人的自由安然无恙的情况下抑制它，由此他显现为任何恶的

仇视者，但又是仍然能够由此诱导出的完美的友人。但是，我有点过久地离开了预定的计划，现在我想回到正题上。

第九个问题的补充

如果不承认自由行动的未来是由其理由规定的，自由行动方面的神圣预知就没有地盘

赞同我们原理的人，总是针对反对者们顽强地坚持这一证明。因此，我省去这一劳作，仅仅致力于回答极具洞察力的克鲁修斯①为反对它而提出的东西。他指责那些这样认为的人们持一种与上帝不相匹配的见解，就好像他们相信上帝使用了理性推理似的。但就这一观点而言，如果有人作出别的断定，我倒很乐意站到这位著名的敌对者一边。我承认，理性推理的弯路极少适合神圣理智的无限性。因为对于无限的理解来说，普遍概念的抽象、它们的组合以及为得出结论而作出的比较并不是必要的。不过，我们在这里承认，上帝不能预见其未来未被先行规定的事物，并不是因为缺少辅助材料，如我们所承认，他并不需要辅助材料；而是因为如果一种未来的存在既不是由自身规定的也不是先行规定的，它就根本是无，预知它本来就是不可能的。从其偶在可以推论出，它不是由自身规定的；敌对者们断定，它同样不是先行规定的；因此，它完全没有规定，也就是说，没有未来，就其自身而言是如此，神圣理智也必须这样设想它。

最后，这位杰出的敌对者坦率地承认，这里还留下一些不可理解的东西；如果沉思转向无限者，这些不可理解的东西就

① 参见《康德全集》第Ⅰ卷393页注。《形而上学》第269节、第271节以下。——科学院版编者注

与客体的高贵非常符合。然而，尽管我承认，即使人们渴望进入更深奥的认识，对于更深刻的理解来说，也依然留有人的理智永远无法开启的圣地，但这里并不涉及事情如何发生，而是涉及其是否发生；研究它们与敌对方意见的冲突，对于有死者的认识来说当然是一件轻而易举的事情了。

〔406〕 平衡状态下无区别性的捍卫者们求助的坚定性的反驳

对立面的捍卫者们指责我们满足于例证，这些例证看起来如此明显地证明人的意志对于所有的自由行动都无区别，以至于看起来不可能有更明显的东西了。在赌单双并且要猜赢手中隐藏的豆子时，我们不加考虑地、没有任何选择理由地说出二者中的一种。人们在某个王公的例子中讲过与此相类似的东西。该王公让某人在两个重量、形状和外观完全一样的盒子之间作出自由选择，两个盒子中的一个藏的是铅，另一个藏的是金。在这个例子中，抓取二者之一的决定只能毫无理由地作出。关于先迈右脚还是先迈左脚的无区别自由，人们也讲过类似的东西。我想用一句话来回答一切，而且这在我看来也就足够了。当我们的原理中谈到规定理由时，它指的并不是这一种或者另一种理由，例如在自由的行动中浮现在自觉的理智面前的理由，而是无论行动如何被规定，只要它发生，就必然为某个理由所规定。在对意志的规定中，可能完全缺乏客观的理由，各种自觉设想的动因也有可能达到完全的平衡，但尽管如此，仍然为能够决定心灵的诸多理由留有空间。因为这样动摇不定的疑虑只能造成事情从较高的能力回归到较低的能力、从自觉地结合的观念回归到模糊的观念，而在后者中，就很难确定从两方面出发一切都是完全一样的。被植入的欲望对更多的感知的追求使心灵不能长久地停留在这种状态。据此，如果内在观念的状态发生变化，心灵就必然倾向于某个方向。

命题十 对规定理由律的某些固有结论作出解释。

1. 凡在被理由规定者中的，无不先在于理由中。因为没有任何东西没有规定的理由，所以凡在被理由规定者中的，无不揭示着它的规定理由。

可能有人会指责说：由此可见，由于被造物固有界限，所以包含着它们的理由的上帝也同样固有界限。我的回答是：有限事物固有的那些界限，说明它们在神圣创造的行动中的理由同样是有限制的。因为上帝的创造活动是根据应当产生的有限存在者的方式受限制的。但是，由于这一行动是上帝的一个视情况而定的、必须适合要产生的事物的规定，而不是一个内在的、绝对可以在他自身设想的规定，可见，这些限制并不是内在地属于上帝的。

2. 不共同具有任何东西的事物，其中一个不能是另一个的理由。回溯到上一个命题。 〔407〕

3. 在被理由规定者中，只有在理由中的东西。出自同一规则。

结论：世界上绝对现实性的量不以自然的方式发生变化，无论是通过增多，还是通过减少。

解释：就物体的变化来说，这一规则的自明性是显而易见的。例如，如果物体 A 通过撞击推动了另一个物体 B，它就会给予这个物体一种力，也就是说一种现实性。[①] 然而，撞击

① 在这里可以按照普遍的观点把施压的力量设想为移交的现实性，尽管它本来只不过是被植入的现实性的一种限制或者方向。

的物体失去了同样的运动量，因而力的总和在力的结果中与原因相等。当然，在一个较小的弹性物体对一个较大物体的撞击中，似乎上述规律有误。但绝不是这样的。因为**较小的**弹性物体被它所撞击的**较大**物体撞回，此时获得了向相反一方的力，这力如果被加在它传递给较大物体的那种力上，虽然会像从力学可以得知的那样，造成一个比撞击的量更大的总和，但这里被视为普遍绝对的总和，却必然被看做是比视情况而定的更为正确。因为各种力是向不同方向努力的；因此，根据各个密切联系从而在总体上被考察的机械所能够产生的结果来测算，人们认识各个力的总和，略去了朝相反方向上的运动，因为它们至此终归要相互抵消。剩下的是重心的运动。从静力学可以知道，这种运动在撞击之后与撞击之前是同样的运动。至于运动被材料的阻挡完全抵消，它还远远没有达到取消这一规律的程度，毋宁说是强化了它。因为借助各种原因的综合从静止中产生的力，由于在对抗障碍时所消耗的力与它获得的力一样多，所以将重新回到静止，事情又恢复到以前。因此，机械运动耗之不尽的续存是不可能的；因为它总是把自己的一部分力用于克服阻力，所以，尽管如此恢复自身的能力却丝毫无损地保持下去，这不仅违背上述规则，也违背健康的理智。

我们经常看到从无限小的原因中产生出巨大的力量。被扔进火药中的火星将造成多么大的扩张力呢？或者，如果它甚至在别的地方获得渴求的滋养，它还将会造成怎样的大火、城市的毁灭、大片森林的长期荒芜呢？据此，一颗火星的小小刺激将使多么巨大的物体结合分解！但在这里，隐藏在物体的结合中的无法测度的力的作用因，即活性物质，或

者是火药中的空气（根据哈勒斯① 的试验），或者是可燃物体 〔408〕
中的燃烧物，通过很小的刺激表现出来的要比产生出来的更为真实。弹性物质被压缩隐藏在里面，稍受刺激就挥发出与引力和反弹的交互压力相应的力。

各种精神的力及其向更高完善的进步看起来是这一规律的例外。但是，至少就我的确信而言，它们也受制于这一规律。毫无疑问，虽然非常模糊，但总是内在地显现给灵魂的大全的无限概念，已经包含着对于后来被更大的光所照耀的思想来说必然拥有现实性的一切，而心灵在事后把注意力仅仅转向一些东西，并因在同等程度上遗漏另一些东西而以更强的光照亮它们的时候，就获得了逐日增加的认识；此时，它虽然未扩展到绝对现实性的范围（因为所有观念从与宇宙的结合中产生的材料依然是同一种材料），但存在于概念和被引向它们的不同或者一致的注意力的结合之中的形式的东西，却肯定发生了各种各样的变化。因此，我们在物体被植入的力中注意的是同样的东西。由于如果正确地考察运动的话，它并不是现实，而是现象，由于植入的力被一个外部物体的作用所改变，从效果的内在原则出发对抗冲击的力，完全等于在撞击者方向上获得的力，所以，在运动的现象中，力的所有现实性的东西就相当于已经植入静止物体的东西，尽管在静止中就方向而言未被规定的内在能力只是被外部撞击导向的。

迄今为止就宇宙中绝对现实不可改变的量所引证的东西，必须就所有的一切都按照自然的秩序发生来理解。因为通过上

① 哈勒斯（Stephan Hales），1677年生于肯特的贝克斯堡，1761年卒于特丁顿，是神学博士和特丁顿牧师：《试以大量不同的化学静力学试验分析空气》，哲学交流丛书，第34卷，264页以下，1727。——译者据科学院版编者注

帝的工作，就连物质世界衰退着的完善也能够得到重建，比通过自然所可能的更纯粹的光普照着理性存在物，一切都被提高到更高的完善阶段，谁敢否认这一点呢？

命题十一 列举并反驳从规定理由律不合法地引申出的一些错误结论。

1. 无物没有被理由规定者，换句话说，凡存在者，皆有自己的结果。这被称做结果律。就我所知，它以形而上学家们的领袖人物鲍姆嘉登①为首倡者。由于它被这一人物以证明理由律的同样方式所证明，它也卷入了这一事例之中。如果仅仅说到认识的理由，则并没有触及这一定律的真理性。因为任一存在者的概念都要么是一个普遍概念，要么是一个个别概念。如果是前者，就必须承认，凡是就类概念所确定的东西，都适用于所有包含在它之下的较低概念，从而前者也就包含着后者的根据。
〔409〕的根据。如果是后者，就可以推论，在某种联结中适用于这一主词的谓词在假定条件相同的情况下必须始终适用于它；而从给定的事例出发，概念决定着类似事例中的真理性，从而就有了认识上的被理由规定的东西。然而，如果把这理解为存在上被理由规定的东西，那么，就像从本文最后一章将看到的那样，存在者在这方面就不能是无限丰富的了；在最后一章，我们将以无法辩驳的理由证明任意一个被排除与其他主词联系的主词与所有变化都无关的状态。

2. 整个大全的事物中没有一个与其他事物在所有方面都类似。人们称这为不可区别律。如果像通常那样在其最广的意

① 参见《康德全集》，第Ⅰ卷，397页注，《形而上学》第23节。——科学院版编者注

义上理解它，它就远远地背离了真理。尤其是它是以双重的理由来证明的。第一种证明方式非常轻率地轻轻一跃就跳过了客体，从而差不多不值得检验。其琐碎的证明如下：在所有的特征上都完全一致并且不被任何间距所区分的东西，显然必须被视为同一个东西。因此，所有完全类似的东西只不过是被分配在众多位置的同一个存在者而已；据说由于这违背了健康理性，所以这种见解也同自身相矛盾。但是，谁看不出这种琐碎证明的矫揉造作呢？要使两个事物完全一致，要求所有的无论是内在的还是外在的特征或者规定都一致。难道有人把位置从这一普遍的规定中除去了吗？因此，那些虽然在内在特征上一致、但至少在位置上被区别开来的东西，就不是同一个存在者。但在这里，我们尤其必须检验被错误地加给充足理由律的那种证明。

有人说，如果两个事物在其他方面都完全一致，那么，就不存在上帝给它们分配不同的位置的任何理由。多么荒唐！我惊奇的是，一些极可信赖的人物居然会喜欢这些理由的儿戏。且称一个实体为 A，另一个为 B。让 A 占据 B 的位置，在这种情况下，由于 A 的内在特征与 B 完全没有区别，甚至还占据了 B 的位置，从而在所有方面都与 B 完全同一，所以事前被称为 A 的，就应当被称为 B；而事前拥有名称 B 的，则被置于 A 的位置，因而应当被称为 A。因为这种形状的区别仅仅表示位置的不同。因此我要说，如果上帝按照你的意见规定位置，他所做的事情是否就不同？二者完全是一回事；因此你所虚构的变化根本不存在；但对于无来说不存在任何理由，这与我的见解完全一致。

这一虚假的规律由于各种事物的整体以及为神的智慧增加荣耀的东西而受到极好的反驳。因为被称为类似的东西，例如水、水银、金、最纯净的盐等，都由于同源的内在特征而在其原初的各部分中完全一致，既符合其用途和注定要承担的功能的一致性，从效果来看也是如此。我们发现，它们总是类似

地、没有明显差别地从上述东西产生。这里，猜想一种隐秘
〔410〕的、避开感觉的差异，就好像上帝拥有某种使他将自己的作品的各个部分区别开来的东西似的，也是不适宜的；因为这是在鸡蛋里面挑骨头。

我们承认，这一定律的首倡者莱布尼茨在有机物体的形成中以及在其他远离简单性的物体的结构中经常注意到显著的区别，并且合理地假定在所有此类物体中都有这种区别。因为显而易见，在非常多的东西为合成某个物体而必须协调一致的地方，不可能总是造成同样的规定。因此，在同一棵树的树叶中几乎找不到两片完全类似的树叶。但在这里，所拒绝的仅仅是这一定律的形而上学普遍性。此外，在自然物体的形象中，经常可以发现一种与标本的一致性，这看起来也差不多是不可否认的。例如，谁敢断言，在有限多个不同的事物中，就结晶而言就不能发现这个和那个以完全的类似再现另一个？

第三章

描述形而上学认识的两个从规定理由律得出的、富含结论的原则

一、相继律

命题十二　实体只有在与其他实体结合时，才能发生一种变化；它们相互的依赖性规定着彼此状态的变化。

因此，没有任何外部结合并如此离群独处的单纯实体，自

身是完全不可变的。

而且，即便把它包含进与其他实体的结合，如果这种关系不发生变化，在它里面也不可能发生内在状态的变化。因此，在一个没有任何运动（因为运动就是结合变化的表现）的世界上，在实体的内在状态中也完全找不到前后相继。

因此，如果实体的结合完全被取消，前后相继和时间也将同样消失。

证明

假定某个单纯的实体摆脱了与其他实体的结合离群独处；我要说，对于它来说没有任何内部状态的变化能够发生。这是因为，由于已经属于实体的内在规定借助内在的理由通过排除对立面而被设定，如果要加上另一个规定，就必须设定另一个理由；但它的对立面就在内在的东西中，并且按照前提条件不能附设任何外在的理由，所以显而易见，它不能被附加给任何存在者。

换句话说。被一个规定理由所设定的东西，必须与这个理由同时被设定。因为设定一个规定理由而不设定被理由规定者，这是荒唐无稽的。据此，在单纯实体的某种状态中有进行规定的东西，所有被规定的东西都绝对必须与它是同时的。然而，由于变化是规定的前后相继，或者在事前不存在的规定产生的地方，以及在存在者与某个属于它自己的规定相对立被规定的地方，它并不能通过在实体里面发现的东西产生。因此，如果它发生，它必然是从一个外部的结合产生的。 〔411〕

再换句话说。假定一种变化是在上述条件下产生的；由于它开始存在，而事前又不存在，也就是说，即使实体被规定成对立面，并且认定没有任何在别处规定实体的理由附加给内在的东西，实体被视为以明确的方式得到规定的这些理由把实体规定为对立面，这是荒唐无稽的。

解释

尽管这一真理依赖于各种理由如此易于理解的、明白无误的链条，那些自命为沃尔夫哲学追随者的人们却很少注意它，以致他们毋宁断言，单纯实体从内在的活动原则出发经受着不断的变化。当然，我非常熟悉他们的证明，但我也同样坚信它们是不结果实的。因为一旦它们给力下一个任意的定义，以致它表示某种包含着**变化**理由的东西，而人们毋宁必须设定它包含着**规定**的理由，他们就肯定很容易陷入错误。

此外，单独考察任何一个实体，从其内部都不可能产生变化，人们是在宇宙中发现变化的交替的；如果有人渴望知道变化究竟是以什么方式产生的，他可以把自己的注意力转向从事物的结合、即从其规定的相互依赖性产生的东西。此外，鉴于我们这篇论文的篇幅，在此继续解释这些东西似乎有点过于冗长，借助我们的证明断定事情肯定不可能是别的样子也就够了。

运用

1. 首先我发现，一种更为健康的哲学针对唯心主义者们迄今只有沿着可能性的道路予以保护的物体的现实存在，从我们的原则所宣称的东西中就可以得出。因为灵魂是经受了内在变化的（通过内感官）；由于从灵魂的本性出发，如果单独地在同其他事物的结合之外考察它的话，根据已经证明的东西，这些变化是不可能发生的，所以，在灵魂之外必定存在着许多
〔412〕东西，灵魂凭借交互的结合与它们联系在一起。同样，由此也表现出，即便是观念的交替也是与外在运动相适应发生的；而因为由此可以得出，如果不是有某种现实的东西，其与灵魂的

交往给予灵魂一个与它相适应的观念，我们对一个物体就不可能有一个可不同规定的观念，所以，由此可以轻而易举地得出，存在着一个复合的东西，我们称之为我们的身体。

2. 莱布尼茨的前定和谐完全被推翻，并非像通常发生的那样，是由于人们相信与上帝不相宜的、提供一种大多数情况下不稳定的辅助手段的终极理由，而是由于其自己内在的不可能性。因为从已证明的东西就可以直接得出，离开与外部事物的现实结合，人的灵魂完全没有内在状态的变化。

3. 所有有限精神都必须被赋予一种有机的躯体，这种见解由此获得了其确定性的重大证明。

4. 上帝本质上的不变性并不是从派生自其无限本性的认识理由、而是从其真正的原则得出的。因为最高的、完全没有任何依赖性的神意由于与它相符合的各种规定完全不通过任何外部的关系得到加强，从而完全没有内在状态的变化，这从断定的东西已充分表现出来。

说明：上述定律之所以也许会显得有错误之嫌，乃是因为人的灵魂以这种方式在行使思维的内在功能时受制于物质的那种牢不可破的结合，这看起来与唯物主义者们的危险见解距离并不远。然而，我并不因此就剥夺灵魂的观念状态，尽管我承认，如果灵魂完全摆脱外在的结合，这种状态就是不变的、永远与自身一致的。至于也许有人会力图强加给我的那种争辩，我把它交给那些众口一词地维护灵魂与一个有机躯体的必然结合的新人们去处理。为了从他们中间举出一个人来做证人，我要提到著名的克鲁修斯①。我注意到，他是如此完全赞同我的意见，以致公开地宣称制约灵魂的那个规律，就是追求观念的

① 参见《康德全集》第Ⅰ卷，393页注。《逻辑学》第79～81节。——科学院版编者注

努力总是与它们的实体追求一种外部运动的努力结合在一起所遵循的规律，因而当后者被障碍所阻挡时，前者就也受到阻碍。尽管他并不认为这一规律如此必然，以至于不是上帝愿意就不能废止它，但由于他承认其本性是受制于此的，所以他也不得不承认必须重新创造这种本性。

二、共存律

〔413〕 **命题十三　有限实体单凭其存在彼此之间没有任何关系，而且除了被其存在的共同本原即神圣理智维持塑造在相互的关系中之外，也没有任何共同的东西。**

证明：单个的实体没有一个是另一个存在的原因，它们都是独自的，即离开其他所有实体完全可理解的存在。因此，如果简单地设定任一实体的存在，那么，在它里面就没有任何揭示其他与它不同的实体存在的东西。但是，由于关系是一种视情况而定的规定，也就是说，在一个独自受考察的存在者里面是不可理解的，所以，就像它的规定理由一样，凭借单独设定的一个实体的存在同样是无法理解这种关系的。因此，如果除了这种存在之外不再附加任何东西，那么，在所有的实体之间就没有任何关系，也根本没有共同的东西。所以，就单个的实体具有一种不依赖于其他实体的存在而言，在它们之间并不存在一种相互的结合，有限者也肯定不能是另外实体的原因，但尽管如此所有的一切都仍然被发现在宇宙中处于相互的结合中，因而必须承认，这种关系取决于原因的共同性，即取决于作为存在者普遍本原的上帝。但是，由于如果不是同一个赋予存在的神圣理智的图式，就把它们的存在理解为相互关联的而言，也巩固了它们的关系，从上帝简单地确立了它们的存在就不能得出它们之间的相互关系，所以显而易见的是，所有事物的普遍共同性只能被归于这一神圣观念的概念。

解释

我认为自己第一个以极为清晰的理由说明了，宇宙中各种实体的共存并不足以确立它们的相互结合，而是除此之外还要求一种起源的共同性和一种和谐的依赖性。简明扼要地重复证明的关键如下：如果实体 A 存在，在此之外又存在着 B，那么就可以认为 B 并没有在 A 中设定任何东西；因为假定它在 A 中规定着某种东西，这就意味着，它包含着规定 C 的理由；由于规定 C 是一个关系谓词，只有当除 B 之外还有 A 存在的时候才是可理解的，所以，实体 B 通过作为 C 的理由的东西而以实体 A 的存在为前提条件。但由于如果实体 B 是单独存在的，凭借它的存在根本不能规定是否必须存在一个 A，所以，单从 B 的存在还不能理解，它在其他与它不同的实体中设定了某种东西，因此，根本不存在任何关系，也不存在任何共同性。即使上帝除实体 A 之外还创造了其他实体 B、D、E，乃至无穷多，由它们的既定存在也不能直接得出它们在规定上的相互依赖性。因为从除 A 之外还存在着 B、D、E，以及 A 能够以某种方式在自身中被规定，并不能得出，B、D、E 必然具有与它相适应的存在规定。因此，在这种共同依赖上帝的方式中，必然还存在着它们相互依赖的理由。而以什么方式实现这一点，是很容易理解的。神圣理智的图式，即存在的本原，是一种持久的行动（人们称之为保存），在它里面，如果 〔414〕
任意一些实体独立地、脱离规定的关系被上帝设想，在它们之间就不能产生任何结合，不能产生任何相互关系；但是，如果它们在上帝的理解中被设想为是处在关系中的，那么，各种规定事后在存在的延续中就与这一观念相适应而互相发生关系，也就是说，它们作用并反作用，并且存在着单个实体的一种外部状态；而如果背离了这一原则，单凭它们的存在是不可能有这样一种状态的。

运用

1. 由于位置、态势和空间是各实体的关系，凭借这些关系，它们以相互的规定和其他与自己现实地不同的实体联系起来，并以这种方式被保持在一种外部的结合中；此外，由于凭借已证明的东西可知，单是实体的存在自身并不包含与其他实体的结合，所以显而易见的是，即使设定有众多实体存在，由此也没有同时规定位置、态势和由这些普遍的关系构成的空间。相反，由于各实体的相互结合要求一种在神圣理智的作用性观念中被理解为视情况而定的描绘，而这种观念对于上帝来说又是完全任意的，并且因此而按照他的喜好同样能够被允许和放弃，可以得出，各实体能够存在所遵循的规律如下：**它们不在任何位置**，就我们宇宙大全的事物而言也完全不在任何关系中。

2. 由于在这些与我们的宇宙大全没有任何结合的实体中，依照神的喜好可能有许多仍然以规定的联结而彼此结合在一起，从而能够造成位置、态势和空间，所以，它们将构成一个世界，这个世界摆脱了我们作为其成员的那些世界的范围，也就是说离群独处。因此，如果上帝愿意，在形而上学的意义上也就可能有众多的世界存在，这绝不是无稽之谈。

3. 据此，由于仅仅实体的存在对于相互的共同性和规定的关系来说是完全不够的，从而通过外部的结合表现着一个所有实体的共同原因，在这个原因中它们的存在被塑造成处在关系之中的，又由于没有这种本原的共同性普遍的结合是不可思议的，所以，由此可以得出所有事物的最高原因、即上帝这个惟一者的一个极为清晰的证据，至少在我看来，它远远超越了那种偶在的证明。

4. 即便是主张两个同样第一并且决不相互依赖的本原统治着世界的摩尼教徒，其不健全的观点也由于我们的定律而被完全推翻。因为一个实体能够与宇宙的事物有某种共同性，只能要么是它们的共同原因，要么是与它们一起从这个共同原因产生的。因此，如果把这两个本原中的一个称为所有实体的原因，那么，另一个就无论如何也不能在它们里面规定着某种东 〔415〕西；如果把两个中的某一个称为至少一些实体的原因，那么，这些实体就与其他实体没有共同性。或者必须认定要么这两个本原中的一个依赖于另一个，要么它们两个都依赖于一个共同的原因，这同样是与假定的前提相悖的。

5. 此外，由于众实体的规定是相互关联的，也就是说，彼此不同的众实体相互作用（因为一个在另一个里面规定着一些东西），众实体总是必然与某种反作用相结合的复杂作用就构成了空间的概念。如果普遍的作用和反作用的外在表现通过物体彼此相关的空间的整个范围相互接近，这种表现就被称为**引力**，它由于是仅仅借助于共同在场造成的，所以在任何距离上都出现，这就是**牛顿引力**或者普遍的重力；所以，它很可能是凭借众实体规定空间的那种结合产生的，从而是制约着物质的最原始的自然规律，而物质则只有在上帝作为其直接守护神的情况下才持久存在，即便是按照那些自称为牛顿追随者的人们的意见也是如此。

6. 由于如果所有实体都存在于同一空间里，它们就具有共同性，由此出发就可以理解规定方面的相互依赖性、精神对物体和物体对精神的普遍作用了。然而，由于任一实体都不能凭借内在地属于它自身的东西拥有规定与自己不同的实体的能力（如上已证明），相反，这只有凭借自己被编织进无限存在者的观念中的那种结合才可能发生，所以，虽然在任一实体中都能发现的那些规定和变化总是与外在的东西相关，但本来如此称谓的自然影响却被排除了，从而就有了事物的普遍**和谐**。但尽管如此，由此却并没有产生**莱布尼茨**的那种**前定和谐**，后者本来引入的是实体的一种**一致**，而不是其相互**依赖性**；因为上帝既没有为了造成实体的一致而在一系列井然有序的理由中使用与此相适应的机谋，此处也不存在一种上帝的特殊影响，即凭借**马勒伯朗士**①**的偶因**确立众实体的共同性；因为使实体存在并在其中保持它们的同一种不可分的作用，造成了它们相互的、普遍的依赖性，以致神的作用不需要根据情况时而这样时而那样被规定；相反，有一种实体相互之间发生的现实作用，或者一种凭借真正作用因的共同性，因为确立事物存在的同一种本原也使它们受这种规律制约，所以相互共同性是通过其存在的本原所固有的规定确立的；因此，人们就有同样的理由可以说，外部的变化凭借作用因产生，与把内部发生的东西归于实体的内在力量是采用的同一种方式，尽管它的自然作用不亚于外部关系的那种支持，依靠的都是神的维持。然而，如
〔416〕此构造的实体普遍共同性的体系肯定比那种流行的**自然影响**体系更完美，因为它说明了还必须在单独思考的实体的本原之外寻找的事物相互关联的起源，在这方面，那个过时了的作用因体系尤其背离了真理。

① 马勒伯朗士（Nicole Malebranche）教导说，对实体的任何影响都直接溯源于上帝的意志；所谓的自然原因不是实在的原因，而只是偶然的原因：《真理的探求》，巴黎，1768。——科学院版编者注

说明

因此，善意的读者们，这里有两个深奥的形而上学认识的原则，借助它们，人们可以在真理的领域获得不可忽视的统治权。因为如果人们以这种方式精心地致力于这门科学的研究，就会发现它的土地并不是如此贫瘠，鄙视者责难它是休闲的和阴晦的吹毛求疵，也由于杰出知识的丰富收获而受到反驳。不过，有一些人热衷于在著述中猎获受到歪曲的结论，总是善于从别人的见解中挑出某种毒素。尽管我并不想否认，这些人也许能够甚至在我们这部作品中也恶意地歪曲一些东西，但我让他们随自己的意忙去吧；我把不担忧某人也许乐意错误地予以评论，而是沿着研究和学问的正确道路前进看做自己的任务，并以极大的敬意请求那些善待这门科学的人们，支持这一努力。

伊曼努尔·康德
1756 年

1756年

就去年年底波及西欧各国的那场灾难论地震的原因

李秋零 译

科学院版编者导言

约翰内斯·拉茨

这部作品，即关涉里斯本地震的三篇论文的第一篇，发表在1756年的《哥尼斯贝格咨询和广告消息周报》，确切地说第4期和第5期，亦即1月24日和31日。它未出现在康德作品较早的列表和结集中，尽管康德在第二篇论文《地震中诸多值得注意的事件的历史和自然描述》中两次指出这部作品，有一次甚至明确说到《咨询和广告消息报》(参见《康德全集》，第Ⅰ卷，439和451页)。哈滕施泰因第一个把这篇论文收入他1867—1868年的版本。

〔419〕涉及所有人命运的重大事件，理所当然地要激起可嘉的好奇心，这种好奇心在所有非同寻常的事情上都保持着清醒，并习惯于追问那些事件的原因。在这样一种场合，对公众所负的义务应当能够促使自然研究者们，来说明观察与研究能够为他们提供的洞见。我无意于全面地履行这项义务的荣誉，而是把它留给能够自诩已经精确地了解地球内部的人物——如果有这样一个人物挺身而出的话。我的考察将只是一个草案。坦率地说，它将差不多包含迄今为止人们有可能对此说出的一切东西，但还不足以让那种根据数学确定性的试金石来检验一切的严格评判感到满意。我们安静地居住在一块土地之上，它的基础却有时被动摇。我们无忧无虑地建造起亭台楼阁，它们的支柱却时而晃动，有坍塌的危险。我们不因为也许离我们并不遥远的命运而忧虑，当我们得知在邻国造成我们脚下所隐藏的那种不幸的破坏时，我们不是恐惧，而是同情。毫无疑问，不为对这样的命运的恐惧所困扰，这是神明天意的善举；对于阻止这样的命运来说，任何杞人忧天都帮不上一点忙，而我们现实的灾难也并不由于对我们视为可能的事情的恐惧而有所增加。

引起我们注意的第一点就是，我们栖身于其上的土地是空
〔420〕心的，它的圆拱几乎连贯地通过一些辽阔的地带，甚至延伸到了最低的海底。我并不从历史上援引这种情况的实例；我的意图并不是提供一部地震的历史。在许多次地震中听到的像地下风暴在怒吼、或者像载重车驶过石路的那种可怕的咆哮声，这些地震在距离遥远的各国同时延续的后果，其中被一个宽逾450德里的海洋隔开的冰岛和里斯本在同一天发生震动①，这些都无可辩驳地证明，所有这些现象在这些地下圆拱的联系方

① 这个评论后来被康德纠正，参见下文427页及其注。——科学院版编者注

面是一致的。

如果我要就地球形成时造成这些空穴产生的原因说出某种易于理解的东西，那么我就必须将地球的历史一直追溯到混沌时代。如果不能详尽无遗地描述包含其可信性的理由，这样的说明就只会造成过多虚构的假象。但无论原因是什么，有一点是确定无疑的，那就是这些空穴的方向与山脉平行，并且通过一种自然的联系也与大的河流平行；因为这些河流是平行地延伸的山脉从两边限制住的一道长长山谷的最低部分。这个方向同样也是地震传播所采取的主要方向。在多次波及意大利绝大部分的地震中，人们发现教堂中的烛台差不多都是从北朝正南移动；而最近这次地震则是自西向东，这也是横贯欧洲绝大部分的那些山脉的主要方向。

如果在这般可怕的偶然事件中允许人们运用一些小心，如果用一些理性所昭示的部署来对抗普遍的灾难并不被视为一种鲁莽的、徒劳的努力，那么，里斯本不幸的废墟岂不就应当令人对在标志着地震必然地在这一地区以自然的方式发生的方向的那条河畔沿河纵向重建心生疑虑。**金特尔**①证实，如果一座 〔421〕
城市在其最大的长度上被方向相同的地震所震动，所有的房子都将倒塌，相反，如果该方向是在其宽度上，则只有很少的房子倒塌。原因是一清二楚的。地基的晃动使建筑物离开了其垂

① 金特尔*的环球游记，据布丰的引用。布丰同样也证实，地震的方向几乎任何时候都与大河的方向平行。

* Labarbinais-Le-Gentil，18世纪的法国世界旅行家，生于布列塔尼［生年未知，就连卒年也未得到流传］，在《新的世界周游游记……与对中国的描述》［巴黎，1728］这部著作中描述了他的旅行，参见第Ⅰ卷，172页以下；以及布丰的《自然史》，第Ⅰ卷，521～522页，该处刊登了相关的段落。——科学院版编者注）

直的位置。如果一列自东向西的建筑物这样被动摇，那么就不仅仅每一座建筑物都承受了自己的负担，而且西边的建筑物还挤压东边的，从而无可争议地倒在一起；相反，如果它们是在宽度上被晃动，每一座建筑物都只需要保持自己的平衡，在同样的情况下损失就必然会少一些。因此，里斯本的不幸似乎由于其在塔古斯河畔的纵向位置而更为严重；而根据这些理由，在多次感受到地震、且从经验可以得知地震的方向的地区，每一座城市都必须不是按照与地震一致的方向修建的。但在同样的事例中，绝大多数人都持截然不同的见解。由于恐惧使他们不能反思，他们就相信在如此普遍的不幸事例中所发现的灾祸与人们有权利运用小心对付的灾祸截然不同，并想凭借一种盲目的屈服来缓和命运的严酷，由此而无条件地听凭命运的摆布。

地震的主带沿最高山脉的方向延伸，因此，主要是临近这些山脉的地区受到震动，尤其是如果它们被包围在两列山之间的话；在这种情况下，来自两边的震动将结合起来。在一个与山脉没有联系的平坦地区，地震鲜有发生，并且很微弱。因此，秘鲁和智利是世界各国中承受地震最频繁的国家。在那里，人们小心翼翼地建造起两层的房子，其中只有底层砌墙，上层则用的是芦苇和轻木材，以便不致被砸死。意大利，甚至
〔422〕还有部分地处寒带的岛屿冰岛和欧洲的其他高地都证实了这种一致。去年12月自西向东贯穿法国、瑞士、施瓦本、蒂罗尔和巴伐利亚的那场地震，主要波及的是这一地区最高的地方一线。但我们还知道，所有主要的山脉都纵横交错地延伸出支脉。地下的燃烧也逐渐地扩展到这些支脉，因此之故，在到达瑞士群山的高原地区之后，也形成了与莱茵河平行、一直延伸到低地德国的空穴。大自然把地震主要地与高原地区联结起来的这一规律的原因会是什么呢？如果确定无疑是地下的燃烧导

致了这种震动，那么就可以轻而易举地认为，由于多山地区的空穴更为宽大，可燃气体的喷发在这里也就更为自由，燃烧无论何时都必不可少的与封闭在地下的空气的结合也就更为畅通无阻。关于这一点，地球内部自然情状的知识——就人们能够揭示的而言——说明，多山地区的地层远远不像平坦地区的地层那样高，因而那里地震的阻力也就比这里更小。所以如果有人问，我们的祖国是否也有理由惧怕这种不幸的事件，我就要——假如我负有劝戒道德之改善的使命的话——为了人们在此不能否认的普遍可能性而让对此的惧怕保留自己的价值；但是，在虔诚心的众多动因中，取自地震的虔诚心无疑是最弱的虔诚心；而既然我的意图只不过是为猜测列举物理的根据，所以我可以轻而易举地从所列举的东西中得出：由于普鲁士不仅是一个无山的地区，而且也必须被视为一个几乎完全平坦的地区的延伸，所以人们有更大的理由根据神明天意的部署从相反的希望中得到安慰。

现在是就地震的原因列举些什么的时候了。对于一位自然研究者来说，描摹它的现象是某种轻而易举的事情。取25磅铁屑和同样多的硫，并用普通的水搅拌均匀，把这个团块埋入地下一尺或一尺半深，把上面的土夯实。若干个钟头过后，就 〔423〕
可以看到有一股浓烟升起，土受到震动，从地底下冒出火苗。① 毋庸置疑，前两种物质在土里面是经常相遇的，是通过

① 这是康德在《康德全集》第Ⅰ卷471页再次提到的雷默试验。它的描述载论文《雷默对地下火、地震、风暴、闪电和雷鸣的物理学和化学解释》。参见《巴黎王家科学院物理学论文集》，由沃尔夫·巴尔塔萨·阿道尔夫·冯·施泰因韦尔从法文译出，第1部分，427页以下。就连下文的第二个试验也出自雷默，载同一篇论文。尼古拉·雷默生活在1645—1715年。——科学院版编者注

隙缝和岩隙渗入的水使它们骚动起来。另一个试验也可以从自行起燃的冷物质的混合中产生可燃的气体。将2匙硫酸盐油与8匙普通的水搅匀，加入2匙铁屑，就会猛然沸腾起来，产生能够自行起燃的气体。谁能够怀疑，在地球内部包含着足够数量的硫酸盐的酸和铁的成分呢？如果加上水，引起它们的相互作用，它们就会喷出气体；这些气体力图扩散开来，震动大地，并在火山的缝隙处于一片火焰时逃逸而出。

人们早就察觉到，如果一个地区的相邻地区爆发了火山，被封闭的气体由此能够获得了出路，那么这个地区就摆脱了剧烈的地震；人们还知道，如果维苏威火山长时间保持平静，那不勒斯附近的地震就要频繁和可怕得多。将我们置于惊恐之中的事物常常就是以这种方式为我们的福祉服务的；在葡萄牙的群山中爆发的一座火山，有可能成为一种预兆，说明灾难正在逐渐地远离。

万圣节不幸的日子里在如此众多的海岸可以察觉到的水的剧烈运动，在这一事件中成为惊奇和自然研究的极为罕见的对象。地震一直延伸到海底，船只被如此剧烈地摇撼，就好像它们被固定在一块受到震动的坚硬土地上似的。这是一个普遍的经验。但是，在水波涛汹涌的地区，就没有一点地震的迹象，至少在距海岸中等距离的地方就根本感觉不到。尽管如此，水的这种运动也不是绝无先例。1692年，在一场几乎是普遍发生的地震中，在荷兰、英国和德国的海岸也觉察到同样的东
〔424〕西。我听说，许多人不无道理地倾向于用葡萄牙海岸旁的海水通过地震的直接撞击获得的连续波动来解释水的这种波涛汹涌。这种解释最初看来是遇到了一些困难。我清楚地知道，在一种液态的物质中，任何一种压力都必然是通过整体才能感受到的，但是，葡萄牙海海水的压力在传播几百里之后，怎么在格吕克施塔特和胡苏姆还能使水激起几尺高呢？难道不是那里

必定形成摩天的水浪，以便在这里造成几乎难以察觉的水波吗？我对此的回答是：一种液态物质被在某处起作用的原因整个地运动起来，可以有两种方式；或者是通过上升和下降的颠簸运动，即以波浪的方式，或者通过一种突然的压力，这压力将水向其内部震动，当做一种固体来推动，不给水以时间来借助颠簸的波涛来逃避压力，逐渐地传播其运动。前者毫无疑问不能足以解释所引证的事件。但就后者而言，如果人们考虑到，水就像抵抗一个固体那样抵抗一种突然的剧烈压力，并且凭借不给附近的水以时间来超出水平位置的同等剧烈性把这种压力向边上传播；例如，卡雷① 先生在《科学院物理学论文集》第2部分549页讲到一个试验，该试验在一个由两寸厚的板子组装成并且盛满了水的盒子里射入一个火枪子弹，这颗子弹的击打对水的压力如此之大，以至使盒子完全爆裂。如果看一看这个试验，就可以对使水运动的这种方式有一些了解了。例如，可以设想葡萄牙和西班牙从圣维森特角到菲尼斯特雷角的西海岸大约100德里宽受到震动，而且这一震动向西传到海里同样远，那么，就有10 000平方德里的海底随着一次突然的震动被抬起，这震动的速度我们不能估计过高，可以与一颗地雷的运动相比；后者将上面的物体抛15尺高，因而（依据 〔425〕
力学的理由）能够以每秒30尺的速度使其下落。上面的海水抵抗这种突然的震动，使自己并不像在缓慢的运动中发生的那样下降并波涛汹涌，而是接受了它的全部压力并同样剧烈地把

① 卡雷（Louis Carré），法国学者，1663年6月26日出生，1711年4月11日卒于巴黎。康德所提到的论文的题目是《火枪子弹在水中的折射的物理试验》，载《巴黎王家科学院备忘录》，11页以下，1705。在施泰因韦尔的译本中，作者的名字不是Carré，而是Carree，康德在原稿中也这样写。——科学院版编者注

周围的海水向边上推动，周围的海水在如此迅速的挤压下看起来就像是一个固体，其遥远的终端以与受到撞击的海水同样的速度向前推进。因此，在液态物质的每一条块（如果我可以使用这一表述的话）之中，无论它是 200 里长还是 300 里长，如果设想它被约束在一条其遥远的终端和开端有同样宽的口径的渠道之中，就不存在任何减缓了的运动。然而，如果终端处的口径更宽，那么通过这一口径的运动就与此相反，恰恰要减弱许多。但人们必须把水的运动的延续设想为围绕自身传播开来，就像是一个其拓展随与中心的距离而增加的圆一样，因而水的流动在其边缘以同等的程度减缓；所以，在离假定的地震中心 300 德里之遥的荷尔斯泰因海岸，它就要比在根据上述前提条件离同一中心大约 50 里的葡萄牙海岸小 6 倍。荷尔斯泰因海岸和丹麦海岸的运动大得还足以每秒奔流 5 尺，这可以与一条非常湍急的河流的威力媲美。在此，人们可能会提出异议，认为压力向北海水域的延续只有通过加来的运河才可能发生，此处的震动由于向一个辽阔的海域传播而必然大大减弱。但如果考虑到，法国海岸和英国海岸之间水的压力在到达运河之前就必然由于两块陆地之间的挤压而增加，其程度恰如通过传播而减少，那么，由此就不可能给上述荷尔斯泰因海岸地震的影响造成明显的减弱。

就对水的这种挤压而言，最不寻常的事情是：甚至在与海洋根本没有明显联系的陆地湖泊中，在滕普林和挪威，都可以
〔426〕觉察到这种挤压。这差不多显得是人们当时提出来证明地中海水域在地下与海洋相通的所有证据中最强有力的证据。要想摆脱可能从平衡得出的对此不利的困难，就必须设想一个湖的湖水确实通过与大海相联系的渠道不断流出，但由于这些渠道是狭窄的，由此损失的部分通过注入的小溪和大河得到足够的补偿，所以这种流失能够由此而变得不明显。

尽管如此，对于这样一种如此罕见的事件，人们还是不应当轻率地作出过于匆忙的判断。因为内地湖泊的骚动也能够出自其他原因，这并不是不可能的。地下的空气由于这种肆虐的火的爆发而运动起来，可能穿透各地层的缝隙；除了这种猛烈的释放之外，这些地层封死了地下空气的所有通道。大自然只是逐渐地展示自己。不应当因为无耐心就借助虚构来猜出它对我们隐蔽起来的东西，而是应当等待，直到它在清晰的结果中无可怀疑地启示出自己的秘密。

地震的原因似乎把自己的影响一直扩展到大气圈。在大地被震动之前若干个小时，人们经常觉察到红色的天空和大气性质发生变化的其他征兆。动物在临近地震时极度惊恐。鸟类逃避到房子里；鼠类从其洞穴中爬出。毋庸置疑，临近自燃点的受热气体在这一时刻通过大地上面的圆拱突然冒出来了。我不敢说要澄清人们可以预料这种气体会造成什么样的结果。最起码这些结果对自然研究者来说是不受欢迎的，因为他所希望的，是探索出当地下的大气也参与了大气圈的影响时，大气圈的各种变化相互交替所遵循的规律；难道人们可以怀疑这并不一定经常发生吗？因为若不然，由于气候的原因部分地是持久的，部分地是周期性的，在气候的变化中根本看不到重复，这就是几乎无法理解的了。

说明：根据《汉堡通讯报》第199期的报告，上文①冰岛 〔427〕
地震的日期不是11月1日，应纠正为9月11日。

当前的考察可以看做关于我们的时代所发生的值得思考的

① 理由在于，这部作品如导言提到的，是发表在《哥尼斯贝格咨询和广告消息周报》的两期上，康德在这里所关涉的那段话（参见上文420页）含在前一期中。康德所引用的报纸的刊名为《汉堡无党派通讯者的政治和学术报》。——科学院版编者注

自然事件进行的一次小小的预先思考。地震的重要性及其各种各样的特色推动我，在一篇更为详尽的论文中将这种地震的详尽历史、地震在欧洲各地区的传播、当时出现的值得注意的现象以及它们可能引起的考察告知公众。这篇论文将在若干天后在王家宫廷与科学院出版社发表。

1756年

1755年底震动地球一大部分的那场

地震中诸多值得注意的事件的历史和自然描述

伊曼努尔·康德硕士

李秋零 译

科学院版编者导言

约翰内斯·拉茨

康德关于里斯本地震的这第二篇且篇幅最大的论文作为独立作品在普鲁士哥尼斯贝格的约翰·海因里希·哈同的出版社出版，且紧接着前一篇，因为在哲学系档案第Ⅴ卷218页，有这样的审查附注："[1756年]2月21日，伊曼努尔·康德硕士的《1755年地震中诸多值得注意的事件的历史和自然描述》"，而且它在1756年3月11日就在《哥尼斯贝格咨询和广告消息周报》上供人购买了。

就评判这篇论文及伴随它的论文而言，必须提到的是，这些论文是在一门科学的地理学创建之前写就的。值得注意的是，康德第一个作出断言并试图用证明来证实，里斯本地震非同寻常的扩散是由海洋中的震动的延续引起的，这是一个今天被普遍称为正确的论断。

刊印：1.《1755年底震动地球一大部分的那场地震中诸多值得注意的事件的历史和自然描述》，伊曼努尔·康德硕士著，4开本，哥尼斯贝格，1756，约翰·海因里希·哈同印刷并出版。

2.《伊曼努尔·康德较早尚未结集的短篇著作集》，林茨编，45～86页，1795。编者承担费用。

3.《伊·康德短篇全集》，按时间顺序排列，第Ⅱ卷，1～52页，哥尼斯贝格和莱比锡（实际上是福格特在耶拿），1797。

4.《伊·康德杂文集》，第8及完备版，蒂夫特隆克编，第Ⅰ卷，521～574页，哈勒，1799。

大自然并不徒劳地到处展示罕见现象的财富以供考察和赞赏。受委托经营大地的人，有能力也有兴致认识它们，并通过自己的认识来颂扬创造者。甚至祸害人类的可怕工具，即大陆的震动、在其底床被翻腾起来的海洋的怒啸、喷发的火山，也都要求人来考察，并且作为一种出自恒定规律的正常结果被上帝植入自然，并不亚于灾祸的其他已经习以为常的原因；后者之所以被视为自然的，乃是因为人们对它们更为熟知。 〔431〕

对这样一些可怕的偶然事件的考察是富有教益的。它使人看到，他没有或者至少失去了期望从上帝所安排的自然规律得出纯粹惬意的结果的权利，从而使他谦卑恭顺；人也许还以这种方式学会发现，他的欲望的这一游戏场地理所当然地并不应当包括他的所有意图的目标。

前言

论地壳内部的性状

如果事情的关键是详尽性的话，我们已经相当完备地认识了地壳的表面。然而，我们在自己的脚下还有一个世界，对于它，我们目前还所知甚少。为我们的铅锤敞开无底深渊的山缝、我们在山体的内部所遇到的洞穴、我们数世纪之久深挖的 〔432〕
矿井的最深地层，都远远不足以使我们获得对我们所居住的这个巨大团块内部结构的清晰认识。

人们从大陆的最高表面所下降到的最大深度，尚不足500寻，即尚不足到地球中心距离的1/6 000；尽管如此，这些深渊还处在山区，甚至所有大陆都是一座山，在这座山里，哪怕仅仅想达到与海底同样的深度，就必须下降得至少再深3倍。

但是，大自然对我们的眼睛和我们的直接试探遮掩起来的东西，它自己却借助其作用揭示了出来。地震向我们显示，地球的表面充满了拱券和洞穴；在我们的脚下，隐蔽的坑道以各种各样错综复杂的路径向四面八方延伸。对地震历史的追溯无可置疑地证实了这一点。我们把这些洞穴归于同样给海洋准备了底床的那个原因；因为毫无疑问，只要人们了解到大洋从其当时漫过整个大陆的停留处遗留下的残余，了解到甚至在山体的内部也可以发现的巨大的贝壳堆，了解到从最深的地层挖掘出的海洋动物化石，我要说的是，只要人们在某种程度上了解到这一切，就可以轻而易举地认识到：首先，海洋当时曾经在很长的时间里覆盖整个大陆；其次，这一滞留持续了很久，而且甚至比大洪水时期还早；最后，大水不可能以其他方式消退，除非大水的底床有时陷入深坑，为大水准备好流入其中的深池；如今它被约束在水岸之间，由于水面下沉，抬高了的地区就成为陆地；陆地到处都被洞穴掏空，其线路布满了陡峭的山峰，它们被称为山脉，沿着大陆以可观的长度绵延开来的所有方向，贯穿大陆的最高的高地。

〔433〕 这些洞穴都包含着熊熊燃烧的火焰，至少包含着可燃的材料，后者只要稍有刺激，就会猛烈地到处肆虐，撼动甚至震裂上面的地壳。

如果我们就其蔓延的全部范围来考虑这种地下火的区域，那我们就必须承认，在地壳上只有少数国家不会间或感受到它的影响。在极北地区，冰岛遭受到它的极剧烈的侵袭，而且屡见不鲜。在英国，甚至在瑞典，都有一些轻微的震动。尽管如此，在南方地区，我指的是临近赤道的那些地区，震动要更为频繁，更为强烈。意大利，所有海洋中临近赤道的岛屿，尤其是印度洋中的岛屿，更经常地受到其地基的这种不安定的侵扰。在印度洋的岛屿中，几乎没有一个不是拥有一座要么至今尚在喷吐火焰，要么至少是刚刚喷吐过火焰的火山，它们同样经常地遭受到震动。如果人们在此可以相信许普纳① 的报道，那倒是一种不错的谨慎；荷兰人利用这一报道，为的是他们仅仅在班达和安汶这两个岛上才允许繁殖的麝香葡萄和丁香比两种珍贵的调味香料，不致面临被地震灭绝的危险。如果这两个岛屿中的一个由于地震而要蒙受完全沉沦的命运，他们随时可以在另一个遥远的岛屿上维持这两种植物的苗圃。临近赤道的秘鲁和智利要比世界上的任何一个国家都更频繁地蒙受这种灾难的骚扰。在前一个国家里，几乎没有一天不曾觉察到地震的轻微撞击。不要以为这可以被看做太阳热对这些国家的地层影响大得多的一个结果。在一个差不多不到 40 尺深的地窖中，几乎根本感觉不到夏天和冬天的任何区别。太阳热同样很少能够穿透地层很深，以致诱发可燃物质并使其运动。毋宁说，地震遵循的是地下坑穴的性状，后者遵循的则是最上层地壳一开始必然发生下沉所遵循的规律；越是接近赤道，就会造成越是 〔434〕
深、越是花样繁多的起伏；由此，包含着地震引爆装置的坑道就变得更为宽阔，从而更适合于激起地震。

关于地下过程的这一前言，对于认识后面关于地震在各大地区的广泛传播、关于地震所涉及的地带、关于地震最频繁地肆虐的地点、关于地震首先发难的地点将讨论的东西来说，其重要性绝不是微不足道的。

现在，我从最近的一次地震的历史谈起。我并不是把这一历史理解为人们由此所遭受的不幸事件的历史，不是把它理解为遭受蹂躏的城市和掩埋在其废墟之下的居民们的历史。凡是

① 许普纳（Johann Hübner），汉堡法学硕士和律师（卒于 1758 年），写过一本《完全地理学》，汉堡，1730—1732。参见《完全地理学》，新版，第 2 部分，566～567 页，1745。——科学院版编者注

想象力能够设想的可怕的东西，人们都必须综合起来，以便在某种程度上预先想象当大地在人们的脚下震动时，当人们周围的一切坍塌时，当在其底床被震动的水由于泛滥而充分地造成了不幸时，当死亡的恐惧，由于丧失一切财产而感到的绝望，最后还有其他灾难的景观粉碎了最坚定的勇气时，人们必然陷入其中的惊恐。这样一种叙述将是感人的，由于它对心灵有一种影响，所以它也许还能够对心灵的改善有一种影响。然而，我把这一故事留给更能干的手笔来叙述。我在此仅仅描述大自然的工作，描述伴随着可怕事件的那些值得注意的自然状态及其原因。

论上一次地震的预兆

我把后来变得如此可怕的地下燃烧的预演确定在去年 10 月 14 日早晨 8 点于瑞士的洛迦诺觉察到的大气现象。一股就像是从炉子里冒出那样的热气扩散开来，2 小时后变成了一朵红云，从而在傍晚下了一阵血红的雨。雨水在被接住后，沉淀下 1/9 微红色的胶质沉积物。6 尺厚的雪也同样被染红了。红雨持续了 40 个小时，大约波及 20 平方德里，甚至在施瓦本也可以觉察到。紧随这种大气现象之后，是不正
〔435〕常的倾盆大雨，在 3 天内降雨量达 23 寸，超过湿润地区全年的降雨量。这场雨虽然并非每天都同样大，但却持续了逾 14 天之久。发源于瑞士山区的伦巴第各河，此外还有罗讷河都波涛滚滚，涨过河岸。从这一时间开始，空中到处都是可怕的风暴在肆虐。甚至到了 11 月中旬，在乌尔姆还下了一场同样的红雨，大气圈的混乱、意大利的龙卷风、极为潮湿的气候都还在持续。

如果要把握这种现象的原因及其结果，那就必须留意它的发生地的地壳特性。瑞士山区的地下有宽阔的缝隙，毫无疑

问，它们相互之间凭借极深的地下通道联系在一起。朔伊希策①曾经讲述过差不多20个在某些时候刮出风来的深穴。如果我们现在假定，在这些洞穴内部隐藏的矿物质同使它们沸腾起来的液体混合起来，并由此发生一种内在的骚动，这种骚动能够使可燃的物质为几日之内完全爆发的燃烧做好准备；如果我们设想，譬如蕴藏在硝酸钾精里面的、大自然必定自己配制的那种酸，怎样或者通过注入水或者由于其他原因而运动起来，怎样侵蚀它落在其上面的含铁土，那么，这些物质在其混合时将会自行发热，并从山区的洞穴中喷射出红色的热气，红色含铁土的微粒同时在猛烈的沸腾中与之混合并继续下去，这就造成了我们提到的胶质的红雨。这种雾气的本性导致空气的张力减弱，并正因为此使悬浮在空气中的水雾聚集起来，此外还由于吸引了周围所有在大气圈中浮动的云雾，通过自然地倾向于气柱高度被降低的地区，而引起了在上述地区觉察到的那种猛烈而又持久的暴雨。

地下的骚动就是以这样的方式通过喷射出的雾气预先报告它暗中准备的不幸的。② 命运的完成以缓慢的脚步紧随其后。〔436〕
一种骚动并不是马上就转化为燃烧的。骚动不安的、发热的物质要想燃烧起来，必须遇到一种可燃的油、硫磺、沥青或者诸如此类的东西。发热有时也在地下的通道中传播，在释放出来的可燃物质因与其他物质的混合发热到燃点的时刻，大地的拱

① 朔伊希策（Johann Jacob Scheuchzer，1672—1733），苏黎世御医和修士。参见《瑞士国家的自然史》，第1部分，117页以下，苏黎世，1752。——科学院版编者注

② 在加的斯，地震前8天大地就布满了大量从土中钻出来的蠕虫。是上述原因把它们驱赶出来的。在其他几场地震中，大气中猛烈的闪电和人们在动物那里发现的不安就是预兆。

券受到震动，厄运的最后一幕也就完成了。

1755 年 11 月 1 日的地震和水的震动

这一打击所发生的那个时刻，似乎可以最准确地定在里斯本的上午 9 点 50 分。如果把里斯本和马德里这两个城市经度的差别转化为时间的差别，那么，上述时间与人们在马德里感到地震的时间，即 10 点 17～18 分，就是完全吻合的了。在这个时候，各个水域——无论是与大洋明显相通的水域，还是以一种隐秘的方式与其相通的水域——都以一种惊人的规模被震动起来了。从芬兰的奥布开始，直到西印度群岛，很少甚至根本没有一段海岸幸免于难。它几乎在同一时间里控制了 1 500 里的距离。如果人们肯定，在易北河畔的格吕克施塔特感觉到震动的时间可以完全精确地确定在 11 点 30 分，那么由此就可以推论出，水的震动从里斯本到荷尔斯泰因海岸用了 15 分钟。在同一时间里，在地中海的所有海岸都察觉到了水的这一震动，而人们还不知道它延展的整个范围。

在大陆上看起来被切断与海洋的任何通道的水域，即泉水、湖泊，在诸多彼此距离遥远的地区里都在同一时间非同寻
〔437〕常地波动起来。瑞士的绝大多数湖泊、边境上的滕普林附近的湖泊、挪威和瑞典的一些湖泊都波涛汹涌，比一场风暴还要更剧烈、更混乱，而空气在同一时刻却是寂静的。纳沙泰尔附近的湖泊——如果可以相信各种消息的话——则消失在隐秘的缝隙中了，迈宁根附近的湖泊也同样消失了，但不久就又重新出现了。在同样的几分钟里，波希米亚托普利茨的矿泉水突然断流，重新出现时成为血红色的。震动水的力量加宽了水的旧通道，水由此而流动得更欢了。这个城市的居民们高唱《上帝，我们赞美你》，而里斯本的居民们唱出的却是完全不同的声音。人类遭受的意外事件就是这种样子。一些人的欢乐和另一些人

的不幸往往是出自共同的原因。在非洲的非斯王国，地下的强力撕裂了一座山，从其深穴中涌出血红的水流。在法国的昂古莱姆，人们听到地下的怒号；在平原上张开了一个深深的地穴，里面的水深不可测。在普罗旺斯的热姆诺，一眼泉水突然浑浊起来，然后流出的水成为红色的。周围各地区也报道了其泉水的同样变化。所有这一切都发生在地震蹂躏葡萄牙海岸的同样几分钟里。有时，在同一个短暂的时刻里也觉察到相距遥远的地区所发生的一些震动。然而，它们几乎都是紧靠着海岸发生的。在爱尔兰的科克，此外在格吕克施塔特和其他一些临近海洋的地方，都发生了轻微的颤动。米兰也许是在与海岸最远的距离上于同一天受到震动的地方。同一天上午8点，那不勒斯的维苏威火山爆发，临近葡萄牙发生地震的时候又归于寂静。

关于水的这种震动原因的考察

所有水域和地球的一大部分发生一场传播得如此广泛、在短短几分钟的进程中被同时觉察到的震动，这是史无前例的。因此就有必要谨慎地从惟一的意外事件中找出震动的原因。可 〔438〕
以主要思考以下能够造成上述自然事件的原因：首先，要么是通过直接处在大海波涛汹涌的地方下面海底到处发生的颤动，在这种情况下，人们就必须提出理由，说明引起这种颤动的火脉为什么仅仅在海底下面延伸，而不是在与这些海洋联系密切并经常切断这种共同联系的陆地下面延伸。人们将由于下面的问题而自己觉得尴尬，即为什么地面的震动由北海的格吕克施塔特一直传播到波罗的海的吕贝克、传播到梅克伦堡海岸时，在处于这些海洋之间的荷尔斯泰因却感觉不到。在那里，只是在临近水岸的地方觉察到某种轻微的震动，但在陆地内部却根本觉察不到。但是，人们通过远离海洋的水，例如滕普林附近的湖泊、瑞士的湖泊和其他湖泊的水的波动而得到了证明。人们可能很容易认为，要想通过地面的颤动使一个水域如此剧烈地波涛汹涌，震动必定不是微不足道的。但是，为什么周围所有的陆地——火脉必然在它们下面延伸——都没有感到这种剧烈的撞击呢？人们很容易发现，所有的征兆都是与这种见解的真理性相悖的。通过在某个地方发生的猛烈撞击而在周围对密实的大地团块造成的震动，就像一个火药塔爆裂时在有一些距离的地方地面发生震动一样，就运用于这一实例而言，也完全失去了可能性，这既是出自以上已经列举的原因，也是由于惊人的范围，与整个地球的范围相比，它占了地球的一个如此可观的部分，以致该部分的颤动必然引起整个地球的震动。不过，人们如今可以从布丰①那里知道，地下火的一次爆发即使可以将一座长 1 700 里、宽 40 里的山脉抛起 1 里高，但却不能将地球从其位置上移动一拇指宽。

因此，我们将要在一种中介物质中探索水的震动的传播。
〔439〕这种物质更适宜于在广大的范围里，即在各海洋与由于海底的直接颤动而发生一种激烈的、突然的震动的水域相联系的水域里传播震动。

在《哥尼斯贝格周报》② 上，我曾试图估量通过在其海底发生的颤动的撞击而在全部范围内震动海洋的力量。我假定海底发生震动的地方是一个正方形，它的边相当于从维森特角到菲尼斯特雷角的距离，即相当于葡萄牙和西班牙西海岸的长度，而把上抬的海底的力量看得如同一个在爆裂时能够将上面

① 参见《自然史》，第Ⅰ卷，523～524 页。——科学院版编者注

② 参见《康德全集》，第Ⅰ卷，424～425 页。——科学院版编者注

的物体抛 15 尺高的地雷的力量，并且按照运动在液体物质中得以继续所遵循的规则，认为它在荷尔斯泰因海岸要比流速极快波浪翻滚的河流更为强有力。在此，让我们再从另一个角度出发看一看它出自这些原因所发挥的力量。马尔西格利① 伯爵借助铅锤发现地中海的最大深度超过 8 000 尺。毫无疑问，大洋在与陆地相应的距离上要更深。但我们在这里想假定为只有 6 000 尺，即 1 000 寻深。我们知道，一个如此高的海水柱压向海底的重量必定超过大气压差不多 200 倍；它还远远超过一颗从炮膛射出在脉搏一跳的时间里前进 100 寻的炮弹后面的火的力量。这种令人惊异的重量并不能遏制地下火迅速地将海底向高处撞击的力量。因此，后一种推动的力量要更大。那么，水是受到什么样的压力的挤压，以致突然向周边四射呢？如果若干分钟内在芬兰和西印度群岛同时感觉到这一点，这岂不是值得惊异的吗？人们根本无法澄清直接受到震动的地面究竟有多大。也许，它比我们所假定的还要大得多。但是，在那些没有任何地震却感觉到水的震动的海洋下面，在荷兰海岸、英国海岸、挪威海岸以及在波罗的海，海底肯定不能发现震动。因为若不然，大陆的内部肯定一起被震动，但这一点却根本没有 〔440〕
被观察到。

在我把大洋所有相互联系的部分的剧烈震动归结为其海底在某个区域所受到的惟一一次撞击的时候，我并不想因此就否认地下火在几乎整个欧洲大陆下面的现实传播。它们很可能是在同一时刻发生的，并且都参与了我所发现的这些现象，只不

① 马尔西格利（Louis Ferdinand comte de Marsigli），地理学家和自然史家，1658 年 6 月 10 日生于博洛尼亚，1730 年 11 月 1 日卒于同地。他写过一本《海洋的物理学史》，阿姆斯特丹，1725，参见该书的 11 页。——科学院版编者注

过每一种都不能被特别地视为所有现象的惟一原因。北海水的震动使人感觉到一种突然的撞击，但却不是一次在地底肆虐的地震的结果。要想造成诸如此类的结果，这样的震动必须非常剧烈，从而在大陆下面可以非常明显地感觉到。但因此之故，我也不否认甚至所有的大陆都由于其地面下燃烧的气体或者其他原因的微弱力量而产生了轻微的晃动。在这天面临着彻底覆灭的极大危险的米兰，人们就看到了这一点。因此我们想设定，地球由于一次轻微的晃动而产生了微不足道的运动，这运动是如此之小，它在 100 莱茵杆的高度上使大地来回摆动 1 寸。于是，这种运动就将如此难以察觉，一座高达 4 杆的建筑将不会由此而从其垂直位置上移动一颗谷粒的一半，即移动半个刀背，这即便是在极高的塔上也是几乎不可察觉的。与此相反，湖泊却必然使这种难以感觉到的运动变得非常明显。因为如果一个湖泊例如仅仅长达 2 德里，那么湖水就将由于其湖底的这种微不足道的晃动而产生相当强烈的波浪。原因在于，水在这种情况下在 14 000 寸的高度上大约下落 1 寸，其流量就像巴黎塞纳河的水文测量告诉我们的那样，仅仅比一条相当湍急的河流的流量差不多小一半，这在若干次时而发生的震动之后能够给水造成一种非同寻常的颠簸。但是，我们可以有充分的理由再次假定大地的运动就像我们所说的那么大，在大陆上
〔441〕完全有理由不能感觉到。在这种情况下，内陆湖泊的运动就更可以理解地引起注意了。

因此，当人们看到所有的内陆湖泊，无论在瑞士、在挪威还是在德国，在感觉不到地面震动的情况下却如此不平静、如此波涛汹涌的时候，就不再觉得惊讶了。但是，人们觉得有点异乎寻常的是，某些湖泊在这种混乱中完全干涸了，例如纳沙泰尔湖、科莫湖、迈宁根湖，尽管它们中的一些又重新蓄满了水。不过，这种事情并不是史无前例的。地面上有一些湖泊，

完全有规律地在某些时间通过隐秘的渠道消失掉，并在特定的时间里又重新出现。克赖因公国的齐克尼茨湖是这方面的一个值得注意的实例。该湖在湖底上有一些洞孔，但它在雅各日左右之前并不会通过这种洞孔流失掉。在雅各日前后，它连同所有的鱼类一起突然消失，在3个月之久使其湖底干涸，成为优良的牧场和农田之后，接近11月的时候又突然重新出现。有人将这种自然事件比之为水力系统的多尿症①，非常通俗易懂地解释了它。但在我们所探讨的事例中，人们很容易就能看出，由于许多湖泊通过其湖底的泉脉而得到补充，这些发源于附近山丘的泉脉，在地下发热和蒸发的结果于作为其水源的洞穴中耗尽了空气之后，必然又因此而被吸引回这些空穴中，甚至造成一个强有力的嘬吸机制，将按照空气已经建立起来的平衡又自己寻找自然出路的湖嘬吸进去。因为像关于迈宁根湖的官方报告想要解释的那样，一个内陆湖由于没有溪流的外部注入，靠与海洋的地下通道来供养，无论是鉴于与此相悖的平衡规律，还是鉴于海水的盐分，这种说法都是极为明显的荒唐无稽。

地震已经把使水泉陷入混乱当做某种自身习以为常的事情。我当然可以在此从其他地震的历史中列举出受到堵塞而又在其他地方冒出的泉源、在相当高的地方从大地喷射出的泉水和诸如此类的东西的一整个清单，但我还是不要离开自己的主题。〔442〕有人从法国给我们报道说，一些地方的泉源受到堵塞，而另一些泉源则水量过多。托普利茨泉干涸了，使可怜的托普利茨人担惊受怕。后来它又出现了，最初是浑浊的，然后是血红的，最后是自然的，比以前水量更大。我认为，在如此之多的

① 在水力学中著称的希罗双碗或者魔碗，里面的水一旦被灌装到一定高度，就凭借里面安装的升降机制而自动倾空。——科学院版编者注

地区，甚至在非斯王国和法国，水的污染要归因于同穿透泉源经过的地层、与硫磺和铁分子一起骚动起来的雾气的混合。如果雾气一直渗入到包含着水泉源头的地下水库的内部，那么，它要么就会以更大的力量使泉源喷出，要么由于它把水迫入另外的通道，从而改变了水的流出量。

这些就是11月1日的历史及其各种情况中作为最罕见情况的水的震动中最为值得注意的东西。我完全相信，紧靠海岸或者一个与此相通的水域的地震，在冰岛的科克、在格吕克施塔特、有时在西班牙，绝大部分都可以归因于受挤迫的海水的压力；如果人们通过海水所涉及的面积来增加海浪的强度的话，则海水的力量必定是难以置信地大。我认为，里斯本的不幸就像欧洲西海岸大多数城市的不幸一样，归因于相对于大洋被激活地区的位置，因为大洋的全部力量还除此之外在塔古斯河的入海口通过海湾的狭道而得到加强，必定非同寻常地震动地面。人们可以判断一下，如果不是水的压力起到参与作用在大陆内部就无法感受到的震动，是否仅仅在临近海岸的城市里才能清晰地觉察到。

这一重大事件的最后一个现象还是值得注意的，当时在一个较长的时间里，即地震后差不多1个～1.5个小时里，可以看到大洋里的水惊人地浪叠浪，塔古斯河波涛翻滚，它们交替着上升到高过最高的涨潮6尺，转眼之间又下落到低过最低的
〔443〕落潮6尺。海洋在地震之后和水的第一次惊人压力之后较长的时间里表现出的这种运动，也完成了塞图巴尔市的毁灭，它翻越过这个城市的废墟，完全摧毁了防御地震的一切。人们如果事先对通过海底的运动向前激射的海水的强度有一个正确的概念，那就能够很容易地想象，在它的压力向四周无法测度的所有地区传播开来之后，它必然猛烈地重新返回。它返回的时间取决于它向四周发挥作用的辽阔范围，而它主要在岸边的波涛

汹涌则按照前者必定也是同样可怕的。①

11月18日的地震

从这个月的17日到18日，官方消息报道了葡萄牙、西班牙以及非洲海岸的显著地震。17日中午在地中海海峡的直布罗陀、傍晚在英国约克郡的怀特黑文都可以感觉到。17日到18日子夜，地震已经到了美洲的英国种植园。也正是在18日，在意大利的阿夸喷登特和德拉格罗塔地区也可以强烈地感觉到地震。②

12月9日的地震

根据官方消息证实，里斯本自11月1日以来从没有发生过像12月9日那样强烈的地震。在西班牙的南海岸，在法国的南海岸，经过瑞士山区、施瓦本、蒂罗尔，直到巴伐利亚，都感觉到了这场地震。它从西南到东北，横贯近300德里。由于它遵循的是沿经线横贯欧洲大陆最高地带的那条山脉的方 〔444〕
向，所以它并不怎么向两旁传播。最细心的地理学家瓦伦③、

① 在胡苏姆港，即便在12点和1点之间，即北海中的水的第一次撞击之后约1个小时，还可以觉察到水的这种波涛汹涌。

② 此外，在赫特福特伯爵领地的格罗松，也可以感觉到地震。那里在一次猛烈的海啸时裂开了一道沟，里面有很深的水。

③ 瓦伦（B. Waren）于1622年生于希茨阿克，并在于耳岑受教育，他的父亲于1627年被聘到那里任大教堂教长。他自1647年作为医学博士到阿姆斯特丹生活，于1650年在那里去世。同一年，《一般地理学》的第1版出版，12开；第2版，同样是12开，只是装潢和页码有些不同，1664；第3版与第2版相符，1671；所有3版都是在埃尔塞维尔那里出版的；后来由牛顿操办的几个版本则是以8开本在剑桥出版。——科学院版编者注

布丰、卢罗夫①注意到，就像所有沿经线更甚于沿纬线延伸的大陆一样，欧洲山脉最主要的线路是从一个主干，即阿尔卑斯山脉，向西经过法国南部各省，中间经过西班牙，一直向西延伸到欧洲最外边的海岸的，尽管它在沿途衍生出若干巨大的支脉，同样向东也通过蒂罗尔群山和其他稍微逊色的群山而最终与喀尔巴阡山脉会合。

那一天的地震也是走的这一方向。倘若正确地标出每一个地方地震的时间，那么，就能在某种程度上估算出速度，并大致地确定首先燃烧的地区。但如今，各种消息如此不一致，以至在这方面不能信任任何东西。

我在别的地方已经引证过，地震在传播时通常都是沿着最高山脉的地带，而且贯穿其全部绵延长度，尽管这些山脉越是靠近海岸，就越是降低高度。各条长河的走向很清楚地标示出山脉的走向，在两个比邻而行的山系之间，这些长河沿着长长的山谷的最低部分向前延伸。地震传播的这一规律并不是思辨或者判断的事情，而是通过对许多次地震的观察所获知的某种东西。既然如此，人们就必须以拉依②、布丰、金特尔等人的见证为依据。不过，这一规律也具有如此之多的内在可能性，以至它即便是从自身出发也必定轻而易举地获得赞同。如果考虑到，地下火寻找出路的缝隙无非是在群山的峰顶，在平原上

① 卢罗夫（Johann Lulof，1711—1768），荷兰天文学家和神学家。参见其著作《地球的知识及其利用引论》，1743，亚伯拉罕·戈特黑尔夫·凯斯特讷从荷兰文翻译，书名为《地球的数学知识和物理学知识引论》，1755。——科学院版编者注

② 拉依（John Ray），地理学家，1627年11月29日生于艾塞克斯伯爵领地的布莱克诺特利，1705年1月27日卒于德兰茨。参见他的著作《世界的开端、变化和衰落》，德文译本，1698。——科学院版编者注

从没有发现喷射火焰的深穴，在地震强烈而且频繁的地区绝大多数山都有用来喷吐火焰的宽阔深渊，至于我们欧洲的山，人们在它们之外的其他任何地方都没有发现毫无疑问相互联系着的宽敞洞穴；如果人们再把关于上面所说的所有这些地下拱券的产生的概念运用于此，那就能够毫无困难地想象，主要在沿欧洲经线绵延的山系下面发生的燃烧能够遇到畅通无阻的通道，向那里可以比向其他地区更为迅捷地扩散。〔445〕

即便是11月18日的地震在一个辽阔的海洋的海底下从欧洲向美洲的继续，也可以在这些山系的联系中发现。这些山系虽然在绵延中如此之低，以至被大海所淹没，但它们在那里依然还是山，因为我们知道，在大洋的海底上和在陆地上一样可以发现山脉。在葡萄牙和北美之间的半途上可以看到的亚速尔群岛，也必须以这种方式纳入这一联系。

12月26日的地震

在矿物质的发热穿透了欧洲山脉的主干即阿尔卑斯山脉之后，它也就打开了从南到北垂直地延伸的山系下面较狭窄的通道，并延伸到像所有的河流都是两个山系之间的一条长长的山谷一样从瑞士一直流向北海的莱茵河的方向。在河的西边，受到震动的有阿尔萨斯、洛林、科隆选帝侯国、布拉班特和皮卡第；在河的东边，受到震动的有克利夫、威斯特法伦的一部，也许还有临近莱茵河这一边的一些地区，但各种消息并没有具体地报道它们。地震明显地使这一地带与这条大河的方向保持平行，而且向两边传播得都不远。

人们会问，地震一直深入到尼德兰，而尼德兰却没有特别的山，怎么使这种情况与上边所说的协调起来呢？不过，一个地区与某些山系处于直接的联系之中，可以被看做它们的延续，这就足以使地下的燃烧延伸到这块通常低洼的地面下面；

因为无可置疑的是，在这种情况下洞穴的链条也一直延伸到这地面之下，如同上面已经说过的，它甚至延伸到了海底之下。

〔446〕 论若干次前后相继的地震期间的间歇期

如果留心观察若干次前后相继的地震的序列，只要敢于猜测，就能够得出一个周期，按照这一周期，燃烧在一次中间的寂灭之后又重新爆发。11月1日之后，我们还于9日在葡萄牙发现了一次强烈的震动，此外在18日也发现了地震，当时地震向英国、意大利、非洲延伸，甚至一直达到美洲；27日，在西班牙的南海岸，尤其是在马拉加感到一次强烈地震。从这个时间开始，地震持续了13天，直到12月9日从西南到东北波及从葡萄牙到巴伐利亚的全程。自此之后，又过了18天，即在12月26日到27日之间，欧洲从南到北的宽度上都受到震动①，以致如果扣除用来一直深入到我们大陆群山内部以及12月9日震动阿尔卑斯山脉及其延伸的整个山系的时间，那么，在重复的燃烧之间就有一个相当准确的9天或者2×9天的时间段。我自始至终谈到这一点，并不是为了从这中间推论出什么东西，因为这方面的各种消息简直太不可信了，而是为了在类似的事件中给更准确的观察和反思提供理由。

在此，我只想就交替着减弱并又重新开始的地震说一些东西。巴黎王家科学院驻秘鲁代办布盖先生深感居住在这个临近火山的国家的苦恼，火山雷鸣般的咆哮声使他无法安宁；他在

① 21日在里斯本地震非常强烈，23日在鲁西永群山，并一直持续到27日。由此可以看出，地震又是从西南开始，并且需要更长得多的时间来传播。如果像在地震的整个过程中清楚地显示出的那样，把燃烧地确定在从葡萄牙向西的大洋中，那么，地震的开始就与已提到的周期相当一致。

此所作的观察为此提供了一些补偿，他注意到，火山总是在同样的间歇时间里平静下来，火山的怒号按照相互交替的平静时间有秩序地前后相继。马里奥特①在一个石灰窑所作的发现与此有很大的类似性；这个石灰窑已生起火，从一个开着的窗子一会儿喷出空气，一会儿又吸回空气，差不多是以此在模仿动物的呼吸。这两件事所依据的是以下的原因。如果地下火开始燃烧，它就会从自己周围的空穴中喷出所有的空气。在这些充满了火分子的空气找到一个缝隙的地方，例如在火山口，它们就会从那里逸出，火山就会喷出火焰。不过，一旦空气被从燃烧灶的范围里逐出，燃烧就会减弱；因为没有空气的加入，一切火都会熄灭；在这种情况下，被逐出的空气就会由于逐出它们的原因终止而重新返回自己的位置，重新燃起已熄灭的火。就是以这样的方式，一个火山的爆发按照一定的间歇时间准确地前后相继。正是这种情况，与地下的燃烧相关，即便在膨胀的空气不能通过山的缝隙获得出口的地方也是如此。因为如果燃烧于某个地方在大地的洞穴中开始，那么，它就会激烈地把空气大规模地继续驱赶到地下拱券与此相联系的所有通道中。在这一时刻，火自己就会因为缺乏空气而窒息。而一旦空气的膨胀力减弱，扩散到所有洞穴中的空气就会以巨大的力量返回，煽燃已熄灭的火，造成新的地震。值得注意的是，维苏威火山在大地内部的骚动真正开始时，由于通过其深穴被驱赶的空气的逸出而运动起来，带出火焰，但在很短的时间之后就突然减弱，因为在里斯本已经发生了地震；此时，所有与这些坑穴有一些联系的空气、甚至处在维苏威火山山顶之上的空气，

〔447〕

① 马里奥特（Edme Mariotte），卒于1684年，法国科学院成员。参见《水和其他液体的运动》，见《作品集》，346页，1717。——科学院版编者注

都会通过各种渠道涌向燃烧的火灶，在那里，空气张力的减弱允许这些空气加入。这是一种多么令人惊异的对象啊！请想象一个火炉，它竟然通过离此 200 里的气缝来造成一种流动！

同样的原因也是必然在大地坑穴中造成地下风暴的原因；
〔448〕如果洞穴的长度和联结适宜于其扩展的话，它的威力远远超过了我们在地面上所觉察到的一切。也许除此之外，在地震的进程中听到脚下的咆哮声，不能归属于其他任何原因。

正是这一点，使我们大致地猜想，并非所有的地震都是由正好受到震动的地表下面的燃烧引起的；与此相反，这些地下风暴的肆虐也能够震动它们上面的拱券。如果考虑到，一种比地面上的空气密度更大得多的空气受到比前者更为突然得多的原因推动，并在阻碍其扩散的通道之间得到加强，就可能发出一种闻所未闻的威力，对上面所说的就更没有什么怀疑了。因此，欧洲绝大部分地区的地面在 11 月 1 日地下发生的剧烈燃烧中受到轻微的晃动，也许只能从这种以猛烈的方式受到运动的地下空气推演出来，后者作为一种强烈的风暴，轻微地震动了阻止其扩散的地面。

论地下燃烧的火灶以及如此蒙受极多、极危险地震的地方

通过时间的比较，我们看出 11 月 1 日地震的燃烧点在海底。早在地震之前就已经起浪的塔霍河、水手用铅锤从震动的海底取出的硫磺以及他们所感觉到的冲击的强烈程度，都证实了这一点。过去地震的历史依然历历在目，在海底任何时候都发生过极为可怕的地震，除了海底之外还在海岸边或者离海岸不远的地方发生过。我要援引地下燃烧经常从海底抬升出新岛屿时那种巨浪翻滚来证明前一点。例如，1720 年在亚速尔群岛之一的圣迈克尔岛附近，从 60 寻的深度由于物质的喷发而从海底升出一个长 1 里、高于海面若干寻的岛屿。地中海桑托

利诺岛附近本世纪在众目睽睽之下从海底升到高处的那个岛以 〔449〕
及我不愿过于详尽而略去的许多其他例证，都是这方面无可置疑的例证。

就像经常发生的那样，并不是水手们来承受海底的地震；在一些地区，尤其是某些岛屿附近，海洋充满了泡沫岩和其他种类通过大洋底爆发出来的火的喷发物。对海底频繁震动的说明自然是与以下问题相关联的：**为什么在大陆的所有地方下面，没有发生过比离海岸不远的地方更激烈、更频繁的地震？**后面这句话具有无可置疑的正确性。纵览一下地震的历史，我们就会发现临近海岸的城市与地区由于地震所经历的极为众多的不幸事件，而在大陆中心所经历的不幸却很少，并且不怎么显著。旧日的历史已经告诉了我们这种灾难在小亚细亚和非洲所造成的惊人破坏。但无论是在这些地震中，还是在新近发生的相当大的地震中，我们在各大陆地的中部都没有发现这一点。作为一个半岛的意大利、所有海洋中的绝大多数岛屿、秘鲁临近海岸的部分，都经受着这种灾难的剧烈发作。即便是在我们今日，葡萄牙和西班牙的所有西海岸和南海岸也比大陆内部经受着多得多的震动。我对这两个问题作出以下的解答。

在地球最上边的地壳下面延伸的所有洞穴中，那些在海底延伸的洞穴毫无疑问必定是最狭窄的洞穴，因为在这里，大陆延伸的地面降到最大的深度，必然比临近大陆中心的地方低得多地搁在它最下面的基础之上。但如今众所周知的是，在一个狭窄的洞穴中，已经点燃的、膨胀着的物质要比在它能够扩张的地方对四周有更强烈的作用。此外当然应当相信，由于在地下的发热过程中不可怀疑的是，翻腾起来的矿物质和可燃物质经常熔成溪流（如同硫磺流和经常从火山中倾泻出的熔岩所证 〔450〕
实的那样），从而由于地下坑穴底面的自然倾向而在任何时候都向海底最低处的洞穴流去，并由于可燃物质的丰富储藏，必然在这里造成经常的和强烈的地震。

布盖先生合理地猜测，海水通过一些缝隙的裂口渗透入海底，必然使自然地倾向于发热的矿物质发生极为剧烈的骚动。因为我们知道，除了水的加入之外，没有任何东西能够使发热了的矿物质的火惊人地肆虐起来；水一直加强着火势，直到它向所有方向上扩张的力量由于所有地下物质的喷出以及孔道的堵塞阻止了水的进一步加入为止。

在我看来，临近海岸的地面受到震动的那种特别的剧烈性，部分地以自然的方式源自海水加在与其相邻的地面的重量。因为每一个人都可以轻而易举地看出，地下火力图抬高这个上面有如此惊人负担的拱券所用的力量必然受到很大的抑制，由于它在这里不能为自己找到扩张的空间，它的全部力量必定返回到与它相联系的干燥陆地的地面。

论地面被地震震动所遵循的方向

地震在广大的地区里传播所遵循的方向，与它将自己的力量施加于其上的地面受震动的方向是不同的。如果已点燃的物质在其中膨胀的隐秘坑穴最上面的盖子是水平方向的，那么，它就必定交替着在垂直的方向上被抬高和落下，因为没有任何东西把运动更多地向这边或者那边牵引。但如果构成拱券的地
〔451〕表是向一边倾斜的，那么，地下火的震动力量就会以与地平线倾斜的方向把它抬高，而且如果总是能够肯定无疑地认识其下面有火窟的地层所倾斜的方向，那么，人们就能够得出地面的晃动在任何时候发生时所遵循的方向。受到震动的地面最上层表面的斜坡并不是拱券在其整个厚度上所具有的倾斜位置的可靠标志；因为位于上面的地表可以具有各种各样的起伏并构成山丘，而最下面的基础根本不遵循它。布丰认为，在大地上面

发现的不同地层以一个普遍的岩层为基础，该岩层从上面覆盖着所有封闭的深穴，它的一些部分在高山的山顶上通常都裸露出来，雨水和风暴将较为松动的成分完全冲刷掉了。这一见解由于地震使人认识到的东西而获得了相当的可能性。因为像地震所产生的这样一种肆虐的力量，早就会由于一次又一次的爆发而摧毁和磨平了非岩石的拱券。

在临近海岸的地方，这个拱券的斜坡毫无疑问是倾向于大海一边的，因而是向大海在此地所朝着的方向倾斜的。在一条大河的岸旁，它必定是在河流流动的方向上倾斜的；因为如果观察一下，河流在陆地流过很长的一段，通常超过几百里，却并不在中途形成静止的水洼或者湖泊，那么，除了没有各种起伏一成不变地趋向于海底、为河流创造一个倾斜的平面以供流动的那个绝对固定的基础之外，人们不能借助别的任何东西来解释这个一成不变的斜坡。因此可以猜测，一个临近大河的城市在受到震动时，其地面晃动是在这条河的方向上，如在塔霍河畔是自西向东发生的①；但临近海岸的城市地面的晃动则是在地面趋向于海洋的方向上发生的。在另一处地方②我曾经提到，在一场突然发生的地震中，地面的状况可能会促成完全摧 〔452〕
毁一座其主要街道沿着河流倾斜的方向延伸的城市。这一说明并不是一个突然萌生的单纯猜测；它是经验的事情。金特尔③

① 如同一条河有一个向大海倾斜的斜坡一样，各地区在周围也有一个向着河床的斜坡。如果后者甚至适用于整个地层，并且这一地层在极深处也有这样一个斜度的话，那么，地震的方向也将被这个斜度所规定。

② 参见《康德全集》，第Ⅰ卷，421页。——科学院版编者注

③ 参见《康德全集》，第Ⅰ卷，421页注。——科学院版编者注

有机会甚至对许多次地震都有丰富的知识，他把这当做一个经由许多实例证实了的观察，即，如果地面受到震动的方向与城市建设的方向是一致的，那么，城市将被完全摧毁，如果它垂直地与城市建设的方向交叉，则损害就会少一些。

《巴黎王家科学院史》①报告说，位于地中海东岸的士麦那在1688年受到震动，所有自东向西方向的城墙都坍塌了，而自北向南建的城墙则完好无恙。

也就是说，受到震动的地面造成了一些晃动，并且最强有力地推动着在它上面就长度而言沿着晃动的方向建筑的一切。所有可移动性大的物体，例如教堂中的枝状吊灯，在地震时通常都指示着撞击发生所遵循的方向，而且对于一个城市来说，要想从中得出它的建设必须遵循的方向，它们是比已经援引的有点可疑的标志远为可靠得多的征象。

论地震与季节的联系

已经多次提到的法国院士布盖②先生在他的秘鲁游记中提到，即使这个国家的地震在所有的季节里都经常发生，但最可怕、最频繁的地震却是在临近年底时秋季的几个月里感到的。这一观察不仅由于除利马城在10年前的毁灭和另一个同样人口众多的城市在上一世纪的沉陷之外还发现了这方面的许多例证而在美洲得到无数的证实，而且即便是在我们自己这块大陆上，除了上一次地震之外，我们还在地震和火山喷发的历史上发现了许多实例，它们在秋季几个月的发生要比其他任何季节

① 参见《巴黎王家科学院史》，第Ⅱ卷，57页。——科学院版编者注

② 参见布盖：《地球的形状》，第一部分《王家科学院诸位先生的秘鲁游略述》，74页，巴黎，1749。——科学院版编者注

都更为频繁。难道不是一个共同的原因造成了这种一致吗？除了秘鲁在科迪勒拉山脉之间的一条长长的山谷中从9月一直持 〔453〕
续到4月以及在我们这里秋季前后最为频繁的雨水之外，我们能够更为适当地将猜测转到什么上面呢？我们知道，要想造成地下的燃烧，除了地下空穴中的矿物质骚动起来之外，没有其他任何东西是必不可少的。而做这件事的是水，水通过山缝漏入，在深处的通道中流动。雨水首先激起了骚动，这种骚动在10月中旬从大地内部喷出如此之多的雾气。然而，正是雾气造成大气圈更多潮湿的流入物，而通过岩缝一直渗入极深坑穴的水则完成了发热的开始。

论地震在大气圈中造成的影响①

我们在上面已经看到过地震对我们的大气所产生的作用。可以相信的是，取决于地下发热雾气喷发的自然现象要比人们通常想象的更多。如果不是外来的原因有时进入我们的大气层，并且使其正常的变化变得混乱，那么，在气候中发现这样一种无规则性，发现如此之少的一致之事，那是几乎不可能的。由于日月的运行受其总是自身类同的规律制约，由于水和土从宏观上来看总是保持不变的，为什么气候的进程在一个由若干年构成的时间段里结果总是不一样，人们能够想出一个可能的理由吗？自从那次不幸的地震以来以及在它之前不久，我们这整个大陆的气候如此反常，以至如果有人在这种情况下对地震作出一些猜测，也是可以得到原谅的。的确，此前也曾有过冬暖的气候，但却没有先发生地震；但是人们能不能肯定，并不是每一次地球内部的骚动都经常通过岩缝、各地层的缝

① 亦即震动向大气圈的过渡。——科学院版编者注

隙，甚至通过诸如此类较松散的物质放逐出能够在大气圈里引
〔454〕起显著变化的雾气呢？**穆森布罗克**在发现仅仅本世纪，而且是自1716年以来，才在欧洲并且一直到南部国家看到相当明亮的北极光之后认为，数年前经常发作的火山和地震喷出可燃的、挥发性的雾气，它们由于上层空气向北的自然流动而在那里集结，并造成了自此之后如此经常看到的燃烧的大气现象；它们很可能必然地逐渐耗尽，直到新喷出的雾气补充了消耗。

让我们根据这些基本原理研究一番，认为就像我们这里出现过的这种气候变化可能是那场灾害的一个后果，这是否符合自然。冬季晴朗的气候以及相伴而至的寒冷并不仅仅是太阳与我们在这个季节的近日点距离较大的一个结果；因为我们经常感觉到，尽管如此空气还可能是很温和的；而是来自北方的气流，有时也转化为东风，给我们带来了来自寒带的冷却空气，后者给我们的水域覆盖上冰，使我们感觉到一部分北极的冬天。这一从北到南的气流如果没有外来的原因打断它，在秋季和冬季的几个月里是如此地自然而然，以至在大洋上与所有的陆地有足够距离的地方，这整个时间都将遇到这种北风或者东北风。这种风也完全自然地产生自太阳的作用，太阳这时在南半球上面使空气变得稀薄，由此使北半球的空气流了过来，以致这一点必然被视为一个恒定的规律，它可能由于各个陆地的特性而在一定程度上有所改变，却不会被取消。如果地下的骚动在我们南边陆地的某处喷出炽热的雾气，那么，这些雾气最初在它们升起的那些地区，将会由于它们减弱其张力，造成暴雨、飓风等诸如此类的东西而降低大气圈的高度。但随后，大气层的这一部分由于承载了如此之多的雾气，将会由于自己的重量而推动相邻的部分，造成从南向北的气流。但由于在我们这个地区，大气层在这个季节由北向南的倾向是自然而然

的，这两种相互敌对的运动就会相互阻截，首先由于聚集起来的雾气而造成一种混浊的、含雨的空气，但也造成了高气压①，因为受两股风的冲突挤压的空气必然形成一个高气柱；这样，在气压高却阴雨天的时候，人们就学会了适应气压计这种表面上的错误；因为在这种情况下，恰恰空气的这种潮湿是两股相互敌对的气流的一个结果；它们将雾气挤迫在一起，尽管如此却能够明显地使空气变密、变重。 〔455〕

我不能避而不谈在万圣节那个可怕的日子里，磁石曾在奥格斯堡失去了其负荷，使磁针乱指一气。②波义耳已经报道过，在那不勒斯的一次地震后，也曾经发生过这样的事情。我们对磁石的隐秘本性知道得太少了，无法说明这种现象的原因。

论地震的益处

看到从有用性一面赞颂人类的一种如此可怕的戒鞭，人们会大吃一惊。我确信，人们会很乐意放弃这样做，以便免除与此相联系的恐惧和危险。我们就是这样的人。在我们提出了生活安逸的非法要求之后，我们就不想再花费大力气来换取好处了。我们要求，地面的性质应当是让人们能够期望在上面永久居住的。关于这一点，我们想象，如果天意在这方面垂询我们的意见，我们就将为了自己的利益更好地统治一切。例如，我们期望能够支配雨水，以便能够根据我们自己的安逸终年分配雨水，并始终在阴霾的日子之间享受惬意的日子。但是我们忘记了我们尽管如此却不可缺少的泉源，它们根本不能以这种方

① 就潮湿的冬季气候而言，这种高气压几乎总是可以看到。
② 地震对磁性的影响经常被观察到。参见洪堡：《宇宙》，第Ⅲ卷，72页。——科学院版编者注

式得到维持。同样，我们并不知道恰恰是在地震中使我们感到
〔456〕惊吓的那些原因所能够给我们造成的好处，却喜欢知道它们已被排除。

作为生来就注定要死的人，我们不能忍受一些人在地震中死去；作为这里的过客和一无所有的人，我们为失去不久将通过大自然的普遍道路而自动丧失的财富耿耿于怀。

轻而易举地就可以猜测出，如果人们在一块充满了可燃物质的地基上进行建筑，那么，地震迟早会使其豪华的建筑化为废墟的。但在这样的情况下，人们就必须对天意的道路感到不耐烦吗？既然如此，认为地面上时而发生地震是必要的，但我们在地面上建筑豪华的住宅却并不是必要的，作出这样的判断岂不是更好吗？秘鲁的居民们住在仅仅由不高的墙围起来、其他部分由芦苇构成的房子里。人必须学会顺从大自然；但人却希望大自然来顺从自己。

无论地震的原因当时在一方面给人们造成了什么样的灾害，它都在另一方面轻而易举地给人补偿以收益。我们知道，在各个时代的延续中也许对相当大部分人来说都有益于健康的热水浴，其获得矿物质的属性和热量所凭借的这些原因，与在地球内部造成发热的原因是相同的，而发热则使地球震动起来。

很久以前人们就已经在猜测，山区里的矿物层是地下热的一个逐步形成的结果，地下热借助渗入的雾气在石头中间形成金属，并将其加热，从而通过缓慢的作用使其成熟。

我们的大气圈除了它在自身所包含的粗糙的、无生命的物质外，还需要某种起积极作用的原则，即易挥发的盐和应当进入植物合成的成分，来使上述物质获得运动和发展。如果不是偶尔发生新的注入，那持久地利用了大部分上述物质的各种自然形成物、那所有物质通过解体和组合最终所蒙受的变化、那

最能起积极作用的粒子，将随着时间的流逝而消耗殆尽，这岂是不可信的吗？最起码，当土壤滋养粗壮的植物时，它将变得越来越不肥沃，而休耕和雨水将使它重新恢复肥沃。但是，如果不是另外的源泉来维持其注入，那么，无补偿地被利用的肥沃物质最终从哪里来呢？这种另外的源泉也许就是地下坑穴在最能起积极作用和最易挥发的物质方面所包含的储备，这些物质中的一部分时而扩散到地面上来。我还注意到，哈勒斯①用硫磺的烟来清理监狱以及所有被动物的气味所污染的地方，结果非常成功。火山将多得无法估量的含硫烟雾喷进大气圈，谁知道，如果不是这些烟雾提供了强有力的解毒剂，长此以往，大气圈所负担的动物气味岂不是要变得有害吗？ 〔457〕

最后我觉得，地球内部的热为在深邃坑穴中进行的发热过程的积极作用和巨大益处提供了强有力的证明。凭借日常的经验发现，在人们只有在山体内部才能达到的巨大深度乃至极大深度上，才存在有持久的热量，而这种热量是不能归之于太阳的作用的。波义耳找出了一大批证据，这些证据说明，在所有极深的地层中，人们首先在夏季发现上面的地方要比外面的空气冷得多；而人们下得越深，就会觉得那地方越热，以致在极深的地方工人们不得不在工作时脱掉衣服。每一个人都可以轻而易举地理解，由于太阳的热只能深入到地球的很小深度，它在极深的坑穴中就不再能起一点作用；那里存在的热取决于仅仅在极深处占支配地位的一种原因，这从甚至在夏季自下而上升得越高、热量就越减弱也可以看

① 参见《康德全集》，第Ⅰ卷，381页注；以及《汉堡杂志》，第Ⅺ卷，第1期，第3部分：《哈勒斯博士关于空气运动剂在纽盖特监狱和萨沃伊监狱里的有益作用的消息》，97页。——科学院版编者注

得出来。波义耳在谨慎地比较和检验了得出的经验之后，非常合理地得出结论说，在我们无法达到的最下面的洞穴中，必然可以发现持久的发热和由此维持的不熄之火，后者把自己的热传递给最上面的地壳。

因此，如果情况确实如同人们不得不承认的这样，那么，

〔458〕对于这种在太阳不将其热量给予我们的时候随时都为地球保持一份温热、能够促进植物的生长和自然王国的经营的地下火，我们就不能够指望它起到极为有利的作用了吗？而且，鉴于益处如此之多这种表现，由于地震的一次又一次爆发带给人类的害处，能够解除我们由于天意的所有安排而对它心怀的感恩之情吗？

我为了鼓励这些人而列举的理由，固然不是那种能造成最大的信念和确定性的理由，然而，如果问题在于打动人们对即使在惩戒的时候也值得崇敬和热爱的最高本质怀有感恩之情，那么，即便是猜想也是值得接受的。

附释

我在上面已经引证过，地震通过地球的拱券喷吐出含硫的雾气。最近关于萨克森地区矿井的消息以新的实例证实了这一点。人们发现这些矿井现在如此充满了含硫的雾气，以致工人们不得不撤离这些矿井。在爱尔兰的蒂厄姆，一种发光的大气现象以各种旗帜的形象出现在海上，这些旗帜逐渐地改变自己的颜色，最后发出一种明亮的光，接踵而至的就是地震的强烈撞击，这是对此的一个新的证明。颜色从极深的蓝色到红色，最终成为明亮白色的光芒的转变，要归因于喷射出来的最初非常稀薄的，逐渐通过更多蒸气频繁的加入而增多的雾气。一如自然科学中众所周知的，这种雾气必然使光的亮度从蓝颜色过渡到红颜色，最后过渡为一种白光。所有这一切都先行于撞击。这也是一个证据，证明如同在海岸特别感觉到地震那样，

燃烧灶就在海底。

如果要继续扩展关于地球上那些一向感觉到最频繁、最严重震动的地方的说明，还可以再补充说，西海岸的发作在任何时候都远远多于东海岸。在意大利，在葡萄牙，在南美洲，甚至最近在爱尔兰，经验都证实了这种一致。处于新世界西海岸的秘鲁，几乎天天都有震动，而东边有大洋的巴西却一点也感觉不到震动。如果要为这种奇特的类似猜测出一些原因的话，那么，人们可以原谅一位叫做戈蒂埃①的画家。他在自己的颜色和艺术的源泉即太阳光中寻找一切地震的原因，以为正是太阳光通过更强烈地作用于西海岸而推动着我们这个大地球自西向东运转，而且正是因此，这些海岸受到如此之多的震动的骚扰。不过，在正常的自然科学中，这样一种想法几乎是不值一驳的。我觉得，这一规律的根据是与另一个人们目前还没有作出足够说明的规律相联系的，即几乎所有大陆的西海岸和南海岸都比东海岸和北海岸坡度更为陡峭，这一点，无论是地图的景象还是丹皮尔②的报道都给予了证实。丹皮尔在其所有的航海旅行中几乎到处都发现过这种情况。如果从下陷推导出大陆的起伏，那么，在坡度极大的地区，就必然可以发现比地壳仅有平缓斜坡的地方更深更多的洞穴。但是，如同我们上面所看到的那样，这一点与大地的震动有着自然的联系。 〔459〕

① 戈蒂埃（Jacques Gautier Dagoty），第戎画家、雕刻家和解剖学家，18世纪初生于马赛，1785年卒于巴黎。他在自己的著作《宇宙新体系》（巴黎，1750）中展开了奇特的理论，主要反对牛顿的学说。对所提到的作品的描述发表在汉堡的《自由判断和信息报》上，79～80页，1756。——科学院版编者注

② 丹皮尔（William Dampier，1652—1715），英国环球旅行家。参见其著作《威廉·丹皮尔船长的新环球旅行》，1699。一个法文译本于1701年出版。——科学院版编者注

结束语

像上一次灾难在我们的同胞中所造成的如此之多的不幸者，他们的境遇应当激起我们的仁爱之心，使我们感受到他们如此严酷地遭受到的厄运的一部分。但是，倘若有人把诸如此类的命运在任何时候都视为施加的惩治，这种惩治是蒙受蹂躏的城市因其罪恶而遭受的；如果我们把这些不幸者视为上帝复仇的目标，上帝的正义将其所有的愤怒之碗都倾倒在他们头上，人们对此是极为反感的。这种判断方式是一种不可原谅的冒失，它自以为能够认出天意的意图，并且按照自己的认识来诠释它。

〔460〕人对自己是如此之自信，乃至仅仅把自己视为上帝的安排的惟一目的，仿佛除了人自己之外，上帝的安排就没有任何别的着眼点，以便在对世界的统治中确立各种准则似的。我们知道，大自然的整体是上帝的智慧及其安排的一个相称的对象。我们是大自然的一部分，但却想成为整体。大自然在宏观上的完美性的规则不应予以考虑，一切都应当仅仅在与我们的正确关系中来进行。人们想象，凡是世界上能带来舒适和享乐的东西，都仅仅是为了我们而存在的。除非是要惩戒、威吓人们，或者对人们实行报复，大自然不会发生任何能成为人们不幸的某种原因的变化。

尽管如此我们却看到，不计其数的可爱孩子长眠不醒了；地震一直在震动着某些国家，不分旧居民还是新居民；基督教的秘鲁和异教的秘鲁一样受到震动；许多城市一开始就不曾受到过这种蹂躏，对于上述地区来说，它们并不能自以为拥有无可指摘方面的优势。

这样，人在要猜测上帝在统治世界方面所怀的意图时，是不明所以的。不过，如果问题在于应用，即我们应当如何根据天意的目的来使用天意的这些路径，那么，我们也并不是毫无把握。人生来并不是为了在这个虚荣心的舞台上建造永恒的茅舍的。由于人的整个生命有一个更高贵得多的目标，并不是世界自身的不稳定使人在对我们来说显得最伟大、最重要的事物身上所看到的一切毁灭都与它如此美妙地相配，以便使我们想到，地球的财富并不能满足我们追求幸福的欲望！

我远远没有就此暗示，好像人被弃置于自然规律的不变命运，根本不考虑他的特殊利益。正是大自然的进程从中获得其无须修正的正确性的那个最高智慧，让较低级的目的从属于较高级的目的；正是出自最高智慧经常造就出大自然普遍规则的最重要例外情况、以便达到远远超出所有自然手段的无限更高目的的那些意图，人类的领导者在对世界的治理中甚至也将为 〔461〕自然事物的进程规定规律。如果一个城市或者一个国家发现了神明天意令它或它的邻居惊骇的灾祸，那么，哪一个党派能够利用这种惊骇，以便防止威胁着他们的堕落，这一点难道还有疑问吗？使人理解天意的所有道路一致地要么吸引人、要么催逼人实现那些意图，各种迹象还不清楚吗？

一个为高贵的心灵所激励的君主，被人类的这些苦难打动，为从四面八方受到各种沉重的不幸威胁的人们解除战争的灾祸，这样的君主是上帝的仁善之手中的一个乐善好施的工具，是上帝给予地球上各族人民的赏赐，各族人民永远也无法充分估量这一赏赐的价值。

1756 年

对自一些时间以来所觉察到的

地震的继续考察

伊曼努尔·康德硕士

李秋零　译

科学院版编者导言

约翰内斯·拉茨

这部作品以《伊曼努尔·康德硕士对自一些时间以来所觉察到的地震的继续考察》为题发表在1756年的《哥尼斯贝格咨询和广告消息周报》的第15和16期上，亦即在4月10日和17日，是前两篇关于里斯本地震的论文的续篇。

在康德生年没有出新版。

〔465〕 地穴之火还没有平静下来。震动最近还在继续着，并且使那些自古以来就不知道这种灾难的地区感到惊惧。大气圈中的混乱改变了半个世界的季节。最无知的人们企图猜测这种现象的原因。据一些没有理智和反思的人说，地球移动了，离太阳更近了，但我却不知道近了多少。这是一种只有幼稚如孩童的人才会作出的判断。他又站出来，把一个疯子的梦幻当做观察来兜售。此外，在惠斯顿[①]自己教会哲学家留神彗星之后，又有了一些重新提起彗星的人。如果人们在附近就能够找到一种灾难的根源，却从数千里之外牵强附会地把它请来，这真是一种庸俗的荒诞无稽。例如，土耳其人是这样解释黑死病的，人们也是这样解释蝗灾、畜疫的，天知道还要这样解释别的一种什么灾难。人们只是羞于能够在附近看到某种东西。在无限远的地方发现原因，这才是一种目光敏锐的知性的真正证明。

在由于严重背离一门正确的自然科学的规则、一些不懂得检验这些规则的人所可能轻率地采取的所有措施中，也包括了在公共舆论中被归属于阿尔托纳的普罗夫[②]教授先生的思想。虽然在觉察到地面上的重大变故时，人们很久以来已经不再怀疑行星了，我们那些可爱的先祖，那些占星学家们对这些星球所提出
〔466〕 的生硬的指责的一览表，已经与真正的女妖故事、迪格比[③]和

① 惠斯顿（William Whiston，1667—1752），参见其著作《一种新地球理论》，1696；以及布丰：《自然史》，第Ⅰ卷，172页。——科学院版编者注

② 普罗夫（Gottfried Profe），1712年9月11日生于奥得河畔的法兰克福，1770年5月31日卒于阿尔托纳，是阿尔托纳文科中学的校长。参见《石勒苏益格-荷尔斯泰因信息报》，第47、51、52期，1755。——科学院版编者注

③ 迪格比（Sir Kenelm Digby，1603—1665），作家、海军中校和外交家，写过《迟到的论述……涉及用同情的药剂治愈伤口》，1658，一个法文译本出版于1659。——科学院版编者注

瓦勒门特[①]的令人喜爱的奇迹以及布罗克斯贝格的夜间轶事为伍，被放进过时幻象的档案馆了，但是，自从自然科学清除了这些怪念头以来，有一位牛顿发现并借助经验证实了，即便是距离极遥远的行星，相互之间并对我们的地球也施加着一种现实的力量。然而，对于那些要把对这种值得注意的性质的运用夸大成为无稽之谈的人来说，最不幸的是，这种力量的尺度以及它起作用的方式都是确定的，并且是由借助几何学进行的那种观察规定的，我们之所以能够揭示上述力量，必须归功于这种观察。人们如今再也不能随心所欲地让这种力量的作用愚弄我们了。我们手中有了天平，借助它，我们能够称出给定的原因的作用。

假如一个人曾经听人说过，月球吸引着地球上的水，并由此引起了大洋的上涨和下落，人们称之为落潮和涨潮；此外，所有的行星都具有类似的吸引力，如果它们处在贯穿地球和太阳的直线附近，就会使自己的吸引力与月球的吸引力联合起来[②]；假如这样一个并不以更精确地考察此事为职业的人猜测，这些联合起来的力量不仅能够使地球上的水产生我们在11月1日所看到的那种剧烈的运动，而且也许还通过对地下空气的影响而能够引燃导致地震的隐秘火绒；那么，我们也不能要求他提供更多的东西。但是，对于一位自然研究者来说，我们却期待更多的东西。仅仅想出一个与结果具有某种类似之处的原因，这还是不够的。原因还必须在大小方面是成比例

① 瓦勒门特（Pierre le Lorrain，以 Abbé de Vallemont 这个名字著称，1649—1721），神怪作品作者。——科学院版编者注

② 由于康德说的是由月球所造成的涨潮和落潮，所以这里必须正确地读为：如果它们处在贯穿地球和月球的直线附近……。——科学院版编者注

的。我想举一个例子。李斯特①博士是伦敦学会的一个通常很能干的成员。他觉察到，一种被称为海扁豆的海洋植物，具有非常强烈的发散气味的能力。他发现，这种植物总是在热带海洋的岸边。于是，由于气味的强烈发散也许会引起空气的运动，他推出结论，认为在这些海洋上不断地吹着一直延伸到陆地千里之遥的普遍的东风，就是起源于此，这尤其是因为这种植物是向着太阳转动的。这种见解的可笑之处完全在于，原因
〔467〕与结果之间根本没有比例关系。如果人们把行星的力量与据说从它产生的结果，即海洋的运动和地震的爆发进行比较，情况也完全一样。也许有人会说：我们究竟知道这些天体对地球能够发生作用的力量的大小吗？我马上就将对此作出回答。

布盖②先生是一位著名的法国学者。他讲道，当他在秘鲁逗留期间，一位想成为利马大学数学教授的学者以地震的天文钟为标题写了一本书，着手从月球的运行出发事先预报地震。人们也许会猜想，在秘鲁，一个预言家可以很准确地预报地震，因为在那里几乎每天都发生地震，只是强度不同罢了。布盖先生补充说，一个没有反思却侈谈月球的上行交点和下行交点——即近地点和远地点——的会合和反相的人，有时也许会偶尔说出某种后来被结局验证的东西。他还承认，这样的人并不总是预言失败的。他甚至猜测，如此强烈地使大洋的水运动的月球，对地震有一些影响，这并非完全不可能。这或者是由于月球使水不寻常地上涨，达到了某种它过去从未达到过的裂缝，在深深的地穴中造成了翻天覆地的运动，或者是通过某种别的关联方式。

① 指的是 Martin Lister（1638？—1712），英国动物学家。——科学院版编者注

② 参见布盖：《地球的形状》，72页，巴黎，1749。——科学院版编者注

如果人们考虑到，天体的吸引力一直影响到物质的最内部，因而也就能够使闭锁在地球最深处和最隐秘过程中的空气运动起来，那么，就很难否认月球对地震有任何影响。但是，这种力量顶多只是点燃处在地球之中的可燃物质，而其他的东西，例如震动、水的运动，则仅仅是这些物质的一种作用。

如果人们从月球进一步上升到行星天，那么，随着众行星距离的增加，这种能力也就逐渐地消失了。如果把所有行星的力量与惟一的、离我们如此之近的月球的力量进行比较，那么，它们彼此联合起来所提供的，也只是月球力量的一个无限小的部分。〔468〕

牛顿揭示了卓越的引力规律，这一规律必须被看做人类知性在认识自然界方面所作出的最成功的尝试。牛顿教会人们发现有卫星环绕的行星的吸引力，确定了木星这个所有行星中最大的行星的吸引力，它比太阳的吸引力的千分之一还要小一点。借助这种力量在我们的地球上造成变化的这种能力，与同地球的距离的立方成反比例下降，因此，对于距离地球比太阳远5倍多的木星来说，如果谈到它的吸引力的比例，则要比太阳的吸引力单独能够对我们的地球所造成的影响小13万倍。① 但是，就像经验与计算相结合所说明的那样，太阳的吸引可以使大洋的水大约上涨2尺。因此，如果木星的吸引与太阳的吸引联合起来的话，那么，它还可以为这个高度再添加1微分②

① 由一个天体所造成的海潮的高度与它的质量成正比，并与它的距离的立方同比下降。现在，由于木星的中心离地球比太阳远5倍，而其质量小1 048倍，所以它所造成的潮高是太阳所造成的潮高的$\frac{1}{125}\cdot\frac{1}{1\,048}=\frac{1}{130\,000}$。——科学院版编者注

② 1微分是1分的十分之一，亦即1尺的千分之一。——科学院版编者注

的1/65，这大约可构成一根头发直径的1/30。如果人们考虑到，火星和金星是比木星小得多的天体，而吸引力又是与其体积成正比的，假若人们由于它们虽然体积比木星小数百倍，从而拥有的吸引力也比木星小数百倍，但却离我们比木星近3倍，从而认为它们两个联合起来通过吸引作用于我们地球的能力是木星的2倍，那就做得太过分了。但是，即使我们慷慨地把它们的力量扩大10倍，它们的力量联合起来也不能使海水上涨一根头发的1/3。即使人们再加上其他的行星，如水星和土星，考察它们都会合在一起时的情况，事情也很明显，它们也远远不能使月球和太阳共同造成的海水上涨再增加一根头发直径的一半。如果月球和太阳使海水所达到的高度再增加一根头发直径的一半就担心它们的引力所造成的可怕的海水运动，而没有这一根头发直径的一半就不必担心危险，这岂不是滑稽可笑吗？所有其他情况也都完全驳斥了这种所谓的原因。就像
〔469〕月球不仅在它离贯穿太阳和地球的那条直线最近的那个时刻，而且在此前后几天都会造成最大的涨潮一样，联合起来的各个行星如果对水的运动和地震有一些影响的话，也应当在前后相继的若干天里，并在这些天里有若干小时之久，造成这种水的运动和地震。

我必须请求我的读者们原谅，为了能够对在我们地球上所发生的事变作出正确的判断，我带着他们在苍穹中遨游得如此之远。人们用来堵塞错误根源的努力，也给我们造成了纯净的知识。下面，我将考察自从我在一篇专门的文章中致力于说明的那些自然事件以来所发生的重大自然事件的值得注意的现象。

在理性的法庭上，众行星被宣布撤诉，不再说它们对我们在地震中所遭受到的巨大破坏的原因有所影响。因此，今后任何人都不应当再怀疑它们。过去曾有过一些行星会合在一起，

但人们并没有感到地震。按照伽桑狄的证词，佩雷斯基[①]在1604年观察到了3个上述行星的罕见会合，这是每800年才发生一次的，但地球依然很安全。只是对月球来说，这种猜测才似乎有一些可能性。但是，如果月球对此有所影响的话，那么，参与的原因就必然是箭在弦上，一直哪怕是极微弱的外部影响都可能造成事变的爆发。因为月球经常处在对地面施加最大影响的位置上，但它却没有同样经常地引发地震。11月1日的地震就发生在下弦月之后不久。但在这时，就像牛顿理论和经验所证明的那样，月球的影响是最微弱的。因此，让我们仅仅在我们的居住地自身探索原因吧！我们的原因就在我们自己脚下。

自从前面已经列举过的那些震动以来，除了2月18日的那次地震外，就没有再发生过波及其他几个国家的震动。那次地震在法国、英国、德国和尼德兰都可以感觉到。在大多数地方，例如根据威斯特法伦、汉诺威、马格德堡的报道，与其把 〔470〕
它同一种被点燃的物质的爆发相比，倒不如把它同一种由地下的强烈冲击所推动的地面的一次轻微的晃动相比。只有建筑物的最高几层才感到摆动，地上的下部几乎没有察觉到。早在之前的13日和14日，在尼德兰和邻近的地方就已经感觉到了震动。在这些日子里，特别是从16日到18日，飓风在德国、波兰、英国四处肆虐，雷鸣电闪，暴雨倾盆。总之，大气圈就像是发了酵一般。这可以用来证明我们在其他地方已经说明了的东西，即地震以及作为它们的原因的地下燃烧，由于把外来的

① 佩雷斯基（Nicolas-Claude fabri de Peiresc，1580—1637），参见《杰出男人尼古拉·克劳德·法布里·德·佩雷斯基的人生》，彼得·伽桑狄著，106页，哈该，1651。——科学院版编者注

蒸气排入我们的大气层而改变了它。

有时曾发生一些地面的塌陷。石块从山上崩落，以可怕的力量滚入谷底。持续不断的雨使满盈的泉流冲刷走土壤，经常地侵蚀着一块陆地的基础；同样，尤其当寒冷和潮湿把自己的影响结合在一起的时候，也使石块从山顶崩落。巨大的深渊以及在瑞士和其他地方有时裂开、大多数情况下又重新弥合的地隙，是一种扩张性的地下力量穿透密度较小的地层的更清晰的证明。如果我们考察一下我们的地面的这种脆弱性，考察一下那煤、树脂、硫等可燃物质也许到处以始终熊熊燃烧的烈火滋养着的地下炽热的储备（例如煤矿如果接触空气时自燃，经常就会燃烧并蔓延①数世纪之久），如果考察一下地下空穴的这种状况，那么有鉴于此，岂不是一颗火星就足以使我们的拱顶陷入整个燃烧着的硫的海洋，使我们的居住地被燃烧着的物质的河流毁灭掉，就像倾泻而出的熔岩毁掉埃特纳河附近在无忧无虑的平静中生息的地段一样？D. 波尔先生说得对，在一篇
〔471〕关于地震的短文中，为了使始终隐燃着的地下炽热运动起来并使大地震动，他只要求有水。然而，当他否认雷默试验②（它通过硫与锉屑的混合、借助掺入水而揭示了震动）的适宜性，说在大地中找不到纯铁，而是只有在这一试验中不能提供所要求的东西的铁矿石时，我就要提请考虑，加热的经常性原因，例如硫铁矿的风化，在把深处地下的铁矿石熔成颗粒状的铁之后，因水的加入而引起的躁动，就像雨后在喷涌而出的熔岩那里，在皮特拉马拉的一直持续不断的地火那里可以觉察到的那

① 第二个谓词不适合主词，但意思是不会误解的。——科学院版编者注
② 参见《康德全集》，第Ⅰ卷，422页注。——科学院版编者注

样，或者还有如此接近纯铁本性、毫无疑问在地底深处到处都可以大量找到的磁石，是否也不能大体上为这一试验的实施提供足够的材料。从瑞士所报道的很奇特的说明，似乎证实了磁性物质在地震时的参与作用。在那里，一块磁石在地震期间连同悬挂着它的线偏离了它的垂直方向若干度。

列举和检验每一个人为了给自己开辟新的研究道路都要搜集的、常常是像海浪般地接踵而至的所有那些假说，将是详细阐述的成果。在自然科学中，也存在有某种正确的鉴赏力，它很快就懂得如何把好奇心的放荡不羁与可靠的、谨慎的判断区分开来；后者获得了经验的见证和理性的可信性的支持。毕纳①神父以及不久前克吕格②教授先生提出了把地震的现象与电的现象归溯于同样的原因的意见。霍尔曼③教授先生的建议更为大胆。他首先借助活火山的实例证明了气洞在一个有燃烧物质之忧的地区的益处，没有它，那不勒斯和西西里王国将不复存在；然后，他建议把地球最上面的外壳挖透，直抵最深处

① 毕纳（Isidore Binet），1693年生于尼奥特，1774年卒于普瓦捷，是嘉布遣会的布道人。他写过《佩鲁贾地震原因的推理》，1751。这部作品的一个书评载《关于地震的古代和新近作家的历史批判性名录》，26页，1756。也请参见《汉堡杂志》上的译文，第Ⅹ卷，292～299页。——科学院版编者注

② 克吕格（Johann Gottlob Krüger，1715—1759），赫尔姆施泰特哲学和医学教授。参见其作品《关于地震原因的想法：连同一种道德的考察》，13页以下，1756；以及汉堡的《自由判断和信息报》，476～479页，1756，该处有这本书的一篇书评。——科学院版编者注

③ 霍尔曼（Samuel Christian Hollmann），自1734年始任格廷根哲学教授，自1751年始成为那里刚刚创办的学者协会成员，1696年12月3日生于什切青，1787年9月7日去世。参见《格廷根学术通讯》，164页，1756。——科学院版编者注

〔472〕燃烧着的裂隙，由此为火制造一个出路。内部地层的可怕厚度及其坚固性（没有它们，地震的这种严重发作无疑早就毁掉这样一块陆地了）、很快就会为任何挖掘设置一个终点的水、最后还有人的无能，使这一建议成为一种美好的梦想。从想要解除雷电武装的现代普罗米修斯富兰克林先生，直到想要熄灭伏尔甘作坊中的火的人，所有这样的努力都是人的大胆精神的证明。这种大胆精神是与一种同它根本不成比例的能力密切联系着的，它最终把人引导到一种屈辱的回忆。在这里，人应当开始正当地意识到，他永远不能超出是一个人。

1756 年

形而上学与几何学相结合
在自然哲学中的运用

第一个试样包括

物理单子论

伊曼努尔·康德硕士承蒙最卓越的哲学系允准

4 月 10 日 8—10 时在哲学教室为本文答辩

辩护人：普鲁士哥尼斯贝格的卢卡斯·大卫·福格尔，神学教师

提问人：高贵的年轻人普鲁士哥尼斯贝格的路德维希·恩斯特·鲍罗夫斯基，神学教师

普鲁士达尔克门的特莱姆普的格奥尔格·路德维希·米伦坎普夫，神学教师

马尔克基里茨的路德维希·约翰·克鲁瑟马克，神学教师

张　荣　译

李秋零　校

科学院版编者导言

库尔德·拉斯维茨

根据弗里德里希二世的一个规定，准许一个私人讲师成为编外教授要满足三次公开论文答辩这样的条件。由于康德想谋求因克努真的去世而空缺的数学和哲学教授席位，他撰写了这部作品，要使它成为第二次论文答辩的基础。

哲学系档案第Ⅴ卷关于这部作品包含着如下登记，216～217 页："已经于 4 月 10 日告知系主任……：伊曼努尔·康德硕士的形而上学与几何学相结合在自然哲学中的运用的第一个试样包含物理单子论的论文答辩：哥尼斯贝格的卢卡斯·大卫·福格尔作辩护"；以及 218 页："以下所记以呈交系主任审查：3 月 23 日，伊曼努尔·康德硕士的形而上学与几何学相结合在自然哲学中的运用的第一个试样包含物理单子论"。

因此，这部作品是在 1756 年 3 月 23 日递交的，论文答辩则如封面所说于 1756 年 4 月 10 日举行。鲍洛夫斯基错误地说成 4 月 11 日：至于这个日期不对，从 4 月 11 日是一个星期日这一点就已经可以猜测出来。

答辩论文于 1756 年在哥尼斯贝格的 J. H. 哈同那里出版，连封面在内共 4 开本的 16 页。3 个插图是印入文本的粗糙木刻画。被称为第一提问人的路德维希·恩斯特·鲍罗夫斯基是后来著名的康德传记作者，生于 1740 年，作为普鲁士国家惟一的新教大主教卒于 1831 年。关于封面上提到的其他神学研究者，似乎不再有别的为人所知的东西。

我们的版本以原版刊印（1756）为基础。一个印刷错误表并不存在，毕竟有一些印刷错误，大部分由哈滕施泰因，另一些也已经在尼克罗维的版本（1807）中被纠正了。

这部作品在康德生年没有出新版本。

〔475〕

前言

判断力敏锐的哲学家们致力于自然事物的研究工作，他们一致坚信，必须审慎地提防，既不要让任何心怀侥幸地、借助某种鲁莽的猜测虚构出来的东西混进自然科学，也不要脱离经验的支持、不以几何学为中介而空谈任何东西。人们肯定想不出对哲学比这一决定更有益、更有用的东西了。由于几乎没有一个终有一死的人可以迈着坚定的步伐，沿着真理的笔直大道前进，而不会在这里或者那里误入歧途，所以某些人也就对这一规律忍声吞气，乃至他们在探索真理时根本不敢深入大海，而是认为始终沿岸而驶就够了，并且只接受借助经验的证实直接可知的东西。而沿着这条健康的道路，我们确实能够完美地解释自然规律，但却不能揭示这些规律的起源和原因。因为仅仅考察自然现象的人，就好像一个人由于越来越高地登上山顶，就相信将可以这样用手触摸到天一样，距离对最初原因的艰涩理解总是同样遥远，同样达不到物体本性的科学。

因此，形而上学在这里只是一种帮助，予以光照，大多数人认为它在物理学领域可有可无。因为物体是由部分组成的；至于它们是由哪些部分、以何种方式聚合而成，它们是仅仅通过原初部分的汇聚还是通过各种力的相互冲撞而充满空间的，这些确实都涉及对它的清楚解释。但在这件事情上，究竟怎样才能把形而上学与几何学联系起来呢？看起来，把怪兽与马结合起来似乎也要比把先验的哲学与几何学结合起来更容易。因为形而上学固执地否认空间是可以无限分割的，而几何学则以其惯有的确定性予以肯定。几何学断定对于自由运动来说空无一物的空间是必要的，而形而上学则予以拒绝。几何学明确指出，引力或者普遍的重力用力学的原因几乎无法解释，它只能起源于在静止中和在远处就能起作用的物体内在固有的力，而 〔476〕形而上学则把这归于想象力毫无意义的游戏。

尽管平息这一争端看起来需要做不少工作，但我还是决意在这件事上至少投入点力气；其他人的力量更能够胜任这件事务的，欢迎来完成我在这里只能指望稍稍触及的工作。

本来应当结束，但我还想补充说：由于一切内部活动的原则或者各种元素内在固有的力必定是一种运动力，也就是说是一种从外面添加的力，因为它本来就是为外物而出现的，我们设想不出另一种力来运动同时在场的事物，除非是一种致力于排斥它或者吸引它的力；此外，由于如果仅仅设定一种排斥力，那么，人们理解各种元素为组合成物体而进行的结合就不如理解其分解；但如果只设定一个吸引力，则虽然能理解结合，却无法理解确定的广延和空间，所以，事先就能够以某种方式理解：谁要有能力从各种元素的本性及其原初的性质引申出这两个原则，他就为阐明物体的内在本性作出了不可忽视的贡献。

〔477〕

物理单子论

第一章
物理单子的存在与几何学的一致性

命题一　定义。简单的实体，即所谓的单子①，是一种并非由诸多的、其中一个可以离开另一个而独立存在的部分构成的实体。

命题二　定理。物体由单子构成。

物体由相互分离地拥有一种持久存在的各个部分组成。但是，由于对于这些部分来说组合只是一种关系，从而是一种自身偶然的、可以在不损害这些部分的存在的情况下被取消的规定，所以可以看出，一个物体的所有组合都可以被取消，尽管如此，事前被组合的各个部分却还依然存在。但是，如果所有的组合都被取消了，那么剩下来的各个部分就完全没有组合，从而就完全失去了实体的集合，因而也就是简单的。因此，每一个物体都是由绝对简单的原初部分即单子构成的。

① 由于我的设计的理由就是仅仅考察作为物体原初部分的简单实体这个类别，因此我事先提请注意，我在下文中将把**简单实体、单子、物质元素、物体的原初部分**等概念作为同义词使用。

附释：在当下的证明中，我有意避而不谈那个广为流传的理由律，而根据哲学家中间没有人不服从的那种概念的惯常结合来执行我的设计。我有些担心，别让那些不熟悉理由律的人们不容易以这种方式说服。

命题三 定理。物体所占空间是无限可分的，因而不是由原初简单的部分构成的。 〔478〕

假定直线 ef 无限延伸，也就是说，以至可以被任意地延伸得越来越远，另一直线 ab，即一条物理直线，也就是说，如果愿意的话是一条由物质的原初部分汇聚成的直线，在它上面与它构成直角。边上再竖一条直线 cd，它与前一条直线相等，而且是以类似方式设定的，这不仅在几何学意义上有可能发生，而且在物理学意义也是不可否认的。在直线 ef 上任意标出点 g、h、i、k，并这样继续到无限。首先，没有人怀疑，在两个任意的点之间，或者只要愿意，在两个给定的单子之间，可以引出一条物理直线。然后引出线段 cg，它们与垂直线 ab 相交的地点就是点 o。现在可以设想在点 c 和 h 之间引出另一条物理线，而两条线段 ch 和 ab 共有的点 u 更接近于点 a。如此类推，如果从同一个点 c 出发向无限延伸的直线 ef 上所有的任意点 i、k 等等引出线段，那么，交点 x、y 等等将越来越接近点 a，即便一个在几何学上完全无知的人也会自己明白以上所说。而且，如果认为这些物理线最终将太过拥挤地相互接触，以至于它们无法毗邻而居，那么，人们可以把那些更后面引出的线统统去掉，即使如此也可以清楚地看到，根据人们在无限的直线 ef 上越来越远地标出点来，相交之点必然越来越

接近点 a。① 然而，由于这一长度还可以无限地延长，交点向点 a 的接近也可以随着无限多个增添的部分而增长。不过，交点以这种方式永远不会落到点 a；因为点 c 和点 a 距离直线 ef 同样远，所以联结点 c 和点 a 的直线无论人们如何任意地把它延长下去，都永远距离下边的直线 ef 同样远，都永远不会与它相遇，因为这是与假定相悖的。因此，不停地分割直线 oa 永远得不到那不可继续分割的原初部分，也就是说，空间是无限可分的，不是由简单部分构成的。

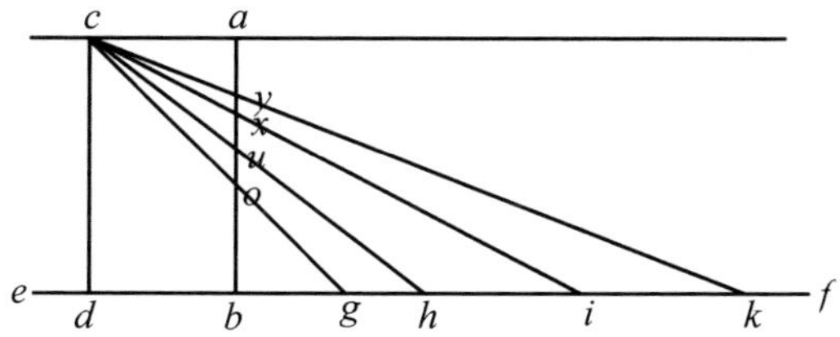

附释：这里，我引证了这个已为许多物理学家运用过的证明，并尽可能清晰地运用于物理空间，以免那些利用因几何空间与自然空间的不同而产生的普遍区分的人们借助某个例外溜掉。当然，也存在有对这一命题的其他证明方式，这里仅举其中之一。如果愿意的话，请设想一个由单子组成的等边三角形。如果它的两条边被无限延长，并在它们上面设定好间距，使其等于给定三角形的边的二倍、三倍、五倍、百倍等，然后可以用物理线把它们的端点连接起来，它们将与那些线以同样的比例大于三角形的第三边，而且由同样多的极简单的部分构成。然而，由于还可以设想在这些单子中的任何一个与被置于

〔479〕

① 点 y 和点 x 永远也不会重合，因为不然的话，直线 cy 和 cx 也同样会重合，直线 ck 和 ci 也会重合，而这与前提是相悖的。

三角形顶点的单子之间引出物理线，所以这些线就把给定三角形的底线无限分割，并出色地捍卫了空间的无限可分性。不过，谁要是不被成见所阻而看透了上面增添的证明，那么在我看来，他可以省去所有其他的证明。

命题四 定理。一个无限可分的组合物不是由原初的或者简单的部分构成。

既然在一个无限可分的组合物里面，沿着分割的道路永远不会达到没有任何组合的部分，那么，一种不能以分割的方式被取消的组合，只要不取消组合物的所有存在，也是完全不能被取消的。不过，由于在一个组合物中当任何组合都被取消之后还剩下的部分叫做简单的（命题一），所以很明显，一个无限可分的组合物不是由这样的部分构成的。

附释：我曾认为（这并不与设计的理由相左），在为每一个物体都确保了原初的简单部分之后，在断定了其空间是无限可分的之后，就应当留神，没有某个人把单子看做物体无限小的部分。因为完全没有实体性并且作为结合为一体的各个单子的外部关系之现象的空间，自身完全不能用一种无限持续的分割来穷尽，这是以这种方式显而易见的；但在任何一个组合物中，组合只是一个偶性，并且有组合的实体性主体，组合物允许无限的分割，这是荒唐无稽的。因为由此也可以得出：物体的任何一个原初的部分都具有这样的性质，以至于它既不与数千个、也不与数万个、也不与千千万万个别的原初部分相结合，一言以蔽之，无论人们把多少个别的原初部分归给它，它都不与它们相结合构成任何物质微粒；这无疑明显地取消了组合物的任何实体性，因而不能适用于自然界的物体。

结论：因此，任何一个物体都是由一定数目的元素构成的。

〔480〕 **命题五　定理。物体的任何一个简单的元素或者单子，都不仅存在于空间中，而且也都填充一个空间，尽管如此也无损于它的简单性。**

既然任何一个物体都是由一定数目的简单元素汇聚而成的，它所填充的空间却依然允许无限分割，那么，这些元素中的每一个也都要占据这个空间的一个可以继续分割的部分，也就是说，它填充一个可分配的空间。

然而，既然空间的分割并不是那些一个可以离开另一个拥有自己充分的存在的事物的分离，而是仅仅表示外部关系中的某种集合和数量，那么很清楚，由此并不能得出实体性部分的集合；而既然只有它与单子实体性的简单性相对立，那么就足以明白，空间的可分性与单子的简单性并不矛盾。

附释：在研究元素时，妨碍几何学与形而上学联结的，没有别的命题，只有一个事先作出的、尽管没有得到充分检验的意见，即好像一个元素所占空间的可分性也表明元素自身可以被分割为各实体性部分似的。通常人们认为，这一点是如此确信无疑，以至那些为现实空间的无限分割辩护的人们也在单子面前远远地望而却步了，而那些赞同单子的人们则把视几何学空间的特性为想象看做自己的任务。然而，既然从上述证明可以明确得知，既不是几何学家犯了错误，也不是在形而上学家那里发现的命题偏离了真理，那么，错的就必定是使二者分道扬镳的那种观点：就好像一个就其实体来说绝对简单的元素在无损其简单性的情况下就不能填充一个空间似的。因为把某个小空间一分为二的直线或者平面当然说明，空间的这一部分存在于另一部分的外面。但是，由于空间不是实体，而是实体外部关系的一种现象，所以，人们可以将同一个实体的关系一分为二，却并不违背实体的简单性，或者愿意的话，并不违背它的统一性。因为处于进行分割的直线两边的东西并不是可以与实体如此分离，以至于没有实体也照样存在的东西，这要求一种取消简单性的现实的分割；相反，它是同一个实体在直线两边实施的活动或者一种关系，在它这里发现某种集合并不意味着把实体本身分解成部分。

命题六 定理。单子并不是通过其实体性部分的集合、而是通过其作用范围来决定其在场的空间，借助于这一作用，它阻止在两边随处可见的那些外在的部分彼此进一步接近。

既然在单子中没有实体的集合，但每一个单子都被设定为独立地填充一个空间，那么根据以上所述，被填充空间的根据就不能仅仅在实体的设定中去寻找，而是应当在它们与外部事物相关的关系中去寻找。但由于单子通过填充一个空间而阻止那些在两边处处直接可见的外在事物彼此进一步接近，从而可以就其位置而言规定某种东西，即限制它们向它靠拢所能够达到的接近程度，所以可以看出，单子表示一种活动，而且是在一个向四面八方作出规定的空间里，因而必须承认，单子是通过它的作用范围而填充一个空间的。 〔481〕

命题七 问题。面对困难继续确保每一个单子通过其作用范围在不损害其简单性的情况下占有的空间。

如果一个单子像我们确保的那样填充一个确定的空间，那

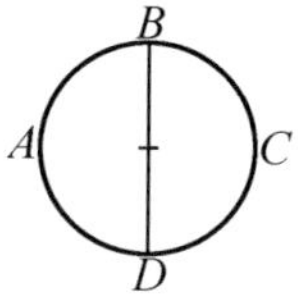

么，人们就可以用别的任何被限定的空间来表述这个空间。因此，用一个小圆 $ABCD$ 表示一个单子凭借其作用所占有的小空间，BD 是这一作用范围的直径，也就是单子阻止其他在 B 和 D 对它出现的东西彼此进一步接近的距离。但人们并不会由此就说这是单子自身的直径，这当然是荒唐可笑的，而且也没有东西更能与我们的命题相悖了。因为既然空间是通过单纯的外部关系实现的，那么，所有内在于实体的东西，即实体自身、外部规定的主体，本来就不是由空间决定的，而是只有它们的规定中那些与外物相关的规定，才可以到空间中去寻找。但据说实体就出现在这个空间中，实体在这个空间中无处不在，那么，谁分割了空间，也就分割了实体吗？我的回答是：这一空间自身是这个元素在场的外在范围。因此，谁分割空间，也就分割这个元素在场的外在的外延量。但是，除了外在的在场即实体随关系而定的规定之外，还有其他内在的规定，如果没有它们，那些外在的规定就没有可以依赖的主体。但是，内在的规定并不存在于空间中，这正是因为它们是内在的。因此，在分割外在的规定时它们并没有被分割，所以主体本身或者实体并没有以这种方式被分割。这就好像有人说：上帝因其维持的行动而内在于所有的受造物，因此，谁分割受造物的团块，也就分割了上帝，因为他分割了上帝在场的范围；再不能说出比这更荒唐的东西了。因此，作为物体一个原初元素的单子，虽然就它填充一个空间而言当然具有某种外延的量，即作用的范围，但在这个范围内，却看不到许多一个被与另一个分开，即离开另一个就独自具有自己的恒定性的东西。因为在空间 BCD 遇到
〔482〕的东西，不可能与存在于空间 BAD 中的东西如此相分离，以至于每一个都自己存在，因为二者只是同一个实体的外在规定

而已；然而，偶性离开实体便不存在。①

命题八 定理。物体的简单元素占有其空间所用的力，是通常称为不可入性的力；离开了这种力，不可入性就不会发生。

不可入性就是物体借以阻挡邻近物进入自己所占有的空间的那种属性。但是，既然由以上所说可以得知，物体占有的空间（如果把它的各个部分看做没有间隙地尽可能紧密地结合在一起的）是由一些被个别的简单元素填充的小空间汇聚而成的；此外，既然为了阻止外部的物体进入已被填充的空间，或者为了不可入性，就要求一种抵抗或者一种力，但在前面已经证明过了，元素是借助某种阻止别的想进来的元素的作用来填充其一定的空间的，因而很明显，物体的不可入性仅仅依赖于元素的那种自然力。这是第一点。

然后，假定直线 ag 由物质的原初元素即单子汇聚而成，如果任意一个元素 d 由于其实体的在场而仅仅表示一个位置，但并不占有一个空间，那么，位置 d 就把给定的直线 ag 分成两部分，并且由于它标出了直线的这一半在哪儿终止，另一半从哪儿开始，所以它是直线的两个一半所共有的。然而，物理的线只有在由同等数目的元素构成时才是相等的，而两边同等数目的元素只存在于直线 ac 和 eg 中，所以，单子 d 的位置是直线

① 在所有可能妨碍我们命题的困难中，最重要的困难似乎就是来自对同一个实体各种规定的外置的困难。因为单子在空间 BCD 中的活动处于在空间 BDA 中的活动之外；因此，它们似乎确实是彼此分离的，并且是在实体之外被发现的。然而，一些关系总是不仅彼此外在，而且也存在于实体之外，乃是因为实体与之有关系的那些存在者确实与实体分离并且彼此分离，而这并不表示实体性的集合。

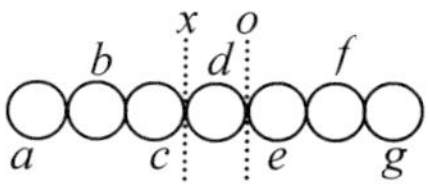

ac、*eg* 共有的，也就是说，上述两条直线将在所说的这个位置上直接相遇，据此元素 *d* 不会阻碍邻近的 *e* 和 *c* 直接接触，也就是说，它将不是不可入的。据此，如果否认单子 *d* 所占的位置是直线 *ac*、*eg* 共有的，那么，它就成了点 *x* 和点 *o*，直线 *ac* 和 *dg* 在点 *x* 直接相遇，直线 *ad* 和 *eg* 在点 *o* 相遇；由于单子 *d* 的位置既不同于位置 *x* 也不同于位置 *o*，因为不然的话它将总是如前面假定的那样是一个直接相遇的共同点，所以就有了三个不同的位置 *x*、*d*、*o*，它们毫无疑问规定着一条确定的直线。因此，
〔483〕一条确定的直线借助单子 *d* 的在场得到了规定，也就是说，它存在于一个确定的空间中，而由于它通过单纯地设定实体并不能占有一个空间，而是只能占有一个位置，所以就必然有某种别的东西存在于实体中，它在两个相互接触的元素那里规定着接近的尺度，而且阻止任何力量促使元素 *c* 和 *e* 进一步接近；然而，只有一种力才能与另一种力对抗；因此，是物体的元素占有自己的空间所用的力造成了不可入性；这是第二点。

第二章

物理单子最普遍的属性，它们在不同的单子中各不相同，有助于理解物体的本性

命题九　定义。接触就是多个元素不可入性的力量的交互联结。

附释：人们通常用直接在场来定义接触。但是，即使再拼命附加**外部的**在场（因为人们即使不这样附加直接地、但又最内在地临在于万物的上帝，也不得不相信他与万物接触），也几

乎不可能使定义在所有的部分都尽善尽美。由于其他一些人已经充分地证明，被空无一物的空间分离开的物体仍然能够共在，因而尽管没有相互接触倒也直接在场，所以这个定义毫无疑问被抓住了错误。此外，牛顿的学派①以真理的巨大形象维护甚至彼此远离的物体的直接吸引，不用相互接触就能产生它们的共同在场。还有，如果要为称直接的共同在场为接触的概念本身的定义②作辩护，那就必须首先解释这个在场的概念。如果像通常那样用交互的活动来解释它，那么请问，活动究竟在哪儿呢？毫无疑问，物体正是通过相互运动来活动的。一个从给定的点出发表现出来的运动力要么把其他东西从自己排斥开，要么吸引过来。应当把接触理解为这两种活动中的哪一种，是很容易弄明白的。因为通过把一个物体越来越近地推向另一个物体，只要我们感觉到不可入性即排斥，我们就说，它们互相接触了。因此，由不同的元素相互实施的这种作用和反作用，就构成了接触的真正概念。

命题十　定理。单是借助不可入性的力，如果不再附加另一种同样内在的吸引力的话，物体就不能拥有一定的体积；后一种力与前一种力共同规定着广延的界限。

不可入性的力是一种排斥力，它阻止任何外部的东西进一步接近。由于这种力是每一个元素天赋的，所以从它的本性出 〔484〕

① 参见下文484页注。——科学院版编者注

② 可能关涉鲍姆嘉登：《形而上学》，哈勒马格德堡，1739，第223节："较接近地影响一个实体的实体就对那个实体**在场**，而且对另一个实体最接近地在场，**接触**另一个实体，以至于由此**在场**就是较接近的被影响者，而直接的在场就是**被接触者**"（参见《康德全集》，第Ⅰ卷，397页注）。——科学院版编者注

发虽然能够理解，为什么由于它扩张所至的距离的增加，活动的强度将逐渐减弱；但它在某个给定的距离上将完全归于零，却是由此完全无法理解的。因此，如果仅仅取决于它，那么，单是由于微粒的相互排斥，就根本不会有物体的结合了，而且物体也没有一个由确定的界限划定的体积。因此，必须用另一种相反的、在给定的距离上相等的努力来与这种努力相对立，在占有空间时规定界限。由于这个努力是与排斥相对立而活动的，所以它就是吸引。因此，对任何一个元素来说，除了不可入性的力之外，还必须有另一个吸引力；如果离开吸引力，就不能得出自然物体确定的体积了。

附释：探讨元素具有的排斥和吸引这两种力的规律，是一项事实上很有意义的研究，值得更富有洞察力的人来从事它。在此，我满足于就简短的规定所允许确定无疑地证明它们的存在。然而，如果像从老远就发现与这一问题有关的东西那样令人称心如意，那么，由于排斥力是从一个元素所占空间最里面的点向外起作用的，岂不是必须假定，它的强度将随着它扩张所至的空间的增大而成反比地减弱吗？因为从一个点出发分配的力，如果它不是通过活动填充涵盖在给定直径下的整个空间，就不能被视为在一定范围内有效的。这一点，以此方式是显而易见的。因为如果人们设想一种力，它按照直线从一个给定平面流射而出，例如光或者按照凯尔① 的观点即引力，那

① 凯尔（John Keill），1671年生于爱丁堡，1721年卒于牛津，医学博士，在牛津任物理学和天文学教授，是牛顿的一个既热心又不谨慎的追随者，也引起了关于微分学的发明中的优先权的争论，特别是构建起向心力的学说。《传授引力定律和其他物理学原理的信》，载《哲学学报》，第26卷，97～110页，1708。还有《真物理学和真天文学导论》，最新版，莱顿，1739（参见下文486页注）。——科学院版编者注

么，以这种方式实施的力便与大量可以从这个平面引出的直线成正比，即与同一个活动平面成正比。因此，如果平面无限小，这个力也就无限小，如果这个平面最终是一个点，这个力就完全是零。这样，通过从一个点出发的各条直线，并不能分散在一定距离内可分配的力。因此，力只有通过填充它在其中活动的整个空间，才能被视为是有作用力的。不过，这些空间是球形的，就像是各个距离的立方体。因此，既然同一个力通过一个更大的空间而分散，与空间成反比减弱，所以不可入性的力也将与到它在场的中心距离的三次方成反比。

与此相反，由于吸引虽然是同一个元素的活动，但已经转向对立的方向，所以在一个给定的距离上施加吸引的球形面就成了出发点；由于人们可以从这些点出发向张力的中心画出直线，并以此规定引力的量，它们也就以这样的方式成为可分配的，并且与球形面成反比，也就是说，与距离的二次方成反比减弱。

因此，如果断定排斥力与三次方成反比、从而以大得多的比例减弱，那么，在直径的某个点上吸引和排斥就必然相等。〔485〕
这个点将规定不可入性的界限和外物接触的范围或者体积；因为一旦它被吸引克服，排斥力就不再活动。

结论：如果认为这个内在固有的力量的规律是有效的，那么，就也可以认识所有元素的相同体积，无论它们的种类多么不同。虽然显而易见，排斥力与吸引力由于每一种都具有一定程度的张力，所以它们在不同的元素中都可能是完全不同的，在一个地方张力多一些，在另一个地方张力少一些，但是，由于二倍的排斥力在同一个距离上是一个二倍的力，吸引力也同样如此，而且一个就其种类而言二倍地强的元素，其所有的运动力都以这一比例更强，这才是合适的，所以，上述两种力总是在同一个距离上保持平衡，从而规定着元素相同的体积，尽管它们与其他元素同名的力在程度上还很不相同。

命题十一　定理。惯性力在每一个元素中都具有一定的大小，这个大小在不同的元素中可能完全不同。

一个被运动而向另一个物体撞击的物体，不具有任何作用力，而且如果它没有使它致力于保持在运动状态的惯性力，每一个无限小的阻力都能使它归于静止。然而，一个物体的惯性力也就是汇聚成它的所有元素（人们称之为质量）的惯性力的总和。因此，每一个被以一定速度运动的元素，如果这一速度不由于惯性力而增倍，就都根本不具有运动的作用。但是，凡是借助别的东西增倍而具有一个量，这个量比两个因数中的一个更大的，它自身就是一个量，通过它人们可以去度量另一个时大时小的量。所以，在不同种类的元素中，在每一个元素的惯性力之外，可能还有另一个或大或小的力。

结论 1：如果给出任意一些元素，就可能存在有另一些元素，它们的惯性力或者——在不同的关系中是同一个东西——运动力大 2 倍或者 3 倍，也就是说，它们不仅以 2 倍或者 3 倍大的力与一定的速度对抗，而且被以同一个速度运动时，还具有 2 倍或者 3 倍大的力量。

结论 2：尽管从上一命题的结论得知，所有任意的元素，无论其种类如何不同，都具有相同的体积，从而如果这相同的空间被完全充满，就总是包含着相同数目的元素，由此可以正确地推断：即使人们还总是不承认虚空的混入，认为整个空间是完全充满的，但物体仍然能够以相同的体积包含不同的质量，因为元素具有的惯性力有大有小。物体的质量只不过是其惯性力的大小，借助这惯性力，它们要么阻挡一个运动，要么在以一定的速度被运动时拥有一定的运动力量。

因此，从少量被包含在给定体积中的物质推论出较小的密度和较大的空隙，并不总是充分可靠的。两个物体中的每一个〔486〕可以要么拥有同样的间隙，要么是完全密实的，但尽管如此，两个物体中的一个仍可能具有大得多的质量，因为差别的原因完全应当在元素的本性自身中寻找。

命题十二　定理。世界上可感知的物体因其种类而不同的密度，离开其元素因其种类而不同的惯性，就根本无法解释。

如果一切元素都具有相同的惯性力和相同的体积，那么，为了理解物体稀疏度的不同，就必须有绝对的虚空混入微粒之间。因为按照牛顿、凯尔①和其他人的证明，在一种以这种方式完全填满的介质中不可能有自由的运动。因此，为了阐明诸如以太、空气、水、金等介质因其种类而极为不同的密度，就必须容许一种过分的猜想欲，借助它，人们随意地想象那些极为远离人类理解力的元素结构，时而按照极稀薄的气泡②的样

① 参见上文 484 页注。空的空间的问题由凯尔在他的《真物理学和真天文学导论》第 1 版（牛津，1702）中在牛顿的意义上以对其他物理学家的猛烈攻击来探讨，克里斯蒂安·沃尔夫在其《气体学基础：其中借助几何学家的方法演示其他的力量和性质》（莱比锡，1709）尖锐地予以回答。这场争论在 1710 年的《教育者年鉴》上继续进行。——科学院版编者注

② 关涉莱布尼茨的《新物理学假说》（莱布尼茨著，美因茨，1671，见格哈德版：《数学作品集》，第Ⅵ卷，77 页以下），在其第一部分（《合成运动理论或我们世界种种现象之原因的假说》）中采用气泡理论为“事物的种子”和“物类的经线”。更稳固的材料作为气泡把以太包含在自身之中，由此就可以解释其各种各样的密度。——科学院版编者注

子、时而按照树枝①和乱成一团的冠缨的样子把它想象成自由放肆的，由此而能够设想一种以奇妙的方式延展并以少量的质料填充巨大的空间的物质。不过请听一听有哪些理由反对这种说法。

那些细微得不可度量的纤维或者气泡在一个极为稀薄的表皮下包围着一个对物质的量来说巨大的空间，它们最终必然被物体不停的碰撞和摩擦研碎，而以这种方式被研碎的纤维或者气泡的碎片必然最终填充中间空无一物的空间。这样一来，到处都被完全充满的宇宙将由于巨大的惯性而僵化，所有的运动将马上归于静止。

此外，既然按照这样一种观点，因其种类而更为稀疏的介质必然是由极为展开并占据很大空间的微粒构成的，那么，它们究竟是以什么方式能够进入密度更大的物体按照这样一种观点更为狭窄的间隙呢？以什么方式能够最轻而易举地确认，火、磁流、电流穿透了物体呢？因为体积更大的微粒如何能够进入比它们更为狭小的间隙，对此我和最无知的人一样一窍不通。

因此，如果不承认最简单元素因种类而给定的差异，借助这种差异，假如这个空间被完全填满，人们就可以安排有时较小、有时较大的质量，那么，物理学就会经常像遇到礁石一般，遇到这个困难而止步不前。

命题十三　定理。物体的元素，即便是被设定为单独的，也具有一种完美的、在不同的元素中各不相同的弹性力，并构成一种介质，这种介质自身不需要附加虚空，原初就是弹性的。

〔487〕单个的简单元素借助某种确定的力占有其在场的空间，这

① 这里是指笛卡尔及其微粒理论学派。——科学院版编者注

个力阻止外部的实体进入这一空间。然而，由于每一个有限的力都有一个能被另一个更大的力征服的程度，因此显而易见，人们可以用另一个更强大的力来与这个排斥力相对峙；由于元素天赋的力不足以在这一距离上阻挡那个力，因此显而易见，那个力将在某种程度上进入到被元素占有的空间中去。然而，由于任何从某一确定的点出发延展到一个空间的力都会随着距离的增加而减弱，所以显而易见，这种排斥力越是接近作用的中心，就越强烈地反作用。而由于一个排斥力在距离排斥中心的一个给定的距离上是有限的，但却与接近中心成正比地增强，在中心自身时必然是无限的，因此显而易见，元素不可能被任何可想象的力完全渗入。元素将是有完美弹性的，众多这种元素将通过其弹性的结合构成一种原初就具有弹性的介质。这种弹性在不同的元素中各不相同，这从命题十结论的第4～5行就可以一目了然。

结论：元素是完全不可入的，这就是说，无论外力多么强大，它们都不可能被它从它们所占据的空间完全排除掉，但是它们会被压缩，并构成这样的物体，因为它们会向施压的外力做一些让步。这就是原初就具有弹性的物体或者介质的源泉，可以预先把以太或者火物质归入此类。

1756年

伊曼努尔·康德硕士为阐释
风的理论

所作的新说明
同时借此诚邀参加他的讲座

李秋零　译

科学院版编者导言

约翰内斯·拉茨

这部作品发表于1756年4月25日（在4月23日，它已被呈交系主任供审查，参见哲学系档案第V卷，219页），是预告康德想在1756年夏季学期举办的讲演的一个提纲。它与康德的其他自然科学作品一样很少进入公众之中，因而它所包含的关于风的合法则运动与地球的绕轴自转的联系的理论也依然不为人知。1835年，多夫还在自己的著名论文《论地球自转对干扰自己的大气层的影响》中断言，所有曾试图给出一种风的理论的物理学家都停留在对热带的合规则的现象的讨论上，却不知道在康德的这部作品中，不仅阐释了一种信风和季风的理论，而且几乎以同样的词语阐释了风的后来被称之为多夫法则的旋转法则，多夫是在80年后的上述论文中以这些语词确立这个法则的。也请参见约翰·弗里德里希·措尔纳1872年的《论彗星的本性》中《伊曼努尔·康德及其在自然科学方面的功绩》一章，477页以下。

刊印：《伊曼努尔·康德硕士为阐释风的理论所作的新说明：同时借此诚邀参加他的讲座》，哥尼斯贝格，1756年4月25日，在哥尼斯贝格特许德里斯特书店印刷，4开本。

在康德生年未出新版。

〔491〕

前言

我们必须把大气圈想象为一个流质的弹性物质海洋，它似乎是由密度不同的各气层所组成，越往高空，密度就越低。如果这一流质的海洋总是保持均衡，那么，人们设想为彼此并立的气柱仅仅具有同等的重量，这就不够了。它们必须还具有同样的高度，也就是说，具有某种密度的气层必须在其范围内的所有部分中都在同一水平面上。因为若不然，按照流体的规律，较高的部分将必然向较低一面流动，均衡在瞬间就被打破了。能够打破均衡的原因，或者是**张力的减弱**，这种减弱是由降低空气弹力的寒冷和蒸气所造成；或者是**重量的减轻**；这种减轻首先是由炎热所造成，炎热使某个气区比另一气区更强烈地膨胀，并且由于它因此而被迫升高到另一气区的水平面之上而外流，构成一个较稀薄的气柱；其次是由水蒸气的会合造成的，水蒸气在此之前是由空气来负荷，现在却由于它与空气分离而使空气失去了一部分重量。在这两种情况下，都产生了向空气或者在张力方面或者在重量方面受到损失的地区吹去的风。只不过区别在于，在第一种情况下均衡很快就被建立起来，对另一情况的第二种原因来说也是如此，因为在这些情况下，
〔492〕风的持续要求原因的增加，而这是不可能长时间地持续的。与此相反，后一种情况的第一种原因由于无须增加就可以一直持续下去，从而为持续不断的风提供了一个很有力的源泉。

或者是由于弹性的增长，例如由于热，或者同时由于重量

的增长，例如由于从雪的融化释放出的空气，而使大气运动的原因，都远远不是如此强大，因为不仅所发生的朝向静止空气的运动遇到后者以其全部重量的对抗，而且扩展着的气区向上的膨胀和向四周的膨胀是同样强烈的，从而也就削弱了它自己的力量。因此，出自这些原因的风不可能在大的范围内被觉察到。

我只是简明扼要地列举出这一切，并且假定读者们自己的反思将扩展对所讲的东西的必要说明。我不喜欢在如此短的篇幅内所说出的很少。

第一个说明

较大程度的炎热影响一个气区比影响另一个气区更多，造成了吹向这个受热后的气区的风。只要这个气区的高温还在继续，风也就持续不断。

增强了的炎热迫使空气占有更大的空间。它向四周扩展，并以同样的强度向高空扩展。在此时刻，这一气区的重量发生了变化，因为在向上升高的空气溢走的同时，气柱所包含的空气也就自此开始减少了。邻近的较冷的，因而也较密、较重的空气，就由于超重而从自己的位置挤压过来，从而和前者一样被冲淡、变轻，因而屈服于邻近空气的压力，并且一直这样继续下去。不要设想受热后的空气由于同样力图向四周扩展而造成由受热气区吹向较冷气区的风。因为首先，由于向四周的扩展是同样强烈的，因而与它成反比例的张力，例如与中心点的三次方，是相互递减的，所以，一个包括 4 平方里的空气场的扩展力，如果它增加 1/10，在距这个受热场 1 里的距离内只是这一增强后的力量 〔493〕

的 1/80①，因而也就根本不能被觉察到。不过，扩张就连这一步也达不到，因为空气在扩张这么远之前，就由于自己重量的减轻而屈服于较密空气的压力，为后者让出位置了。

出自经验的证实

上述规则如此得到一切经验的证实，以至根本找不到任何反对它的例外。海洋中的所有岛屿、太阳的灼热强烈影响的那些地区的所有海岸，只要太阳升高到地平线之上一定高度，以至它真正地对大地发生作用，就会感受到一种持续不断的海风。这是因为，由于大地比海洋受热更多，陆上空气也就比海上空气更为稀薄，从而由于其稀薄而屈服于后者的压力。在辽阔的埃塞俄比亚海上，风远离陆地，是自然的、普遍的东风。但在几内亚海岸附近，风却转离了它的这种趋势，被迫吹过几内亚。由于它比全球海洋更多地被太阳加热，这就导致了一种吹过其升温了的地面的气流。人们只要观察一下**尤林**②在**瓦伦纽斯**的《一般地理学》或者**穆森布罗克**③为自己的《物理学》所附的地图，就可以在同时看到自然的、普遍的东风和这一规则的一刻，完全认识和说明几内亚附近海洋上风的所有方向、龙卷风和其他所有

① 康德在这里大概想的是一个充满了气的正六面体（或者平行六角体），其底面是一个面积为 4 平方里的正方形。人们如果距离这个正六面体的表面 1 里，则就处在一个具有 2 倍边棱的正六面体的表面上，因而就有 8 倍的空间体积。而如果前一个正六面体的体积扩展 1/10。那么，这个被扩展的体积就只构成后一个正六面体的 1/80。——科学院版编者注

② 参见《康德全集》，第 I 卷，444 页注。《自然地理学》被附上一个附录于 1712 年由詹姆士·尤林（伦敦医生，1684—1750）重新出版。——科学院版编者注

③ 参见穆森布罗克：《物理学随笔》，伦敦，1739。——科学院版编者注

诸如此类的东西。因此，在北方的冬季，当太阳使南半球的空气变得稀薄时，北风就占着支配地位。所以在初春，风就开始从赤道吹向北半球，因为在北半球增强了的太阳热使空气变得稀薄，造成了从赤道向北方升温地区的回流。这些风渗入这些温带地区并不远，因为太阳热在此时对距赤道较远的地方还不能造成很多的影响。在这一时间，即在4月和5月，风从埃塞俄比亚内部吹过埃及，它们被称做卡姆普辛风①。由于它们来自一个受热后 〔494〕
的地面，所以带来了灼热的空气；因为温带稀薄了的空气迫使赤道空气退回，并在一段时间内扩张而越过这一地区。

第二个说明

一个气区变得比另一气区更冷，就在邻近气区造成了吹向变冷场地的风。

从由于气温下降所造成的张力减弱中，可以轻而易举地理解这一原因。

出自经验的证实

在受到强烈阳光影响的陆地和岛屿的海岸附近的所有海洋上，由于这时海上空气失温要比陆上空气更快，夜间都吹着一种持续不断的陆地风。这是因为，受热后的地面在陆上空气中保持着温度，没有特别的减弱，相反，白天受热较少的海洋较快地使它上面的空气变冷。因此，海上空气也就屈服于陆上空气的张力，并且允许出现一种从陆地吹向变冷了的海洋地区的

① 卡姆普辛风（Campsin，也叫 Chamsin 或者 Kamsin）是一种在埃及从西南吹来的热的荒漠风，它在继春天的昼夜相等之后的50天里出现。——科学院版编者注

气流。正像马利奥特所说明的那样，在法国，11月初的南风要归因于低凹北部的变冷。在那里，冬季是以极度的严寒开始的。

第三个说明

由赤道吹向极地的风，总是时间越长就越是西风，而由极地吹向赤道的风却把自己的方向改变为从东方出发的同侧运动。

据我所知，这个规则还从未被注意到，它可以被看做说明风的一般理论的一把钥匙。它的证明是易于理解的、令人信服
〔495〕 的。地球从西向东绕轴自转，因此，地球表面上的任何一个地方离赤道越近，速度也就越快，离赤道越远，速度也就越慢。这样，流向赤道的空气，在中途总是遇到比它自身具有更多自西向东运动的地方。它因此也就在相反的方向上即自东向西地与这些地方对抗，从而也就偏转为这种同侧运动。因为无论是不以同等速度按照同一方向运动的流质存在物之下的地面在移动，还是地面上的这种存在物按照相反方向在移动，都是一回事。与此相反，如果风由赤道吹向极地，那么，它总是要越过地球的那些比风所携带的空气具有较少自西向东运动的地方，因为这空气的速度与它扩张由以出发的地方的速度是相等的。因此，风在它所吹过的地方就会自西向东移开，它向极地的运动就与从西方出发的同侧运动结合在一起了。

为了清楚地说明这一点，我们必须首先看到，如果大气处在均衡中，那么，它的每一部分与该部分处于其上的地球表面区域都具有相等的自西向东的速度，就这个区域来说，它处于静止之中。但是，如果大气圈的一个部分在经线上改变了自己的位置，那么，它就遇到了地面上以比它从自己的出发地所获得的速度或者更大、或者更小的速度自西向东运动的地面位置。这样，它在越过它所吹过的地区时，或是从西向东偏离运动，或

是在自东向西的方向上与地球的表面相对抗，在这两种情况下，都形成了具有这种同侧方向的风。这种侧向运动不仅以它运动所经过地方的速度为基础，而且也以它的出发地和目的地的速度差为基础。不过，地球表面上的任何一点，其绕轴自转的速度都是与纬度的余弦成比例的，而地球表面上的两个彼此距离很近（例如1度之差）的地方，其余弦的差别又是与纬度的正弦成比例的。因此，它在从一纬度向另一纬度过渡时，向旁侧移动的速度的因素是处在纬度的正弦和余弦的复合关系之中的，因而在45度时 〔496〕 达到极大，但在与45度距离相等时又是同样的。

为了能够对这种同侧运动有一个概念，让我们以从纬度的23.5度吹向赤道的北风为例。如果它是从上述纬度开始的，那么，它的运动就与它所处地面自西向东的运动相等。如果它向昼夜平分圈接近5度，那么，它就遇到了一个更快地在上述方向上运动的地带。现在，人们稍加计算就可以发现，这两个平行圈的速度差为每秒钟45尺。因此，如果空气由23度抵达18度，那么，倘若不是在这5度的全部行程中，地球的自转总是从自己的运动中给流经此处的空气增加点什么，以致这种差别在移动的第5度上远远不会是那么多，它就会给地球在这一地区造成自东向西每秒钟能吹过45尺的反向风。但是，由于总还是必然要剩下一种差别，我们想假定它为在没有这一原因时的差别的1/5。尽管如此，同侧运动还有每秒钟9尺，这就足以使在23度开始的每秒钟18尺①的正北风在18度成为

① 北风的速度在这个例子中必须改每秒18尺为每秒9尺，以便在纬度18度产生一种东北风。如果是18尺的速度，产生的运动就会是一种东北北的运动，人们在这种情况下就必须假定，风在其75里的路途上恰恰损失它的一半速度，但康德未提这一点。——科学院版编者注

东北风。同样，以同等速度从 18 度到 23 度的南风，在 23 度也转化为西南风，因为它以与先前计算的同样量的自西向东的摆动进入到运动较慢的平行圈中。

出自经验的证实

这一证实将附加在以下的几个说明中。

第四个说明

在回归圈之间的整个大洋上占支配地位的普遍的东风，除
〔497〕**了从第一个说明和第三个说明的结合中得到解释的原因之外，不能归因于其他任何原因。**

把普遍的东风归因于地球自西向东自转时大气圈的滞后，这种见解是自然研究者以充分的理由反驳过的，因为虽然大气圈在最初的自转一开始时有点滞后，但它不久之后就必然以同样的速度向前运动。但是，我通过证明，当空气由较远的平行圈流向赤道时，这一思想是有效的，从而也就以一种更有利、更正确的方式再次提出这一见解。因为在上述情况下，空气无疑与较大的平行圈的运动速度不同，毫无疑问必然有点滞后。如果有新的空气不断地自两边流向赤道的话，那么，由此产生的东风就会持续不停。因为由于地表的继续影响，这种新空气将很快失去这种倾向相反的运动。

自从这第一个原因失去了普遍的认同以来，人们一直认为，回归圈之间普遍的东风是由于这些空气尾随着自东向西的太阳使之变稀薄了的空气运动。如果有了更好的解释，人们肯定不会满足于这种解释。如果空气出自第一个说明的原因向由太阳影响而受热的地方流动，那么，太阳西边的空气肯定会和太阳东边的空气同样这样做。因此，我看不出为什么这整个地区只有东风。但是，如果它是由于前一段时间升温了的空气的变冷而进入其位置的，那么，它必然因此而宁可是自西向东运动，因为位于太阳东边的地方要比离开太阳时间更长的地方变冷得更快，因而也更少弹性。尽管我愿意一切都如同人们要求的那样进行，但是，人们能够以某种理性的方式想象，当太阳在西地平线时，尾随太阳的气流能够跨越180度，即向东2 700里之遥，造成一种尾随的气流，这是可能的吗？在如此惊人的距离内，一种如此微不足道的运动不必然消失殆尽吗？然而，在回归 〔498〕
圈内的所有部分，在一天的任何时候，风都自东向西运动。**尤林**先生也支持上述见解。诚然，当他不能证明为什么在太阳的影响肯定还不是微不足道的远离回归圈的地方未察觉到同样的东风时，他有充分的理由。因为事实上，它根本不能从上述原因得到解释。

因此，请你们在这里看一看另一原因，它可以更好地与自然科学最著名的理由相一致。热带和热带附近比其他地方更严酷的热使处于该地带的空气不断地变得稀薄。按照均衡的规律，离赤道较远的较少热一点，因而也较重一点的气带就侵入到它的位置。并且由于该气带是向赤道运动的，按照第三个说明，它的出自北方的方向必然转化为出自东方的同侧运动。因此，赤道两边普遍的东风本来是一种同侧风。但是，在两个半球的东南风和东北风彼此交锋的那条线上，它却必然转变为正东风，离这条线越远，就越偏向极地方向。①

① 这是对在这个热带吹的信风之原因的一种简短但却相当直观的解释，当然，这种解释以同样的方式已经在康德之前由乔治·哈德利在其作品《普遍的信风的原因》中（载《哲学学报》，58页，1735）给出过。至于康德对哈德利的这部作品一无所知，这得自康德的一些遗留下来的书页（《康德关于自然地理学的讲演的补遗》，Ⅳ，Th. 林克编），其中康德引用了过去对信风的解释，但却没有提到与他自己一致的哈德利的解释。——科学院版编者注

出自经验的证实

根据所有一致的观察，在赤道附近，气压计的高度要比温带低 1 寸。由此不能得出，温带的空气按照均衡规律必然向赤道流动吗？这种运动不能在我们这半球造成热带的持久的北风吗？但为什么它在这条线上越来越转化、并且最终完全成为东风呢？答案在第四个说明的结尾可以找到。但为什么在这里从来不能完全地重建均衡呢？为什么热带的空气总是比温带的空气轻 1 寸水银柱高呢？始终在这里起作用的炎热使所有的空气都始终不断地扩张和变得稀薄。因此，即使新的空气为建立均衡而流入这一地区，它们也会和先前的空气一样被扩散开。升高了的气柱超出其他气柱的水平面，并在上面朝这边流动。因
〔499〕此，赤道上的空气由于从来不能比温带的空气升得更高，尽管如此却包含着一种比较稀薄的空气，因而总是比温带的空气轻，并对其压力作出让步。

关于大多数情况下支配着处于 28 度与 40 度之间区域大洋的西风的说明。

考察本身的正确性由航海家在太平洋、大西洋以及日本海上的经验得到了充分证实。作为原因，除了从前一说明得出的之外，不需要其他基本原理。本来，出自上述理由，这里应当有一种温和的东北风。但是，由于从两半球向赤道积聚的空气不断在那里向外溢出，在我们这个半球的上部向北扩张，并且由于它们来自赤道，从而几乎完全继承了赤道的运动，所以，它们必然以一种自西向东的同侧运动移到较远平行圈的低层空气之上（参见第三个说明）。但是，它们只有在低层空气的相反运动变弱，在它们自己降到下部的时候，才对低层空气产生影响。然而，这必须是在离赤道相当远距离的地方发生的。在那里，盛行的是西风和同侧风。

第五个说明

支配着阿拉伯海、波斯海和印度洋的季风和周期风，可以完全自然地从在第三个说明中证明的规律得到说明。

在这些海洋上，从 4 月直到 9 月，都吹着西南风，随后有一段时间无风，从 10 月到 3 月又吹着相反的东北风。通过前面的准备，人们一眼就可以看出这里的原因。在 3 月份，太阳移到我们的北半球，使阿拉伯、波斯、印度斯坦、邻近的半岛以及中国和日本，比处于这些国家和赤道之间的海洋受热更多。这些海洋上的空气受北部空气的这样一种稀薄化的强迫，而向北部扩张。我们知道，从赤道吹向北极的风必然转化到西南方向上去。相反，一旦太阳越过秋分线，南半球的空气变稀薄，空气就从热带的北部南下到赤道。现在，从北部地区匆匆向这条线吹来的风，如果没有外来的干扰，就必然转为东北风。因此，很容易就可以看出，为什么东北风必然取代先前的西南风。 〔500〕

就这些原因共同导致了周期风来说，人们也可以很容易就看出它们的联系。在回归圈附近必然有一块延伸得很远的陆地，它由于太阳的作用比处于它和赤道之间的海洋获得了更多的热量。这样，这些海洋上的空气时而被迫吹过这些地区，形成一种西同侧风，时而又从这些地区扩张到海洋上。

出自经验的证实

在马达加斯加和新荷兰之间的整个大洋上，持续不断地吹着对位于摩羯座回归圈附近的海洋来说自然的东南风。然而，在新荷兰地区，在这块陆地附近的辽阔的海洋上，却可以发现从 4 月直到 10 月从东南吹来、在其他月份从西北吹来的周期风。因为在后几个月份里，澳洲各地区（关于这些地区，我们只认识新荷兰的海岸）是夏季。太阳在这里使这一地带受热远远多于邻近的海洋，迫使空气从赤道地区吹向南极。按照在第三个说明中所说的，这必然导致一种西北风。在从 4 月到 10 月这几个月份里，太阳是在北半球上空。在这种情况下，南方的空气又回到赤道，涌入空气稀薄的地区，造成了相反的东南
〔501〕风。毫不奇怪，大多数自然科学家都不能说明风在南大洋的上述部分的周期性变化，因为他们不知道我们在第三个说明中所阐述的规律。如果人们把这一认识运用于发现新大陆，它可能是非常有用的。如果一个航海家在南半球离回归圈不远的地方，在太阳已越过回归圈的时间里，遇到了持续不断的西北风，那么，这对他来说可能是一个几乎可靠的标志，即在南方必然有一块辽阔的陆地，太阳的炎热迫使赤道上的空气吹过这块陆地，造成了偏西的北风。根据现在所知，新荷兰地区使人们在极大程度上猜测那里有一个辽阔的澳洲。航行于太平洋上的那些人，不可能访遍南半球的所有地区，以便在那里探查出新的陆地。他们需要一个使他们能够判断在哪一面将有可能找到新的陆地的指南。他们在那里的辽阔海洋上于夏季可能遇到的西北风，就可以为他们提供这一指南，因为西北风是南方有一块不远的陆地的标志。

结束语

如果人们经过以上的说明的准备，来观察可以找到所有海洋持续不断的或者周期性的风的地图，那么，这是一种不小的娱乐的源泉。因为人们可以借助运用陆地的海岸使它们附近的风的方向与它们平行这个规则，说明一切风的理由。一段时间吹过一个地区，之后又被相反方向的风取代的周期风的中间时

期，即这种交替的中间时期，可以说为无风、雨、暴风雨和突如其来的飓风所搅扰。因为这时在空气上层已为相反的风所支配，而先前的风在空气下层还没有完全减退。由于二者相互交锋，它们最终保持在均衡中，使它们带来的云雾变浓，造成所有上述变化。人们差不多也可以把这假定为一个普遍的规则，即暴风雨是由彼此冲突的风共同造成的。因为人们通常都注意 〔502〕
到，在暴雨之后风向就变了。既然这种相反的风确实早在暴风雨之前就可以在空气上层觉察到，它也就是构成气候元素，并把雨云带到地平线上的那种风。因为人们通常都会发现，暴风雨是迎着下层的风产生的，暴雨是在风保持均衡的时候产生的，而在暴雨之后相反的风占了优势。经常在气压高的时候，例如在去年的夏季，我们所觉察到的那种连绵不断的雨，极有可能归因于这样在两个层次上彼此交锋的气流。人们可以借助第三个说明的规则，完全地解释**马里奥特**① 的说明，即在黎明

① 参见马里奥特：《空气的本性》，载《马里奥特全集》，第Ⅰ卷，160和161页，莱顿，1717。与此相关的一段话在那里原文是："当北风和东北风停息时，东风就接着盛行，继而是南风和东南风"，稍后是"在温带地区，尤其是在法国，南风和西南风通常接替东风"和"在法国，风的方向通常从东吹向南，从西南吹向西、向北和西北，很少完全是相反的方向"。

在马里奥特之前，风的这种旋转法则已经由维鲁兰姆的培根在其《风的自然的历史和试验的历史》（莱顿，1628）中表述过，参见《弗兰西斯·培根著作集》，第Ⅴ卷，173页，伦敦，1857—1859："连续的风1：如果这种风随着太阳运动，即如果它从东至南、从南至西、从西至北、从北到东运动，那么一般来说它是不会转回去。或者，即便它倒转回去，也只是暂时的。但是如果它与太阳的运动相悖，即如果它从东向北、从北向西、从西向南、从南再到东，那么通常在它完成这一圈之前，它至少会回到它的前一个四分之一区域。"——科学院版编者注

开始从北方吹起的风，大约在 14 天之内穿越整个罗盘仪，依次最初到东北，然后到东方，然后到东南，等等；风绝不能以相反的方向完成这整个循环。因为东风自然地转为东北风。如果与东北风所吹向地区的均衡已经建立起来，那么，东北风就会由于该气区的抵抗而成为正东风。然后，由于压缩在南方的空气又向北方扩张，这与东风相结合造成了向东南的偏移。这种偏移又由于在第三个说明中提到的原因而首先成为南风，然后成为西南风，然后由于北方已经建立起来均衡的空气而成为西风，然后又由于与重新扩张的北方空气的结合而成为西北风，最终成为正北风。①

我为这一简短的考察所规定的篇幅限制了对它的进一步阐述。我就此结束这一考察，谨向赏光对我这微不足道的报告寄予一些信任的先生们透露，我打算根据 **D. 埃贝哈德**先生的《自然学说的最基本根据》来阐明自然科学。我的意图是不放过任何能够促进对古代和现代的重要发现有一种基本认识的东西，尤其是现代通过成功地运用几何学而相对于古代所获得的以清晰完备的实例进行证明的无限优势。我继续在数学中提供

① 在这个地方，康德为马里奥特的经常被称之为多夫法则的风的旋转法则给出了一个与多夫按照自己的意见第一个在其作品《论地球自转对干扰自己的大气层的影响》（载波根多夫的《编年史》，第 36 卷，321～351 页）给出的解释完全相似的解释。在多夫首先以与康德完全相同的方式阐释了地球自转对风的作用之后，他在 322 页说："由此得出：在北半球，作为北风形成的风在逐渐地转移时经东北风越来越过渡为东风"；然后在 323 页说："在北半球，一种开始时的南风通过一种在东、东南、南的旋转而排挤或多或少变东的极地气流"；最后，325 页说："因此，从已考察的现象的总体得出：在北半球，如果极地气流和赤道气流相互交替，风在中央就在南、西、北、东、南的意义上通过风图旋转"，等等。——科学院版编者注

引导，借助阐明**迈耶尔**的理性学说来展示哲学的数学概念。我将根据**鲍姆嘉登**教授先生的专业手册来讲授形而上学。这部手册是所有同类手册中最有用、最周密的一部。假如我不是过分自夸的话，似乎笼罩着它的那种晦涩的困难，将通过认真的讲授和详细的文字说明来消除。我认为，不是容易，而是有用，才必然地规定着一个事物的价值，就像一位思想深刻的作家所说的那样，稻草可以毫不费力地在水面上捞到，但谁要想寻找珍珠，就必须下到深水中，这是完全无可置疑的。

中德人名对照表

阿蒙通	Amontons	第谷	Tycho
阿那克萨库斯	Anaxarchus	封德耐尔	Fontenelle
埃贝哈德	Eberhard	弗拉姆斯蒂德	Flammsteed
艾迪生	Addisson	弗里德里希	Friedrich
鲍姆嘉登	Baumgarten	富兰克林	Franklin
贝努利	Bernoulli	戈蒂埃	Gautier
比尔芬格	Bülfinger	戈特谢德	Gottsched
毕纳	Bina	格拉维桑德	Gravesande
波尔	Poll	格勒特	Gellert
波莱尼	Poleni	哈勒	Haller
伯留斯	Bohlius	哈勒斯	Hales
布尔哈维	Boerhaave	哈雷	Halley
布丰	Buffon	哈特雪克尔	Hartsöcker
布盖	Bouguer	汉姆贝格	Hamberger
布拉德莱	Bradley	赫尔曼	Hermann
查泰勒	Chastelet	赫克托	Hektor
达里斯	Daries	赫维留	Hevelius
丹皮尔	Dampier	华伦海特	Fahrenheit
德勒姆	Derham	惠更斯	Huygens
德谟克利特	Demokritus	惠斯顿	Whiston
迪格比	Digby	霍尔曼	Hollmann
笛卡尔	Cartesius	伽桑狄	Gassendi

金特尔	Gentil
卡雷	Carr
卡特兰	Catelan
卡瓦列里	Cavalerius
卡西尼	Cassini
凯尔	Keill
克鲁修斯	Crusius
克吕格	Krüger
克吕西波	Chrysippus
拉依	Ray
莱布尼茨	Leibniz
赖特	Wright
雷恩	Wren
里乔卢斯	Ricciolus
李斯特	List
李希特	Richter
利希特沙伊德	Lichtscheid
留基波	Leucipps
卢克莱修	Lucrez
卢罗夫	Lulof
马保梯	Maupertuis
马尔西格利	Marsigli
马拉迪	Maraldi
马兰	Mairan
马勒伯朗士	Malebranche
马里奥特	Mariotte
曼弗雷德	Manfred
莫尼埃	Monnier
穆森布罗克	Musschenbroek
牛顿	Newton
欧拉	Euler
帕品	Papin
佩雷斯基	Peiresc
彭德	Pound
蒲柏	Pope
普罗夫	Profe
塞涅卡	Seneca
色贡达	Secondatus
朔伊希策	Scheuchzer
提谟来翁	Timoleon
瓦勒门茨	Vallemont
瓦列利	Wallerius
瓦伦	Varen
维吉尔	Vergil
魏滕坎普夫	Weitenkampf
沃尔夫	Wolff
沃利	Walli
希罗多德	Herodot
许普纳	Hübner
亚里士多德	Aristoteles
伊壁鸠鲁	Epikur
尤林	Jurin

图书在版编目（CIP）数据

康德著作全集：注释本．第1卷，前批判时期著作．Ⅰ，1747—1756/李秋零主编．—北京：中国人民大学出版社，2019.10
ISBN 978-7-300-27418-8

Ⅰ.①康… Ⅱ.①李… Ⅲ.①康德（Kant，Immanuel，1724－1804）-全集 Ⅳ.①B516.31

中国版本图书馆 CIP 数据核字（2019）第197829号

康德著作全集（注释本）
第1卷　前批判时期著作Ⅰ（1747—1756）
李秋零　主编
Kangde Zhuzuo Quanji

出版发行	中国人民大学出版社		
社　　址	北京中关村大街31号	**邮政编码**	100080
电　　话	010－62511242（总编室）		010－62511770（质管部）
	010－82501766（邮购部）		010－62514148（门市部）
	010－62515195（发行公司）		010－62515275（盗版举报）
网　　址	http://www.crup.com.cn		
经　　销	新华书店		
印　　刷	北京联兴盛业印刷股份有限公司		
规　　格	148 mm×210 mm　32开本	**版　　次**	2019年10月第1版
印　　张	18 插页4	**印　　次**	2019年10月第1次印刷
字　　数	432 000	**定　　价**	118.00元